Klein · Der nüchterne Blick

Dokumentation
Essayistik
Literaturwissenschaft

Wolfgang Klein

Der nüchterne Blick

Programmatischer Realismus in Frankreich nach 1848

Aufbau-Verlag Berlin und Weimar 1989

Klein, Wolfgang:
Der nüchterne Blick: programmatischer Realismus in Frankreich nach 1848. – 1. Aufl.
Berlin ; Weimar : Aufbau-Verl., 1989. – 337 S.
(Dokumentation, Essayistik, Literaturwissenschaft)

1. Auflage 1989

Einbandgestaltung Gerhard Bunke unter Verwendung der Lithographie „Atelierkritik" (1862) von Honoré Daumier
Offizin Andersen Nexö Leipzig Betriebsteil Hildburghausen
Printed in the German Democratic Republic
Lizenznummer 301. 120/234/89
Bestellnummer 613 748 3
01250

ISBN 3-351-01245-4

Realist ist heute, wer auf dem Boden der Tatsachen steht ... Welche Konsequenz hat dieser Realismus-Begriff für die Ästhetik?

Christa Wolf, „Kassandra“

Vielleicht ist die vollständige Wirklichkeit immer zu würdelos, um verzeichnet zu werden, zu sinnlos oder zu gräßlich, um nicht in einen Roman umgedichtet werden zu müssen.

Aldous Huxley, „Das Genie und die Göttin“

Die Paradiese nicht und nicht die Hölle: der „Aufenthalt auf Erden“. Realismus.

Volker Braun, „Rimbaud. Ein Psalm der Aktualität“

Wenn wir ernsthaft der Idee anhängen, wonach der Mensch der Schöpfer seines eigenen Verhältnisses zur Welt und zu sich selbst ist, dann ist diese Realität das Maß unserer Sittlichkeit, des aktiven Humanismus und des sozialen Engagements.

Tschingis Aitmatow, „Echo der Welt“

Realismus und Weltanschauung

Gibt es ein Pathos der Nüchternheit? Karl Marx und Friedrich Engels noch sprachen davon: „Alle festen eingerosteten Verhältnisse mit ihrem Gefolge von altehrwürdigen Vorstellungen und Anschauungen werden aufgelöst, alle neugebildeten veralten, ehe sie verknöchern können. Alles Ständische und Stehende verdampft, alles Heilige wird entweiht, und die Menschen sind endlich gezwungen, ihre Lebensstellung, ihre gegenseitigen Beziehungen mit nüchternen Augen anzusehen."[1] So würdigten sie 1848 die Bewegung, die die Bourgeoisepoche in soziales Sein und Bewußtsein der Menschen gebracht hatte. Unverhimmelte Nüchternheit – endlich. Und das den Menschen dadurch zugewachsene Vermögen, ihre Welt zu gestalten und ihre Verhältnisse sich einzurichten – im umfassenden Herrschaftsstreben der Bourgeoisie beginnend, mit dem revolutionären Sieg des Proletariats sich vollendend. Das Erringen der Zukunft als Inhalt der Nüchternheit.

Der revolutionäre Elan der Aufgeklärtheit trägt das Wort heute nicht mehr. Nüchtern ist, wer gegebene Bedingungen seines Handelns leidenschaftsungetrübt einrechnet. Über diese Bedingungen hinauszukommen, ihrer Herr zu werden, hat, so scheint es im Sprachgebrauch des Alltags, den Abschied von der Nüchternheit zur Bedingung. Die Zukunft liegt anderswo. Ein merkwürdiger Wandel.

Das Problem darin: Ist menschliche Wirklichkeitszuwendung in der Lage, im nüchternen Blick das Ganze ihrer Bedingtheiten samt deren Veränderungszwängen und -wegen so zu erfassen, daß Handeln nach vorn einbedacht und möglich wird? Oder liegt doch nicht in dieser Welt, was über sie hinausführt – muß deshalb Sprengkraft anderswo erzeugt oder andersartig zusammengesetzt, muß vielleicht auf den Ganzheitsanspruch überhaupt verzichtet und, wenn nicht Ergebung oder Vertagung, der Anspruch nur des einzelnen entwickelt werden? Welche Folgen hat die Vergesellschaftung,[2] die der Kapitalismus bringt, für veränderndes menschliches Bewußtsein und Tun in der Geschichte? Das aktuelle Anliegen der vorliegenden Arbeit besteht zu einem wichtigen Teil im Nachdenken über diese Fragen.

Wer sich als Historiker von Künsten heute mit Realismus beschäftigt, bekommt mit der Beherrschbarkeit höher vergesellschafteter sozialer Wirklichkeit vor allen anderen Problemen zu tun. „Realismus" ist, entgegen manchem Anschein, kein reiner Kunstbegriff. Er existiert in der Sprache von Alltag und Politik und hat dort einen auf „Nüchternheit" in dem späteren Sinn eingegrenzten Inhalt: Eine Lage „realistisch einzuschätzen" meint zuerst, sich der äußeren Zwänge bewußt zu sein, von denen abhängt, was getan werden kann – wenn es nicht gar heißt, sich ins Gegebene zu fügen. Versuche, diese weltanschauliche Dimension in ästhetischer oder kunstgeschichtlicher Betrachtung als unwesentlich zu behandeln, existieren zwar. Wenn „Realismus" in solchem Zugang nicht einfach zu „schlechter Ästhetik"[3] wurde, blieb als sein Zentrum das Problem, wie außerkünstlerische Wirklichkeit in Kunstwerken abgebildet werde.[4] Von marxistischer Seite ist diese Sicht nach einer langen Zeit formalistischer Verengungen in der jüngeren Vergangenheit durch den Nachweis von produktiven sozialen Funktionen unterschiedlich formierter künstlerischer Wirklichkeitsabbildungen wesentlich ergänzt worden.[5] Es scheint jedoch an der Zeit, der Tendenz des heutigen Kunstdenkens, über Realismus primär von der Kunst, nicht von der außerkünstlerischen Wirklichkeit aus zu reden, entgegenzutreten.

Der Anstoß dazu kommt zuerst aus der kulturellen Praxis gegenwärtigen Umgangs mit Kunst. In einem Teil der kunstzentrierten Realismusauffassungen ist realistischer Kunst menschheitliche Produktivität energisch bestritten worden: Nur wer sich frei mache von der schlechten Wirklichkeit, vermöge ganz zu sich zu kommen. In der Folge verlieren große Teile der Weltkunst, für die Wirklichkeitsbeziehungen wichtig sind, an Wert, wird für bedeutsam allein das erklärt, was im Raum der Kunst verbleibt und damit tendenziell nur wenigen noch zugänglich ist. Dieser doppelte Verzicht – auf Traditionen und auf Publikum – ist kulturell fragwürdig. Deshalb zum ersten ist es notwendig, die weltanschaulichen Dimensionen von Kunst energisch zu behaupten.

Anderer Art sind die Probleme, vor denen die marxistische Sicht auf Realismus heute praktisch steht. Nicht der Wirklichkeitsbezug von Kunst an sich ist die Frage; der wird hoch geschätzt, bald alle wertvolle Kunst heißt „realistisch". Die neuentwickelte funktionale Betrachtung von Realismus hat jedoch nicht zu einer Erweiterung der sozialen Fähigkeiten im differenzierten Umgang mit Kunst geführt. Der Wirklichkeitsbezug ist theoretisch geblieben, die Fähigkeit nicht gewachsen, Kunst in ganzer Schärfe auf soziale Wirklichkeit zu beziehen, Impulse zu praktischer Kritik aus ihr zu gewinnen. Zwar sind Möglichkeiten eines Erkenntnis wie Phantasie, Dokument wie Allegorie, Abbildung wie Spiel, Bejahung wie Distanz, Übereinstimmung wie Kritik einschließenden Begriffs realistischer als wertvoller, weil menschliche Produktivität im Geschichtsprozeß freisetzender Kunst eingeführt. Allzu häufig aber liegen sie brach im kleinen Kreis der Kenner, statt in der Kunstrezeption der vielen, in der Lehrpraxis der Schulen, in den Maßstäben der Kritik Leben zu gewinnen. Welche theoretischen und kunstpolitischen Folgen es hat, „den Realismus künstlerischer Äußerungen von dem falschen Zwang der bloßen Realitätsentsprechung [zu] entlasten und so das Monopol einer rein erkenntnistheoretischen Unterscheidung des ‚Wahren' oder ‚Unwahren' ... [zu] relativieren durch handlungsgemäße Kriterien der kommunikativen Lebens-Praxis"[6], bleibt umstritten. Wie das „realistische Schreiben, Formen, Spielen sich der vollen, schweren Wahrheit dieser Zeit öffnen und dennoch unbeschwert angenommen werden"[7] kann, gilt keineswegs als ausgemacht. Eine mögliche realistische Wirkung von Kunst auch unabhängig von der bewußten Arbeit des Autors zu erwarten hat (besonders was Gegenwartskunst betrifft) Widerspruch hervorgerufen. In diesen unabgeschlossenen Debatten funktioniert der Realismusbegriff nach seiner funktionalen Öffnung praktisch nicht mehr unterscheidend – höchstens noch als Legitimationsinstrument. Daraus ergibt sich der zweite Anstoß, mit besonderem Nachdruck nach Weltanschauung in der Kunst zu fragen.

Wenn der heutigen Verabschiedung bzw. Entleerung des Begriffs durch die Neubesinnung auf seine nichtkünstlerischen Gehalte und Kontexte entgegengetreten werden soll, darf das Festhalten an Realismus nicht blind sein für die Gefahr des Klebenbleibens am Gegebenen, die mancher Realismuskritik ein partielles Recht gibt. Es darf das um so weniger, als sich heute Stimmen konservativer Couleur wieder mehren, die unter der Fahne des Realismus ein „Plädoyer für diese ganze Welt"[8] halten und die vom Imperialismus bestimmte meinen. Just die hier ausgeblendete Frage nach der *Veränderbarkeit* von Wirklichkeit ist es, die aus der Öffnung der Realismusbetrachtung über den Kunstbereich hinaus gewonnen werden kann. Es geht um das Marxsche Verständnis von Nüchternheit.

Die Dimensionen des damit aufgegebenen Problems theoretisch durchzuarbeiten ist nicht das Anliegen dieser Arbeit. Ihre Methode ist die Historisierung. Die heutigen Debattenkonstellationen sind Ergebnis einer Geschichte, in der der Realismusbegriff erst wurde, was er heute ist. Diese Geschichte ist in wichtigen Teilen in Vergessenheit geraten, kann den heutigen Diskussionen jedoch neue Frische und Tiefe geben. Sie enthält das Miteinander von Weltanschauung und Kunst und die dabei auftretenden Konflikte. An dem Denken über realistische Kunst in Frankreich nach der Achtundvierziger Revolution kann, so die Arbeitshypothese, der zeitweilige Primat des Nichtkünstlerischen in der Geschichte des bürgerlichen Kunstdenkens sichtbar gemacht werden – mitsamt seinen Folgen für weltanschauliche Verwicklungen von Kunst generell.

Zu erkennen waren die geschichtlichen Prozesse vor allem in den Zeitschriften und weiteren Publikationen jener Jahre; deren Auswertung erbrachte den Hauptteil des historischen Materials. Verzichtet werden mußte danach, schon aus Gründen des Umfangs, auf Ausführungen zur Kunstentwicklung selbst. Der Schwerpunkt lag auf ideologischen Prozessen, die (wie häufig) in manchem anders verliefen als die künstlerischen. Sie können eigenständige Bedeutsamkeit beanspruchen: Es interessiert im folgenden, wie eine Gesellschaft mit ihrer Kunst umgeht. Das erfordert andere Analysemethoden als das Lesen von Kunstwerken als Chiffren ideologischer Veränderungen und beansprucht nicht, den Kunstprozeß selbst zu erklären.

Aus dem historischen Material ergaben sich notwendige Verschiebungen gegenüber eingeführten Verfahrensweisen: Das Schema, wonach sich wahre Kunst im Kapitalismus (oder, wie vor allem dortige Denker betonen, Kunst überhaupt) „autonom" gegen die soziale Wirklichkeit ihrer Zeit habe setzen müssen, um nicht dem Schicksal zu verfallen, „Instrument" der diese Zeit Beherrschenden zu werden, ist vor einigen Jahren bereits mit den Mitteln literaturhistorischer Dialektik in Frage gestellt, von dem gleichzeitigen „Autonomie- und Instrumentstatus" der Literatur im Kapitalismus ist gesprochen worden.[9] Auch historisch läßt sich das Schema, wie sich zeigen wird, nicht halten. – Gegenüber den gängigen, an die historischen Wendepunkte angelehnten Periodisierungen ergab sich ein teilweise anderes Bild. – Die großen Autoren der Zeit konnten nicht die Fixpunkte der Darstellung sein. Sie waren zu betrachten in Abhängigkeit von der Problementwicklung. Während damit z. B. auf Ausführungen zu den Brüdern Goncourt verzichtet werden konnte (sie hätten das Bild zwar ausgestaltet, aber nicht verändert), ist auf eine Lücke hinzuweisen: Die Position Gustave Flauberts in den französischen Realismusdiskussionen nach 1848 wird zwar markiert, aber nicht analysiert. Kein anderer ließ sich aus so totaler subjektiver Distanz so weitgehend und mit so wenig Hoffnung auf Veränderung ein mit dieser Zeit. Es hat vorwiegend äußere Gründe, daß dies nicht dargestellt wurde: das Arbeitsvermögen eines Autors und das Fassungsvermögen eines Buches, das trotz der zeitlichen Ausdehnung des Behandelten und des Anspruchs eines gewissen Überblicks keine Literaturgeschichte der zweiten Jahrhunderthälfte sein will. Daß die andere große Leistung für einen Realismus der Kritik, die des Malers Gustave Courbet, am Ende des Bandes steht, hat neben dem damit möglichen, zumindest partiellen Blick aus der Literatur hinaus allerdings noch den Grund, daß dort Fundamentalkritik der sozialen Wirklichkeit durch Zuwendung zu dieser Wirklichkeit unter den Anspruch der Veränderung gestellt wird. Eine solche Haltung scheint mir heute in besonderer Weise erinnernswert, die Widerstände, auf die sie traf, besonders aufschlußreich.

Bevor die Schwierigkeiten solcher Veränderung am historischen Beispiel betrachtet werden sollen – im Sinne der Forderung Walter Benjamins, in der vergangenen Zeit die Probleme unserer eigenen sichtbar zu machen (bis in frühere Vorgänge von unmittelbarer Aktualität hinein) –, ist der Wertungsmaßstab zu benennen, dem die Darstellung sich verpflichtet. Ein Blick auf die beiden großen marxistischen Realismuskonzepte unseres Jahrhunderts vermag ihn zu verdeutlichen. Lukács und Brecht sind in ihrer Gemeinsamkeit als Kämpfer gegen den Kapitalismus mittels Kunst wie in ihren Gegensätzen von Theoretiker und Praktiker, von Verfechter der demokratischen Diktatur und Dränger auf die sozialistische Revolution, von Bewahrer humanistischen Erbes und Materialästhetiker vielfach betrachtet worden. Ist die wichtigste Differenz zwischen ihnen – jene, die die politischen Folgerungen und auch die Kunstkonzepte erst erklärt – aber nicht weltanschaulicher Art? Der Mensch suche, so Lukács, „eine unmittelbare Orientierung im Leben", die aber „nie in der real gegebenen Unmittelbarkeit des Lebens selbst gefunden werden kann, sondern nur in einer vom Menschen eigens für diesen Zweck geschaffenen neuen Unmittelbarkeit".[10] Diese neue Unmittelbarkeit zu konstruieren sei das Amt der realistischen Kunst. „Der Kapitalismus", so dagegen Brecht, „entmenscht nicht nur, er schafft auch Menschlichkeit, nämlich im aktiven Kampf gegen die Entmenschung."[11] Diesen Kampf zu entfachen, sei die realistische Kunst aufgerufen. Lukács' „nie" und Brechts „aktiver Kampf" bezeichnen den weltanschaulichen Unterschied zwischen beiden: Für den ersteren bedrohen „die entfremdenden gesellschaftlichen Mächte"[12] jede Assoziation der Individuen; für den anderen wird der Mensch „nicht wieder Mensch, indem er aus der Masse herausgeht, sondern indem er hineingeht in die Masse"[13]. Davon abgeleitet erst sind die Verfahren der Kunst. Schafft sie „ein eigenartiges Zwischenreich, das den unmittelbaren Anschein des Lebens mit dem Durchsichtigwerden der Erscheinungswelt, mit dem Glanz des Wesens organisch vereinigt"[14]? Oder sieht sie ihre Aufgabe darin, über „die darstellung von zuständen als latenten balancen sich zusammenbrauender konflikte" zu einem Realismus vorzustoßen, „wie die dialektik ihn ermöglichen könnte" – was einen mit den Widersprüchen der sozialen Wirklichkeit geladenen Realismus meint, der „die realität gegen die ideologien führt"?[15]

Die Probleme sind von jener Art, daß fertige Antworten für sie bisher nicht vorliegen, vielleicht auf absehbare Zeit auch nicht vorliegen können. Es spricht für den Scharfblick Brechts, daß er schon an Lukács' Schriften der dreißiger Jahre, als dessen Konzept noch nicht ausgearbeitet zugänglich war, ein „Moment des Kapitulierens, Zurückweichens" beobachtete. Das war eine weltanschaulich-politische Kritik: Die langen Fristen der Gesellschaftsveränderung, mit denen Lukács rechnete, nachdem er das Ende der revolutionären Nachkriegskrise verarbeitet hatte, schienen Brecht überdehnt. „Gibt es also keinen Ausweg? Es gibt einen. Die neue heraufkommende Klasse zeigt ihn."[16] Durch das Vorzeigen der Widersprüche in den Zuständen wollte Brecht sein Teil dazu beitragen, die Fristen zu verkürzen. In der Zeit, die seit der Niederschrift seiner Lukács-Kritik vergangen ist, hat die Geschichte erwiesen, daß der Optimismus vieler darin enthaltener Ideen „dem Utopischen verhaftet blieb“[17]. Wäre demnach, soll nicht überhaupt Abschied genommen werden von der Vorstellung eines gattungsgeschichtlichen Entwicklungsprozesses, doch eher dem gegenüber den Veränderungsmöglichkeiten skeptischeren Ungarn zu folgen in die Bewahrung der nichtentfremdeten Individualität? Ist dessen Handlungsvorschlag nicht, im Alltagssinn, realistischer? Werner Mittenzwei allerdings resümierte das Leben des Bertolt Brecht in dem Satz: „Die Welträtsel werden nicht gelöst, aber wehe der Welt, die die Anstrengung verweigert, so zu leben, als könne man sie lösen.“[18]

Die Geschichte des realistischen Kunstdenkens in Frankreich nach 1848 in diesem Sinne auf die kollektive Lebenspraxis der Damaligen und der Späteren zu beziehen wird im folgenden versucht.

„Fortschritt“ in Frankreich nach 1848

Gab es Fortschritt in Frankreich nach der Revolution der Jahrhundertmitte? War er mehr als die Illusion apologetischer Bourgeois, besaß er gesellschaftliche Realität? Im folgenden soll gezeigt werden, daß diese Fragen mit rigorosem Nein nicht zureichend beantwortet sind. Diese historische Differenzierung ist wesentlich, um die Geschichte realistischen Kunstdenkens in dieser Zeit zu begreifen.

„Was soll das: einer Welt, die in Totenstarre versinkt, von Fortschritt reden.“ Nicht einmal ein Fragezeichen hielt Walter Benjamin für nötig nach diesem Satz. So klar war die Antwort. „Daß die Bourgeoisie der bevorstehenden Entwicklung der von ihr ins Werk gesetzten Produktionsordnung nicht mehr ins Auge zu blicken wagte“,[19] hatte axiomatischen Stellenwert in seiner Untersuchung des Geheimagenten Baudelaire, des Agenten „der geheimen Unzufriedenheit seiner Klasse mit ihrer eigenen Herrschaft“. Das Urteil: „Das Jahrhundert hat den neuen technischen Möglichkeiten nicht mit einer neuen gesellschaftlichen Ordnung zu entsprechen vermocht“[20], hat die grundsätzliche Ablehnung des Kapitalismus für sich, die Ungeduld des Revolutionärs und das Entsetzen des Antifaschisten. Die allegorisierende Betrachtung der Bruchstücke bourgeoisen Seins in den Gedichten Baudelaires durch den aufgeschreckten Grübler Benjamin brachte Ahnungen von Bedrücktheit und Gefährdung zur Sprache, die oberflächlicherer Anschauung lange entgangen waren. Sie drang tiefer ein, vernahm unerhörte Signale und ordnete sie zugleich politischen Urteilen von Zeitgenossen über 1848 und die Folgen zu: „In jenen Junitagen haben die Bourgeois an allen Straßenecken die Brüderlichkeit erschossen.“[21]

Fast gleichzeitig aber urteilte ein anderer deutscher Antifaschist: „Das 19. Jahrhundert, die Menschen, die es darstellen, die Thaten und die Meinungen, in denen es sich ausdrückt, sind ehrwürdig.“ „So kleine Kriege u. ein so grosser leuchtender Friede.“ „Gesellschaftl. Gebundenheit – aber geistig herrlich.“ Der das im Entwurf eines ungeschriebenen Aufsatzes auf der Rückseite eines Briefes vom Februar 1935 notierte, hieß Heinrich Mann. Zu verarbeiten suchte er den Zusammenbruch dieser

„letzten Tage strahlenden Glanzes", der ihm zwei Jahre zuvor deutlich geworden war, und die Perspektive hieß: Dies alles „muss dereinst zurückerobert werden".[22]

Das Diktum Sartres zu 1848 wertete wiederum kurz und bündig entgegengesetzt: „Das Universum fiel auseinander."[23]

Drei Positionen der Späteren. Nicht der „empirische Kern des Fortschrittsbegriffs im 19. Jahrhundert"[24] – die Explosion von Industrieproduktion, Naturerkenntnis und Verkehrsverbindungen – wird in den Verurteilungen in Zweifel gezogen. Nur reiche der Blick auf „die Kuhblatternimpfung, diese wohltätige Erfindung, die ... so siegreich für das Weiterfortrücken der Menschheit und der sonst gegen alles heilsame Neue so halsstarrigen Vernunft zeugt"[25], nicht aus. Zwischen „Krise" und „Maschine", „Verdrängung" und „Lokomotive" klafft ein Abgrund. Hat Heinrich Mann den einfach übersehen?

In den Vätern des wissenschaftlichen Sozialismus hat die Empörersicht auf das 19. Jahrhundert ihre wichtigsten Verbündeten; mit ihnen ist sie jedoch auch zu überdenken. Marx hatte vor 1848 für Versuche wie die Eugène Sues, „menschenmordendes Elend" mitleidheischend darzustellen, um durch die Stärkung humanitärer Gefühle bei den Herrschenden „an der normalen und fortschreitenden Bildung der Gesellschaft zu arbeiten",[26] nur den Hohn und Spott des entschiedenen Revolutionärs. So stürzte er sich in die Achtundvierziger Revolution und sah im Licht der zerschlagenen Erwartung dann auch Louis Bonaparte. Schärfste Kapitalismuskritik, immer zur umstürzenden Aktion drängend. Keine Frage, daß das Handeln des bewußten Proletariats die gesellschaftlichen Zustände in absehbarer Frist grundlegend verändern würde. Dann aber entschiedene Kritik dieses unmittelbaren Elans, als die Geschichte die hohe Hoffnung nicht erfüllte.

Eine Kritik, die die Gründe der Ungeduld begütigend übersähe und die massenmobilisierende Kraft solcher Verkürzungen selbstgefällig unterschätzte, wäre scholastisch und ginge an wesentlichen Motiven proletarischer Bewegung vorbei. Diese kann nicht mit Vertröstung arbeiten, wenn sie reales Elend abschaffen will. Immer hat sie bestimmt nachzuweisen, „wie in der jetzigen kapitalistischen Gesellschaft endlich die materiellen etc. Bedingungen geschaffen sind, welche die Arbeiter befähigen und zwingen"[27] zur Revolution. Es ist aber wichtig, neben diesen politischen Folgerungen (die die Analysen von 1848 wie von 1871 bestimmten) das Herausarbeiten jener ökonomisch fundierten Betrachtungsweise zur Kenntnis zu nehmen, die von Marx und Engels zur „Dreistufung des geschichtlichen Prozesses nach Formationsgrundtypen" – Urgesellschaft, Klassengesellschaft, Kommunismus – geführt wurde und in der der Kapitalismus als wesentliche Stufe der „Herausbildung des Gesellschaftlichen aus der Natur" seinen Platz hat.

Durch die Autoren von „Formationstheorie und Geschichte" ist die Entwicklung des Denkens von Marx und Engels nach 1848 bereits vor geraumer Zeit analysiert worden. Ihre Arbeit belegt mit Nachdruck: Im Geschichtsverständnis des reifen Marxismus bildet der kapitalistische Produktionsprozeß „eine geschichtlich bestimmte Form des gesellschaftlichen Produktionsprozesses überhaupt", und zwar einer Produktion unter Bedingungen, „die der Entwicklung der Produktivkräfte, der gesellschaftlichen Verhältnisse und der Schöpfung der Elemente für eine höhere Neubildung vorteilhafter sind als unter den früheren Formen der Sklaverei, Leibeigenschaft usw.". Auf der Basis der vom Kapitalismus erzwungenen Fortschritte bei der Beherrschung der „Dingwelt" erst werde es möglich, „daß der vergesellschaftete Mensch, die assoziierten Produzenten, diesen ihren Stoffwechsel mit der Natur rationell regeln, unter ihre gemeinschaftliche Kontrolle bringen, statt von ihm als von einer blinden Macht beherrscht zu werden".[28] In diesem Zusammenhang wird die „heute manchmal grotesk anmutende Verkürzung der gesellschaftlichen Perspektiven bei Marx und Engels" benannt, die lange davon ausgingen, daß „die bürgerliche Gesellschaft für ihre revolutionäre Endkrise reif sei und der revolutionäre Prozeß ohne längerfristige Stabilisierung des Kapitalismus in der Permanenz seiner Abläufe und Phasen zur proletarischen Revolution treibe".[29]

Zugleich wird klar, daß die neuentwickelte „historische Langzeitanalyse" für Marx und Engels kein Stillegen menschlicher Handlungsfähigkeit und -impulse bedeutete. Sie führte zu jenem vertieften Fragen „nach dem Handeln der Menschen in der Geschichte"[30], das die späten Arbeiten von Engels wesentlich prägte.

Damit aber traten politische und historische Analyse im Marxismus in neuer Weise zusammen. In seinen letzten Lebensjahren beobachtete Engels den „Übergang zu einer Zeit relativ stabiler kapitalistischer Evolution“[31] und verarbeitete diese Erkenntnis 1895 in dem Verweis auf „die ökonomische Revolution, die seit 1848 den ganzen Kontinent ergriffen“ und auch in den Klassenverhältnissen erst „Klarheit geschaffen“ habe – „alles auf kapitalistischer, im Jahre 1848 also noch sehr ausdehnungsfähiger Grundlage“. Um diese Grundlage zu verändern, werde es „langer, ausdauernder Arbeit“[32] bedürfen. Formuliert waren diese Gedanken ausdrücklich als Selbstkorrektur. Der welthistorische Blick hatte die politische Orientierung der revolutionären Arbeiterbewegung vertieft.

Schlußfolgerungen aus diesen Analysen für Beschreibung und Wertung der politischen Praxis und des sozialen Bewußtseins der Bourgeoisie im 19. Jahrhundert wurden von den Historikern über einige Hinweise auf Ausgleichsfunktionen des bürgerlichen Staates und die „Revolution von oben“ hinaus nicht gezogen. Insbesondere wurde die Frage bisher nicht ausdrücklich aufgeworfen, ob die Bourgeoisie auch nach der Vollendung der bürgerlichen Umwälzung noch vorwärtstreibende Funktionen im Geschichtsprozeß ausfüllte. Empirisch festzuhalten ist ihre Fähigkeit, längerfristig die gesellschaftlichen Angelegenheiten in ihrem Sinn so zu ordnen, daß gegen Ende des Jahrhunderts für ein Land wie Frankreich von stabilem Kapitalismus gesprochen werden kann (sollte man ihn „entwickelt“ nennen?). Bis heute ist der Grundwiderspruch des Kapitalismus in dessen Zentren nicht revolutionär gelöst worden. Hieße dies, daß der Kapitalismus – den Nektar des Fortschritts weiterhin aus den Schädeln der Erschlagenen trinkend, abschiednehmend von der Revolution, aber der Evolution verpflichtet – seinen widerspruchsreichen Beitrag zum Fortschritt der Menschheit noch leistete, nachdem Arbeiter bereits damit begonnen hatten, sich zur revolutionären Klasse zu formieren? Auch über die Produktivkraftentwicklung hinaus? Wirkte bis ins Soziale, bis ins Denken hinein die Bewegung weiter, die die Bourgeoisepoche nach den Worten des „Kommunistischen Manifests“ vor allen anderen auszeichnete?

Solche Fragen können hier nur aufgeworfen werden. Für unser Bild des 19. Jahrhunderts ist es wichtig, daß zumindest die starren Entgegensetzungen („Fortschritt oder Reaktion“ lauteten sie noch vor einigen Jahren) überwunden sind und der Blick frei geworden ist für das Widerspruchsgeladene dieser wie jeder sozialen Wirklichkeit und Entwicklung. Was Fortschritt französischen Denkern nach 1848 bedeutete, tritt so erst ganz ins Licht.

„Est Deus in nobis"
Die Zukunftssicht Ernest Renans 1848/49

Ende 1868 veröffentlichte die seit gut einem Jahr von Emile Littré herausgegebene Zeitschrift „La Philosophie positive" eine Rezension des „in mehr als einer Hinsicht bemerkenswerten" „Kapitals" von Karl Marx. „Völlig wissenschaftlich" sei dieses Buch, schrieb der Rezensent Roberty, es deklamiere nicht, und sein „Erfolg" erkläre sich aus der „Faktenmenge", die aus „Dokumenten" geschöpft sei, „deren Wahrhaftigkeit und Exaktheit nicht in Zweifel gezogen werden können". Ein Einwand nur wurde erhoben. Der allerdings hatte es in sich und sei ausführlich zitiert: Die Grundidee des Buches sei „so vollständig falsch, zumindest so wenig übereinstimmend mit den gewöhnlichen Gesetzen, die die ökonomische Ordnung der Gesellschaft regeln, daß sie keinen entscheidenden Einfluß auf den Kampf haben wird, der von der Arbeit gegen den Despotismus des Kapitals geführt wird. Die soziale Frage erscheint uns im übrigen einigermaßen deplaziert, wenn man sich darauf beschränkt, statt die notwendigen Bedingungen einer gesunden Produktion und einer gerechten Verteilung des Reichtums zu studieren, deren konstituierende Elemente zu analysieren und uns z. B. zu sagen, daß man auf eine kostenlose Aneignung menschlicher Arbeit stößt, wenn man bis zur Quelle jener Kapitalrente zurückgeht. Der Profit des Kapitalisten kann schließlich sein, was er will, er ist nichtsdestoweniger ein notwendiges Antriebsrad im Mechanismus der modernen Industrie. Wir formulieren abschließend einen Wunsch, der nicht als indirekte Kritik fehlinterpretiert werden sollte: den, in den folgenden Bänden dieser bemerkenswerten Arbeit etwas weniger Dialektik und, wenn möglich, einen noch größeren Gebrauch der induktiven Methode vorzufinden."[33]

Daß Roberty eine klassenkämpferische Rezension geschrieben hatte, ist nicht zu übersehen. Mit souveräner und gelassener

Scharfsicht hatte er aus Marxens Hauptwerk jenen Punkt herausgefiltert, in dem die ökonomische Analyse zur revolutionären Folgerung geführt worden war – die Mehrwertaneignung. Roberty hielt es nicht für nötig, gegen Marx zu argumentieren; er tat dessen Hauptargument gegen den Kapitalismus einfach ab, ließ es – keine zweieinhalb Jahre vor der Pariser Kommune – auf sich beruhen. Es hatte ihm nicht etwa die Sprache verschlagen. Den Grund der Gelassenheit birgt die ruhige Selbstverständlichkeit, mit der die Gesetze der kapitalistischen Produktion zum Kriterium von Wahrheit und Falschheit erklärt werden. Zwar weiß auch Marxens Kritiker, daß die gegebene doch noch nicht die beste aller Welten ist: Die Produktion kränkelt, die Verteilung ihrer Erzeugnisse hat Mängel. Aber Optimismus ist zur Stelle: Bei gehöriger Anstrengung sind die Gebrechen zu beseitigen, ist allgemeiner Wohlstand zu sichern. So trägt sein Buch Marx schließlich die Einladung ein, mitzutun an dem Werk der Harmonisierung von Arbeit und Kapital, das Andererseits gegenüber dem Einerseits zu lassen (kaum viel mehr dürfte die Warnung vor Dialektik hier bedeuten) und durch weiteres exaktes Faktenstudium beizutragen zum Aufkommen einer Allwissenheit, der immer weniger unerklärlich und alles gestaltbar ist.

Marxismus in positivistischer Sicht. Bürgerlicher Reformismus – gespeist aus Selbstbewußtsein, Erkenntnisoptimismus und Perspektivsicherheit. Die Ideale der bürgerlichen Revolutionszeit sind auf das tägliche Handeln in natürlich gegebenen Verhältnissen gekommen. Plackerei statt Enthusiasmus; Sammeln, nicht Aufeinanderprallen der Kräfte. Kleine Schritte statt des großen Durchbruchs. Das Ziel wird behauptet, aber es verschwimmt.

Roberty 1868 – die kurze Rezension eines kleinen Lichts ohne größere zeitliche und räumliche Aussagekraft? Im wesentlichen weiß man doch, was hier geschieht: Die Bourgeoisie erklärt ihr Reich für natürlich, um es desto besser verteidigen zu können. Oder steckt mehr hinter dem Bekenntnis zur induktiven Methode?

Zwanzig Jahre zuvor hatte ein knapp sechsundzwanzigjähriger ehemaliger Zögling eines Priesterseminars in wenigen Monaten und auf vielen hundert Seiten seinen Lebenstraum formuliert. Mehr als zwanzig Jahre nach Robertys Marx-Rezension erst sollte er ihn der Öffentlichkeit übergeben. Der Titel: „Die Zukunft der Wissenschaft". Der Verfasser: Ernest Renan. Der Rang dieses Mannes, Inhalt und Geschichte seines Jugendwerks erlauben eine fundiertere Antwort auf die zweifelnde Frage.

Lese man aufmerksam das Werk Renans, in dem so viel von Fortschritt gesprochen werde – meinte einer seiner späteren Kritiker –, so müsse man feststellen, daß sich Renan niemals gründlich gefragt habe, was er unter diesem Wort verstehe. „Nicht wirklich engagiert" sei er in seiner Zeit gewesen, von einem „lächelnden Skeptizismus" sei zu reden, zufriedengegeben habe er sich mit „der Ausbeutung dessen, was schon existierte".[34] Beziehen sich solche Beobachtungen nicht einfach auf geistige Laschheit, so charakterisieren sie einen im Grundsätzlichen zufriedenen Menschen, der sich seiner Wertsetzungen sicher genug ist und in seinen Verhältnissen unbedrängt genug steht, um beide nicht ständig diskutieren zu müssen. Gerade das Fehlen einer Definition von „Fortschritt" bei Renan verweist dann auf dessen Überzeugung von der Existenz der Sache.

Nach dem einzuschlagenden Lebensweg fragte sich Renan am Ende des Jahres 1848. Mit bewundernswerter Zähigkeit sollte er in den ihm verbleibenden vierundvierzig Jahren verwirklichen, was er sich damals vornahm. Die Grundentscheidung: eine auf den Menschen bezogene exakte Wissenschaft. Nur eine kam für ihn in Frage – die Philologie. Sie war die Ergänzung zu den Naturwissenschaften auf dem Gebiet der „Dinge des Geistes", hatte wie diese mit konkreten Fakten und deren Ordnung zu tun. Spezialisierte Kompetenz, „wissenschaftliche Arbeitsteilung" war erste Erkenntnisvoraussetzung. Und nur als geschichtliche war ihm die „Wissenschaft des menschlichen Geistes" denkbar.[35] Die Schlußfolgerung: das Studium der Altphilologie. Das Vorhaben: eine „Geschichte der Ursprünge des Christentums" nach den Quellen zu schreiben (vgl. III, 876, 950–960). Das Ergebnis: die siebenbändige, in zwanzigjähriger Forschung erarbeitete „Geschichte der Anfänge des Christentums" und die fünf Bände der „Geschichte des Volkes Israel". Philologische Bibellektüre bestimmte diese Werke, und im Sensationserfolg des „Lebens Jesu" (1863) fand Renans Antidogmatismus, der gepaart war mit einer bei Wissenschaftlern seltenen sprachlichen Darstellungskraft, breite Publikumsbestätigung.

In einem Brief an Eugène Burnouf, seinen Professor am Collège de France, hatte Renan im März 1849 seinen Entschluß mit einer Überlegung begründet, die – von Politischem ausgehend – Gedanken zur Stellung der Wissenschaften in der Gesellschaft enthielt, die über eine Apologie der Philologie weit hinausgingen. Diese Gedanken hatte er in seinem Manuskript zu begründen versucht, und sie erst machen dessen hauptsächliches Interesse für den späteren Leser aus: Sie sind mehr als individuelle Lebensbegründung. Renan erinnerte sich der Barrikadenkämpfe der Februarrevolution. „An diesem Tag fragte ich mich ernsthafter denn je, ob es nichts Besseres zu tun gab, als alle Augenblicke seines Lebens dem Studium und dem Nachdenken zu widmen, und nachdem ich mein Gewissen befragt und mich in meinem Glauben an den menschlichen Geist bestärkt hatte, antwortete ich mir ganz entschieden: ‚Nein'. Wäre die Wissenschaft nur ein angenehmer Zeitvertreib, ein Spiel für Müßiggänger, ein Luxus-Ornament, eine Liebhaber-Phantasie, kurz, die uneitelste der Eitelkeiten, so gäbe es Tage, an denen der Gelehrte mit dem Dichter sagen müßte: Schande über den, der singen kann, während Rom brennt. Ist aber die Wissenschaft Ernst, sind die Schicksale der Menschheit und die Vollkommenheit des Individuums an sie gebunden, ist sie eine Religion, so besitzt sie, wie die religiösen Angelegenheiten, Wert an allen Tagen und zu jedem Augenblick." (III, 729)

Wissenschaft als Religion, so lautet das entscheidende Stichwort. Es ist mit einem Hinweis auf Renans Herkunft und bisherigen Lebensweg nicht bereits ausreichend erklärt. Weit eher als an die strenggläubige Familie und das Priesterseminar ist hier daran zu denken, welchen Platz die Religionsmetapher im Kunstdenken der ersten Jahrhunderthälfte eingenommen hatte und noch einnahm, als Renan seinem Professor schrieb. Übernatürliche ganzheitliche, schicksallenkende Macht, auf die hin religiöses Denken generell organisiert ist, verkörperte sich damals wesentlich im Genie des Künstlers. In der Kunstlehre des Saint-Simonismus schwebte dieser „oberhalb der Erde und läßt als Nachbar des Himmels seine begeisterte und prophetische Stimme ertönen"; er ist vor anderen würdig – wegen dieses Überblicks – „die Menschheit zu führen".[36] In diesem Denkmuster lagen Protest gegen die nachrevolutionäre Wirklichkeit der bourgeoisen Gesellschaft und zugleich die Erwartung, „die Spaltung der modernen bürgerlichen Gesellschaft ... in einer sozialen Einheit aufzuheben, die von den in harmonischer Bestrebung vereinigten drei produktiven Klassen – Künstler/Wissenschaftler/Industrielle – bewirkt werden soll"[37]. Auch wo diese Erwartung nicht mit der Sozialutopie verbunden wurde, war das von der Arbeitsteilung relativ unbetroffene Weltverhältnis des Künstlers zum vorzüglichen Hort der Ganzheit erklärt worden – bis hin zu dem von Gautier verkündeten „Rückzug der Literatur aus der Politik"[38]. Auch darin lagen priesterliche Ansprüche. Das Kunstwerk fungierte „als Sinnbild eines Weltganzen ... und als Ausdruck menschlichen Schöpfertums schlechthin"[39]. Renan selbst hatte sich von solchen Gedanken unmittelbar nach dem Verlassen des Priesterseminars nicht unbeeinflußt gezeigt. „Wenn Literatur nur etwas Partielles ist wie sonst alles", notierte er 1845/46, „so will ich sie nicht. Es gibt ein Ganzes, eine Gesamtheit von Dingen, die Ziel und göttlicher Endpunkt des Menschen ist." Literatur in *diesem* Sinne sei „das Wahre", sie sei „das Ideal des Volkes, etwas Paralleles zu seiner Religion" (IX, 431, 434).

Nun sprach Renan von der Wissenschaft als Religion. Er tat es genau in den eben skizzierten Zusammenhängen. Ausdrücklich stellte er sich außerhalb „jedes übernatürlichen Glaubens", die Zerstörung des „Supernaturalismus" voraussagend. „Die Religion der Zukunft", so hieß es bei ihm, „wird der reine Humanismus sein, das heißt der Kult all dessen, was des Menschen ist, das geheiligte, zu moralischem Wert erhobene ganzheitliche Leben." Renan parallelisierte künstlerisches Werk, wissenschaftliche Forschung und charakterliche Größe als Beiträge zur Bildung eines „Ideals, das – ohne sich in diesem oder jenem einzelnen zu verwirklichen – für die Zukunft das ist, was Christus eintausendachthundert Jahre lang gewesen ist – ... eine große zentrale Heimstatt". Und leidenschaftlich verkündete er seinen Glauben an den „Rationalismus": „Ihr seid die Skeptiker, und wir sind die Gläubigen. Wir glauben an das Werk der modernen Zeiten, an seine Heiligkeit, an seine Zukunft ... Wir glauben an die Vernunft ...; wir glauben an die Menschheit, an ihre göttliche Bestimmung, an ihre unvergängliche Zukunft ...; wir glauben an die Würde des Menschen, an die Güte seiner Natur, an die Aufrichtigkeit seines Herzens, an sein Recht auf das Erreichen der Vollkommenheit." Sein ganzes Werk setzte – vom Titel an – Zukunft und Wissenschaft in eins. In Großbuchstaben verkündete er „das letzte Wort der modernen Wissenschaft": „DIE

MENSCHHEIT WISSENSCHAFTLICH ORGANISIEREN" (III, 762, 766, 809, 738, 780, 779, 757). Jahre später unterstrich er seinen Glauben durch die Formel: „Est Deus in nobis." (IV, 39) Das meinte nicht nur, daß die Menschen Götter nach ihrem Bilde und Bedürfnis formen. Es wies auf die Allmacht des wissenden Menschen und auf sein höchstes Ziel: Für die Menschheit sei Gott „die Kategorie des Ideals" (III, 1108).

An dieser Stelle der Begeisterung ist ein Schnitt zu machen. Philologische Religionsgeschichtsschreibung hatte Renan sich zum Lebensberuf gesetzt. Spezialisierung hieß seine Forderung an sich selbst. Auch wenn die Kenntnis alter Sprachen damals verbreiteter war: Konnte die Hebraistik ganzheitstiftenden Wert erlangen? Erwies nicht bereits die Spanne zwischen dem individuellen Lebensziel und der Wissenschaftseuphorie das Illusorische der Totalitätserwartung? Ist, wenn nicht von Lächerlichkeit oder Tragik, zumindest von Überspanntheit eines Jünglings zu reden?

Renan übersprang das hier liegende Problem nicht. Er sprach es an, und er entwickelte Ideen zu seiner Lösung. Mehrfache Annäherung in wechselnden Zusammenhängen zeugt zumindest von der Ahnung einer Schwierigkeit. Gleich zu Beginn der „Zukunft der Wissenschaft" ist die Rede von der „großen Opposition von Körper und Seele", von „idealem Leben" und „praktischer Weisheit". Später gibt es Überlegungen z. B. über das Verhältnis von spezialisiertem Quellenstudium und zusammenfassendem Überblickswerk; über Erkenntnisstufen vom Synkretismus als allgemeinem und konfusem Blick auf das Ganze über die Analyse als unterscheidendem Blick auf die Teile bis zur Synthese als Neuzusammensetzung des Ganzen im Wissen um die Teile; über eine notwendige „Simultaneität von intellektuellem Leben und beruflicher Arbeit" (III, 733 f., 912 f., 968, 1048). Sie alle umkreisen die Frage, ob angesichts der zunehmenden Aufspaltung menschlicher Aktivität in immer zahlreichere und immer deutlicher getrennte Teilbereiche der Mensch es sich zutrauen könne und solle, sein Sein und Handeln *insgesamt* zu überblicken und einzurichten. In der Formulierung Renans ist das die Frage nach der Möglichkeit „höchster menschlicher Kultur", die, wie er ausdrücklich hervorhebt, in den einzelnen, „durch die Individuen", zu realisieren sei (III, 1018 f.).

Es ist nun charakteristisch für Renan, daß diese Möglichkeit eindeutig bejaht wird. Die vielfach angesprochene Trennung von

Praktischem und Idealem, von Begrenztem und Umfassendem zeigt, daß es nicht einfach Identitätsillusionen waren, die sein Denken beherrschten. Die Einheit zu erringen ist möglich; aber das bedarf der Anstrengung. Ein zweites Moment ist an dieser Stelle wichtig, um die Position zu charakterisieren: Ob die Einheit in der Vergangenheit schon einmal existiert hat, interessiert weniger; wichtig ist, daß sie in der Zukunft erlangt werden kann. Renans Enthusiasmus ist eine Gegenposition zu jeder Zivilisationskritik im Zeichen eines wiederzugewinnenden Goldenen Zeitalters oder eines natürlichen Gesellschaftszustandes. Er ist nach vorn orientiert. Und damit ist zum dritten darauf zu verweisen, daß die Zukunft nicht durch unendliches Mühen von der Gegenwart getrennt, sondern durch fortgesetzte Anstrengung mit ihr verbunden ist. Nicht entsagender Traum, sondern die eigentümliche Verbindung von Nüchternheit und Schwärmerei im Anspruch an sich selbst und die Welt kann konstatiert werden. Die immer umfassendere Beherrschung der Welt durch den Menschen und zu seinem Besten wird in diesem Denken für möglich erklärt. In diesem Sinne ist es ein Fortschrittsdenken. „Es bleibt unbestreitbar, daß die Menschheit unaufhörlich, durch ihre Schwankungen hindurch, zu einem vollkommeneren Zustand strebt; daß sie das Recht und die Macht hat, in der Regierung der Dinge immer mehr die Vernunft über Laune und Instinkt herrschen zu lassen." (III, 746)

Jedes Fortschrittsdenken schließt Unzufriedenheit mit der Gegenwart notwendig ein – sonst käme die Bewegung zum Stillstand. Es hält zugleich die Gegenwart für fähig zur Vervollkommnung. Diese Fähigkeit kann sich in grundlegender Erneuerung oder in stetiger Verbesserung erweisen. Revolutionär war Renan nie. Evolution aber galt ihm als unabdingbar. „Es gibt nur ein Mittel, den modernen Geist zu verstehen und zu rechtfertigen: ihn als notwendige Stufe zum Vollkommenen anzusehen; das heißt zur Zukunft. Und dieser Aufruf ist nicht die Tat eines blinden Glaubens, der sich auf das Unbekannte wirft. Er ist das legitime Resultat der ganzen Geschichte des menschlichen Geistes. ‚Die Hoffnung', sagt George Sand, ‚ist der Glaube dieses Jahrhunderts.'" An anderer Stelle wird die Revolution von 1789 der „erste Versuch" der Menschheit zur Herrschaft über sich selbst genannt. Und höchst bezeichnend: „Unglück über den, der die Revolutionen macht; glücklich, wer sie beerbt! Glücklich besonders die, welche – in besseren Zeiten geboren – nicht mehr die irrationalsten, absurdesten Mittel brauchen, um der Vernunft zum Triumph zu verhelfen!" (III, 787, 747, 991) Ein geschichtliches Denken wird in solchen Urteilen sichtbar, das die Gegenwart in einen Aufstiegsprozeß stellt, in dem das Wichtigste schon getan ist. Der glückhafte Schein der Nachrevolution besonnt das Bild.

Zwei Mittel des Aufstiegs wurden hervorgehoben: Industrie und Erziehung. Mit ihnen schloß Renan den Kreis, der die aufgerufenen Entfremdungsphänomene bannen sollte. Nichts hatte der Apostel einer „wissenschaftlichen Philosophie" übrig für Industrialisierungsschelte. Kaum einen Nebensatz wert waren ihm „diese banal gewordenen Deklamationen gegen die utilitären und realistischen Tendenzen unserer Epoche". Ihm galt die Industrie als ein geschichtlich für einige Zeit notwendiges Mittel zu einem höheren Zweck. Fragwürdiges nahm er dafür in Kauf, es erschien ihm überwindbar. „Die Zukunft wird unsere materialistischen Tendenzen sicher nicht völlig billigen ... Aber schließlich wird sie anerkennen, daß wir, unbewußt, die Bedingungen künftigen Fortschreitens geschaffen haben und daß unser Industrialismus, was seine Ergebnisse betrifft, ein verdienstvolles und heiliges Werk gewesen ist." Kaum deutlicher hätte die Harmonie von neuer Technik und humaner Vervollkommnung benannt werden können als mit diesem Adjektiv: heilig. Daß es nicht zufällig fiel, bezeugt seine erneute Verwendung in einem Zusammenhang, der den Platz der materiellen Produktion bekräftigt und aus der Perspektive der Nachkommenden weiterführend erläutert: „Das Werk des 19. Jahrhunderts wird die Eroberung jenes materiellen Wohlstands gewesen sein, der im ersten Zugriff profan erscheinen mag, der aber eine heilige Sache wird, wenn man bedenkt, daß er die Bedingung zur Befreiung des Geistes ist." (III, 968, 790, 792, 1050) In äußerer Bedrängnis, das wußte Renan, läßt sich schlecht großräumig denken, ist der ganze Reichtum der Persönlichkeit kaum umfassend auszubilden. Erst auf einer bestimmten Stufe von Wohlstand wird Individualitätsbildung machbar.

Zu ergänzen war die Industrialisierung aber von Anbeginn durch die Erziehung. Auffällig zuerst die erneut auftauchende religiöse Metaphorik, dann der demokratische Zug. Drei Kernsätze: „Man muß das Paradies herunterholen, für alle." „Der

Staat schuldet dem Volk die Religion, das heißt die intellektuelle und moralische Kultur." „Für den Fortschritt des menschlichen Geistes reicht es nicht aus, daß einige isolierte Denker zu weit vorgeschobenen Punkten gelangen und daß einige Köpfe sich wie ausgeschossener Hafer über das allgemeine Niveau erheben." Als Summe der einzelnen sei die Gesamtheit fähig, größere Vollkommenheit zu erreichen; geführt von den Fortgeschritteneren, sollten auch die Zurückgebliebenen einen wachsenden Beitrag zum gemeinsamen Vorankommen leisten. Erneut ist das Denken auf das einzelne Individuum konzentriert. Um der Partikularität zu wehren, sollten die einzelnen befähigt werden, über sich hinauszusehen. Da dies für Renan Wissen, ja Wissenschaft erforderte, war ihm ein Erziehungskonzept das Mittel umfassender menschlicher Erhöhung; dessen aristokratische Prägung schloß vorerst ein demokratisches Anliegen nicht aus. Die „kleine Zahl" der schon Wissenden teilt sich den noch Ungebildeten mit, oder, in brutalerer Formulierung: „Machen wir Menschen aus diesen Tieren." Ein harmoniegesättigter Satz voll fetter Selbstzufriedenheit beschreibt den Gipfel: „Wenn alle wie wir wären, ließe es sich nicht nur leichter regieren, sondern man brauchte kaum eine Regierung." (III, 983, 998, 1010) Wir, das sind die Statthalter der Wissenschaft.

Vieles läuft an dieser Stelle quer, an der doch der Bogen sich schließen sollte. Individuelles Ungenügen bedroht das große Ziel, und schaut man auf das ganze Buch, so ist in Renans Augen keine Gefahr größer als diese. Überall sonst beherrscht der Elan die Bedenken. Wo es um Erziehung geht, kommt dem Autor doch in den Sinn, daß es möglicherweise so schnell wie gehofft nicht gehen könn e. Ein „trügerischer Optimismus" liege in der Annahme, daß der Tag, an dem alle Menschen ihren Platz „an der Sonne der Intelligenz" gefunden haben, „uns bevorsteht". Hier ist plötzlich von langen Fristen die Rede – auch wenn selbststärkend hinzugefügt wird, daß es nichts gebe, „was die Vergangenheit uns nicht von der Zukunft der Menschheit zu erwarten gestattet" (III, 985). Nicht an der Wissenschaft, nicht an der Industrie würde es liegen, bliebe der erwartete Fortschritt aus. Unerzogene Menschen allein verzögerten ihn. Die Verhältnisse waren in Ordnung – die Menschen mußten sie nur begreifen.[40]

Der junge Mann stellte sich dieser Aufgabe. Die Geschichte der Menschheit, so meinte er, „ist vor allem die Geschichte ihrer

Erziehung". Zu der wollte er beitragen. „Das Ideal des menschlichen Lebens wäre ein Zustand, wo der Mensch die Natur in einem Maße gezähmt hätte, daß das materielle Bedürfnis kein Beweggrund mehr, wo dieses Bedürfnis, kaum gefühlt, schon befriedigt wäre ..., wo, kurz gesagt, die ganze menschliche Tätigkeit sich dem Geist zuwendete und der Mensch nur mehr himmlisches Leben zu leben hätte." (III, 1033, 1049) Renan wurde zum Ideologen der Bourgeoisie: Er gab dem Zustand der von dieser beherrschten Gesellschaft den ausbaufähigen Rahmen einer zufriedene Aktivität stiftenden Weltanschauung. Ganzheitliches Streben prägte die Altphilologie.

Reformismus der kleinen Schritte, aber voll innerer Sicherheit war an Robertys Marx-Rezension konstatiert worden. Nichts grundsätzlich anderes bietet Renan. Eher noch größer ist die Gewißheit – die Wissenschaft befestigt sie. Eher noch schneller soll es gehen. Dies ist kein Krisen-, es ist ein Aufbruchsdenken. Aufgerufen ist die Anstrengung des einzelnen. Den Einwand, daß damit die Ganzheit bereits aufgegeben, da das Individuum notwendig partikular sei, vermag Renan nicht zu verstehen. Ihm ist jeder einzelne potentieller Träger der Ganzheit. Nur von den einzelnen hängt ihre Entfaltung ab; nur als Versammlung einzelner denkt er Gesellschaft. Deren Strukturen verblassen vor der Kraft des Individuums. Deshalb auch keine Klagen über ein Auseinanderfallen von technischem und sozialem Fortschritt. Das Ziel ist eine von allem Materiellen gereinigte Intellektualität. Es gibt keinen grundsätzlichen Konflikt zwischen diesem Ziel und den dafür einzusetzenden materiellen Mitteln. Von „kritischem Glauben" (III, 1083) ist einmal die Rede. Die Zusammensetzung beschreibt treffend die Grundhaltung: partielle Unzufriedenheit, die einem zu befördernden Größeren aktivierend zugeordnet wird. Die Vorstellung einer Übereinstimmung von Produktivkräften und Produktionsverhältnissen wirkt auf diesen Idealisten so beflügelnd, daß er deren möglichen Widerspruch, ja Antagonismus gar nicht wahrnimmt. Er braucht kaum Brücken, denn er sieht keine Abgründe. Nur Wege sind anzulegen. Die Zukunft der Wissenschaft liegt in der Ausgestaltung des Vorhandenen.

Gedacht und geschrieben wurde dies alles im Revolutionsjahr 1848 – nach der Junischlacht immerhin, aber doch noch im Banne einer Umwälzung, die die Machtverquickung von Finanzbourgeoisie und Adel aufgebrochen hatte. Wie weit entsprach Renans Studierstubenmanuskript dem Atem der Stunde? Und trug sein Atem über die Stunde hinaus?

„Ordnung und Fortschritt"
Die bürgerliche Reaktion auf die Achtundvierziger Revolution

„Der 24. Februar ist der größte Tag der Menschheit! Vom 24. Februar werden die künftigen Generationen den endgültigen, unwiderruflichen Machtantritt des Rechtes der Volkssouveränität datieren. Nach dreitausend Jahren Sklaverei tritt endlich das Recht ein in die Welt, und die Wut der Tyrannen wird nicht ankommen dagegen. Französisches Volk, sei stolz auf Dich; Du bist der Erlöser der Menschheit." Die reine Erwartung, die in dem von Baudelaire, Champfleury und Toubin inmitten der Ereignisse herausgegebenen „Salut public" exemplarisch ausgesprochen wurde, fand – wer wüßte es nicht – ein schnelles Ende. „Die Brüderlichkeit währte gerade so lang, als das Interesse der Bourgeoisie mit dem Interesse des Proletariats verbrüdert war"[41] – und das war kurz genug. Die Marxsche Analyse der Differenzierungen zwischen Bourgeoisie und Proletariat sowie innerhalb der Bourgeoisie brachte schon den Zeitgenossen, so sie sehen wollten, die Klassenkonstellationen vor Augen, an denen die hehren Hoffnungen zerbrachen.

Von Niederlage vor allem ist gesprochen worden, als später die Achtundvierziger Revolution von Historikern auf ihre Ergebnisse hin geprüft wurde. Niederlage der deutschen Bourgeoisie, die den Nationalstaat nicht durch die Revolution von unten zu erringen vermochte und nun auf Bismarcks Blut-und-Eisen-Politik angewiesen war. Niederlage der Revolutionäre in Ungarn und in Österreich gegen die feudale Reaktion. Niederlage der Pariser Arbeiter in der Junischlacht. Niederlage aber auch der französischen Bourgeoisie, die Napoleon III. statt der Republik erhielt.

Für die proletarischen Revolutionäre war die Schlußfolgerung klar. „Waffen und Organisation – das ist das entscheidende Element des Fortschritts"[42], verkündete Auguste Blanqui 1851. „Die Revolution in Permanenz" hatten Marx und Engels ein Jahr zuvor gefordert, und auch als die „neue Revolution", die des Proletariats, nicht mit der erwarteten Geschwindigkeit kam, war jede ökonomische und historische Analyse getragen von der Überzeugung der notwendigen Kritik der Waffen an der alten Gesellschaft. In politischer Formulierung: Die Arbeiter „müssen die Vorschläge der Demokraten, die jedenfalls nicht revolutionär, sondern bloß reformierend auftreten werden, auf die Spitze treiben und sie in direkte Angriffe auf das Privateigentum verwandeln“.[43]

Noch Louis Blanc nannte im Londoner Exil als höchstes Prinzip von Ordnung den Sozialismus – „Regelmäßigkeit in der Bewegung, Harmonie der Beziehungen aller Menschen untereinander, Weisheit in Freiheit, Anwendung der Wissenschaft in der Suche nach Glück“ – und als dessen Ziel das noch nicht erreichte Prinzip, „zu produzieren nach seinen Fähigkeiten und zu konsumieren nach seinen Bedürfnissen“;[44] es findet sich wieder in der Marxschen Kritik des Gothaer Programms 1875. So verschieden in Wesentlichem diese Folgerungen aus der Revolution dennoch waren – ihr Gemeinsames lag in der auf eine erneuerte Revolution zielenden Kritik der Ergebnisse von 1848.[45]

Was aber dachte die Bourgeoisie selbst? Kalter Haß hinderte Marx nicht, ein wesentliches Element ihrer Haltung zu benennen: „Bloß reformierend“ werde sie auftreten, schrieb er. Drastischer hieß es an anderer Stelle über die Juni-Insurrektion: Die „Leichenstätte“ des Proletariats sei „Geburtsstätte der *bürgerlichen Republik*“ geworden.[46] Bei Geburten herrscht gewöhnlich Freude. Bei dieser auch? Anders gefragt: Was bedeutete es ideologisch, daß erst 1848 „die Industriebourgeoisie effektiv in die Politik des Landes eingriff“[47]?

Helmut Neef hat vor einiger Zeit Berichte deutscher Zeitungen über den Juniaufstand wiederveröffentlicht. Unverkennbar bei den Blättern der Bourgeoisie die Billigung der brutalen Unterdrückung. „Gräßlich, und dennoch mußte es seyn“ – so schüttelte sich nicht nur die „Allgemeine Zeitung“, Augsburg. Damit aber war das Schlimme als notwendiges Übel auch abgeschüttelt, und nun kamen andere Probleme. Was tun nach dieser „Folge von gänzlich vernachlässigter Erziehung“? Natürlich erziehen. Aber auch „friedliche Konzessionen“, um die „sozialen Krankheiten“ zu heilen; „brüderliche Theilnahme“ an den Leiden der Arbeiter; „ein einig Volk von Brüdern“ schaffen, und zwar „schleunigst“; „unablässig mit der Wünschelruthe umgehen“ –

kurz, „die Kräfte, welche den Staat so eben an den Rand des Abgrundes gerissen hatten, wieder organisch einzufügen in das Getriebe der übrigen zum Besten der Allgemeinheit".[48] Schon Tage nach den Kämpfen war der meistgezogene Schluß der von Marx benannte: Reformismus. Reformismus aber heißt langer Atem, Kritik auf der Basis von Selbstbewußtsein, Veränderungsfähigkeit gepaart mit Zufriedenheit. Traumatische Bewußtseinszustände, wie sie Krisen und Niederlagen folgen, sind solchen Haltungen nicht zuträglich.

Wie stellten sich die ideologischen Folgen von 1848 in Frankreich dar? Reformismus auch dort? Renans Schrift ließ es vermuten. Was sagten andere?

Erneut das Ja zur Unterdrückung. „Die General Cavaignac übertragene Diktatur war für uns alle eine Erleichterung; man fühlte, daß man einer ernsthaften, unvergleichlichen, entschlossenen Führung Gehorsam leisten würde, und man wußte außerdem, daß man sich in den Händen des ehrenhaftesten Mannes befand, den es jemals gab."[49] So Maxime Du Camp, der seine Beteiligung an der Niederschlagung des Arbeiteraufstandes noch Jahrzehnte später mit genußvoller Ausführlichkeit beschrieb. Die Nationalgarden, die von Cavaignac eingesetzt wurden, bestanden aus Leuten wie ihm. Sie machten die Juniprovokation möglich. Provokation – denn die Arbeiter waren ja durch die Schließung der Nationalwerkstätten herausgefordert worden zu ihrem Aufstand. Rückblickend schrieb der scharfsichtige Aristokrat Alexis de Tocqueville: „Ich war immer der Ansicht, daß man nicht darauf hoffen dürfe, die revolutionäre Februar-Bewegung stufenweise und auf friedlichem Wege in geordnete Bahnen zu lenken, sondern daß sie nur mit einem Schlage, durch eine große Schlacht in den Straßen von Paris aufgehalten werden könne."[50] Dies war geleistet worden, und darin hatte sich gezeigt, daß es überzogene Erwartung gewesen war, die Engels im Juli 1847 hatte schreiben lassen, die herrschende Bourgeoisie Frankreichs sei „völlig entkräftet, total ‚verbraucht'"[51]. Dies galt nicht für die Klasse, höchstens für deren an Louis Philippe gebundene Vertreter.

Weit lieber wäre es Tocqueville allerdings gewesen, wenn die Revolution gar nicht stattgefunden hätte. Am 29. Januar 1848 hatte er die Abgeordnetenkammer beschworen: „Ich glaube, daß wir zur Stunde auf einem Vulkan schlafen ... Heilen Sie das

Übel durch wirksame Mittel, greifen Sie es selbst an, nicht nur seine Symptome!" Die Rede muß ihn Überwindung gekostet haben, wußte er doch, „daß der gefährlichste Augenblick für eine schlechte Regierung der ist, wo sie sich zu reformieren" beginne.[52] Denn das ermuntere sofort zu weiterreichenden Forderungen. Dennoch aber war ihm die Einleitung von Reformen als unabdingbar erschienen, um die Revolution zu verhindern. (Aus anderer Perspektive, der von unten, waren übrigens auch Heines Urteile über Louis Philippe davon bestimmt, „daß der nachrevolutionäre Emanzipationsprozeß der ausgebeuteten Bevölkerungsschichten durch keine jakobinischen Exzesse gestört werden darf"[53].) Man hatte nicht auf ihn gehört. Kaum aber war Louis Philippe in der Versenkung des Exils verschwunden und eine neue Regierungsform zu verteidigen, da bekamen Heilungskonzepte einen ganz neuen Stellenwert. Nun ging es um „die universale Befriedung, die den Gewittern unserer revolutionären Zeiten endlich folgen"[54] müsse.

Zahlreiche Dokumente der Zeit sprechen die Sprache des bürgerlichen Reformismus: Abschied von der Revolution ohne Abschied von Mißstände beseitigender Veränderung. Victor Hugo zum Beispiel wetterte 1850 im Parlament gegen die Vorlage eines Unterrichtsgesetzes, das den Einfluß der Kirche auf die Schule festschrieb: „In diesem großen Jahrhundert der Neuerungen, der Adventstage, der Entdeckungen, der Eroberungen, in diesem träumt Ihr die Unbeweglichkeit!" hieß es, an die Partei der Geistlichkeit gerichtet. „Wie? Ihr werft, wie vom Tragen müde, Ruhm, Gedanke, Wissen, Fortschritt, Zukunft, das Alles in den Staub, und sagt: Es ist genug, gehen wir nicht weiter, halten wir inne! Ihr seht also nicht, daß Alles geht, kommt, sich bewegt, wächst, sich verwandelt und erneuert, um uns, über uns, unter uns! ... Wollt Ihr keinen Fortschritt, so werdet Ihr die Revolutionen haben!"[55] Ein Pathos der Veränderung durchzieht diese Sätze – einer Veränderung aber, für die Fortschritt und Revolution Gegensätze darstellten. Revolutionärer Geist verdächtigte eine solche Haltung mit Fug der Starrheit. Er übersah aber allzu schnell den darin enthaltenen Ausgestaltungswillen.

Seit Dezember 1847 erschien eine „philosophische und literarische Zeitschrift", die bürgerlich-republikanisches Reformdenken in Reinkultur entwickelte. Kennzeichnend für „La Liberté de penser" war das unmittelbare Umschlagen von Weltanschauung in politische Rezepte – erneut ein Zeichen für Gewißheit. Was der Leitartikel der ersten Nummer an Prinzipien proklamierte, war eine variierte Formulierung der bereits benannten Grundgedanken: „die Souveränität der Vernunft, die göttliche Vorsehung, die Freiheit, die Unsterblichkeit der Seele, die Moral des Sollens“[56]. Autoren wie Michelet, Geoffroy Saint-Hilaire, Quinet und Eugène Sue schrieben für dieses Programm. Auch Renan war unter ihnen: Im Juli 1849 veröffentlichte er in der Zeitschrift längere Auszüge aus der „Zukunft der Wissenschaft“, darauf hinweisend, daß das gesamte Werk bald erscheinen werde.

Den für unseren Zusammenhang bemerkenswertesten Beitrag verfaßte Jules Simon. Sein Artikel „Revolution von 1848“ erschien im März des Revolutionsjahres und entwickelte, noch inmitten der Ereignisse, ein politisches Programm von großer Tragweite: „Eigentum, Organisation der Arbeit, Erziehung – diese drei Worte werden die Zukunft ausmachen. Die Versuche der Kommunisten zurückdrängen, das Eigentum garantieren, dies solide Fundament der Sicherheit der Familien und der Stabilität der Gesellschaftsordnung, wie in einer heiligen Arche die Familie, dies erste Erfordernis, diese erste Tugend und erste Aufgabe des Menschen, beschützen; die Landwirtschaft auf den Platz erheben, der ihr zukommt, das heißt auf den ersten Platz; die Arbeit entlohnen, ohne die Industrien zu ruinieren, weil man den Fabrikanten nicht ruinieren kann, ohne den Arbeiter zu ruinieren, . . . jeden Mann auf den Platz stellen, dessen er würdig ist, auf daß man nur durch eigenes Versagen arm oder unglücklich sei, allen den Schatz der menschlichen Wissenschaften öffnen, die Erziehung unentgeltlich und obligatorisch machen . . .; die Religionen außerhalb der Politik stellen, damit sie über den Angelegenheiten der Menschen schweben; nichts opfern von den Rechten des Staates und die Rechte des Gewissens respektieren . . . Auf den Ruinen einer brüchigen Welt eine neue Welt erschaffen . . . Einheit! Aufopferung! Vertrauen! Und Gott beschütze das Vaterland!“[57]

Was Simon entworfen hatte, beschrieb Selbstbewußtsein und Ziele, mit denen wesentliche Teile der französischen Bourgeoisie bis ins 20. Jahrhundert hinein Politik machten und Ideologie produzierten. Erst 1905 kam es zur Trennung von Staat und Kirche. Noch 1932 höhnte Paul Nizan über ein geltendes Philosophie- und Erziehungsprogramm, das Vaterland, Familie, Ergebenheit und Eigentum als naturgegeben propagierte.[58] Angesichts solcher Fristen und Ergebnisse kann man Simon wohl bescheinigen, daß sein Programm der Reform und – auch dieser Terminus fiel – der Stabilität Lebens- und Wirkungskraft entfaltete. Noch inmitten der Wirren der Revolution erkannte er in der Ausweitung von Wohlstand, Zufriedenheit und Erziehung Faktoren, die die herrschende Gesellschaftsordnung in ihren Grundlagen bestätigen und gegenüber Bedrohungen stärken konnten. Die entwickelte kapitalistische Gesellschaft stand ihm vor Augen, zu schaffen auf der Basis kapitalistisch gewordener Produktionsverhältnisse durch eine kleine Gruppe bewußt Handelnder, gegen Lethargie und Feindschaft. Sein Vorschlag war nicht nur auf den Tag, die Eindämmung revolutionärer „Ausschreitungen", gerichtet – er hatte strategischen Rang.

Die Losung dieser Stabilisierungsstrategie brauchte Simon nicht mehr zu entwickeln, sie war schon in der Welt. Der eifrigste Propagandist der Lehre Auguste Comtes in diesen Jahren, jener Emile Littré, dessen Zeitschrift Marx später so gern zum Positivismus bekehren wollte, verkündete und variierte sie immer wieder in Artikeln, die er für „Le National" schrieb, die Tageszeitung jener republikanischen Bourgeoisie, deren theoretisches Organ „La Liberté de penser" war. „Der negative Teil der Revolution hat seine Losung gehabt", schrieb er und meinte Freiheit – Gleichheit – Brüderlichkeit. „Der positive Teil hat die seine: Ordnung und Fortschritt ... Das ist die Voraussicht einer Gesellschaftsordnung, die die Welt zu gesicherterer Stabilität, zu bedachterem Fortschritt gelangen lassen wird, als es die katholisch-feudale und heidnische Ordnung je vermochten." In immer neuen Annäherungen verwies Littré auf die positivistische Gesellschaftslehre („Soziologie" hatte sein Meister Comte sie erstmals genannt) als Garanten der Ordnung gegen die Anarchie, des Fortschritts gegen die Reaktion. „Wandlung in Stabilität", ließe sich die Losung übersetzen, oder auch, nach rechts und links gerichtet: Laßt uns gefälligst Zeit zu zeigen, was wir können, ohne immer gleich so ängstlich vor Anarchie zu zittern oder so übereilig an Revolution zu denken! Denn: „Die Menschheit ... schreitet voran ... Die Humanität ist ein reales Ideal, das man erkennen und kennen (Wissenschaft und Erziehung), lieben (Religion), verschönern (Künste) und bereichern (Industrie) muß."

So lautete die Zauberformel, und in der Anwendung auf den

Grundwiderspruch des Kapitalismus las sich das dann folgendermaßen: „Das ökonomische Problem, anders gesagt, die Organisation der Arbeit, ... die von so großer Bedeutung für die Proletarier ist, ... ist für die positive Philosophie durch die direkte Methode nicht lösbar; sie unternimmt es jedoch, dieses Problem indirekt zu lösen. Sie lehrt, daß die Reform, wenn sie weder anarchisch noch illusionär sein will, damit beginnen muß, intellektuell und moralisch zu sein. Mit einem Wort, sie behauptet, daß man nichts Weltliches erreicht, bevor man nicht das Geistige erneuert hat, keine Institutionen vor der Regelung der Sitten, und verweist daher vorrangig auf die Erziehung, aus der sich der Rest ergeben wird ... Indem sie das Innere des Menschen, seinen Geist und sein Herz reformiert, verändert sie von Grund auf die sozialen Verhältnisse. Zugleich aber hat sie nichts Umstürzendes, denn sie beginnt damit, die betroffenen Partien zu beruhigen. Mit einem Wort, sie folgt umfassend ihrer charakteristischen Devise: Ordnung und Fortschritt.“[59] So klar spricht dieser Text aus, was sein Autor will und was er ablehnt, daß jeder Kommentar ihn nur verwässern würde. (An vielen Artikeln der Zeit läßt sich diese selbstgewisse Klarheit beobachten, die immer mit dem Einverständnis des Lesers rechnet, einzutreten in den Gedankengang des Autors, ihn ohne Gehetztheit bis in seine Verästelungen in sich aufzunehmen. Eine Direktheit der Kommunikation auf der Basis von Übereinkunft spricht sich hier aus, die wohl als Nachhall des Salongesprächs verstanden werden kann. Man bekommt einen Eindruck davon, wenn man Eça de Queiroz' Schilderung der Aufnahme der neuesten Nummer der „Revue des deux mondes“ durch die portugiesische gute Gesellschaft dieser Jahre liest. „Die Maias“ dürften in diesen Partien auch ein Bild der französischen Bourgeoisie, vor allem der der Provinz, vermitteln.)

Mit dem Stichwort „Positivismus“ ist für den heutigen Betrachter kein sehr freundliches Licht auf Littré und seine Mitarbeiter geworfen. Von Stoffhuberei und Faktenfetischismus ist da schnell die Rede, von Empirismus, der unfähig und unwillig zur Verallgemeinerung sei, von statischem Denken, abhold jeder Veränderung und an das Gegebene gekettet. „Niemals hatte der Fleiß die Partie mit dem Geist so gründlich gewonnen wie in der positivistischen Ära.“[60] Dies alles gibt es in der Geschichte des Positivismus, und es hat auch mit seinem System zu tun, ist nicht nur Entartung. Um diese Geschichte geht es hier nicht. Wohl aber sei belegt, daß – wie so häufig – der Meister umfassender dachte als die, die sich später auf ihn beriefen. Das positivistische System Auguste Comtes interessiert hier schon deshalb, weil im vierten Band der großen Gründungsvorlesung – wo Comte nach der Darlegung der im wesentlichen als fertig angesehenen Philosophien der Mathematik, Astronomie, Physik, Chemie und Biologie auf die Philosophie der Gesellschaft zu sprechen kommt, um deren Vollendung es ihm vor allem ging – gleich zu Beginn die Losung fällt, von der die Rede war.

„Ordnung und Fortschritt", heißt es dort, „die die Antike als wesentlich unvereinbar ansah, bilden aus der Natur der modernen Zivilisation heraus immer mehr zwei gleichermaßen unabweisliche Bedingungen, deren enge, unauflösliche Kombination künftig sowohl die grundlegende Schwierigkeit als auch die hauptsächliche Quelle jedes wahrhaften politischen Systems bilden wird. Keine reale Ordnung könnte sich mehr durchsetzen und vor allem dauern, wenn sie nicht vollständig mit dem Fortschritt vereinbar wäre; kein großer Fortschritt könnte sich wirklich vollenden, wenn er nicht letztlich auf die ausdrückliche Stärkung der Ordnung zielte." Seine Aufgabe entwickelte Comte aus der Beobachtung, daß die Welt von diesem Ineinsgehen noch weit entfernt sei. „Seit einem halben Jahrhundert, seit die revolutionäre Krise der Gesellschaften ihren wahren Charakter zeigt, kann man nicht verkennen, daß alle großen Bemühungen um die Ordnung immer wieder von einem wesentlich rückwärts gerichteten Geist getragen und die hauptsächlichen Bemühungen um den Fortschritt stets von radikal anarchischen Lehren geführt worden sind." Diesen Gegensatz gedanklich und dann praktisch aufzuheben, hielt Comte für möglich und der Zeit gemäß.

Entsprechend seiner Dreistadienlehre vom Durchgang des menschlichen Wissens in all seinen Ausprägungsformen durch ein theologisches und ein metaphysisches Stadium vor der Ankunft im wissenschaftlichen (positiven) Zustand forderte Comte den Abschied von der Revolution, der „revolutionären Metaphysik". Die kritische Doktrin habe ihre Dienste geleistet und beginne gefährlich zu werden, „seit ihre destruktive Aktivität nicht mehr wesentlich absorbiert wird von der jetzt nahezu vollständig erreichten Zerstörung der alten politischen Ordnung". Jetzt brauche die menschliche Vernunft vor allem „Fixpunkte", von denen aus die „soziale Reorganisation zu leiten", ein umfassender „sozialer Konsensus" herzustellen sei. Comtes Anspruch in dieser Richtung war kein inhaltlicher; von weltanschaulichen oder politischen Wertungen hielt er sich bewußt fern, stolz darauf, seit zwanzig Jahren keine Zeitung gelesen zu haben. Sein Vorgehen war methodischer Art – damit allerdings nur um so umfassender. Eine „rationale Folge homogener Gesetze" sei von der „Elite" der Menschheit – den Wissenschaftlern – zu formulieren, so daß alle sozialen Vorgänge „auf invariable Naturgesetze" statt auf irgendwelche Willensakte zurückgeführt werden könnten. Diesen Gesetzen hätten dann alle Menschen zu folgen.

Der Reformismus, der oben konstatiert wurde, fand hier seine systematische Begründung. Ein Grundzustand, den Marx als kapitalistische Produktionsweise charakterisierte, sollte als allgemein anerkannter, natürlicher Zustand umfassend durchgesetzt werden. Erneut ein Stabilitätsdenken mit kritischer Komponente – das bereits Erreichte befriedigte nicht – und mit Zukunftsvertrauen. Gegen Malthus polemisierend, machte Comte Ausführungen, die weit in die Zukunft reichten: „Die Kleinheit unseres Planeten und die notwendige Begrenztheit jeglicher Gesamtheit von menschlichen Ressourcen" werde eine außerordentliche Bedeutung erlangen, „wenn unsere Art – mit einer gegenüber dem gegenwärtigen Stand etwa verzehnfachten Bevölkerung – überall so konzentriert sein wird wie jetzt schon in Westeuropa. In dieser unvermeidlichen Zeit werden die umfassendste Entwicklung der menschlichen Natur und die exaktere Kenntnis der wahren gesellschaftlichen Entwicklungsgesetze ohne Zweifel verschiedenartige neue Mittel, von denen wir uns noch keine genaue Vorstellung machen können, bereitstellen, um solchen destruktiven Momenten erfolgreich zu widerstehen."[61] Erneut die Ahnung kommender Schwierigkeiten, wobei das Ressourcenproblem vorrangig als Bevölkerungsfrage gesehen wurde. Erneut aber auch die Gewißheit, allen Schwierigkeiten gewachsen zu sein und jedem eine Lösung präsentieren zu können. Bezeichnend die Oppositionen, in die Comte das Wort „positiv" stellte: „real" statt „eingebildet", „nützlich" statt „überflüssig", „sicher" statt „unschlüssig", „präzis" statt „vage", „organisieren" statt „zerstören".[62]

Es ist nicht notwendig, weitere Belege anzuführen: Der evolutionäre Optimismus Ernest Renans nach der Revolution von

1848 war der Optimismus einflußreicher Vertreter seiner Klasse. Im Ergebnis dieser Revolution fühlte sich die französische Bourgeoisie zu Taten gefordert, die jene neue Welt umfassend herausarbeiten sollten, deren Grund 1789 gelegt worden war.

Allerdings: Die Weltlichkeit der Schule, für die Hugo gestritten hatte, kam nicht durch, und keine drei Jahre nach seiner flammenden Rede saß der Dichter im Exil und verdammte wortgewaltig, aber ohnmächtig „Napoleon den Kleinen". Die Zeitschrift, in der Jules Simon sein Programm verkündet hatte, konnte nach dem 18. Brumaire des Louis Bonaparte nicht weiter erscheinen. Emile Littré konzentrierte sich auf sein großes historisches Wörterbuch der französischen Sprache statt auf praktische Soziologie. Auguste Comte starb 1857 – von wenigen beachtet, auch nicht von dem Kaiser, dessen Politik er durch seinen „Appell an die Konservativen" (1855) die rechte Richtung hatte geben wollen. Also doch ein Scheitern auf der ganzen Linie angesichts des gernegroßen Kaisers mit der diktatorischen Unvernunft?

Unverkennbar war das politische System des Zweiten Kaiserreiches nicht das von der republikanischen Bourgeoisie für notwendig gehaltene. In recht kühner Geschichtsbetrachtung waren in „La Liberté de penser" die „Freiheit, die Rechte des Volkes und der Antritt der reinen Demokratie" als jene Lehren bezeichnet worden, die der erste Napoleon jedem hinterlassen habe, der sich auf seinen Namen berufen wolle. „Überall sorgfältig den Napoleonismus vom Bonapartismus zu scheiden und möglichst bald das System einer Partei aufzuheben, die gewissen Einfluß nur durch den Namen erlangt hat, den sie in Verruf bringt, wenn sie ohne sein Wissen die Bedeutung dieses Namens an die Notwendigkeiten vulgärer Ambitionen bindet"[63] – das hatte ein Artikelschreiber dem Präsidenten der Zweiten Republik im August 1851 ins Stammbuch geschrieben, und noch vor der Diktatur hatte er die angekündigte Fortsetzung ungedruckt lassen müssen.

Aber nicht die Regierungsform allein war entscheidend für die Arbeit am entwickelten Kapitalismus. Nicht unberechtigt hatte Jules Simon noch der Landwirtschaft den ersten Platz im Wirtschaftsgefüge eingeräumt. Der Industriekapitalismus war auf den technologischen Grundlagen der industriellen Revolution erst zu entwickeln. Mochte Napoleon III. Presse- und Buchzensur erneuern, die Rechte des Parlaments beschneiden und plebiszitäre Manipulation zu einer ersten Blüte führen – außerdem wurden in seiner Regierungszeit die wichtigsten Aktienbanken gegründet, große Teile des europäischen Eisenbahnnetzes durch französische Unternehmer gebaut und die Industrialisierung Frankreichs in großem Maßstab begonnen.[64] Die Umgestaltung des Pariser Stadtzentrums durch Haussmann, die zum einen den Kanonen Schußlinien im Kampf gegen Barrikaden öffnete, zeugte zum anderen von (im Wortsinn) Aufbruch von ökonomischer Leistungskraft und Betätigungsmöglichkeit, die – nicht einmalig in der Geschichte – politische Einschränkungen wohl zeitweilig vergessen machen konnten. Victor Fournel 1868: „Das moderne Paris ist ein Parvenu, der nur von sich selbst abstammen will und die alten Paläste und Kirchen schleift, um sich statt ihrer schöne weiße Häuser zu bauen."[65] Die Ideologen waren zu solchem Vergessen naturgemäß weniger bereit als die Bourgeoisie selbst. Ihr Wort war in seiner Wirkung eingegrenzt; ökonomische Aktivität aber nicht. Die rauschenden Feste des Zweiten Empire waren nicht nur Selbst- und Volkstäuschung. Sie hatten eine solide, ja sich festigende materielle Basis.[66]

Kein Grund also lag vor zu Verzweiflung. Gedanken aber hatte man sich zu machen über Fristen des Wandels. Hier kehren wir zu Ernest Renan zurück.

„Man kann geduldig warten"
Bourgeoises Stabilitätsdenken in der zweiten Jahrhunderthälfte

Das Wort vom „Gott in uns", das über die Darstellung seines Aufbruchs gesetzt werden konnte, hatte Renan 1863 formuliert. Wenn es also keinen Bruch zwischen 1848 und 1863 gab: Worin lagen die Gründe, die Renan veranlaßten, sein Werk nicht, wie angekündigt, zu publizieren? „Die Zukunft der Wissenschaft" ist nicht zuletzt deshalb ein so geeignetes Demonstrationsobjekt, weil sich der Verfasser selbst über Konstanz und Wechsel seines Denkens äußerte, als er das Buch 1890 schließlich veröffentlichte – unverändert im Text, aber mit einem aufschlußreichen Vorwort, dessen Aussagen sich an anderen politisch-sozialen Schriften aus den seit der Niederschrift vergangenen vierzig Jahren überprüfen lassen.

Bestätigung und Kritik bestimmten die Haltung des Vorwortschreibers zu seinem Jugendwerk. Der Text geht mehrfach von der einen zur anderen und reproduziert so im Ich-Bezug ein weiteres Mal die evolutionäre Grundhaltung. „Unausgeglichen, dogmatisch, sektiererisch und hart" sei ihm das Buch erschienen, als er es nach einer langen Italienreise 1850 wieder zur Hand nahm, berichtete der alte Renan. In Italien seien seine Illusionen von 1848 zerronnen, er habe die „fatalen Notwendigkeiten der menschlichen Gesellschaft" gesehen und begriffen, daß „viel Schlechtes die Bedingung für ein wenig Gutes bildet". Endgültig habe ihm dann der Staatsstreich Napoleons III. „das Volk verleidet, das ich am 2. Dezember mit oberflächlichen Scherzen die Zeichen der Trauer der guten Bürger hatte aufnehmen sehen" (III, 716 f.). Daraufhin habe er sich der „Revue des deux mondes" und dem „Journal des débats" angeschlossen.

So der erste – tagespolitische – kritische Durchgang. Wichtig dessen äußere Bezugspunkte. Italienreisen hatten jahrzehntelang als sichere Möglichkeit gegolten, die Beschränkungen eines kleinlichen Alltags durch das Erleben großer Vergangenheit und einer überwältigenden Natur wettzumachen. Auch Renan hatte antike Kunst und schöne Landschaft genossen, ja entdeckt. Noch im Alter gab es für ihn kein größeres Wunder der Geschichte als die Antike. 1887: „Der Fortschritt wird ewig darin bestehen, zu entwickeln, was Griechenland entworfen hat." (VI, 11) Nicht hinweggeholfen aber hatte ihm der große Entwurf über die triste Realität: das Elend an den Fundstätten der Marmorskulpturen, die Niederschlagung der römischen durch die Truppen der französischen Republik. Renans italienische Reise wurde eine der Desillusionierung. Sie zeugt von einer antiromantischen Wendung.

Dann mit dem zweiten 18. Brumaire, dem des Neffen, das Ende der Hoffnungen der republikanischen Bourgeois. Renans Betrachtung des Ereignisses hielt sich an das Offenkundige – das Ausbleiben eines Volkswiderstandes, ja die überwältigende Unterstützung des neuen Kaisertums im Plebiszit am 21./22. November 1852. „Wenn das die Konsequenz von 1789 ist, wie man uns sagt", lautete die in einem Privatbrief gezogene Schlußfolgerung, „dann weise ich 1789 zurück, denn ich bin überzeugt, daß die moderne Zivilisation mit diesem Regime keine fünfzig Jahre dauern wird." (X, 116) Die Entscheidung für die beiden konservativen Publikationsorgane war die Folge dieses Abschieds von der Revolution.[67]

Als Grund des Abrückens von dem Jugendtraum nicht genannt wurde die Junischlacht. Schon den Verfasser des Buches hatte sie nicht beirren können. Und auch dessen späterem Nachdenken war das Ereignis, mit dem der entstehende Klassengegensatz von Bourgeoisie und Proletariat sich manifestiert hatte, weit weniger wichtig als den Führern der neuen Klasse. Die „moderne Zivilisation", wie Renan den Kapitalismus nannte, litt in seinen Augen noch nicht an Altersschwäche.

Den politischen Ereignissen zum Trotz bekräftigte das Vorwort von 1890: „Meine Religion ist noch immer der Fortschritt der Vernunft, das heißt der Wissenschaft." Das nächste Wort lautete „Aber", und man kann sich fragen, ob die Bekundung mehr war als Deklamation über das bessere Wissen hinweg. Sozialer Art war die Einschränkung, auf die es Renan ankam: „Die Idee einer egalitären Zivilisation, wie sie aus einigen Seiten dieser Schrift folgt, ist also ein Traum ... Aufgeklärtheit, Moral und Kunst werden in der Menschheit immer von einem Magisterium, von einer Minorität repräsentiert werden, die die Tradition des Wahren, des Guten und des Schönen bewahrt." Schon in der „Zukunft der Wissenschaft" war das Problem der intellektuellen Ungleichheit im Zusammenhang des Nachdenkens über die Erziehung als schwächste Stelle des Entwurfs der Ganzheit erschienen. Vierzig Jahre später wurde das Bedenken wesentlich verstärkt: „Ungleichheit ist der Natur eingeschrieben", hieß es, und von einem „übertriebenen Optimismus" sprach Renan im kritischen Rückblick. Weit nachhaltiger als 1848 trat die Langfristigkeit sozialer Veränderungen ins Blickfeld und damit die Notwendigkeit einer Elite, die als Partei der Wissenden trotz der so schwer überwindbaren Ungleichheit der Menschheit deren Zukunft geistig vorwegnimmt und womöglich organisiert.

Das politische und das soziale Nachdenken des alten Entwurfs ergänzte Renan durch ein weltanschaulich gerichtetes. Erneut stand eine Bekräftigung am Beginn: „Insgesamt hatte ich recht. Der Fortschritt vollzog sich, mit einigen Ausnahmen, in den Umrissen, die ich mir vorgestellt hatte." Die Erkenntnisse der Wissenschaften – künftig besonders hinsichtlich von Politik und Gesellschaft – seien der Garant des Menschheitsfortschritts.

Ohne den Namen Darwins zu nennen, verallgemeinerte Renan in seinem Vorwort die Feststellung der Langfristigkeit in einer naturhistorisch begründeten Bekräftigung des Reformismus. „Zu wenig Naturwissenschaftler, um die Wege des Lebens in dem Labyrinth zu verfolgen, das wir sehen, ohne es zu sehen, war ich entschiedener Evolutionist in allem, was die Produkte der Menschheit betrifft, Sprachen, Schriften, Literaturen, Gesetzgebungen, Gesellschaftsformen." Dies rechnete er sich als wesentliches Verdienst an, und darin sah er seine weiter gültige Grundhaltung. Diesem Rationalismus schien prinzipiell nichts unmöglich. Noch 1890 traute er evolutionärem Fortschritt auf die Dauer alles zu, und ein großer Optimismus spricht aus dem Schlußgedanken: „Wir fürchten wirklich nur den Einsturz des Himmels, und selbst wenn der Himmel bräche: Das Sein, dessen vorübergehende Blüte wir gewesen sind, hat immer existiert und wird immer existieren." (III, 719 f., 722 f., 728) Die Schrekkensvision tendierte zum Gedankenspiel. In heutiger Sicht ist es in höchstem Maße prekär. Für Renan aber verdeutlicht gerade das Spielerische, wie ernst gemeint die Bekräftigung war, im wesentlichen recht behalten zu haben. Die Verzögerung hatte ihn undemokratischer und skeptischer gemacht. Nicht aber unsicher. Eindeutig bejahte er die Möglichkeit, ein nichtentfremdetes Weltverhältnis zu erringen und die sozialen Beziehungen in der bestehenden Gesellschaftsordnung in dieser Richtung bewußt zu gestalten. Was er zurückgenommen hatte, war der Optimismus, die Ganzheit werde schon bald und für fast alle Wirklichkeit sein. Der aristokratische Evolutionismus von 1890 und die reformerische Religion von 1848 stehen jedoch nicht gegeneinander. Beide zeugen von sozial engagiertem Individualismus.

„Ich glaube, ich werde mir die Zeitungslektüre verbieten", hatte Renan 1850 einem Freund angesichts der politischen Entwicklungen in Frankreich geschrieben (X, 78). Genau diesen Abschied von der Politik des Tages aber hatte er – anders als der fanatische Systematiker Comte, anders auch als viele antibourgeoise Künstler seiner Zeit – nicht genommen. Vielmehr äußerte er sich zu Zeitereignissen immer wieder und fühlte sich dabei als Repräsentant der Zukunft im, nicht über dem Getümmel des Tages. Renan war zeitlebens ein engagierter Intellektueller: Seine Bedeutung gewann er als einer der Produzenten und Propagandisten der Ideologie des sich entwickelnden Kapitalismus.

Geht man im Lichte des Vorworts von 1890 die Artikel und Bücher zu Zeitproblemen durch, die Renan seit der Niederschrift der „Zukunft der Wissenschaft“ neben seinen religionshistorischen Arbeiten kontinuierlich veröffentlichte, so tritt ein gefestigtes Denken ans Licht, das wesentlichen Veränderungen nicht unterlag. Fest stand die Bejahung der bestehenden Gesellschaftsordnung. 1851: „Die große Aufgabe der moralischen Philosophie im gegenwärtigen Augenblick ist es, zu beweisen, daß diese moderne Gesellschaft, die von so verschiedenen Stimmen verleumdet wird, weder in Unbeweglichkeit gefesselt ist noch schicksalhaft dem Abgrund zustrebt, daß sie alle Keime des Fortschritts in sich trägt, daß alles Gute durch die gesetzmäßige Entwicklung unserer Institutionen möglich ist.“ Eigentum, Familie, Erziehung und Zivilgesetz seien diese Institutionen, und „rationale“, d. h. wesentlich „konservierende“ Reformen an diesen (wiederum) „heiligen“ Errungenschaften würden die Entwicklungsfähigkeit der modernen Gesellschaft nachweisen (VIII, 1113 f.).

Als Renan 1855 die Pariser Weltausstellung besuchte, fiel ihm die Apotheose materiellen Fortschritts höchst unangenehm auf: „Unser industrielles Jubelfest hat auf dem Gebiet des Geistes nichts angeregt und nichts produziert ... Wo ist in alledem das Gefühl für die höchsten Geschicke der Menschheit?“ Man habe sehen können, „wie sehr die poetischen Quellen der gegenwärtigen Welt verstopft sind, Poesie nur mehr in der Vergangenheit ist, so daß die wahren Poeten unserer Zeit der Kritiker und der Historiker sind, die sie dort aufsuchen“. „Das Nützliche adelt nicht“, und das Jahrhundert marschiere zu auf die „Mittelmäßigkeit“. Nicht als „Verweigerung“[68] aber – wie sie sich aus gleichem Anlaß etwa in dem Ausstellungsbericht Baudelaires manifestierte – können diese Sätze gelesen werden, denn neben ihnen stehen andere. „Man sollte übrigens nicht leugnen, daß die materiellen Verbesserungen, wenn sie dazu beitragen, das Niveau der unteren Klassen zu heben und die Völker einander näherzubringen, einem religiösen und moralischen Ziel dienen und folglich ein Recht auf Respekt haben. Der Irrtum liegt nicht darin, die Industrie für gut und nützlich zu erklären, sondern sie über Gebühr zu preisen und gewissen Vervollkommnungen zu viel Bedeutung beizumessen.“ (II, 250 f., 247, 241 f.) Diese Gedanken ordneten die Kritik jenem Ausgestaltungskonzept zu, mit dem Renan – nicht als Apologet und nicht als Antipode: als kritischer Verfechter des Fortschritts seiner Gesellschaft – für die Herrschenden seiner Zeit orientierende Bedeutung erlangte. Ähnlich führte der bisweilen geäußerte Ärger über die „knauserige Auffassung der Familie und des Eigentums", die sich im Gefolge der Revolution von 1789 durchgesetzt habe, nie zu mehr als dem mahnenden Anruf der Instanzen der Ganzheit, die man nicht ungestraft mißachte: „Philosophie, Wissenschaft, Religion" (I, 13; vgl. II, 16 f.). Die Kritik zielte auf den Auswuchs, nicht auf das notwendige Resultat der kapitalistischen Produktionsweise.

Fest stand ebenfalls schon 1851: „Die Menge kann nicht regieren", so daß „die wahre Form der demokratischen Regierung die Diktatur" sei, die der Wissenden nämlich (VIII, 1134). Zwei Dinge wurden 1868 als erforderlich benannt, damit diese Diktatur funktioniere: „die Tugend des Volkes, dieses große Reservoir an Ergebenheit, Aufopferung, instinktiver moralischer Kraft ...; zweitens die Bildung und Ernsthaftigkeit der Oberklassen". In schöner Offenheit wies Renan den Wissenden ihre Aufgaben im Umgang mit den zu Regierenden zu: „Die Liebe zum Wahren und Soliden in allem heben ...; dem Volk den Glauben an die Tugend, den Respekt vor gelehrten und gesetzten Männern eingeben; es fernhalten von Revolutionen, diesen Heilmitteln, die oft unheilvoller sind als das Leiden, das es auszurotten gilt; bewirken, daß jeder gern an seiner Stelle bleibt, aus Resignation, Stolz, Ehrgefühl; ... dem Armen nicht sagen: ‚Bereichere dich', sondern: ‚Tröste dich, du arbeitest für Menschheit und Vaterland'; ... sich zugleich aber so betragen, daß der Niedrigere wohl fühlt, daß der Befehlende eine Aufgabe erfüllt und von hohem philosophischem Gefühl durchdrungen ist ..." (I, 24 f.) In diesem elitären Stabilitätsdenken mit politischen Prioritäten war der Emanzipationselan, der Renans Individuumskonzeption geprägt hatte, vollständig zum Erliegen gekommen. Das soziale Prinzip versagte in der praktischen Anwendung.

Dies ist jedoch die Beobachtung einer späteren Kapitalismuskritik. Renan sah einen solchen Widerspruch nicht. Genauer, er ordnete ihm – und dies ist ein weiteres durchgehendes Prinzip – die allgemeine, aber ernst gemeinte Deklaration einer „großen Solidarität" der Menschen über (I, 904). Auch diese Deklaration hatte ihre praktisch-politischen Haken: den des Hinwegredens von Klassengegensätzen und den eines elementaren Rassismus. Von letzterem zeugte 1856 ein briefliches Lob an Gobineau für dessen Versuch „Über die Ungleichheit der Menschenrassen“, in dem ein verächtlicher Strich die meisten Menschen aus der Menschheit ausschloß: „Die völlig niedrigen Rassen beiseite lassend, deren Mischung mit den großen Rassen die menschliche Art nur vergiften könnte, entwerfe ich für die Zukunft eine homogene Menschheit.“ (X, 204) Und in gleicher Weise 1871: „Die Natur hat eine Rasse von Arbeitern gemacht, die chinesische Rasse . . .; – eine Rasse von Landarbeitern, den Neger . . .; – eine Rasse von Herren und Soldaten, die europäische Rasse.“ (I, 390) Liest man solche Sätze, noch dazu mit den geschichtlichen Erfahrungen des 20. Jahrhunderts, so kann einen der „Humanismus“ dieses Mannes nur schaudern machen. In seiner Zeit begründeten solche Gedanken die Politik des Kolonialismus. So wenig wie aus der Ausschaltung der Arbeiter von der Leitung der gesellschaftlichen Angelegenheiten entstanden dem Ideologen dieser Politik jedoch aus ihren Segregationsprinzipien Bedenken über die menschheitliche Repräsentanz seines Tuns. Für Renan lag hier kein prinzipielles, sondern nur ein wesentlich zeitliches Problem. Die Wissenden als die Herren waren dem Rest der Menschheit voraus – aber sie bildeten zugleich deren Zukunft vor, ja leiteten die Berechtigung ihrer herausgehobenen Stellung aus dieser Vorbereitungsarbeit ab.

Konnte schließlich – dies der vierte Gesichtspunkt bei der Betrachtung der Renanschen Schriften – das Problem der für soziale Veränderungen benötigten Zeit die weltanschauliche Option für die Erkennbarkeit und Beherrschbarkeit der Realität beeinflussen? Renan äußerte im Blick auf den Zustand seiner Gesellschaft ernste Bedenken über die Möglichkeiten einer allseitigen Beherrschbarkeit des Seins. So hieß es 1860: „Ich sehe die Zukunft der Naturwissenschaften, sie ist unberechenbar, und wenn diese schönen Wissenschaften nicht von dem engen Anwendungsgeist aufgehalten werden, der sie zu beherrschen sucht, werden wir eines Tages über die Materie und über das Leben Kenntnisse und Macht besitzen, die nicht begrenzt werden können; aber ich sehe nicht die Zukunft der Philosophie“, und zwar auf Grund des Schwierigerwerdens einer „universalen Erklärung“ (I, 683 f.). Die Fügung von den „schönen“ Wissenschaften – ein aus vorindustrieller Zeit übernommenes und neu akzentuiertes, inzwischen sonst längst nur noch den Künsten zugerechnetes Attribut –, die Warnung vor einem kurzatmigen Nützlichkeitsdenken bei der Anwendung wissenschaftlicher Ergebnisse, die Voraussage menschlicher Allmacht, der zugrunde liegende Begriff der Philosophie als der Herstellung des universalen Zusammenhangs schlossen sämtlich wiederum Bestätigung und Sorge zugleich ein: Es durfte nicht sein, daß die einen universalen Zusammenhang umfassende Potenz des Rationalismus durch kurzatmiges Nützlichkeitsdenken zersplittert, ja zerstört wurde. Renan warnte vor der Beschränktheit purer Ergebnisorientierung, wie er sie in Ökonomie und Politik des realen Kapitalismus unheilvoll, weil die Zukunft verschenkend, am Werk sah. „Der Mensch sieht in dieser Stunde gut, daß er niemals etwas über den letzten Grund des Universums und ebensowenig über sein eigenes Schicksal wissen wird", hieß es 1890. Aber dies war kein absoluter Satz. Er stand im Vorwort zu den „Philosophischen Dramen", in denen der alte Renan – mit der Einheit von Philosophie und Kunst als der Religion des Ideals nochmals auf seine Anfänge zurückgreifend – gerade den Anspruch der Menschheit auf die „Idee", die „hohe Kultur" bekräftigte. Einer „aristokratischen Menschheit" nun allerdings, die nur mehr aus „einigen hundert Kennern" bestand (III, 372 f.). Merkwürdig, wie hier der engagierte Ideologe des Kapitalismus auf die Struktur der Elite gekommen war, die auch das Denken so vieler antikapitalistischer Künstler seiner Zeit bestimmte.[69] Vielleicht kann es ein Anstoß sein, die Tendenz zur Absolutheit zu überdenken, der das Urteil über elitäres Denken bis heute unterliegt. Nicht Gott oder Teufel an sich ist die Elite – sie ist eine Form sozialen Handelns und Seins, durch deren Struktur kein Inhalt vorgegeben ist.

Die Totalitätserwartung war in diesem Konservatismus vertagt, aber ungebrochen. Wie weit vertagt und wie sehr ungebrochen, zeigt das Vorwort zur letzten von ihm selbst veranstalteten Artikelsammlung von 1892. „Laßt uns ruhig sterben in der Gemeinde der Menschheit und der Religion der Zukunft. Die Existenz der Welt ist auf lange gesichert ... Die Zukunft der Wissenschaft ist garantiert ... Kein Irrtum dauert sehr lange. Seien wir ruhig. Vor Ablauf von tausend Jahren, so hoffen wir, hat die Erde das Mittel gefunden, um die verbrauchte Kohle zu ersetzen und, bis zu einem gewissen Punkt, die verminderte Tugend. Wir durchqueren schlechte Tage. Die moralischen Werte fallen, das ist sicher; Opfergeist verschwindet fast; man sieht den Tag kommen, wo alles gewerkschaftlich organisiert ist, wo der organisierte Egoismus Liebe und Aufopferung ersetzt ... Was tut's; die Ressourcen der Menschheit sind unendlich ... Die Wissenschaft vor allem wird uns mit ihren Entdeckungen weiter in Erstaunen versetzen ... Trotz allem vertraue ich der Vernunft." (II, 942 f., 946) Im letzten Satz – Größe oder Verbohrtheit? Der Klassenkampf ist stärker im Bewußtsein als je; sogar die Verknappung der Rohstoff- und Energievorräte gerät schon ins Blickfeld. Renan aber hielt an seinen Grundvorstellungen und Zielen fest. Er hatte das Erreichen menschlicher Totalität an das erkennende Individuum und dieses an die „moderne Zivilisation" gebunden (die er nie „Kapitalismus" nannte). Nun schob er die Erfüllung seiner Erwartungen einfach und ruhig um tausend Jahre hinaus. Das Geschichtsverhältnis des Altphilologen unterband jede Hast.

In diesen letzten Jahren erhielt Renan Besuch von einem jungen Studenten namens Romain Rolland. „Ich habe großes Vertrauen in die Zukunft der Menschheit", hieß der erste Satz des Meisters, den Rolland nach der Begegnung notierte. Denn: „Wir haben die Unendlichkeit der Zeit für uns. Wenn man bedenkt, daß unser Planet noch in zehntausend Jahren existieren wird!"[70] Schaut man auf die Art, in der Rolland später mit den Widersprüchen seiner Zeit fertig wurde und sein entschiedenes intellektuelles Engagement für sozialen Fortschritt durchhielt, so ist die Anregung kaum zu verkennen. Es gebe Minuten der Zeitenwoge, schrieb er in seiner Autobiographie, „da der Wille der Schicksalsachse eine andere Richtung geben kann. Aber ist die Minute verstrichen, ist's aus damit für Jahrhunderte ... In einem oder in zehn Jahrhunderten? Ich weiß nicht." Dies hinderte ihn durchaus nicht, über die „rasenden Wahnsinnsanfälle" hinweg „die erhabene Hand des Schicksals und seine großen Gesetze" am menschheitsfördernden Werk zu sehen.[71] Und so, als pessimistischer Optimist, mischte er sich ein in das Getümmel seiner Zeit. Einige Wahrheit liegt in der distanzierten Gelassenheit solchen Aktionsdenkens: Jedes Engagement hat das Abwägen von Widersprechendem unter eine Vorentscheidung zu stellen, einer Parteinahme unterzuordnen. Wird jedem Widerstand grundsätzliche Bedeutung zugestanden, so verliert die Position Konsistenz und Handlungsfähigkeit, verschwimmt sie im Wandel der Erscheinungen. Wird allerdings keinem Widerspruch Beachtung geschenkt, geht die Wirksamkeit durch Starrheit verloren. Die Position Rollands enthielt über Jahrzehnte individuelle Lösungen und intellektuelle Angebote, die zwischen diesen Verabsolutierungen lagen und daher Handeln ermöglichten.

Die Haltung Renans war – mit anderem sozialem Inhalt – ähnlich konsequent strukturiert. Ihre Anregungen galten für die französische republikanische Bourgeoisie der zweiten Jahrhunderthälfte. In bezug auf erreichte religiöse Gewissensfreiheit fiel das Wort, das über diesen Abschnitt gestellt wurde: „Im Unendlichen ist Platz für jedermann, seinen Roman zuzuschneiden. Freiheit auf amerikanische Art ist die Konsequenz eines solchen Zustandes, und ich glaube, daß in hundert Jahren fast alle zivilisierten Nationen dorthin gelangen werden. Man kann geduldig warten ... Ein gewaltiges Ergebnis ist bereits erreicht." (VI, 25)

Und die Pariser Kommune? Sollte der erste Versuch einer proletarischen Revolution keine Erschütterung gebracht haben, die die These von der Kontinuität der Position in Frage stellte? Im Blick auf Renan kann die Antwort in einem Wort zusammengefaßt werden: Nein. In erweiterter Formulierung: Die Pariser Kommune hatte auf den Reformismus der französischen Bourgeoisie keine grundsätzlichen Auswirkungen.

Renan hatte Paris Ende April 1871 verlassen, „völlig überzeugt, daß es unmöglich war, der Sache der Vernunft dort irgendeinen Dienst zu erweisen", wie er später schrieb. Er war, wie so viele Bourgeois, nach Versailles gegangen, um den Sieg der Truppen Thiers' abzuwarten, und hatte dort, getrennt von seiner Bibliothek, „Philosophische Dialoge" geschrieben. Der Vorgang hatte durchaus demonstrativen Wert: Angesichts eines Ereignisses, das er nur als Ausbruch von „Egoismus" verstehen konnte, hatte sich Renan auf eine Ebene der Betrachtung begeben, die die direkte Beziehung zum Weltgeist an die Stelle partikularer Erwägungen setzte und die „Organisation der Vernunft" (I, 551, 555) dort behauptete, wo sie ihrem Herold am bedrohtesten schien – so grundsätzlicher seine Distanz bekundend als durch keifende Zeitungsartikel, die andere in diesen Wochen verfaßten.

Im November 1871 veröffentlichte Renan die Ergebnisse seines Nachdenkens über die Zeitereignisse in einer größeren Schrift unter dem bezeichnenden Titel „Die intellektuelle und moralische Reform“. Hauptbezugspunkt war die Niederlage im Deutsch-Französischen Krieg. Die Kommune kam nur einmal vor, und zwar im Zusammenhang mit dem Ratschlag, der Hauptstadt Frankreichs keine eigene Stadtverwaltung zuzubilligen, sondern sie direkt der Zentralgewalt zu unterstellen. „Die Anmaßungen, deren sich die Kommune von Paris zu allen Zeiten schuldig gemacht hat, rechtfertigen diesbezügliche Besorgnisse nur allzusehr.“ So wurde hundert Jahre lang verfahren; erst in unseren Tagen erhielt Paris wieder einen Bürgermeister. Im übrigen aber war Renans Studie, in der Mitte zwischen Niederschrift und Veröffentlichung der „Zukunft der Wissenschaft“ verfaßt, dem Durchexerzieren längst ausgeformter Lösungsvorschläge gewidmet – angesichts einer Situation, in der die Unvollkommenheit des realen Kapitalismus in Frankreich durch den Ausgang des Krieges deutlich zutage getreten war.

Der Krieg hatte Renan vor allem dadurch erschüttert, daß er jene Nation, die ihn „den Idealismus gelehrt hatte, jeden Ideals hatte spotten sehen“. Hegel und Herder hatten seinen Abschied vom Katholizismus beeinflußt, und seine Vernunftauffassung war nicht ohne des ersteren Weltgeistvorstellung entstanden. Nun hatte er von seiten Deutschlands statt des Einsatzes für eine „Liga der Menschen guten Willens“ nur eine ebenso „positive und egoistische“ Politik erlebt, wie sie vom bonapartistischen System seines eigenen Landes betrieben worden war – nur erfolgreicher. Der Vorgang muß seine Überlegungen über die Verzögerung des harmonischen Endzustandes beeinflußt haben. Aber kein qualitativ neues Moment läßt sich in seinem Denken erkennen. Schon vorher hatte er den „bürgerlichen Materialismus“ kritisiert, den er jetzt auch in Deutschland herrschen sah. Schon vorher hatte er statt eines reinen Wahlsystems „ein ständiges aristokratisches Zentrum“ als jenen „Kopf“ gefordert, „der wacht und denkt, während der Rest des Landes nicht denkt und kaum fühlt“. Nur bestärkt hatte ihn die Niederlage in der Vorstellung von der entscheidenden Wichtigkeit wissenschaftlicher Erziehung, die zu einer „starken Kultur der Vernunft“ führen sollte. Als Chance für den „Beginn einer Regeneration“ sah er die verlorene Auseinandersetzung; das führte ihn bis zu dem Satz: „So ist der Krieg eine der Bedingungen des Fortschritts.“ Und illusionslose Klarheit war ihm Bedingung der Zukunft: „Das wahre Mittel, unser armes Land wieder aufzurichten, besteht darin, ihm den Abgrund zu zeigen, in dem es sich befindet." (I, 389, 327 f., 330, 333, 376, 361, 398, 401, 407) Auch dies kein neuer Gedanke. Bereits im Vorwort zum „Leben Jesu" hatte es 1863 geheißen: „Statt blind zu sein gegenüber unseren Fehlern, suchen wir sie zu korrigieren." (IV, 38)

In all ihrer Konstanz waren dies bemerkenswerte Reflexionen. Kein Ausweichen vor der Wirklichkeit, auch und gerade vor dem in ihr als unvollkommen Empfundenen nicht. Weder zornerfüllt noch entsagend. Und schon gar nicht Gesundbeterei. Welche Haltung zeugte von bewußterer und sichererer Verbundenheit als die solidarischer Kritik? Von einer solchen Kritik – Grundvoraussetzung jedes Reformismus – waren Renans Vorschläge getragen. Antidemokratisch waren sie, nicht aber orientierungslos. Auch 1870/71 keine Krisengedanken. Die Kommune galt als Störung, die schnell beseitigt worden war, ohne Einfluß auf die wesentlichen Vorgänge zu haben, die sich innerhalb der herrschenden Klasse abspielten, ohne die Richtung des Handelns auf den entwickelten Kapitalismus hin grundlegend zu verändern. Für den Ideologen der Bourgeoisie waren die Ereignisse Anlaß einer Mahnung zu verstärktem Engagement auf abgesteckten Wegen. Wie die Weltanschauung über die Widerstände gegen die Ganzheit nicht hinwegglitt, sondern nach Lösungen für die Probleme suchte, so gewann auch das politische Denken Renans Sicherheit aus Illusionslosigkeit.

Als Ideologe überragte er die meisten seiner Zeitgenossen durch den ausdrücklichen Einschluß kritischer Elemente in seine Verhaltensvorschläge. Das ganze Zweite Kaiserreich hindurch hatte es Klopffechter des Fortschritts gegeben, die gesellschaftliche Stabilität dort am besten gesichert sahen, wo die gegebene zur besten aller Welten hinaufgeschwatzt wurde. Während Renan, wie antidemokratisch immer, das *Bemühen* um die Totalität des Individuums in den Mittelpunkt stellte, während er die Industrie als *Mittel* zu einem höheren Ziel qualifizierte und erst von der *Zukunft* der Wissenschaft die Erringung der Ganzheit erwartete, hatte beschränkte Bravheit eifrig am Preislied des Bestehenden gearbeitet. Minister, Publizisten und Romanciers hatten den „Schlamm der zeitgenössischen Ideen, die ganze Krämerschmach des Jahrhunderts"[72] purpurn umhüllt und damit letztlich – da ja angeblich alles erreicht war – dem Erschlaffen sozialer Energie das Wort geredet. Bei Walter Benjamin findet man die Notiz, daß der Terminus „Baisse" in Börsenberichten damals verboten war. Man sprach von „Hausse" und von „Veränderungen" an der Börse.[73] Jeder spätere Hohn über die Fortschrittsideologie des 19. Jahrhunderts ist mit *diesem* Bezug gerechtfertigt.

Nur eine Blütenlese soll die pure Apologie hier repräsentieren. Was mag Renan gedacht haben, falls er in der Rede des Innenministers Persigny zur Verleihung der Salonauszeichnungen 1852 auf die Sätze gestoßen war: „In Frankreich müssen die Künste über die industriellen und kommerziellen Tendenzen der modernen Zivilisation nicht erschrecken. Was auch immer die Handlungsweise unserer Gesellschaft sei, nichts kann die ritterliche und künstlerische Seite des Nationalcharakters in uns schwächen ... Bei uns wird das moralische Leben immer den Vorrang vor dem materiellen Leben haben." An dem Nationalismus des Ministers wird sich Renan nicht allzusehr gestoßen haben. Auch nicht an dem verkündeten Vorrang des Moralischen. Daß dem Redner aber der Widerspruch nicht aufgefallen war zwischen dem Wohlklang seiner Worte und der eingangs seiner Rede vorgebrachten Entschuldigung, der Präsident auf Lebenszeit habe leider die Medaillen an die verdienstvollen Künstler nicht selbst überreichen können, weil er zu einer Industrieausstellung nach Strasbourg habe fahren müssen – das könnte einer der Anlässe gewesen sein, aus denen die Warnung vor dem „bürgerlichen Materialismus" sich formte. Und auch einiger Sarkasmus ist Renan angesichts einer ministeriellen Schlußapotheose zuzutrauen, in der aus dem Lob einer „in den Tiefen der Nation" verwurzelten, vom „Glauben des Volkes" getragenen Regierung der drohende Schwur erwuchs: „Nun denn! Ich schwöre Ihnen, daß Sie eine solche Regierung haben; ich schwöre Ihnen, daß alle blind sind, die das nicht sehen."[74]

Den Himmel auf Erden verkündete Maxime Du Camp, in den fünfziger Jahren Herausgeber der „Revue de Paris", in einem Prosagesang auf „die Bewegung der Industrie ..., diese reine Nützlichkeitsbewegung, die die ganze Welt mit einem Netz von Eisenbahnen überzieht, die auf alle Ozeane Flotten von Schraubendampfern schickt, die gewaltige Fabriken errichtet, die als christliche die Kraft der Assoziation an die Stelle der

Schwäche des Individuums setzt, die die alten Bande sprengt, welche das Erblühen der Gesellschaft fesselten, die sich vor allem um die zurückgesetzten Klassen kümmert und jedem ein Mehr an Wohlleben, höhere Tugenden, eine strahlendere Intelligenz zu geben sucht". Ausdrücklich zog Du Camp Gegenwart und Zukunft zusammen: „Das Goldene Zeitalter steht vor uns!"[75]

Vorsicht bei der Indienstnahme war allerdings geboten. Kurzzeitig meinte der Bonapartismus sich z. B. mit der „Revue du progrès" schmücken zu können: „Kein Jahrhundert, keines, sage ich, scheint mir materiell oder intellektuell dem unseren vergleichbar ... Es ist ohne jeden Zweifel das größte Jahrhundert der Menschheit, weil seine Taten auf der Höhe seiner Worte sind und die wissenschaftlichen und sozialen Fortschritte den literarischen und künstlerischen entsprechen ... Es geht selbstverständlich einer allgemeinen Verschmelzung aller Ideen und aller Klassen entgegen, der universalen moralischen und materiellen Brüderlichkeit."[76] Dies konnte als Huldigung an den Bonapartismus verstanden werden. Der Herausgeber Ricard hatte es aber anders gemeint. Bald war seine Zeitschrift verboten. (Er selbst mußte nach der Kommune emigrieren und fand sich Ende der achtziger Jahre bei der anarchistischen Bewegung wieder.)

Apologetisch gemeint war dagegen Arsène Houssayes Beschreibung des künftigen Paris in einem Goldschnitt-Stadtbuch, das ansonsten die Kapitale Napoleons III. pries. „Und nun, da der Himmel mit seinem ständigen Strahlen die Stadt badet, in der das große Werk vollbracht ist; da die mit Gott durch die unbegrenzte Anstrengung ihrer Arbeit versöhnte Menschheit sich in ihren fruchttragenden Gefilden ausruhen und unablässig ein triumphierendes Loblied der Freude erklingen lassen kann; da in diesen Mauern aus Marmor und Gold alle fühlbaren Geißeln, Krankheit, Elend, selbst der Tod, von unermüdlichen Streitern besiegt sind; da man sich kaum noch jener mythologischen Epochen entsinnt, in denen die Welt in Haß lebte; da die Zwietracht der Geister wie die Wogen des Ozeans gezähmt sind ...; da es für Paris, die Hauptstadt der Universa, nur mehr Zufriedenheit, Licht und Freude gibt – wer wagte noch Nein zum Fortschritt zu sagen? Wer beklagte nicht unsere so erbärmlich entblößten Vorfahren des 19. Jahrhunderts, die all jener Güter entbehrten, deren wir als Eroberer uns erfreuen, wir, die Pariser des Jahres Viertausend?"[77]

Was könnte den Plural von Universum und die Abschaffung des Todes in dieser kaisertreuen Utopie überbieten? Allenfalls die Leugnung aller sozialen Probleme in einer ebenso kaisertreuen Gegenwartsbeschreibung. Etwa bei Edmond About. Das Leben der gewöhnlichen Menschen in den „großen Zeitaltern" eines Perikles, Caesar, Leo X. und Ludwig XIV. aufrufend, wagte er zum Lob der Gegenwart zu fragen: „Verbrauchte jeder von ihnen die drei Hektoliter Getreide im Jahr, die das absolut Notwendige für den durchschnittlichen Menschen bilden? Wieviel Zeit blieb ihnen in vierundzwanzig Stunden, um zu denken, zu lernen, zu urteilen, zu leben, das moralische Sein in sich zu entwickeln?" Menschenverachtende Blindheit gegenüber dem Leben der Proletarier seiner Zeit sprach sich aus in Sätzen wie: „Ein charakteristischer Zug der Zeit, in der wir leben, ist die fast donnernde Geschwindigkeit, mit der jeder Fortschritt sich entwickelt, sich vervollständigt, sich bis ans Ende der Welt verbreitet und seine höchsten Früchte trägt." Das uneingeschränkte Lob der Industrie – „Die Industrie ist keine Geißel, wie gewisse kurzsichtige Moralisten von den Dächern rufen, sondern vielmehr eine Schickung Gottes. Sie ist die vervollkommnete, vereinfachte, der Zartheit des menschlichen Organismus angepaßte Arbeit" – war gesteigert bis zur Apologie solcher Sätze: „Ich bin noch nicht sehr alt, und doch habe ich die blinde Menge unter der Bezeichnung ‚Rechte' die unmöglichsten und dümmsten Dinge fordern hören, wie das Recht auf Arbeit, das Recht auf Unterstützung, das Recht auf Erziehung und sogar (ich schäme mich, es zu schreiben) das Recht zum Aufstand." Dies führte zu einem ökonomistischen „Humanismus", der lächerlich erscheinen könnte, wenn er nicht düsterste Ausbeutung in Aktion wäre. Die Notwendigkeit einer Erhöhung der menschlichen Lebenserwartung begründete About aus der Überlegung, daß der Mensch im Schnitt erst mit 27 Jahren die Aufwendungen zurückerstattet habe, die seine Erziehung und Ausbildung die Gesellschaft koste. „Bis dahin leben wir auf Kredit. Jeder Mensch, der mit 27 oder früher stirbt, nimmt ein Kapital mit ins Grab, das man in eine Gewinn- und Verlustrechnung einbeziehen muß. Hätte er 37 Jahre eines arbeitsamen Lebens gelebt, hätte er zehn Jahre lang mit Zinsen bezahlen können, was er erhalten hatte."[78] Dies war – man sollte es nicht verkennen – eine Formulierung des Marxschen Mehrwertgesetzes aus der Sicht der Ausbeutenden. Ihr gab

Jules Guesde 1882 die Antwort des proletarischen Klassenkämpfers: „Was den ‚Fortschritt' anbetrifft, so sehe ich hierin ... die Vergrößerung der Produktion, die zu einer Verarmung der Werktätigen führt, d. h. zum Elend, das aus dem Reichtum entspringt und proportional zu diesem Reichtum wächst."[79] Die These von der absoluten Verelendung des Proletariats bewahrheitete sich so nicht; der soziale Widerspruch aber, auf den Guesde verwies, war der grundlegende des Kapitalismus. About überging ihn.

Die Elaboraten wie dem Buch Abouts zugrunde liegende Vorstellung, nichts verhindere den Ausbruch sozialer Konflikte besser, als sie entschlossen totzuschweigen, verschwand keineswegs, als die Republik auf den Kaiser folgte. Besonders im Bildungswesen trieb sie kostbare Blüten. Keine schlimmere Unterrichtsmethode gebe es, hieß es etwa in Überlegungen zu einer Reform des Philosophieunterrichts an den Oberschulen, als ein historisch angelegtes Studium von Problementwicklungen. „Die Leute die Systeme entlangzuführen ... ist das sicherste Mittel, ihre Ideen zu verwirren und sie in Taumel zu versetzen. Die jungen Leute an den Oberschulen muß man Resultate lehren, sichere oder wahrscheinliche, die aber immer einen bestimmten und eben deshalb ‚lehrbaren' Wert besitzen."[80] Aus dem Literaturunterricht sei alles Mittelmäßige auszuschließen: „Bewahren wir nur, was Bewunderung erregen kann; sobald der Schüler aufhört zu bewundern, hört er auf, seinen Lehrern zu gehören."[81] So fand sich denn Renan in einem Oberschullehrbuch über soziale Moral reduziert auf Aufrufe zum „Glauben an den Fortschritt" und zur „großen Solidarität", deren Hintergrund ausgeblendet war.[82]

Mit solchen faden Allgemeinplätzen aber war kein Staat zu machen – und genau das mußte die republikanische Bourgeoisie nach 1871 tun. Die Reaktion Renans auf Krieg und Kommune, so war festgestellt worden, zeugte von kritischem Engagement ohne Gesundbeterei. Stand er allein damit?

Die „Revue politique" hatte seit 1868 von der „Ungeduld" der Gambetta, Michelet, Grévy, Ferry, Spuller gesprochen. „Schluß mit dem Quietismus!"[83] hieß es, und „Kein Stillhalten mehr, Schluß mit dem Bonapartismus" war gemeint. Jules Simons Entwurf von 1848 wurde mit dem Machtschwund des Kaiserreiches wieder politisches Tagesprogramm. Nicht über Niederlage und Aufstand hatte die Republik kommen sollen. Da aber 1870/71 so verlief, wurde auch dies angenommen. Ja, die militärische Niederlage und die proletarische Herausforderung verstärkten den bourgeoisen Tatendrang. „Das Bewußtsein von der Allmacht der Wissenschaft bannte die Verzagtheit.“[84]

Ein bezeichnendes Detail: Littrés Zeitschrift „La Philosophie positive“ hatte nach der Juli/August-Nummer 1870 wegen der Kriegsereignisse ihr Erscheinen unterbrechen müssen. In die erste Nummer nach dieser Pause (September/Oktober 1871) war ein Zettel eingelegt: „Unsere Abonnenten werden darauf hingewiesen, daß die Septembernummer 1871 identisch ist mit der, die im September 1870 hätte erscheinen sollen. Ein Jahr ist verloren; an den Abonnements muß nichts geändert werden.“ Eine Reihe von Artikeln wurde einfach übernommen; selbst die Jahrgangszählung lief weiter: die um über ein Jahr auseinanderliegenden Nummern gehörten beide zum 4. Jahrgang. Littrés Analyse der politischen Ereignisse lief hinaus auf das Bedauern „dieser Katastrophen“, die eine „aufgeklärtere Vernunft“ hätte vermeiden können, und auf die Bekräftigung, daß dennoch „die Zivilisation dem Weg folgt, den die Geschichte ihr vorzeichnet“.[85]

Große Verbreitung fand ein Brief des jüngeren Alexandre Dumas, der mit der Frage begann: „Stirbt Frankreich an seinen Niederlagen und seinen Aufständen?“, und mit der Aufforderung schloß, alle „auszurotten“, die nicht erkannten: „Auf zehn Jahre muß Frankreich eine einmütige Anstrengung machen, seinem ganzen Willen, all seiner Energie einen Ruck geben und unablässig nur einem manischen Gedanken folgen: bezahlen, was es schuldet, zurückholen, was ihm genommen wurde, sich frei machen nach außen, sich erneuern im Innern.“[86] Das große Leitwort hieß wiederum: „Reformen“. Littrés Zeitschrift sprach davon,[87] der Politiker Gambetta und der Ökonom Le Play waren sich einig: Die soziale Reform werde es erlauben, „Ordnung im Fortschritt“[88] zu halten und „die Stabilität, den sozialen Frieden“[89] zu sichern. In einer Zeitschrift mit dem bezeichnenden Titel „La Réforme politique, littéraire, philosophique, scientifique et économique“ (bezeichnend nicht zuletzt wegen des umfassenden Anspruchs der Reformideologie) hieß es: „Die beste Art, die Wiederkehr von Bewegungen wie der des 18. März zu verhindern und zu erreichen, daß in unserem Lande die Politik der Revolutionen durch die Politik der Evolutionen ersetzt wird“, bestehe darin, durch „breite Betätigungsfreiheit“ im Rahmen der bürgerlichen Republik „wahre Solidarität“ zu verwirklichen.[90] Es ging darum, Revolutionen „durch rechtzeitige Reformen zu vermeiden“[91]. Edmond About schrieb nun für dieses pluralistische Stabilitätsprogramm, und auch Emile Zola war Autor der Reform-Zeitschrift.

Für die Politiker und die Propagandisten der republikanischen Bourgeoisie bedeuteten der Sturz des Bonapartismus und der Sieg über die Pariser Arbeiter keinen Schock. Diese Ereignisse eröffneten ihnen vielmehr die praktische Möglichkeit, nach der ökonomischen auch die politische Ausgestaltung des entwickelten Kapitalismus in Angriff zu nehmen. Bis 1881 schufen sie sich unter Zurückdrängung der reaktionären monarchistischen Fraktionen von Großbourgeoisie und Adel eine parlamentarische demokratische Republik, den nach dem Urteil Lenins „vollendetsten, fortgeschrittensten bürgerlichen Staat“[92]. Bürgerlicher Parlamentarismus, Aufhebung der Zensur und obligatorische, kostenlose und weltliche Schule markierten den Aufbruch des bürgerlichen Reformismus in die Praxis ebenso wie die zu neuen Ehren kommenden nationalen Symbole, Marseillaise und 14. Juli, und die Amnestie für die Kommunarden. Es war ein „geteilter Triumphalismus“[93], wie Maurice Agulhon bis in die republikanische Bildwelt und Symbolik hinein nachgewiesen hat; dem Proletariat gestand die herrschende Klasse bis 1936 nicht einmal eine Sozialgesetzgebung zu. Aber am Anfang der ungeteilten Bourgeoisherrschaft bestimmte Zufriedenheit das Bild.

Das Selbstbildnis der beginnenden Dritten Republik gab in nachgerade klassischer Schärfe wiederum ein Innenminister. 1878 fielen ihm zur Enthüllung einer der ersten Statuen der Republik folgende Worte zum „Bild des Vaterlandes“ ein: „Es ist edel und einfach, ruhig und stark, es sitzt und ruht... Das Bild wandelt sich; die Seele ist dieselbe geblieben: die Seele Frankreichs, verzehrt von edlem Begehren, ergeben den schönen Dingen, glühend für die Gerechtigkeit und großherzig, wenn auch zuweilen aufgewühlt und bewegt von den Ideen und Leidenschaften der großen Revolution von 1789. Heute aber scheint das Vaterland beruhigt.“[94] Die Ankunftsfreude einer nun unumschränkt herrschenden Klasse sprach sich in diesem Ministerialsermon aus. Zu ihm paßte das erneute Auftauchen der Idee vom Verschwinden des Todes: Vor einer Freimaurerloge sprach der spätere Ministerpräsident Jules Ferry 1876 von dem Gefühl, eingeordnet zu sein in einen „endlosen Zug, der vorwärts, zum Licht marschiert", damit „Teil des großen Wesens" zu sein und sich „vom Tode befreit" zu fühlen.[95] Dies war weniger persönlich formuliert als zwanzig Jahre zuvor von Houssaye, aber dafür war die Erfüllung auch nicht so weit hinausgeschoben. Im Lichte solcher Ideologie erscheint der Antiklerikalismus, der in der Dritten Republik schließlich zur Trennung von Staat und Kirche führte, nicht nur im politischen Kontext eines Kampfes gegen rückwärtsgewandte ideologische Institutionen, sondern weltanschaulich als Ausdruck der Überzeugung, daß die Ideale bereits in der Welt seien – in der stabilisierten Welt der Bourgeoisie. Es waren dies politisierte Dementis der Renanschen Tausendjahreserwartung, die deren kritisch-aktivierendes Element aber nicht völlig preisgaben.

Es ist zu stark verkürzt, wenn mit Bezug auf die Kommune gesagt wird, daß die französische Intelligenz „durch den Schrekken weniger Nächte an die Spitze der Rückschrittsbewegung getrieben"[96] worden sei. Vielmehr ist eine Stufe der Bildung evolutionärer Ideologie erreicht, „wo die Vernunft sich auf das in der bürgerlichen Gesellschaft ‚Machbare' beschränkt", so daß zunehmend „die einstigen Anforderungen Rousseaus an diese als ‚utopies malfaisantes' aus der Diskussion genommen werden" und der Fortschritt, ohne festes Ziel bleibend, „als sich ständig realisierend gesetzt" (und damit nicht etwa negiert) wird. Heinz Thoma spricht von einem „klassenindifferenten Anthropologismus".[97]

Zu benennen bleibt die weltanschauliche Grundlage, auf der die politische Aktivität der republikanischen Bourgeoisie aufbaute. Es war die Darwinsche Abstammungslehre. Für die Literaturkritik hat Dirk Hoeges gezeigt, wie der Darwinismus einen historischen und theoretischen „Zusammenhalt der Teile und des Ganzen" bot, der „Sicherheit im Hinblick auf die Gemeinsamkeit des Einzelnen und des Allgemeinen" schuf.[98] Auch bei Renan konnte sein Wirken konstatiert werden. Für das Gesellschaftsdenken insgesamt bleibt sein Wirken zu untersuchen. Hier soll nur eine These zur zeitgenössischen Wirkung des Darwinismus formuliert und ein Beispiel dafür angeführt werden.

Die These: Entgegen mancherorts aus Friedrich Engels' Grabrede für Marx bezogener Annahme trat die Entdeckung des Gesetzes der „Entwicklung der organischen Natur"[99] nicht etwa der

Marxschen Entdeckung des Entwicklungsgesetzes der menschlichen Gesellschaft stützend zur Seite. Da Darwins Anpassungslehre das Moment des Sprunges unausgearbeitet ließ, befestigte sie vielmehr den Boden für das evolutionäre Selbstverständnis der bourgeoisen Republikaner. „Auf gleitenden Übergang“ sei die Lehre angelegt, meinte Dolf Sternberger zu Recht; „von dem Schlachtfelde, welches die Natürliche Zuchtwahl“ durch die Vernichtung der schlechter Angepaßten anrichte, werde der Blick hinweggelenkt, und eine „ungeheure Bestätigung und Rechtfertigung des Konkurrenzkampfes“ sei das Ergebnis.[100] Die Darwinsche Entdeckung stand in der Gesamtentwicklung des menschlichen Denkens zu konkreter Geschichtlichkeit. Sie diente aber nicht dazu, das Bewußtsein von der Notwendigkeit revolutionärer Veränderung des Bestehenden als Konsequenz eines geschichtlichen Weltbildes auszuprägen, sondern trug im Gegenteil bei zur „Heiligsprechung des Zusammenhalts aller Wesen inmitten des universalen Lebens“[101]. Sie stabilisierte die Haltung kritischer Apologie des Kapitalismus – kritisch, weil das Gegebene nicht das Endgültige sein mußte; apologetisch, weil Verbesserung nicht Veränderung der Grundlagen bedeutete.

Das Beispiel: Hippolyte Taine gab unter dem Einfluß von 1870/71 (nicht nur der Kommune!) seine Arbeit zu ästhetischen Problemen auf und begann eine Geschichte der „Entstehung des modernen Frankreich“ zu schreiben, die ihn bis zu seinem Tod beschäftigte. Das kurze Programm dieser Arbeit – das im verstärkten Aristokratismus und der vertagten, nirgends aber aufgegebenen, vielmehr als Selbstanspruch vertieften Erwartung auf die Einlösung der positivistischen Totalitätsidee wesentliche Entsprechungen zu den Grundthesen Renans aufwies – war bestimmt von naturwissenschaftlicher Begrifflichkeit. In der Anwendung auf soziale Prozesse traten Kapitalismuskonformität und politische Brauchbarkeit eines naturwissenschaftlich begründeten Evolutionismus hervor. Auf die Erinnerung des Prinzips: „Der Schwache ist immer die Beute des Starken“, folgte die Anwendung: „Unglück über jene, deren zu langsame Entwicklung sie dem Nachbarn ausliefert, der plötzlich seine Verpuppung abgestreift hat und als erster unter Waffen steht! Unglück auch über den, dessen zu ungestüme und plötzliche Entwicklung die innere Ökonomie aus dem Gleichgewicht gebracht hat und der durch die übertriebene Ausbildung seines Leitungsapparats, die Zerrüttung seiner inneren Organe, die allmähliche Verarmung seiner Lebenssubstanz zu Kopflosigkeit, Debilität, Impotenz inmitten besser proportionierter und gesunderer Nachbarn verurteilt ist!" Noch einmal schossen Kritik der bestehenden Gesellschaftsordnung und Engagement für sie zusammen. Der Erkenntnisanspruch des Naturwissenschaftlers – „Ich stand vor meinem Stoff wie vor der Metamorphose eines Insekts"[102] – richtete sich auf das Eingreifen in naturhaft ablaufende Prozesse. Wohlproportionierte Gesundheit war das Ziel.

Die Realismusschlacht der fünfziger Jahre und ihre Vorgeschichte

Schaut man von dem bisher erörterten Fortschrittsdenken aus auf unser Bild französischer Literaturgeschichte im 19. Jahrhundert, so ist auffällig: In keiner der kapitalismuskritischen Jahrhundertkonstruktionen kommt an wesentlicher Stelle vor, was für das Gesellschaftsdenken der zweiten Jahrhunderthälfte festgestellt wurde: die Existenz, ja Dominanz eines Fortschrittsbewußtseins, das durch solidarische Kritik zur Vervollkommnung der bestehenden Gesellschaftsordnung in evolutionsoffener Stabilität beizutragen suchte.

Da erheben sich zum einen die Großen des kritischen Realismus von Balzac bis Zola und legen für ihre marxistischen Leser Zeugnis ab von der Begrenztheit und Unmenschlichkeit ihrer Zeit. „Weil Balzac die ganze zeitgenössische Gesellschaft ans Licht bringt, von ihren verbürgerlichten aristokratischen Spitzen, den selbstherrlichen Bankiers, den Egoisten, den Karrieristen und ihren Opfern bis zu den habgierigen kleinen Leuten, fühlt man, daß es nicht um individuelle Ticks oder Entartungen geht, sondern um eine soziale Kraft, die sie alle beherrscht und deformiert ... Genau in dieser Darstellung und Verurteilung der gerade erst errichteten bürgerlichen Beziehungen gründen Größe und Unsterblichkeit Balzacs."[103]

Oder das Wesentliche dieses Jahrhunderts wird in fortschreitender, bewußt betriebener Abschottung der Literatur von den gesellschaftlichen Angelegenheiten gesehen, die dann im 20. Jahrhundert an ihr Ziel gekommen sei. Flaubert wird gerne dazu in Dienst genommen; vor allem aber gehört der Tag den Poeten. Ihnen zur Seite treten die Maler, und so entsteht ein Bild wesentlicher Kunst, dem Renan zwar ebenso wie dem ersten nur den Rücken zukehren könnte, das aber durchaus nicht das kritisch-realistische Moment im Vordergrund präsentiert: „Immer mehr unterscheidet sich die Literatur vom Ideendiskurs und schließt sich in eine radikale Intransitivität ein; sie entsagt allen Werten, die sie in der Klassik in Bewegung bringen konnten (Geschmack, Vergnügen, Natürliches, Wahres), und bringt in ihrem eigenen Raum alles hervor, was deren spielerische Negation befestigen kann (Anstößiges, Häßliches, Unmögliches); sie bricht mit jeder

Bestimmung von ‚Genres' als Formen, die einer Ordnung von Repräsentationen angepaßt wären, und wird schlicht und einfach Manifestation einer Sprache, deren einziges Gesetz es ist, gegen alle anderen Diskurse ihre schroffe Existenz zu behaupten; ... sie wendet sich an sich selbst als schreibende Subjektivität, oder sie sucht in der Bewegung, die sie hat entstehen lassen, das Wesen jeder Literatur wieder zu erfassen; und so laufen alle Fäden in der feinsten, der einmaligen, momentanen und doch absolut universalen Spitze zusammen, in dem einfachen Akt des Schreibens." (Am absoluten gedanklichen Ende dieser Sicht verschwindet der Mensch als Zentrum und Maßstab des Seins: „Der Mensch ist eine Erfindung.")[104]

So verschieden in Wesentlichem diese beiden Konstruktionen gebaut sind, der Autonomiegedanke, als Prinzip einer im 19. Jahrhundert ständig zunehmenden Differenz von Kunstentwicklung und Sozialentwicklung, ist ihnen gemeinsam – auch wenn er in der ersteren vorwiegend sozial, in der anderen eher ästhetisch gefaßt wird. Die realen Prozesse, das soll im folgenden gezeigt werden, werden auf diese Weise jedoch nicht in ihrer ganzen Verschränkung gesehen.

Der Autonomiegedanke entstand an einem bestimmten Punkt der historischen Entwicklung der Arbeitsteilung gegen Ende des 18. Jahrhunderts: als einerseits „mit der Manufaktur der Austauschprozeß zwischen Mensch und Natur durch eine neue Stufe der Arbeitsteilung" auf kapitalistischer Grundlage „unübersehbar erweitert"[105] und andererseits „der Künstler, der weiterhin die Einheit von geistiger und körperlicher Arbeit verkörperte, zum Modell des unzerstückten, des ganzen Menschen"[106] wurde. Über die Unterscheidung von materieller Produktion und Kunstproduktion und über die Differenzierung der Kunst von anderen Formen des gesellschaftlichen Bewußtseins hinaus gewann er schnell eine Funktion in den ideologischen Auseinandersetzungen des beginnenden Kapitalismus. Künstler waren dem Kapitalverhältnis viel vermittelter unterworfen als andere Produzenten; sie richteten ihren Blick ungebundener auf das Be- und Entstehende und hielten mit dem Recht von „Genie" und „Schöpfertum" einen Humanismus lebendig, der die partikularisierenden Zwänge der entstehenden Industrieproduktion negierte. Es waren protestierende Intellektuelle, die sich zur Autonomie bekannten. Das objektive Gesellschaftsverhältnis einer Gruppe und deren subjektive Sicht auf eine miese soziale Realität brachten den historisch völlig neuen Autonomiegedanken in Frankreich in kurzer Zeit auf die Höhe einer – nun allerdings die Gründe der Abgrenzung kaum noch ausweisenden – Langzeitlosung ohne Übersetzungsbedarf: l'art pour l'art. Von der Romantik an, so schien es, war die kritische Distanz wahrer Kunst zur Gesellschaft durchgehendes Gesetz. Konforme Theoriebildung vermochte ihm den Stachel allenfalls zu nehmen, indem sie die Kunst noch weiter von der sozialen Realität wegschob – auf das Abstellgleis des schönen Scheins. Engagierten sich Künstler in sozialen Angelegenheiten, so war dies nicht Negation von Autonomie, sondern überhaupt erst ermöglicht durch diese; wandten sie sich von ihrer Zeit ab, war es die Sozialkritik der Negativität. Das waren Konstruktionen bürgerlichen Denkens. Aber auch der Marxismus lernte es, sich ihrer zu bedienen, um die Kunstentwicklung im Kapitalismus zu begreifen.

Die Kritik an den Verabsolutierungen der Autonomie kann sich jedoch nicht damit begnügen, deren soziale Herkunft und Dimension in einem protestierenden Zweckdenken aufzuzeigen. Um an diesem Punkt der Überlegungen die Zusammenfassung des Folgenden als These voranzustellen: Die Debatte um den Realismus in den fünfziger Jahren hat ihre Bedeutung darin, daß sie eine längere Phase einleitete und begründete, in der Produktion wie soziale Aufnahme und Wertung von Literatur und Malerei in Frankreich dominant nicht dem Autonomiegedanken unterstanden, ohne deshalb als nur instrumentelle abgebucht werden zu können. Die oben skizzierten Konstruktionen sind unangemessen, weil sie diese Phase ignorieren.

Von den fünfziger bis zu den achtziger Jahren sprach sich der evolutionäre Elan der Bourgeoisie nicht nur in ihrem Gesellschaftsdenken und -handeln, sondern auch in ihrem Kunstdenken und ihren Kunstwerken aus. Auch wenn der größte Teil der Kunstproduktion nicht der Arbeitsteilung unterlag, wurden Kunstprogramme entwickelt, in Kunstpraxis umgesetzt und zunehmend gesellschaftlich akzeptiert, die bewußte Sozialbezüge zur Grundlage hatten und artikulierten. Wie sich das Gesellschaftsdenken zwischen Revolution und Apologie einen Bereich tätiger Veränderung erschloß, so ging das Nachdenken über Kunst nicht auf in der Alternative von autonomer Kritik oder instrumenteller Reproduktion der ideologischen Herrschaft des

Kapitals. Aus der Realismusdebatte heraus entstanden mit unterschiedlich starker kritischer Intensität Vorstellungen von Kunstarbeit, die Soziales langfristig verändern sollte durch den ausdrücklichen Bezug auf soziale Realität. „In dem Augenblick von Zeit und Geschichte, an dem wir sind, ist es nicht verwunderlich, daß die Realität in der Literatur die Oberhand über das Ideal besitzt ... Zwischen der gesellschaftlichen Tendenz zu praktischen Dingen und der literarischen Tendenz zu realen Helden gibt es eine ziemlich genaue, ins Auge springende Parallelität."[107] So einfach ins Auge sprang diese Parallelität nicht. Sie existierte aber und kann untersucht werden.

Dazu soll zuerst das Programm der Realisten der fünfziger Jahre vorgestellt werden. Anschließend ist zu fragen, wie es zu ihm kam und worin seine Neuheit bestand, dann, in welcher Art es gesellschaftlich aufgenommen wurde. Die erste Periode in der Geschichte des programmatischen Realismus in Frankreich endete um 1860.

„Aufrichtigkeit in der Kunst" *Die Programme der Realisten*

Im Juni 1855 eröffnete Gustave Courbet (1819–1877) eine Verkaufsausstellung von 42 seiner Arbeiten, für die er in der Nähe der Champs-Elysées den „Pavillon du Réalisme" errichten ließ. Im Frühsommer des folgenden Jahres gab Max Buchon (1818 bis 1869) in der Schweiz unter dem Titel „Le réalisme" eine kommentierte Sammlung zeitgenössischer Äußerungen zu Kunstfragen heraus. Zwischen Juli 1856 und Mai 1857 erschienen sieben Nummern der Zeitschrift „Réalisme", für die Edmond Duranty (1833–1880), Jules Assézat (1832–1876) und Henri Thulié (1832–1916) verantwortlich zeichneten. Im Frühsommer 1857 publizierte Champfleury (1821–1891), nachdem sein Experiment einer „Gazette de Champfleury" Ende 1856 nach zwei Nummern gescheitert war, eine Sammlung zumeist bereits veröffentlichter Artikel, der er den Titel „Le réalisme" gab. Wenig später veröffentlichte Jules-Antoine Castagnary (1830–1888) einen Bericht über den Salon 1857, in dem er dessen Philosophie als eine realistische offenlegte.

Mit diesen konzentrierten Bekundungen ihres Selbstbewußtseins stellte sich eine Gruppe von Künstlern und Kritikern ausdrücklich unter das Banner des Realismus. Die Entschlossenheit war allerdings unterschiedlich ausgeprägt. Ostentativ wählten allein Duranty und seine Freunde ihren Titel. Aufgenötigt durch die Kritik sei ihm die Bezeichnung „Realist“, betonte dagegen Courbet im Vorwort seines Ausstellungskatalogs, und so wichtig sei das Wort nicht – aber er nahm es an. Nur ein „Übergangswort“ sei Realismus, „das kaum mehr als dreißig Jahre dauern wird“, verstärkte wenig hellseherisch Champfleury die Distanz; er hasse Schulbezeichnungen „wie die Cholera“. Doch ergeben und vielleicht nicht ganz ohne innere Genugtuung schickte er sich darein, der „Gott“ der „kleinen Kirche des Realismus“ zu sein.[108] Castagnary verkündete gar, daß man sich mit dem Realismus kaum noch beschäftige.[109] Dennoch: Dies war erstmals in Frankreich die Proklamation des Realismus zum Programm eigener künstlerischer Tätigkeit. Schon vorher war von Realismus gesprochen worden; Courbets Hinweis auf die Kritiker als Urheber war berechtigt. Immer aber hatte das Wort etwas Fremdes beschrieben. Niemals hatten Stendhal oder Balzac es programmatisch auf sich bezogen, ja auch nur verwendet. Nun wurde es positiv aufgenommen und zum eigenen Programm erklärt.

Im November 1851 bezeichnete sich Courbet erstmals als Realist. In einem Zeitungsartikel war er als „sozialistischer“ Maler tituliert worden, was ihn zu der Antwort veranlaßte: „Ich bin nicht nur Sozialist, sondern auch Demokrat und Republikaner, mit einem Wort, Anhänger der gesamten Revolution und vor allem Realist.“ Ob dieser Bekundung mehr zugrunde lag als die Lust am Hantieren mit damals provokanten Bezeichnungen, läßt sich aus dem Text allein nicht erkennen. Die politischen Termini wurden nicht erläutert. Nur der schon durch seine Schlußstellung herausgehobene kunstbezogene Begriff erfuhr eine kurze Bestimmung: „Realist zu sein heißt, ein ehrlicher Freund der vollen Wahrheit zu sein.“ Noch vor der Frage, was Ehrlichkeit (Aufrichtigkeit) und Wahrheit hier bedeuten könnten, ist es wichtig, hervorzuheben, daß Courbet sich im selben Atemzug als Künstler definierte. Er werde sich wieder der Arbeit an seinem nächsten Bild zuwenden, hieß es am Schluß seines Leserbriefes, was „unendlich spannender“ sei als Intrigen und Gerede.[110]

Diese Abgrenzung von parteinehmender politischer Äußerung war charakteristisch für Courbet. Er bekundete später zwar frühe Sympathien für Fourier, Cabet, Leroux und „Le National", porträtierte den mystischen Humanisten Jean Journet und war mit Proudhon befreundet. Aber schon die Reihe dieser Namen zeugt von der bisweilen verkannten Vagheit seines Sozialismus. Sie ist durchaus nicht als Abrücken von dem Ideal freier Brüderlichkeit und universaler Harmonie zu verstehen, das die Genannten bewegte. „Dem Volk gehört meine Sympathie", hieß es 1850. Daraus erwuchs aber kein politisches Aktionsprogramm. Im Juni 1848 schrieb er seinen Eltern beruhigend aus Paris: „Ich schlage mich nicht, aus zwei Gründen: zuerst, weil ich nicht an den Krieg mit Gewehr und Kanone glaube und das nicht zu meinen Grundsätzen gehört. Seit zehn Jahren führe ich den Krieg der Intelligenz ... Der zweite Grund ist, daß ich keine Waffen habe."[111] Courbet war kein malender utopischer Sozialist (schon gar kein Marxist); er war ein Maler, der kritischen Abstand hielt von der im Umlauf befindlichen ideologischen Münze, weil sie seinen individuellen Idealen nicht genügte. Die Wahrheit, von der er sprach, war seine persönliche Sicht auf seine Welt. Die wollte er aufrichtig zum Ausdruck bringen. Als Beitrag zu politischen Auseinandersetzungen war das ursprünglich nicht gemeint.

Für die Realismusschlacht ist diese Ausgangsebene festzuhalten. Noch weniger als Courbet sahen seine Mitstreiter sich als politisch engagierte Sozialkritiker. Die Kunstdiskussion wurde nicht einfach stellvertretend für eine politische Debatte begonnen; sie erwuchs aus neuen gesellschaftlichen Anforderungen an Kunst, die ihrerseits mit einem in besonderer – nämlich langfristig-umfassender – Weise kritischen Grundverhältnis zur zeitgenössischen sozialen Realität zu tun hatten.

In dem kurzen Vorwort, das dem Katalog seiner Ausstellung 1855 vorangestellt war, hob Courbet zwei Prinzipien hervor. Zuerst seine künstlerische Eigenständigkeit, dann seinen Willen, Zeitzeuge zu sein. „Ich wollte ganz einfach aus der vollständigen Kenntnis der Tradition das bewußte und unabhängige Gefühl meiner eigenen Individualität schöpfen", hieß es in ausdrücklicher Wendung gegen Imitieren und Kopieren von Antike und italienischer Renaissance. „Imstande zu sein, die Sitten, die Ideen, das Aussehen meiner Epoche aus meiner Sicht wiederzugeben, nicht nur ein Maler, sondern überdies ein Mensch zu sein, mit einem Wort, lebendige Kunst zu machen",[112] lautete die explizit gegen l'art pour l'art gerichtete Willensbekundung.

Courbet hat sich unsystematisch und nur selten über seine Kunstauffassungen geäußert; wo er es tat, treten die beiden genannten Aspekte hervor. Wichtig ist insbesondere eine Ende 1861 abgefaßte Antwort auf die Bitte einiger Eleven, sie zu unterrichten. Wiederum das Moment der Individualität betonend, schrieb Courbet, er könne niemandes Lehrer sein, denn: „Jeder Künstler muß sein eigener Meister sein . . . Ich kann meine Kunst oder die Kunst irgendeiner Schule nicht lehren, denn ich verneine das Lehren von Kunst, anders gesagt, ich behaupte, daß Kunst ganz individuell und für jeden Künstler nur das Talent ist, das aus seinem inneren Antrieb (inspiration) und seinem eigenen Studium der Tradition erwächst." Neben diese Feststellung trat eine ausführliche Bekräftigung der Gegenstands- und Gegenwartsbezogenheit seiner Kunst. „Die Malerei ist eine wesentlich *konkrete* Kunst und kann nur in der Darstellung *wirklicher, existierender* Dinge bestehen. Sie ist eine ganz physische Sprache, deren Wörter alle sichtbaren Objekte sind; ein *abstraktes*, unsichtbares, nicht existierendes Objekt fällt nicht in das Gebiet der Malerei. Die Imagination in der Kunst besteht darin, den vollständigsten Ausdruck eines existierenden Dinges finden zu können, niemals aber darin, dieses Ding zu vermuten oder zu erschaffen. Das Schöne ist in der Natur."[113]

Der letzte Satz insbesondere ist auffällig. Nicht Erdachtes, sondern materiell Seiendes wird zum Ort eines höchsten Allgemeinen. Man wird an Renan erinnert: Gott war in der Welt. Daß Courbet „Natur" umfassend verstand und auch keine Scheidelinie zwischen biologischer und sozialer Natur sah, kann aus dem Fehlen entsprechender Äußerungen vermutet und an dem (trotz einiger Dominanzverlagerungen das Gesamtwerk bestimmenden) Nebeneinander von Gesellschafts- und Landschaftsbildern in seinem Werk nachgewiesen werden. Courbet ist damit von keiner Zivilisationskritik zu vereinnahmen: Er sah seinem Gestaltungswillen keinen Lebensbereich verschlossen und hielt fest an der Beherrschbarkeit der Welt. Dem entsprach seine Persönlichkeit: Ihren Optimismus, ihre Lebenslust und Naivität haben viele Zeitgenossen bezeugt. Natur bedeutete für Courbet nicht Zuflucht oder Rettung, sondern umfassender Arbeitsgegenstand. Wahrnehmung und Wirklichkeit waren ihm nicht identisch; aber von ersterer war durch subjektive Anstrengung auf letztere zu kommen. An dem Reden über „Natur" im 19. Jahrhundert ist immer wieder das Interesse der Bourgeoisie hervorgehoben worden, ihre Ordnung zur natürlichen zu verklären, um Klassenkampf ad absurdum zu führen. Courbets Naturverständnis birgt dagegen die umstürzlerische Potenz, die in der Behauptung eines ganzheitlichen Weltverhältnisses gegen partikularisierende Tendenzen liegen kann. Umstürzlerisch, weil das Gegebene ihm zwar Aktionsfeld war, ihm zugleich aber nicht genügte. Dies unterschied ihn von Renan: Ausgestaltung war Courbets Ideal nicht. Ihm ging es um Neugestaltung. Die aber traute er sich wie auch den Verhältnissen zu. Das Schöne war *in* der Natur – es war nicht *die* Natur, aber aus ihr konstruierbar. An seinem berühmtesten Gemälde, „Ein Begräbnis in Ornans", ist gezeigt worden, daß hier „die industrielle Gesellschaft noch im Entstehen", der „Bourgeois auf dem Land" dargestellt ist.[114] Auch weltanschaulich stand Courbet an diesem Übergang. Er war Provinzler in Paris, behauptete seine Individualität und das Recht umfassenden gestaltenden Zugriffs, schaute nicht wehmütig und nicht nostalgisch um sich, sondern wollte, erfüllt von optimistischem Selbstbewußtsein und kritischer Humanität, seine Zeit in Bilder zwingen. Er zweifelte nicht, daß ihm das aus eigener Kraft gelingen würde.

Auf einen dritten Aspekt neben Individualität und kritischer Gegenwartsbezogenheit ist anläßlich der Realismus-Ausstellung hinzuweisen. Er ergibt sich aus deren institutionellem Kontext. 1855 fand in Paris die zweite Weltausstellung statt (nach der Londoner von 1851), und der seit gut zwei Jahren als Kaiser regierende Napoleon III. gedachte sie zur Propagierung der Erfolge seiner Herrschaft weidlich zu nutzen. Dabei war der Kunstausstellung, die es in London nicht gegeben hatte, ein besonderer Platz zugedacht. Frankreich präsentierte 2500 Werke, die die Hälfte des zur Verfügung stehenden Raumes beanspruchten; und die Kritik tönte: „Wir sind die Meister."[115] Groß herausgestellt wurden Ingres und Delacroix. Auch um Courbet hatten sich im Blick auf das Ereignis kaiserliche Beauftragte von Rang bemüht. Der Graf Nieuwerkerke, Generaldirektor der Museen und Kunstintendant des Kaiserhauses, hatte den bisher vielfach Geschmähten Ende 1854 zum Essen geladen. Mit seinem Vorschlag zur Güte, Courbet solle extra für die Weltausstellung ein Bild malen, das dann nur in Skizze und Ausführung von einer Sonderkommission abgenommen würde, war er allerdings auf Hohn und Spott des Malers gestoßen, der sich seine Unabhängigkeit nicht abhandeln ließ. Als schließlich von seinen eingereichten Bildern zwei abgelehnt wurden (das „Begräbnis"-Bild und das gerade fertiggestellte „Atelier des Malers, reale Allegorie, die eine Phase von sieben Jahren meines künstlerischen Lebens beendet"), war der Entschluß zur Einzelausstellung gefaßt, der für seine Zeit nicht anders als revolutionär zu nennen ist. So gut wie unangefochten hatte bisher allein der jährlich bzw. alle zwei Jahre stattfindende Salon dem Publikum zeitgenössische Malerei als Gesamtschau präsentiert. Jury, Kunstkritik, Auszeichnungs- und Ankaufpraxis standen zwischen dem Maler und dem Betrachter seiner Bilder. Provoziert von einer autoritären Kunstpolitik, trat Courbet in anarchisch-demokratischer Unbekümmertheit neben die Distributionssphäre und proklamierte die Direktheit des Publikumsbezugs (übrigens mit geringem Erfolg, die erwarteten Besucherscharen blieben aus). Unbelastete Subjektivität und umfassender Weltanschauungsanspruch des Kunstproduzenten fanden in diesem Vorgehen ihre Ergänzung auf der Rezeptionsseite. Im Aufbegehren gegen den herrschenden Ausstellungsmodus (erwogen bereits vor dem Dissens mit Nieuwerkerke) manifestierte sich das auf direkte Kommunikation zielende Anliegen des programmatischen Realismus auch auf der institutionellen Ebene.

Wesentlicher noch für den Realismus als all diese Erklärungen waren zweifellos Courbets Bilder. Sie waren für die zeitgenössische Kritik am Realismus der eigentliche Stein des Anstoßes: Ohne die Bilder Courbets hätte die Realismusschlacht nicht stattgefunden.

Der nächste Verkünder des Realismus war ein Jugendfreund Courbets, der Dichter Max Buchon. Nach seiner Teilnahme an der Junischlacht und an antibonapartistischen Aktivitäten lebte er im Schweizer Exil – zwanzig Jahre vor Courbet.

Als Courbet im Sommer 1850, vor dem Pariser Salon, die „Steinklopfer" und das „Begräbnis in Ornans" in Besançon und Dijon ausstellte, interpretierte Buchon in einem Zeitungsartikel beide Bilder des Sohnes der Region. Seine Hochschätzung begründete er doppelt. Die Leute auf den Bildern gebe es wirklich in Ornans, „so, wie Sie sie dort sehen"; der Maler führe sie

„aufrichtig und getreu" vor Augen, mit einem „absoluten Realismus". Das stimmte. Es gibt Berichte darüber, wie die Bürger von Ornans sich danach drängten, durch ihren Mitbürger im Bild verewigt zu werden. Darüber hinaus aber, betonte Buchon, gelinge dem Künstler in den Gestalten des Steinklopfers und des Totengräbers eine „wirkliche Synthese des menschlichen Lebens", die „bedeutungsvoll" das Elend der Armen und ihre allein durch den gleichmachenden Tod mögliche Rache an ihren Unterdrükkern zeige. „Vor allem die Leute aus dem Volk" sollten deshalb diese Bilder ansehen.[116] Wie kein Zeitgenosse sonst – auch Courbet selbst nicht, der an den „Steinklopfern" den „Ausdruck des Elends" und die Tatsache hervorhob, daß er die Modelle auf der Straße und nicht im Zeichensaal gefunden habe –[117] sah Buchon die Bilder seines Freundes politisch. So ist aus dieser Rezension als erstes die Solidarität mit den Entrechteten hervorzuheben. Sie sollte sich in Frankreich so offen bald nicht mehr aussprechen können, ist aber gerade wegen ihres Fehlens in der Realismusdebatte hier zu unterstreichen. Das Publikum zumindest konnte das Anliegen der Realisten so aufnehmen, wie Buchon es beschrieb, und die Schärfe der Reaktionen auf den Realismus wäre ohne diesen Hintergrund nicht voll zu verstehen.

Was die ästhetische Diskussion betrifft, so ist auf die eingeschränkte Verwendung des Realismusbegriffs durch Buchon aufmerksam zu machen: Er galt vorerst nicht für die ganze Kunst, sondern nur für deren gegenständlichen Detailbezug; ausgeschlossen waren Subjektivität und Sinnbildung. Diese konventionelle Begriffsauffassung deutet darauf hin, daß – zweiter Ertrag des Artikels – der Realismus 1850 programmatisch noch nicht formiert war.

In einer 1856 von Buchon in hundert Exemplaren herausgegebenen kommentierten Bestandsaufnahme der bisherigen Realismusdiskussion fand sich die Eingrenzung nicht mehr. Wie Courbet erhob nun auch Buchon für den Realismus einen umfassenden Geltungs-, ja Herrschaftsanspruch. „Wir sind heute die Modernen", hieß es, und das wurde für ganz Europa und Amerika proklamiert. „Überall das gleiche Streben nach Vereinfachung der Mittel und Verständlichkeit der Kunst . . ., das Bekenntnis zum menschlichen Leben . . .; die Kunst begibt sich auf die Ebene unserer Alltagsangelegenheiten, trägt und sucht das Leben . . . Überall wird der Kult der schönen Sprache, des großen Stils und der Ausgewogenheit des Satzes durch den Kult des Fakts und der Idee ersetzt ... Die Kunst sucht unser wirkliches Leben zu leben."

Diese Bestimmungen korrespondieren mit dem Courbetschen Willen, seine individuelle Sicht auf seine Epoche wiederzugeben, mit der Ablehnung formaler Nachahmung und dem Bemühen um direkten Publikumskontakt. Dennoch ist nicht schlicht von Identität zu reden. Buchons Bekenntnis zum Realismus – das eines Schriftstellers und politisch engagierten Menschen – gründete und mündete in teilweise anderen Überlegungen als das Courbets.

Von Interesse für die Bestimmung der Unterschiede ist Buchons Kunstdefinition. Kunst sei die „Darlegung der Gefühle eines Künstlers mittels eines Werkes". Der Gefühlsbegriff, der in Buchons Argumentation (die allerdings nicht immer von zwingender Logik ist) einen zentralen Platz einnimmt, war zum einen subjektbetont, zum anderen auf Ganzheit orientiert. Buchon vertrat die „Forderung nach Freiheit und Persönlichkeit in der Kunst". Die Betonung des Subjektiven bedeutete: ausdrückliches Abrücken der Kunst als „wesentlich persönlich" von der erkennenden Wissenschaft; Aufnahme des Begriffs der Imagination, seine Bestimmung als Ausdruck „von Gefühlen durch Bilder (images)" und – nach einer Erinnerung an die deutsche Übersetzung von „imagination" mit „Phantasie" – eine Apologie der „realistischen Phantasie"; Relativierung der Rolle der Kunstproduktion, insofern der Künstler nicht den Anspruch erheben könne, „uns die Dinge so sehen zu lassen, wie er sie gesehen hat", sondern nur „Eindrücke" vermittele, die „darüber hinaussehen lassen"; schließlich die Einschätzung der Gegenstandswahl als „eine sekundäre Angelegenheit" und der Kunstwerke allein als „Gelegenheit für *gedachte* Meisterwerke" der Rezipienten: „Wenn der Künstler aufrichtig dargestellt hat, was er aufrichtig gefühlt hat, ist seine Aufgabe erfüllt; um den Rest hat er sich nicht zu kümmern. Wo käme der arme Teufel denn hin, wenn er gezwungen wäre, alle Welt zufriedenzustellen?"[118]

Es sind dies Stichworte zur Subjektivität, die in solcher Entschiedenheit von einem französischen Propheten des Realismus kaum zu erwarten waren. Courbet, für den immer die Natur den äußeren Entfaltungsraum für das Subjekt darstellte, hat nie in solcher Weise ein inneres Vermögen des künstlerischen oder gar des rezipierenden Subjekts über die gegenständliche Beziehung zur Realität gesetzt; sein oben zitierter Begriff von Imagination als vollständigstem Ausdruck eines existierenden Dinges weist das deutlich aus.

Buchon sprach aber auch davon, daß die Kunst dem Volk „ein Spiegel" sein solle, „in dem es seine Schönheiten und seine Leiden erkennen kann". Ein nicht bedachter Widerspruch? Nur, wenn übersehen wird, was „Gefühl" für Buchon noch bedeutete: den Anspruch auf eine ganzheitliche Annäherung an „das LEBEN in seinen so verschiedenen Manifestationen". Lag in der Betonung der Subjektivität die Anerkennung von Partikularität, so führte diese doch nicht zum Verzicht auf Ganzheit. Buchons Wirklichkeitssicht enthielt, wie die Renans, eine Wertung des „Industriezeitalters", die trotz des unverkennbaren Ansteigens des „Barbarismus" die materiellen „Errungenschaften des Fortschritts" nicht zum Schreckbild machte, sondern darauf vertraute, daß letztlich „die Menschheit immer unter der Führung des höchsten Gesetzes marschieren wird, das die Welten regiert". Folglich könne man der Zukunft „fest und ruhig" entgegenblicken; „Recht und Arbeit" – so die an Proudhon angelehnte Losung – sicherten das Morgen. Für einen vom Bonapartismus außer Landes Gejagten war diese Zuversicht eine bemerkenswerte geistige Leistung. Von der Renans unterschied sie sich durch ihre absolute Demokratievorstellung (Buchons Text endete in einem Lob der „Non-Archie") und durch ein waches Bewußtsein für die Leiden des Volkes. Die Denker dürften nicht vergessen, daß das Volk da sei, „um eure Kleider zu nähen, eure Hemden zu waschen, eure Stiefel anzufertigen und zu putzen, euer Essen zu bereiten, nachdem es der Erde im Schweiße seines Angesichts alles dafür Nötige entrissen hat". (Das Vorproletarische dieses Volksbegriffs ist festzuhalten.) Buchons Schlußfolgerung war realistisch im Sinne einer Lebenshaltung und im Sinne einer allgemeinen Funktionsbestimmung von Kunst. Mit allen Anzeichen der Herablassung angesichts von soviel Schwäche zitierte er von Tasso bis zu den Romanhelden der französischen Romantik Fälle von an Weltschmerz Gescheiterten, um dann zu bemerken: „Akzeptieren wir mutig das Gute und das Schlechte unseres Daseins . . ., schicken wir uns darein, nur Menschen zu sein, Menschen unserer Zeit."[119]

Damit schloß sich die Buchonsche Realismusvorstellung nun

doch wieder der Courbetschen an. Beide waren getragen von einer Idee der Vermittlung, nach der trotz bestehender Schranken zwischen den Menschen und ihren Existenz- und Aktionsräumen dem einzelnen realitätsgestaltende Aktion von übergreifender Bedeutung möglich war. Unter solcher Voraussetzung war es letztlich gleichgültig, ob die Annäherung an die Zeit mit dem Blick auf das Natürliche oder in der Konzentration auf die Individualität erfolgte. Entscheidend war die in beiden Fällen gegebene Zentralstellung der zeitgenössischen Realität als Gegenstand und Funktionsraum der künstlerischen Tätigkeit produktiver Subjekte. Auch daß Buchons Blick auf diese Realität im Verhältnis zu Courbets umfassendem Naturverhältnis deutlich politischer war, ist insofern nur sekundär. Fügt man hinzu, daß sowohl Courbet als auch Buchon in ihren Äußerungen über Gegenstand und Funktion der Kunst das Kunstwerk eigentlich gar nicht betrachtet, mithin den Schritt vom Gefühl zum Abbild nicht als Problem empfunden haben, so könnte eine Verallgemeinerung des realistischen Selbstverständnisses an diesem Punkt der Betrachtung lauten: Die von Bindungen an die Kunsttradition wie an soziale Zwänge freie künstlerische Individualität ist in der Lage, mittels aufrichtiger Wiedergabe ihrer Eindrücke von der zeitgenössischen Realität ein umfassendes, adäquates Abbild dieser Realität herzustellen.

Der philosophisch-weltanschauliche Einwand, hier handle es sich um ein vorkapitalistische Strukturen reproduzierendes Identitätsdenken ohne ausreichenden Bezug auf qualitativ veränderte, komplexere soziale Strukturen und Erkenntnisbedingungen, ist gegenüber einem solchen Selbstverständnis ebenso schnell bei der Hand wie der kunstspezifische, hier würden Art und Techniken spezifisch künstlerischer Aneignungsweisen von Realität grob verkannt. Diese Einwände insistieren ihrerseits auf Subjektivität, die ja erst Erkenntnis gewinnt und Kunstwerke produziert. Wie aber konnten sie zu einem Argument gegen den Realismus werden, dessen nachdrückliche Subjektbetonung bei Courbet und Buchon unverkennbar ist? Der Grund der Differenz muß auf einer anderen Ebene als der allgemeinen Anerkennung von Subjektivität liegen. Man könnte ihn auf der besonderen der Wirklichkeitsverhältnisse von Subjekten vermuten. Realismus zeugte vielleicht von einem in besonderer Weise zupackenden, auf Weltgestaltung gerichteten Bewußtsein.

Vor endgültigen Schlußfolgerungen sind zunächst die weiteren Realisten der fünfziger Jahre zu betrachten. Zuerst die Zeitschrift „Réalisme". Hier bietet sich wieder ein anderes Bild.

Drei junge Männer, Anfang Zwanzig, neu in der Pariser Intellektuellenszene und mit künstlerischen Produktionen bisher nicht hervorgetreten, spürten eine in dieser Szene aufkommende Tendenz, deren Propagierung sie sich mit einer Vehemenz verschrieben, die an das bewußt Brüskierende der Avantgarde-Bewegungen zu Beginn des 20. Jahrhunderts erinnert. „Jede Poesie ist bei Todesstrafe verboten"[120], verkündeten sie in einer Zeit, für die Poesie den Gipfel der Kunst darstellte und deren Ästhetiken den Begriff „Literatur" noch immer nicht kannten. „Réalisme" erklärte ausdrücklich die Literatur zur „ersten der Künste"[121] und wollte „nicht so denken wie zehntausend andere", nicht „in den Kommerz gezogen werden ... Um etwas aufzubauen, muß man untergraben, umstürzen."[122] Fast wörtlich wurde der Buchon-Satz aufgegriffen: „Wir sind die Modernen, uns gehört die Epoche."[123] Eine erste Nummer von „Réalisme" im Zeitungsformat wurde gedruckt, aber nicht veröffentlicht. Nach fünfmonatiger Pause war daraus in halber Größe eine Monatszeitschrift geworden, von der 6 Nummern mit insgesamt 88 Seiten erschienen, bis Meinungsverschiedenheiten unter den Redakteuren, Geldmangel und wohl auch die Tatsache, daß alles gesagt war, was sie zu sagen hatten, die Einstellung erzwangen.

Kleine literarische Zeitschriften dieser Art waren im Pariser Kulturleben nichts Ungewöhnliches. Auch die Stärke des unmittelbaren Echos blieb im Rahmen des Gewohnten. Für das Selbstbewußtsein des realistischen Kunstdenkens aber bedeutete „Réalisme" einen wichtigen Schritt: Methode und Funktion realistischer Prosa sowie deren Gegner traten deutlicher hervor.

Die Haupt-Sätze des Programms: „Der Realismus ist ein überlegter Protest von Aufrichtigkeit und Arbeit gegen Schwindelei und Faulheit."[124] – „Der Realismus bekennt sich zur *exakten, vollständigen, aufrichtigen* Reproduktion des sozialen Milieus und der Epoche, in denen man lebt, weil eine solche Richtung des Strebens von der Vernunft, den Bedürfnissen des Verstandes und dem Interesse des Publikums gerechtfertigt und weil sie gefeit ist gegen jede Lüge, gegen jeden Betrug ... Diese Reproduktion muß so einfach wie möglich sein, um von allen verstanden zu werden."[125] Betont werden wiederum die subjektiv aufrichtige Sicht des Kunstproduzenten, die Hinwendung zur zeitgenössischen Realität, der Publikumskontakt. Schon hier fallen eine deutlichere soziale Bestimmung von Realität (von sozialem Milieu ist die Rede, nicht, wie bei Courbet, von Natur) und eine schärfere polemische Note auf. Am wichtigsten aber ist das genauere Bedenken eines Axioms realistischen Kunstdenkens, dem Courbet wie Buchon nicht im einzelnen nachgegangen waren: der Überzeugung von der Beherrschbarkeit der Welt durch das Subjekt.

Duranty und seine Mitstreiter entsagten dieser Überzeugung nicht, sie problematisierten sie. Die Akzentuierung von Arbeit in dem ersten der zitierten Sätze gewinnt hier ihren Sinn: Um sich als Individuum der Welt zu bemächtigen, bedurfte es nach dem in „Réalisme" vertretenen Konzept intensiver Anstrengung. Einfach da waren die Meisterungsmöglichkeiten nicht. Die Feststellung, für die Realisten sei allein jener Roman interessant und nützlich, „der sich auf die Beobachtung stützt", stand folglich im Zusammenhang mit Überlegungen, die davon zeugten, daß über die Wiedergabe der unmittelbaren Erscheinung hinaus die Ermittlung von Realitätszusammenhängen und die Übermittlung von Sinnvorstellungen zu den Funktionen des Romans gerechnet wurden: Interessant sei es, „dem Leser seine Vorurteile, seine Gefühle, seine Leidenschaften, seine Instinkte zu zeigen, für ihn das zu tun, was jeder für sich tun sollte, ihm die Gesamtheit und das Ziel seiner Existenz zu beschreiben".[126] Der Romancier müsse, hieß es unter Berufung auf Balzac und Stendhal, „nicht nur den Menschen, sondern sein Milieu und seine soziale Lage studieren. In jeder Klasse gibt es eine bestimmte Anzahl von Individuen, die den Geist der ganzen Klasse in sich vereinen ... Der Beobachter muß diese typischen Charaktere entdecken."[127]

In solchen Äußerungen können heutige Vorstellungen von realistischer als sinnaufdeckender Kunstproduktion durchaus einen Vorläufer sehen. Auch deren Gattungs- und Kunsthierarchien fanden sich ein: Aus dem Poeten wurde der Schriftsteller, genauer, der Romancier, der der Forderung nach Produktion von Sinn durch Literatur am umfassendsten zu entsprechen vermochte. Hier lag, jenseits der Provokation, die inhaltliche Bedeutung der erwähnten antipoetischen Gebärde. Und die höchste der Künste hieß nicht mehr „Poesie", sondern „Literatur" – ausgezeichnet durch „Wahrheit“ und „Vernunft“. Die Musik als „Kunst der Imagination“ war auf die Empfindung beschränkt, und auch keine der anderen Künste befriedigte den Vernunftanspruch so weitgehend wie die Literatur.[128] Von Wissenschaft übrigens war auf keiner Seite die Rede.

Schließlich sah „Réalisme“ die Vermittlung auch im Bereich des Wirkens von Kunst mit größeren Problemen verbunden. Der Schriftsteller befand sich auf einer anderen Ebene als sein Publikum. Kunst war nicht mehr, wie in Courbets Vorstellung, direkt erreichbar; sie gab auch nicht, wie bei Buchon, nur dem Denken der Rezipienten Anregungen. Für die Redakteure von „Réalisme“ war Literatur ein Erziehungsinstrument. „Der realistische Romancier spielt und verfolgt die Rolle eines *Erziehers*, wie andere Menschen ihr Leben daran wenden, Kaufleute, Soldaten, Richter zu sein; er zeigt das Schauspiel der Gesellschaft, und je näher er an der Wahrheit, am *praktischen Leben* ist, wie es uns umgibt, um so nützlicher ist er für seine Leser ... Der Schriftsteller muß eine angestrengte und *spezielle* Arbeit leisten, um *vollständig* wiederzugeben, was die anderen nur fragmentarisch sehen.“[129] Weit intensiver als Courbet und Buchon dachte Duranty an das „naive Publikum“ der „Arbeiter, Kleinhändler und Bauern“,[130] das mit der wachsenden Alphabetisierung die objektive Möglichkeit des Zugangs zu gedruckter Literatur überhaupt erst erhielt. Bücher sollten aufklärende Volkserziehung betreiben.

Zumindest Courbet wird man aus der fehlenden Reflexion solcher Probleme nicht einfach einen Vorwurf machen können. Seine Kunst war an Lesefähigkeit nicht gebunden. Die Salonausstellungen waren zu seiner Zeit keine Elitetreffen, sondern Volksaufläufe, zu denen Hunderttausende drängten. Ein System nach Tagen gestaffelter Eintrittspreise sicherte den betuchteren Kennern dennoch den ungestörten seelischen Gleichklang mit den von ihnen zu kürenden (und zu bezahlenden) Meistern. Aber ein Maler konnte damals noch davon ausgehen, daß seine Bilder dem Volk von Paris vor Augen kamen, ebenso wie ein Theaterautor, zumindest bis zur Einführung der generellen Platznumerierung 1850, außerhalb der großen Staatsbühnen sicher sein konnte, auch zum vierten Stand zu sprechen. Während Malerei und Theater jedoch ihre Resonanz in den ärmeren Schichten zum Jahrhundertende hin zunehmend einbüßten, vergrößerte sich die der Literatur.

Zurück zum Realismus. Der Kunstbegriff Durantys und seiner Freunde mußte Rückwirkungen auch auf ihren Umgang mit den kunstproduzierenden Zeitgenossen haben. Der war rüde. Es ging mit starken Worten gegen eine Literaturauffassung, die alle Leser außerhalb der kleinen Schicht der Kenner als denkende Menschen abgeschrieben habe und sie höchstens noch als zu unterhaltende Käufer akzeptiere. Es ging gegen Dichter mit „ungeschlachten pompösen Bildern, die die Wahrheit verfälschen“[131], gegen „Literaturindustrielle“, die „nach Zufallspersonen greifen und sie, keiner weiß warum, in ein Labyrinth von Abenteuern, einen Strom von Verwechslungen, Überraschungen, Morden, Liebschaften usw. werfen“[132]. Die Realisten wurden persönlich. Den Ruf nach Aufrichtigkeit, nach Lebensnähe und Wahrheit erhoben sie gegen „Kommerzintelligenzen“ wie Dumas d. Ä., durch die der Roman, „der doch Spiegel des gesellschaftlichen Lebens sein sollte, zu dem am meisten kritisierten Typus des falschen Geschmacks, falscher Sitten, falscher Beobachtung, falscher Interessen geworden“ sei,[133] gegen „Haushaltsliteraten“ wie Ponsard, Augier und Feuillet, „Kurtisanenwäscher“ wie Dumas d. J., „Tanzmeister“ wie Pontmartin, „Versteinerte“ wie Leconte de Lisle.[134] Vor allem den Poeten ging es schlecht: Hugo – „ein unförmiger Geist, ein Monster“; ein gewisser „Beaudelaire“ – nie aus „dem Schatten Quasimodos“ herausgetreten; Béranger – „ein bloßer Journalist“ usw.[135] Aber auch ein Romancier wie Flaubert kam nicht gut weg: „besessene Beschreibung“ sei „Madame Bovary“, trockene und gefühllose „literarische Anwendung der Wahrscheinlichkeitsrechnung“.[136] Die Schreckbilder vermitteln zugleich eine Vorstellung vom Angestrebten.

Auch aus der Vergangenheit war nur wenigen Gnade beschieden. Balzac etwa war zwar „oft“ Realist, „weil er gezeigt hat, daß *alles* in die Kunst eintreten kann“, aber alles in allem war er „kein Realist“ wegen zu vieler „Träume“ und „Verwirrtheiten“.[137] Immerhin wurde er am häufigsten erwähnt. Stendhal erlangte in einem eher beiläufigen Artikel die Ehre, „fast einer der Paten des Realismus“ zu werden. Keine Chance hatte die sonst hochgeschätzte Antike. „Soll man bis ans Ende der Zeiten Grieche sein?“ hieß die knapp richtende Frage.[138] Des Abdrucks eigener Texte gewürdigt wurden nur zwei Künstler der Vergangenheit: der englische Maler John Constable mit einigen Gedankensplittern sowie – und das verdient Hervorhebung als französische Premiere – Friedrich Schiller mit dem Schlußteil seines Aufsatzes „Über naive und sentimentalische Dichtung" (übersetzt von Max Buchon), in dem „der wahre Realist" dem „echten Idealisten" gleichberechtigt war in dem Streben, „uns, auf dem Wege der Vernunft und der Freiheit, zur Natur zurück(zu)führen".[139] Trotz einiger Verschwommenheiten, die von Kant herrührten, verdiene der Aufsatz Interesse als „Zeugnis dafür, daß, wenn die Idealisten sich von weither schreiben, die Realisten ihnen immer unmittelbar auf den Fersen sind"[140].

War die Auffassung von Kunst als Arbeit und als Erziehung eine Vertiefung des realistischen Kunstdenkens, so war sie zugleich als Teil dieses Denkens getragen von der Überzeugung, die Welt sei durch das Subjekt beherrschbar, und zwar jenseits wirklichkeitsenthobener Idealbildung, vielmehr im aufrichtigen Blick auf die Realität. An wenigen Stellen wird der hier liegende Neubeginn so sinnfällig wie in dem Vergleich der Steinklopfer auf Courbets berühmtem Bild mit der Hauptgestalt des von Lamartine verfaßten Romans „Der Steinklopfer von Saint-Point". Buch und Bild waren dem Publikum im selben Jahr 1851 unter die Augen gekommen. Buchon wies die Realisten in seiner Schweizer Broschüre auf Lamartines Romanfigur hin, deren Beschreibung Henri Thulié dann in der Zeitschrift als abschreckendes Beispiel zitierte. Man halte sich bei dem Folgenden Courbets Leidensbild bewußt. „Unter diesem ungeschliffenen Äußeren, unter den bäurischen Kleidern erglänzte jedoch in diesem barhäuptigen Mann ein Schein, ich sage nicht nur von Würde, sondern von Göttlichkeit eines menschlichen Antlitzes, der ins Auge sprang und jeden Gedanken an Gewöhnlichkeit oder Geringschätzung in die Seele zurücktreten ließ. Die Linie seiner Stirn war so hoch, so gerade, so rein und edel wie die Linien der Stirn Platons in seinen unter der Sonne Attikas erstrahlenden Büsten. Die mageren, ausgezehrten, spielenden Muskeln der Augenhöhlen, der Schläfen, der Wangen, der Lippen, des Kinns waren ruhig und empfindsam wie die eines jungen Mädchens, das sich von langer Krankheit oder geheimem Kummer erholt. Die von langen Wimpern gesäumten Lider hoben sich über dem hellblauen Augapfel, den weit geöffneten Pupillen, als sei der Mann gewohnt, von unten nach oben zu blicken und erhabene Dinge zu erschauen. Die Wimpern warfen einen geheimnisvollen Schatten auf das Auge. Meditation und Gebet konnten hier Obdach finden, ohne den Blick zu unterbrechen. Die Nase, in deren Mitte unter einer zarten Haut die Adern, kaum ahnbar, hervortraten, war gerade. Durch die Nasenflügel, die zur Oberlippe führten, schimmerte die Sonne. Die Lippen bogen sich weich, unverzerrt, nicht streng; zum Rand hin senkten sie sich ein wenig unter der Last unwillkürlicher Trauer, dann hoben sie sich wieder in bedachter Festigkeit. So neben diesem Manne gehend, den ich neben mir im Licht der Sonne ahnte, das er mir verbarg und das ihn mit seinem Strahlenkranz umkleidete, fühlte man, daß man an der Seite einer Seele ging."

Dies war der Hintergrund, vor dem Thulié formulierte: „Ein Porträt muß immer nach der Natur gemacht werden ... Man muß aufrichtig sein, beschreiben, was man sieht und wie man es sieht."[141] In diesem Zusammenhang stand die eindeutig negative Aufnahme des Imaginationsbegriffs, die schon in der Charakterisierung der Musik deutlich war. Courbet und stärker noch Buchon hatten ihn, wie zitiert, im Kontext ihres schöpferischen Kunstbegriffs relativ hoch bewertet. Thulié dagegen rückte ihn in die Nähe des verwirrten Blicks eines Geisteskranken. Der Satz „Imagination ist unnütz" mag den Systematiker verstimmen; der Historiker kann ihn begreifen. Er ist getragen von dem Bestreben, genialischen Visionen menschlicher Machtfülle eine neue Intensität konkreter Realitätsbezüge von Kunst entgegenzusetzen. Geistige Produktivität wurde nicht negiert. Was die häufige Bezugnahme auf „Wahrheit" aber schon andeutete, bestätigte sich in der Polemik gegen die Imagination: der gnoseologische Zug dieses Realismusbegriffs. Die Zeitschrift vertrat ihn nachdrücklicher als Courbet oder Buchon: „Die Vernunft kann alles, die Imagination kann nichts ohne die Vernunft."[142]

Kunst – so der von der Zeitschrift „Réalisme" eingebrachte Ertrag innerhalb des realistischen Kunstdenkens – war Vernunftarbeit und Erziehung zur Vernunft. Beider Gegenstand und Raum war die zeitgenössische Gesellschaft, nicht eine allumfassende Natur. Subjektive Tätigkeit war Vernunftanstrengung, der Realitätsbezug ein erkennender: Das Publikum sollte durch künstlerische Konstruktion zur geistigen Erfassung der wesentlichen Zusammenhänge seiner Alltagsrealität befähigt werden. Der Optimismus war gerichtet auf die Möglichkeit sozialer Erkenntnis und Erkenntnisvermittlung: Kunst als eine Weise der Gesellschaftserkenntnis.

Champfleury, so erinnerte sich Duranty gut zwanzig Jahre später, habe ihn auf die Idee der Zeitschrift gebracht, an ihr aber nur anonym und mit ganz wenigen kleinen Beiträgen mitgearbeitet.[143] Das verwundert angesichts der gemeinsamen Losung und ist folglich auch von zahlreichen Historikern später einfach übersehen worden. Die Zeitschrift veröffentlichte ja auch eine lange Eloge Henri Thuliés auf Champfleury, die diesen wegen seiner „geistigen Gesundheit und Ruhe" über den „Enthusiasten" und „Übertreiber" Balzac erhob.[144] Ein Detail allerdings stört die Eintrachtsvermutung: Gut eine Woche vor dem Start von „Réalisme" veröffentlichte Champfleury seinerseits die erste Nummer einer auf monatliches Erscheinen berechneten, nur von ihm selbst bestrittenen „Gazette de Champfleury" mit der gleich eingangs getroffenen Feststellung, seine Gedanken könne er als Mitarbeiter fremder Zeitschriften nirgends in ganzer Reinheit vertreten. Zwei schulterklopfende Sätze in der zweiten Nummer nur widmete er dem Parallelunternehmen. So üppig war es um die Kräfte des Realismus eigentlich nicht bestellt, daß er sich auf einen Schlag zwei neue Organe hätte leisten können. Champfleurys Gazette scheiterte tatsächlich schon nach der zweiten Nummer, und er wurde doch wieder Mitarbeiter anderer Zeitschriften. Außerdem aber veröffentlichte er 1857 eine Sammlung weitschweifiger Artikel, mit der er, wiederum in eigener Verantwortung, die Losung fortbuchstabierte: „Le réalisme".

Warum marschierte man getrennt? Nicht einfach, weil Champfleury im Gegensatz zu den jungen Redakteuren schon seit den vierziger Jahren einen Namen in der künstlerischen Boheme hatte und mit einer Reihe von Novellen und Romanen hervorgetreten, also berühmter war.[145] Der Hauptgrund war inhaltlicher Art. „Natur!" hieß die Parole Champfleurys, und das ausdrücklich Gesellschaftsbezogene im Denken Durantys und seiner Freunde vermochte ihn nicht im mindesten zu locken. Dabei ging die Argumentation nicht in die Richtung eines umfassenden Naturbegriffs, wie ihn etwa das 18. Jahrhundert vertreten hatte; Champfleury setzte „Natur" ausdrücklich gegen „Gesellschaft". Revolutionen und Aufstände ließen ihn kalt, verkündete er; „eine Meile entfernt von Paris, vergaß ich den Bürgerkrieg". Solche Sätze aus der Feder eines Mannes, der doch zugleich den Realismus von 1848 herleitete, ihn eine „Insurrektion" nannte, ja das Wort „Kommunismus" in seinem Zusammenhang fallenließ?[146]

Interessanterweise ist schon der Bezug, der in solchen Vokabeln zu Gesellschaftlichem hergestellt wird, ein anderer als bei Duranty. Für den war „Gesellschaft“ ein allgemeiner Existenzzusammenhang der Menschen, während Champfleury den Begriff viel stärker politisierte. Da war dann die Absage an „die“ Gesellschaft nicht weit, wenn deren politische Formen mißfielen. Das Scheitern politischer Erwartungen hatte Champfleury erleben müssen. Nun folgerte er: „Nicht Flintenschüsse, nicht Barrikaden, nicht vergossenes Blut löschen, leider, das Elend aus. Die sanfte Klage des Erzählers ... ist überzeugender als ein Gewehrlauf.“[147] Sanft sollte der Realismus sein und auf dem Lande spielen – nahe der Natur. „Der ruhige Roman, der keine großen Gewitter an Leidenschaften hervorruft, keine Unruhe ins Herz trägt, nicht Kummer hinterläßt nach der Lektüre, das stille, züchtige, häusliche Buch, mit einer kleinen Predigt im Munde eines der Helden“[148] – solche Beschreibungen „wahrer“ Romane tauchten mehrfach auf, und man kann sich gut vorstellen, was gemeint war. Im Salonbericht von 1849 hatte noch Daumier neben Corot gestanden. Die Landschaftsmaler „leben mit der Natur. Die Natur macht sie besser“, hatte es zu letzterem geheißen. Aber das „Brutale“ des Satirikers war noch nicht abgewertet.[149] Acht Jahre später hatte Daumier die Partie verloren. Was man von der ganzen Klasse nicht sagen kann – auf Champfleury traf es zu: Er war gezeichnet von 1848 und den Folgen. Anders als seinen Freund Baudelaire führte ihn das zu versöhnender Innerlichkeit.

Was hatte der ländlich-sittliche Zug mit dem Realismus der Courbet, Buchon, Duranty zu tun? Nicht einmal die absolute Verdammung der Poesie fand statt, denn auch Gedichte konnten ja „sanft“ und „häuslich“ sein. „Tendenzliteratur“ und „Lehren“ in Büchern galten als gefährlich,[150] ja, der Autor hatte als „unpersönliches Wesen“ hinter seinen Gestalten vollständig zurückzutreten: „Der Romancier urteilt nicht, verurteilt nicht, vergibt nicht. Er bietet Fakten. In ein und demselben Buch kann er royalistischer als der König, revolutionärer als Robespierre, jesuitischer als Ignatius von Loyola“ sein.[151] Dazu Mahnungen wie die anläßlich des „Begräbnis“-Bildes: „Wehe den Künstlern, die mit ihren Werken Lehren erteilen“ wollen – politische sind gemeint; Courbet wird als Freund vorerst vor solcher Verdächtigung in Schutz genommen: er habe nur ein „historisches“ Bild gemalt.[152] Herber fällt vier Jahre später die Rüge anläßlich des „Atelier"-Bildes aus: Die „Konfusion" sei so schon groß genug, man müsse nicht auch noch als Realist von so seltsamen Dingen wie „realer Allegorie" reden. Eine mahnende Frage offenbart die naiven Kriterien: „Ist Courbet wirklich sicher, daß das kleine Kind eines reichen Bourgeois mit seinen Eltern ein Atelier betreten würde, wenn sich darin eine nackte Frau befindet?" Solches war auf dem Bild des Meisters zu besichtigen.

Daneben finden sich allerdings auch andere Sätze. So der, aus dem die Überschrift dieses Abschnitts stammt: „Nur *die Aufrichtigkeit in der Kunst* erkenne ich an." So die Solidaritätserklärung gegenüber Künstlern, die „vollständig aufgehen im Studium der Natur, bis zu den untersten Klassen niedersteigen, sich von der *schönen* Sprache befreien, die nicht zu den Gegenständen paßt, die sie behandeln". So das Bekenntnis zur „Beobachtung" und zu „klar entschiedenen Individualitäten".[153] Dies alles klingt schon eher nach Realismus. Und immerhin war Champfleury von Balzacs Witwe mit der Ordnung des schriftlichen Nachlasses ihres Mannes betraut worden.

Was die letztzitierten Sätze betrifft, so könnte man vermuten, daß Champfleury einfach seinen Freunden einiges nach dem Munde geredet hat, ohne es recht zu verstehen. War doch auch die Verwendung des Wortes „Realismus" durch ihn ursprünglich die ganz konventionelle Reproduktion des gängigen Sprachgebrauchs, so wenn 1850 die Kleidung im „Begräbnis"-Bild als historisch getreu bezeichnet und allein daran der Vorschlag geknüpft wurde, hier von „Realismus in der Kunst"[154] zu reden. Mangelnde geistige Schärfe soll nicht generell abgestritten werden. Wichtiger aber ist, daß subjektive und objektive Welt für Champfleury näher beieinander standen als für alle anderen Realisten. Natur und Mensch flossen (die Politik einmal ausgeschaltet) ohne größere Anstrengung ineinander. Damit bildete die Apologie des Unpersönlichen keinen Gegensatz zum Preislied auf die Individualität, und jede Betonung von Arbeit bei der Aneignung der Natur durch den Menschen war als überflüssig zu rügen. Dem trauten Blick stellte sich der Vorgang ganz unkompliziert dar. Das Ziel: „Ich suche vor allem meine Eindrücke aufrichtig, in einfachster Sprache wiederzugeben." Die Voraussetzung im Weltbild: „Das gewöhnliche Leben ist zusammengesetzt aus zahlreichen unbedeutenden kleinen Fakten, so wie

Baumreiser; diese kleinen Fakten vereinen sich zu einem Zweig, der Zweig zum Stamm" – weniger biologisch: „Das gewöhnliche Leben vermag ein vollständiges Drama zu liefern." Der Weg zum Kunstwerk: „Der Romancier wählt eine gewisse Anzahl packender Fakten, gruppiert, verteilt und umrahmt sie."[155] Schließlich die Verallgemeinerung: Die moderne Kunst „sucht die Wahrheit, sie beobachtet aufmerksam die entstehenden Fakten, gruppiert und analysiert sie, sucht sie in ihrer ganzen Wahrheit zu zeigen. Die moderne Kunst vertreibt soweit als möglich den Autor aus seinem Buch."

Der Begriff von Wahrheit, der hier zutage tritt, enthält das Prinzip des Realismus à la Champfleury. Will man auf Formeln hinaus, so könnte man – im Kontrast zu der bisher konstatierten Überzeugung von der letztlich möglichen, aber nicht ohne Anstrengung zu erlangenden Vermittelbarkeit subjektiver und objektiver Faktoren im künstlerischen Erkenntnisprozeß – nun von stärkerer Annäherung an eine Unmittelbarkeitsidee sprechen. Ganz vertrieb sie die Subjektivität des Künstlers nicht: In gruppierender Tätigkeit hatte diese noch ihr Arbeitsfeld. „Der Triumph des Künstlers" aber gipfelte für sie darin, den Ausruf zu vernehmen: „Es ist wahr, ich habe es gesehen!"[156] Es handelt sich bei Champfleury um eine Steigerung der realistischen Grundüberzeugung von der Beherrschbarkeit der Welt in die Höhe eines fast anstrengungslos gegebenen Sachverhalts. Vielleicht war es der merkwürdigste Transformationsprozeß hin zum Realismus, daß politische Enttäuschung zu einem fast naiven Naturvertrauen solchen Ausmaßes führte. Die subjektive als objektive Wahrheit in einer Identität, in der beide Seiten gleichrangig sind: Nicht als herrschendes Prinzip setzte sich der einzelne gleich mit seiner Welt, schon gar keine Rede war von Übermenschentum; was er gerade wahrnahm, bot immer zugleich das Ganze. Damit brauchte von Subjektivität letztlich nicht mehr gesprochen zu werden. Sie war allem inhärent.

Jules-Antoine Castagnary nannte seinen Bericht über den Salon 1857 eine „Philosophie" dieses Salons; gleich nach der Fortsetzungsveröffentlichung in einer Zeitschrift machte der junge Anwalt und Antibonapartist ihn zu seinem ersten Buch. Der Anspruch dieses Auftritts wurde vom Verfasser gerechtfertigt durch eine Beobachtung: Mit diesem Salon beginne eine neue Periode in der Geschichte der französischen Malerei. „An die Stelle der heroischen und göttlichen tritt die menschliche Seite der Kunst" – statt der großen Schinken der Religions- und Historienmalerei jetzt Landschaften, Porträts, Genrebilder. Castagnarys Salonbericht war der erste, der die Tendenz zur Darstellung zeitgenössischer Wirklichkeit in der Malerei nicht mehr nur mehr oder weniger mißvergnügt registrierte, sondern als epochemachend feierte. Er gehört daher zu den Programmerklärungen des Realismus.

Von Champfleury kommend, bemerkt man allerdings sofort andere Akzentsetzungen. Äußere und innere Welt fielen nicht so schnell in eins. Das Werk wurde gleich eingangs als ein „höchst subjektives Produkt" qualifiziert, die Kunst als „Ausdruck des menschlichen Ich, angeregt durch die äußere Welt". Der Ort der Subjektivität sei der künstlerische Schaffensprozeß. Die Natur (so die aufschlußreich industriegeladene Metaphorik), „eine Art Rohstoff der Kunst, liefert dem Künstler nur Bilder, Vorstellungen. Durch eine ganz intellektuelle, ganz psychische Operation legt der Künstler daraus die reine Form, die Schönheit frei ... Nach dieser Abstraktion konkretisiert der Künstler seine Schönheitskonzeption, materialisiert sie entsprechend den speziellen Normen seiner Kunst und versieht damit wie mit einem undurchdringlichen feinen Überzug alle Werke, die seinen Händen entspringen."[157]

Dies war die ästhetische Bestimmung einer Weise von Kunstproduktion, wie sie dem heutigen Leser etwa aus der Vorstellung Lukács' vertraut ist, „der Künstler habe das objektive Wesen aus dem Geflecht widersprüchlicher Erscheinungen herauszuarbeiten, zu erkennen und dann ... wieder in eine neue Anschaulichkeit hinüberzuführen"[158]. Schon mehr als ein Jahrhundert vor Castagnary war eine solche Art von Schönheitsproduktion von Batteux als gemeinsames Prinzip der Künste herausgestellt, und Martin Fontius hat sie bis auf Bacons Experimentalphilosophie zurückverfolgt.[159] Auch wenn das in solcher Verallgemeinerung von keinem der damaligen Realisten gedacht worden war, fügt sich die Überlegung nahtlos ein in deren fundamentalen Erkenntnisoptimismus. Nicht das aber war schon der springende Punkt dieses Realismus. Der lag vielmehr in der daran geknüpften Fassung der Idee von der Zeitgenossenschaft.

Castagnary entwickelte sie aus einem ideologie- und einem

sozialgeschichtlichen Befund: „Heute glauben wir nicht mehr", und: Die Geschichte „verwandelt sich in politische Ökonomie". Der Salonbesucher sah sich dadurch berechtigt, Religions- und Schlachtenbilder links liegenzulassen. Was aber bleibe dem Künstler dann übrig? „Dir bleibt der MENSCH und die NATUR, das heißt, alles, was ist ... Du selbst, die Szenen Deines Lebens, die Natur, die Dich umschließt. Da ist die ganze Wahrheit, da ist die ganze Poesie ...: Die schönste Eroberung des Menschen ist der Mensch. Betrachte den Menschen, den Du nicht kennst: es gibt nichts Schöneres, nichts Größeres auf Erden als den Menschen. Betrachte die Natur, die Du kaum kennst: es gibt nichts Größeres, nichts Schöneres unter dem Himmel als die Natur. Die Natur und der Mensch, die Landschaft, das Porträt und das Genrebild – da liegt die ganze Zukunft der Kunst", so werde sie zur „humanitären Kunst".

Meinte Champfleury, sich bloß umschauen zu brauchen, um das Kunstwerk so gut wie fertig zu haben, ging Castagnary davon aus, daß die Essenz (wir sahen bereits seine differenziertere Werkvorstellung) erst freigelegt werden müsse. Gemäß seinem historisch-sozialen Selbstbewußtsein aber war sie grundsätzlich zu finden, weil in dem unmittelbar Gegebenen enthalten. Dabei bedurfte das Zeitgenössische gar keiner besonderen Hervorhebung – Natur und Mensch an sich wurden Natur und Mensch dieser Zeit, sobald sich ein zeitgenössischer Maler ihnen zuwandte. In solcher Zuwendung bestand dessen Aufgabe; ausdrücklich verkündet zu werden brauchte sie nicht. Das vertrauliche Du der Künstleranrede ist signifikant: es bezeugt eine Ideologie familiärer Überschaubarkeit des gesellschaftlichen Ganzen.

So bekam Courbet, mit dem Castagnary zu diesem Zeitpunkt noch nicht befreundet war, nochmals den Rüffel, den ihm schon Champfleury erteilt hatte: „Die Kunst hat nicht Ideen aufzudrängen; sie sollte sich nicht zum Apostel oder Tribun machen." Castagnary begründete den Satz jedoch entschieden anders als Champfleury. Aus konkreter Sozialverstrickung wollte er die Kunst herausgehalten wissen, weil ihm die Gefahr zu groß schien, daß damit die kunstpolitische Plattform des Bonapartismus betreten werden könnte, über der die Losung der moralischen Erziehung prangte. Kunst, so Castagnary, „hat nicht die spezielle Erziehung einer Generation zu leisten und ihre Tätigkeit auf diese oder jene Gegenstände zu richten. Sie hat die allgemeine

Erziehung des Menschen und der Menschheit zu leisten." Der Antibonapartismus darf allerdings nicht darüber hinwegtäuschen, daß hier weltanschaulich eine Harmonie proklamiert war, die im Kreis des bürgerlichen Reformismus stand.

Wie beschränkt der Allgemeinheitsanspruch dieser Weltanschauung war, zeigt sich im Konkreten, z. B. in einer kurzen Überlegung darüber, wer sich porträtieren lassen dürfe: Nur „Individualität" ermächtige dazu. Ausgeschlossen aus der Welt der Modelle seien daher „harte, kräftige Bauern, die die Erde zähmt und zu schwerer Arbeit einspannt, brave Proletarier, die ihre Seele für ein bißchen Brot einer Maschine verkaufen, im Materiellen erstarrte Bourgeois", leidenschaftslose Jugendliche, unentschlossene Gestalten, Krüppel und Frauen.[160] Angesichts einer solchen Nebenbemerkung offenbart der große Satz von der Schönheit des Menschen seinen kapitalismuskonformen Hintersinn. War Courbets Realismus der unbefangenste, Buchons der subjektivste, Durantys der sozialste, Champfleurys der naivste, so ist der Castagnarys wohl als der bürgerlichste zu charakterisieren. Die Wahrheit, die er meinte, war fraglos die der Gegenwart, nicht in deren politischen Einzelheiten, wohl aber in der sozialen Grundstruktur. Sie sollte der Maler wiedergeben, zu ihr hin sollte sein Werk erziehen.

Realistisches Kunstdenken, so kann resümiert werden, erschöpfte sich in Frankreich nach 1848 nicht in schlichtem Lobpreis des Bestehenden. Auf einer Weltanschauung, die die Beherrschung von Natur und Gesellschaft durch den Menschen als möglich und erstrebenswert ansah, baute eine diesem Optimismus adäquate Vorstellung von Kunst als Arbeit auf. Gegenstandsbestimmung (Gesellschafts- und Zeitbezug), Künstlervorstellung (Subjektivität) und Wirkungsintention (Publikumserziehung) bildeten ein Ganzes, dem Differenziertheit und Kunstverstand durchaus zuzusprechen, Borniertheit und Einschichtigkeit nicht summarisch anzulasten sind. Die einzelnen Realisten brachten jeweils unterschiedliche Gedanken ein, Schlußfolgerungen aus künstlerischen und sozialen Entscheidungssituationen, in denen sie jeweils standen und sich entschieden. Insgesamt ist der Reichtum des realistischen Kunstdenkens im behandelten Zeitraum, genau besehen, größer als oft angenommen.

Aus den produktivsten Ideen der einzelnen Realisten nun ein

Gesamtgebäude „des“ realistischen Kunstdenkens der Zeit in voller Pracht zu konstruieren wäre allerdings nur die Umkehrung eines seit damals weit häufiger geübten Verfahrens – sich das jeweils Einfältigste herauszusuchen und es glorreich ad absurdum zu führen. Theoretisierende Hochrechnungen beider Art böten jedoch nur das Skelett ästhetischer Systeme, von denen das Fleisch der konkreten Geschichte geschält wäre. Außer der systematischen Frage nach dem, was die Realisten möglicherweise glänzend bzw. ganz unzureichend bedacht haben könnten, ist die andere, historische, denkbar, warum sie gerade an das dachten, was sie verkündeten. Diese Frage führt auf die Vorgeschichte und dann an die andere Front der Realismusschlacht. Sie gestattet auch eine präzisere Annäherung an das, was „Realismus“ bedeuten könnte.

„Idealism“ oder „Realism“? Vernunft und Empirie vor 1848

Die polemische Verve, mit der die Realisten ihr Kunstprogramm verkündeten, findet ihren Grund nicht nur in der Zeit nach 1848. Den Begriff, unter den sie sich stellten, hatten sie nicht erfunden, sondern gewählt; der Sinn, den sie ihm geben wollten, traf auf einen bereits existierenden. Begriffe besitzen jedoch ein Eigenleben, sind nicht beliebig verfügbar. Die Geschichte von „Realismus“[161] ist somit ein nicht zu vernachlässigender, als relative Konstante wirkender Teil der zeitgenössischen Diskussion. Nicht als Problemgeschichte, nur in der Bindung an das Wort „Realismus“ kann sie hier verfolgt werden. Der wichtigste Einfluß, der aus ihr weiterwirkte, war abweisender Art.

Die Kritik am Gegebenen in der Folge der Französischen Revolution

In neuzeitlicher Bedeutung ist „Realismus“ in Frankreich erstmals in einem philosophischen Werk belegt, das im Herbst 1801 erschien. Auf der Suche nach Antworten auf „die schwierigste aller metaphysischen Fragen“, die nach der „Beziehung des Menschen zur Natur“, formulierte sein Verfasser, Charles de Villers, die Alternative, man könne „1. entweder das Ich in die Natur werfen, es in ihr gewissermaßen auflösen, so daß die Natur die beherrschende Einheit bleibt und das Ich absorbiert; oder 2. die Natur in das Ich werfen, so daß dieses die beherrschende Einheit bleibt und das Ganze enthält". Diesen theoretischen Gedanken entwickelnd, setzte er fort: „Die aus ersterem resultierende Lehre nennen wir ... Naturalismus. Sie hat vor dem Tribunal des gesunden Menschenverstandes den Vorzug, allen Objekten, die uns bewegen, die absoluteste Realität zu lassen und einen Realismus zu befestigen, der mit unserem Gefühl völlig übereinstimmt: denn könnten wir uns darein schicken, zu glauben, daß die ganze Natur, daß alle Körper nur Illusion sind, daß unser Leben ein ständiger Irrtum ist?" Die zweite Lehre, die ebendies annehme, nannte Villers an gleicher Stelle „Egoismus", dann auch „Idealismus". Die Alternative von Naturalismus/Realismus und Egoismus/Idealismus seitenlang hin und her wendend, meinte Villers schließlich, allgemeingültig entscheiden darüber könne man nicht: An „Gewissen", „Herz" und „Gefühl" des einzelnen sei es, das für sich zu tun.[162]

Dies war kein imposanter Auftritt für den Realismus, nicht nur, weil er eher beiläufig und vermischt mit einem anderen Terminus in Szene trat: Das Herz seines Paten entschied sich für die nichtrealistische Seite. Weniger aus theoretischen Motiven geschah das; die Parteinahme war politisch-ideologisch begründet. Es sollte wichtig werden für die Geschichte von „Realismus", und zwar bis ins Ästhetische hinein, daß das Wort eingeführt wurde im Umkreis sozialer Kämpfe. Diese Dimension blieb ihm. Eben deshalb stand er lange im Schatten.

Charles de Villers war 1792 emigriert. Er hatte in französischen Emigrantenzeitschriften, die in Deutschland erschienen, wie auch in deutschen Universitätsanzeigern publiziert und einige Kenntnis der geistigen Situation in Deutschland erlangt. Nach dem Friedensschluß Frankreichs mit den Kontinentalmächten, die der 2. Koalition angehört hatten, war er 1801 für einige Monate nach Paris und Metz zurückgekehrt und hatte u. a. das Buch veröffentlicht, aus dem eben zitiert wurde. Seine Skepsis gegenüber Revolutionärem schrieb er seinen philosophischen Überlegungen mit deutlichen Worten ein. Die Weigerung, das „Ich" der „Natur" zu unterwerfen, der „Idealismus" kamen aus seiner Kritik an den Zeitläuften. An ihrem Ursprung stand ein Mißtrauen gegen „die Erfahrung, den Fakt, das Gefühl“,[163] das aus eigenem Erleben gespeist war. Der Weg, den zu beschreiten er vorschlug, führte weg von der Erfahrungswirklichkeit, weg von der „Natur“. Er war in diesem Sinne antirealistisch: „Der Despotismus der falschen Philosophen ist mit dem Despotismus der Jakobiner vergangen ... Jetzt kommt es darauf an, jene verderblichen und gottlosen Meinungen auszurotten, die das Verbrechen begünstigen oder sich ihm zumindest nicht wirkungsvoll entgegenstellen. Für die ganze Nation, für die, die sie regieren, kommt es darauf an, ihr wieder Sitten und Tugenden zu vermitteln ... Der Mensch muß zum Respekt seiner selbst, zum Gefühl seiner Würde, zur Furcht vor seinem Gewissen, zu seinen unvergänglichen Aufgaben zurückgeführt werden. Der moralische Sinn der heutigen Generation muß geweckt, hervorgerufen, bestärkt werden.“[164] Dem Antijakobiner war der Bezug auf die eingeschlagenen Wege der sozialen Veränderung wie auf deren Ergebnisse suspekt. Deshalb geriet die realistische Alternative, gebunden allein an die empirische Erfahrung, für ihn ins Zwielicht.

Was Villers schriftlich fixierte, muß in diesen Jahren im Gespräch gewesen sein, möglicherweise auch unter den anderen Benennungen Materialismus oder Naturalismus. Sonst ist kaum verständlich, daß schon 1803 in dem Universalwörterbuch der französischen Sprache von Boiste stand, Realismus sei ein System, „das darin besteht, die Gegenstände nur als wirklich existierende zu betrachten. K.“ Die Auflage des Jahres 1800 hatte den Terminus noch nicht verzeichnet. Dort war allerdings in gleicher Richtung über „Realisten“ schon gesagt worden, das seien „Sektierer, die keine Abstraktionen anerkennen“. (Kommentarlos stand nach dieser Bestimmung die entgegengesetzte scholastische, nach der Realisten „abstrakte Wesen als reale betrachten“.)[165] Bis in die 6. und letzte Auflage des Werkes, die 1823 erschien, blieben diese Bestimmungen unverändert.

Das „K.“ hinter der Definition Boistes verwies auf den Herkunftsort der Bedeutung. Nach dem Siglenverzeichnis des Wörterbuchs stand es für Kant. Seit 1797 hatte sich Villers in seinen in Deutschland erscheinenden Schriften, besonders in Artikeln für den „Spectateur du Nord“, der in Hamburg herauskam, zum Propagandisten der Gedanken des Königsberger Philosophen gemacht. Ihm auch hatte das Buch gegolten, dem der Erstbeleg für „Realismus“ entstammt; mit ihm wollte Villers Kant in Frankreich einführen. Der Terminus „Realismus“ kam nach Frankreich im Ergebnis einer ideologisch bestimmten direkten Übernahme Kantscher Philosophie.

Kant hatte erstmals 1781, in seiner „Kritik der reinen Vernunft“, von Realismus gesprochen. In dem Bemühen, Prinzipien tätiger Vernunft jenseits von mechanischer Naturkausalität und amoralischer Gesellschaftsordnung zu begründen, war von ihm vorgeschlagen worden, nicht mehr die Erkenntnis nach den Gegenständen, sondern die Gegenstände „nach unserem Erkenntnis“ zu richten. Gegen das Verbleiben im „Mannigfaltigen der reinen Anschauung“ entwickelte er die Notwendigkeit der „Synthesis dieses Mannigfaltigen durch die Einbildungskraft“ und betonte, daß „die Begriffe, welche dieser reinen Synthesis Einheit geben“ – das eigentlich erkenntnisbildende Element –, a priori „auf dem Verstande beruhen“.[166] Über die dialektische Verbindung sinnlicher und logischer Erkenntnisformen hinaus und ungeachtet des mit dem a priori verbundenen partiellen Agnostizismus (die Verstandesbegriffe fungierten rein als Setzungen) war hier „Freiheit als Selbstbestimmungsfähigkeit des Menschen“[167] begründet, was für Bewußtsein und Praxis menschlicher Emanzipation kaum überschätzbare Folgen hatte. Der Aufbruch der Menschheit aus dem Feudalismus heraus stand hinter der Kantschen Aufwertung menschlicher Subjektivität und bezog aus ihr seinerseits neue Kraft.

In diesen Zusammenhängen erklärte sich Kant zum Vertreter des „transzendentalen Idealismus“, nach welchem wir alle Erscheinungen „als bloße Vorstellungen und nicht als Dinge an sich selbst ansehen, und demgemäß Zeit und Raum nur sinnliche Formen unserer Anschauung, nicht aber für sich selbst gegebene Bestimmungen oder Bedingungen der Objekte als Dinge an sich selbst sind“. Der subjektive Idealismus dieses Satzes springt ins Auge. Er muß jedoch in Verbindung mit einem zweiten gelesen werden, der ihm vorausgeht: Unter einem Idealisten, hieß es dort, habe man nicht denjenigen zu verstehen, „der das Dasein äußerer Gegenstände der Sinne leugnet, sondern der nur nicht einräumt: daß es durch unmittelbare Wahrnehmung erkannt werde“. Die Berechtigung dieses Anti-Empirismus unterliegt keinem Zweifel. Erst beide Gedanken zusammen machen aus, was Kant zum Verhältnis von Subjekt und Objekt im Erkenntnisprozeß zu sagen hatte. Keine der Seiten war blind betont; Dialektik war am Werk. Im Zentrum stand das erkennende Subjekt. Aber die Betonung, daß es, um zu erkennen, schöpferisch über die bloße Anschauung des Objekts hinausgehen müsse, erfolgte zu Recht.

„Realism“ fungierte bei Kant in der Umkehrung dieser Bestimmungen. „Diesem Idealism“, schrieb er, „ist ein transzendentaler Realism entgegengesetzt, der Zeit und Raum als etwas an sich (unabhängig von unserer Sinnlichkeit) Gegebenes ansieht.“ Kant wies umfassende Geltungsansprüche eines solchen Realismus kurz und scharf ab, verweisend auf die notwendige Sicherung „wider die Gefahr des Materialismus“. Der mechanische war gemeint. Nochmals unterstrich er ausdrücklich, was er schon dem Bekenntnis zum transzendentalen Idealismus hinzugefügt hatte: daß der transzendentale Idealist „ein empirischer Realist“ sein könne, „d. i. die Existenz der Materie einräumen, ohne aus dem bloßen Selbstbewußtsein hinauszugehen“. Diese Toleranz erwuchs aus der Auffassung, daß „äußere Gegenstände (die Körper) bloß Erscheinungen“ seien, „mithin auch nichts anders, als eine Art meiner Vorstellungen, deren Gegenstände nur durch diese Vorstellungen etwas sind, von ihnen abgesondert aber nichts sind“.[168] Kant nutzte den Realismusbegriff, um dem mechanischen Materialismus seine Grenzen zu weisen. Der Geltungsbereich des Begriffs war damit der der Anschauung. Ansprüche auf verallgemeinernde Erkenntnis waren hier nicht zu erheben, da ohne Vernunft auf Wesentliches nicht zu kommen sei. Die „Kritik der reinen Vernunft“ kam daher an allen zentralen Stellen ohne den Realismusbegriff aus. Aber es galt auch umgekehrt: Ohne die Anschauung blieb die Anstrengung der Vernunft leer. Und über Kant hinaus konnte nun gefragt werden, ob Materialismus auf ewig dazu verdammt war, mechanisch zu bleiben. Auch für Realismus waren damit neue Möglichkeiten angelegt.

Die 1790 erscheinende „Kritik der Urteilskraft“ bestätigte die entwickelten Hierarchien. In ihrem ersten Teil, der Kantschen Ästhetik, bildete „die Idealität der Gegenstände der Sinne“ das große antirealistische Argument. Denn andernfalls würde „das Geschmacksurteil empirischen Prinzipien unterworfen sein“ und „Heteronomie und nicht, wie es einem Geschmacksurteil geziemt, frei sein und Autonomie zu Grunde haben“. Die möglichen Leistungen von Kunst waren auf der Ebene der Anschauung nicht zu suchen. Sie hatte neue Ganzheit zu stiften.

In der im zweiten Teil vorgenommenen Betrachtung der „teleologischen Urteilskraft", in der es um die Möglichkeit einer letzten Erklärung der Bewegung der Materie geht, weitete Kant den Antirealismus ins Grundsätzliche aus: „Wir können uns die Zweckmäßigkeit, die selbst unserer Erkenntnis der inneren Möglichkeiten vieler Naturdinge zum Grunde gelegt werden muß, gar nicht anders denken und begreiflich machen, als indem wir sie und überhaupt die Welt uns als ein Produkt einer verständigen Ursache vorstellen." Die Ursache war in den späteren Ausgaben der „Kritik" durch einen Zusatz in Klammern genauer bezeichnet: „eines Gottes". In solchen Bestimmungen tendierte Kants Idealismus dazu, Verstandesarbeit wieder stillzulegen. Sie führten zu Folgerungen wie: „Es ist nämlich ganz gewiß, daß wir die organisierten Wesen und deren innere Möglichkeit nach bloß mechanischen Prinzipien der Natur nicht einmal zureichend kennenlernen, viel weniger uns erklären können; und zwar so gewiß, daß man dreist sagen kann, es ist für Menschen ungereimt, auch nur einen solchen Anschlag zu fassen, oder zu hoffen, daß noch etwa dereinst ein Newton aufstehen könne, der auch nur die Erzeugung eines Grashalms nach Naturgesetzen, die keine Absicht geordnet hat, begreiflich machen werde."[169] Nicht nur der Rückgriff auf die göttliche Absicht als letzte Erklärung aber ist hier zu kritisieren. Zu würdigen ist – und zwar aus den damaligen Voraussetzungen heraus an erster Stelle – die antimechanistische Leistung bei der Verbindung von Empirie und Subjekt.

Kant war, soweit man weiß, der erste, der „Realismus" einen nichtscholastischen Sinn gab. Er steht am Anfang der modernen Geschichte des Begriffs. Was ihn bewegte, zur Bezeichnung der anschauenden Seite von Erkenntnis zu einem Wort zu greifen, das ausgezehrt schien von dem Streit der Theologen darüber, ob die Allgemeinbegriffe vor, in oder nach den Dingen existieren, kann im Konkreten nicht aufgehellt werden. Zu betonen ist aber der fundamentale Wandel des Wirklichkeitsbegriffs, der sich in Kants Wortwahl ausdrückt: Daß „real" nun nicht mehr ein eigenständig existierendes, speziell ein in Gott konzentriertes, übernatürliches Wesen der Dinge war, sondern diese Dinge selbst, bedeutete einen Umbruch, dessen allgemeine Erklärung in den Fortschritten der experimentellen Naturwissenschaften und deren philosophischer Verarbeitung zu finden ist, die seit zweihundert Jahren erreicht worden waren. Trotz des waltenden Idealismus: Die „konkrete, individuelle Anschauungswelt, der empirische Realvorgang“ hatten in der Kantschen Betrachtung der Anschauung „die schiefe Stellung des Uneigentlichen, Minderseienden“[170] hinter sich gelassen. Sie konnten nicht aus sich selbst heraus erkannt werden – aber sie waren Gegenstand der Erkenntnistätigkeit geworden.

Das zweite große Ergebnis der Kantschen Vernunftanalyse bestand darin, daß die Linearität in den Beziehungen zwischen der erscheinenden Wirklichkeit und deren Wesen als Vereinfachung erkannt und zugleich die Verabsolutierung eines dieser Momente abgewiesen wurde. Martina Thom benennt als erkenntnistheoretische Leistungen Kants „die Analyse der Prozeßhaftigkeit des Erkennens als eine Synthese von Verstand und Anschauung, die zentrale Stellung der Erfahrungsurteile und ihren objektiv-gültigen Charakter als eine eigenständige Wissensebene, die Rolle der Einbildungskraft des ‚Schematismus‘, den widersprüchlichen Charakter (den Widerstreit) der Vernunft beim Versuch, zu vollständigem Wissen zu gelangen, und schließlich die Herausarbeitung der Selbstreflexion des Subjekts bei der Tätigkeit Erkennen“.[171] Sie betont zugleich die Beziehung dieser Überlegungen zu Geschichts- und Moralphilosophie, damit zur gesellschaftlichen Praxis. Tatsächlich ist der Gewinn an Dialektik sowohl gegenüber dem Descartesschen Rationalismus, in dem das denkende Subjekt und die Außenwelt – wenn auch gedanklich geschieden – letztlich doch „durch mathematische Struktur in endlich entdeckter großer Harmonie“ stehen,[172] wie auch gegenüber der Konzentration des Sensualismus auf die empirische Seite und des bisherigen Materialismus auf die Mechanik unverkennbar. Die von den Naturwissenschaften betriebene „Ausrüstung des menschlichen Verstandes mit ‚unterstützenden Werkzeugen‘ (Bacon)“[173] bildete einen wichtigen Zusammenhang dieser tieferen Sicht. Ein weiterer, dessen Analyse im Hinblick auf Kant meines Wissens noch aussteht, läßt sich in den komplizierter werdenden sozialen Strukturen vermuten, die mit der Stärkung der kapitalistischen Elemente in der Ökonomie von der früheren „Einheit der lebenden und tätigen Menschen mit den natürlichen, unorganischen Bedingungen ihres Stoffwechsels mit der Natur“ zur „Trennung zwischen diesen unorganischen Bedingungen des menschlichen Daseins und diesem tätigen Dasein“[174] führten.

Auch in diesen sozialen, nicht nur in den erkenntnistheoretischen Dimensionen scheint mit Kant „eine neue Stufe der gesellschaftlichen Naturbeziehung“[175] eingeleitet.

Der neue, empirisch fundierte und dialektisch mit der Subjektivität verklammerte Wirklichkeitsbegriff wurde von Kant eingebaut in eine von der Macht des selbstbestimmten Subjekts geprägte Theorie des Handelns. Für erkennendes wie für soziales Handeln galt, daß das Verhältnis zwischen der empirischen Wirklichkeit und deren Wesen als strukturiert anzusehen sei. Konstruierende Anstrengung hatte damit das bloße Verfolgen von Linien zu ersetzen. Das Subjekt fand sich in einer Situation permanenter Auseinandersetzung mit einer ihm immer neue Widerstände entgegensetzenden Wirklichkeit. Es blieb hinfort für jedes Wirklichkeitsverhältnis, das erkennend verändern wollte, wichtig, sich der nichtlinearen Strukturen bewußt zu sein, in denen empirisches Sein und Wesen der Dinge aufeinander bezogen sind. Auch für das realistische sollte das bedeutsam werden. Es kann sich sonst der Gefahr des Praktizismus nicht entziehen, die Gerd Irrlitz in einem Plädoyer für systematische Theoriebildung benannt hat: „Das im unmittelbaren Bedürfnis- und Erfahrungsraum verbleibende Bewußtsein weist methodisch konsequente Theorie als fragwürdig, bestenfalls als zu weitläufig ab. Das Geistlose oder die goldene Empirie huldigt sich selbst durch das Verdienst. Sind wir auch nicht angekommen, so haben wir doch unverdrossen marschiert.“[176]

In Frankreich war in diesen Jahren alles Denken in ganz anderer Weise politisiert als in Deutschland. Die von der Revolution Entmachteten kritisierten die Veränderungen zumeist grundsätzlich. Aber auch die Gegner des Ancien régime hatten das Ausbleiben der von den Aufklärern erwarteten vernünftigen Gesellschaft zu konstatieren. Die Menschen hatten sich von ihrem Glück nicht einfach alle überzeugen lassen. Interessen hatten Einsichten überlagert, Gewalt, ja Terror waren angewendet worden, um die großen Ideale zu verwirklichen. Die Gesellschaft blieb in Klassen gespalten. Die Kämpfe dauerten an. Kaum einer der Ideologen der Nachrevolution mochte im Gegebenen schon das Erstrebte erkennen. Die Empirie war in Verruf.

In dieser Situation bezog Charles de Villers von Kant die Hochschätzung der Subjektivität und machte aus ihr die Hauptstütze für seinen Versuch moralischer Erneuerung nach den Verwüstungen des Umsturzes.

Der Vorstoß Villers' fand demgegenüber wenig Gegenliebe bei den maßgeblichen Stellen – obwohl der Aristokrat auf Verlangen Napoleon Bonapartes sogar einen kurzen Abriß seiner umfangreicheren Darstellung verfaßte. Der aber konnte dem Ersten Konsul kaum zusagen: Eine Staatsmacht im Werden mußte zwar interessiert sein, „Sitten und Tugenden" ihrer Bürger zu stärken; aber das „Ich" über die „Natur" zu stellen riskierte neben philosophischen auch praktischere Folgerungen, an denen dem künftigen Kaiser nicht gelegen war. Villers' Buch wurde so nur mit großer Zurückhaltung aufgenommen. Das Schicksal Kants in Frankreich war davon beeinflußt: Der Katalog der Pariser Nationalbibliothek verzeichnet die erste Übersetzung der „Kritik der reinen Vernunft" – Villers hatte sie im „Spectateur du Nord" bereits im März 1798 als seine nächste Aufgabe bezeichnet – erst für das Jahr 1835.

Die Ideologen, letzte Fortsetzer der materialistischen Aufklärungsphilosophie und deshalb von Napoleon ihrerseits verfolgt, konnten mit dem Villersschen Vorschlag ebenfalls wenig anfangen. Eher unwillig registrierte Destutt de Tracy im Jahre 1805 „all diese großen Dispute über ‚Idealismus' und ‚Realismus'"; es gebe „nichts Absurderes und Sinnentleerteres".[177]

Andere antinapoleonische Kräfte allerdings interessierten sich durchaus für Kant. Madame de Staël lernte ihn durch Villers' Buch kennen, das sie im September/Oktober 1801, direkt nach seinem Erscheinen, las. Im Sommer 1802 vermittelte Friedrich Heinrich Jacobi – der sich seinerseits schon 1787 zum Propagandisten Kants gemacht, ähnlich Villers den Realismus auf „die Gültigkeit der sinnlichen Evidenz" eingeschränkt und dagegen „den kräftigsten Idealismus, der je gelehrt worden ist", den „spekulativen Egoismus", proklamiert hatte[178] – den Briefwechsel zwischen dem Autor und seiner Leserin. Im Oktober 1803 lernten beide sich persönlich kennen, als Madame de Staël, aus Frankreich ausgewiesen, bei Villers in Metz einen zweiwöchigen Zwischenaufenthalt einlegte.

Die Schriften, denen die Gegnerin Napoleons ihre bereits damals beträchtliche Bekanntheit verdankte, waren in wichtigen Teilen Versuche, die geistigen Folgen der Französischen Revolution zu verarbeiten. Nicht nur ins Politische rückten damit die ursprünglich philosophischen Überlegungen, an die sie anschloß. Auch in der Beziehung zu Literatur und anderen Künsten entfalteten sie sich. Diese hielten in Frankreich noch immer weniger auf ihre Spezifik und wurden eher als eines der Mittel gesellschaftlichen Denkens verstanden.

Madame de Staëls 1796 verfaßtes und im April 1800 erschienenes Buch „Über die Literatur“ war eine entschiedene Verteidigung der Aufklärung, insbesondere ihrer einheitlichen Naturauffassung, ihrer Überzeugung von der Vervollkommnungsfähigkeit des Menschen und von dem Anteil, den die Literatur als Produzent und Propagandist von Vernunft an dieser Vervollkommnung hatte. Seine Resolutheit erwuchs daraus, daß es diese Prinzipien nicht blind, sondern angesichts der Zeiterfahrungen bekräftigte – in dem kritischen Bewußtsein, daß es „traurig“ sei, „seine Erwartung zu besänftigen“.[179] Die Grundlinie war schon ein Jahr zuvor formuliert: Schriftstellerische Werke seien zu loben, „insofern sie sich von den gegenwärtigen Begebenheiten losmachen, um sich zur unveränderlichen Natur der Dinge zu erheben“[180]. Die Idee des Glücks, hieß es nun, sei in den letzten Jahren „in Anstrengungen, die sie anfänglich zum Ziel zu haben schienen“, fast verlorengegangen; „empfindsame Seelen“ seien auf „unüberwindliche Schwierigkeiten“ gestoßen, der Mensch allein geblieben, „um in seinem Denken das Modell all dessen zu bewahren, was groß und schön ist“. Einen Gefährten nur habe der Mensch in dieser Einsamkeit finden können – „Bücher, Denkmale der besten, edelsten Gefühle aller Zeiten“. Sie hätten „uns geholfen, die Existenz zu durchqueren“.

Ideen von einer angeblich notwendigen „Revolution in der Literatur“ durch Lockerung der „Geschmacksregeln“ fuhr die Tochter Neckers scharf in die Parade: „Nichts widerspricht mehr den Fortschritten der Literatur ... Nichts ist verderblicher für die Verbesserung der Sitten.“ Auf diese Sitten, d. h. auf das Verhalten ungenügend gebildeter, machtgieriger Menschen, führte sie die unvernünftigen, weil macht- und kampfbetonten Seiten der Revolution zurück, und es entsprach durchaus dem Erziehungsprogramm der Aufklärung, wenn sie angesichts dessen, was ihr eine Folge von Maßlosigkeit aus Unbildung erschien, „die edle Einfalt“ innerer Größe propagierte und sich zur Apologetin des „guten Geschmacks“ machte. Die Vorstellung von literarischem Nutzen richtete sich auf Bewunderung, Erhebung und Veredelung durch das Zeigen von „wahrer Größe des Charakters ... Was wahrhaft schön ist, macht den Menschen besser."[181] Während sie so „die wahre Natur der Dinge" den Menschen nahezubringen suchte – „Tränen" und „Melancholie" schienen ihr diesem Anliegen höchst zuträglich –,[182] mißtraute sie zugleich der Vorstellung, „daß man die gehässigen Gemälde der verdorbenen Sitten nicht ohne gute Wirkung darstellen könne, eben als wenn ein Herz, das sie abstößt, so rein bleibe als das Herz, das sie niemals kannte"[183]. Ihr schien der Alltag schon zu viel Häßliches zu enthalten, als daß die Literatur es auch noch zeigen sollte. Dahinter die wunderliche Idee, daß das Herz nicht kenne, was ihm nicht in Büchern begegne.

In der Folge dieser Auseinandersetzung mit ihrer Zeit wurde der Baronin nun Kant zum siegreichen Argument für den generellen Vorrang des subjektiven Vermögens vor den äußeren Umständen. Ihr Deutschland-Buch vor allem machte das gegen Ende des Ersten Kaiserreiches öffentlich und bald Kant in Frankreich erstmals bekannter. Antijakobinisches Ressentiment wie antinapoleonisches Engagement sprachen sich in der Akzentuierung der Kantschen Theorie aus: „Immer, in welcher Situation man auch sei, gibt es eine aus der Tiefe der Seele erwachsende Kraft des Reagierens auf die Umstände." Kants eindeutiger Erklärung für den „transzendentalen Idealismus" allerdings schloß sie sich nicht an, ja, sie diskutierte diese nicht einmal. Als das Verdienst des deutschen Philosophen bestimmte sie die Erkenntnis, „daß es eine Seele und eine äußere Natur gibt und daß sie nach bestimmten Gesetzen wechselseitig aufeinander einwirken". Die „glückliche Vermittlung von Realismus und Idealismus" durch Kant sagte ihr zu.[184] Das ging ausdrücklich gegen die Verabsolutierung der subjektiven Seite durch Fichte und Schelling; aber nochmals blieb die Vermittlung von Vernunft und Gegenständen linear. Dem politisierenden Kant-Verständnis der Staël schien die Differenz von Subjekt und Empirie mit der Zeit durch Erziehung aufhebbar. Vorerst allerdings standen beide sich gegenüber, und da war Parteinahme gefordert. Die Absage galt dem, was „Realismus" hätte heißen können. Über die Entgegensetzung hinaus zur möglichen Dialektik der Beziehung stieß Madame de Staël nicht vor. Jahrzehntelang sollten sich die undialektischen Oppositionen halten, in denen die Empirie abgewertet wurde, am starrsten im akademischen Klassizismus.

Schon unter Napoleon galten jene Maler als die besten, die „sich nicht mehr mit der Natur zufriedengeben, die ihr Genie dazu benutzen, in ihren Werken das zu unterdrücken, was in den Gegenständen der Natur ihrem Ziel nicht dienen kann, nur auszuwählen, was ihnen zusagen kann und aus diesen verschiedenen Elementen ideale Formen zu schaffen" – eine Fähigkeit zum erhebenden Arrangieren der Wirklichkeit, die damals noch den Begriff der „Imagination" ausmachte.[185] Hier wirkten Machtinteressen. Sowie der zeitgeschichtliche Antrieb und Kontext der Staëlschen Überlegungen verblaßte, wurden „das" Ideal, „die" Schönheit, „die" Antike zeitlose Prinzipien, die durch Erläuterungen nur geschändet würden. Das mußte nicht unbedingt nur von historischer Besinnungslosigkeit zeugen. In der Malerei und Plastik, in der eine solche Denkweise sich mit besonderer Intensität ausbreitete, war ein ganzes Ausbildungssystem auf die Imitation der alten Meisterwerke gebaut. Die Fortexistenz der alten Regeln wurde über die notwendige Vermittlung technischer Fertigkeiten der Kunstproduktion zusätzlich gefördert. Reinster Repräsentant dieser Richtung war Ingres, selbst lange Jahre Direktor der Ecole de Rome, die die Preisträger des Akademiewettbewerbs für junge Künstler während ihres Aufenthalts in der Ewigen Stadt betreute. „Liebt das Wahre und Schöne", verkündete er unwandelbar sein ganzes Leben lang; „die Alten und Raffael" verkörperten es, und ihnen war nachzueifern.[186] Seine Bilder (darunter eine „Badende", die als Rückenakt das genaue Gegenstück zu Courbets Skandalerfolg darstellt – ohne Fett und Falten und nicht in der Natur: makellos auf weichem Pfühle) waren geprägt von reiner Linie und Farbe und zeugten von dem Bemühen um „die Vereinigung der schönsten Elemente der Natur ..., die man recht selten in dieser Hinsicht vollkommen antrifft". Für unsere Suche nach realistischen Momenten ist hier nichts zu gewinnen. Wenig gelassene Bemerkungen des Meisters wie: „Rubens hat etwas von einem Schlächter", oder zu Géricault: „Ich wünschte, man entfernte aus dem Louvremuseum das Bild der ‚Medusa' und die beiden großen ‚Dragoner', ihre Kumpane ..., die uns vom Menschen nur den Kadaver zeigen, die nur das Häßliche, Scheußliche wiedergeben",[187] bekräftigen diesen Schluß.

Zeitlose Idealisierung fand sich nicht nur im Akademismus der bildenden Künste. Aus dem Drang nach Systematisierung und Rezeptvergabe an die Künstler erwuchs sie auch als Forderung der philosophischen Ästhetik. Die Ästhetikvorlesung Victor Cousins vor allem, 1815–1821 an der Pariser Universität gehalten und 1836 nach Mitschriften erstmals veröffentlicht, kodifizierte ein Denken, in dem das Wirkliche nicht das Wahre, das Schöne nur das Ideale und das moralisch Gute aus dem Vorhandenen nicht zu gewinnen war. Die Abkehr von der gewöhnlichen Wirklichkeit, der schlechten, vergänglichen Welt war hier axiomatische Voraussetzung; verkündet wurden nur mehr die gezogenen Schlüsse. „Über der realen Schönheit ist eine Schönheit anderer Ordnung, die ideale Schönheit." Daher sei es die Aufgabe des Künstlers, „das Ideal darzustellen. Alles hat sein Ideal. Die erste Sorge des Künstlers wird es daher sein ..., zunächst das verborgene Ideal seines Gegenstandes zu durchdringen, denn dieser Gegenstand hat eines, um es anschließend für Sinne und Seele mehr oder weniger schlagend wiederzugeben. Das Problem der Kunst besteht darin, durch den Körper zur Seele zu gelangen."[188] Die Überlegung billigte dem Seienden allein den Wert zu, Gefäß oder Basis des Eigentlichen, des Idealen zu sein, und wies wiederum weg von der empirischen Seite. Kein Realismus.

Das leidende Subjekt brauchte Trost (oder eine schwärmende Erbauung) jedoch nicht ausschließlich in den großen Traditionen oder Idealen zu suchen, es konnte sie auch in sich selbst finden. Schon wenige Jahre nach ihrer Schrift „Über die Literatur" sah Madame de Staël sich veranlaßt, vor übersteigerter Einbildungskraft als einer „Krankheit" zu warnen.[189] Das half nichts. Das Ausbreiten des „Seelenzustandes" kam in Mode, und das mußte dem Klassizismus keineswegs ausdrücklich widersprechen – die große Leidenschaft, der edle Charakter, das erhabene Schöne konnten in der idealsuchenden Subjektivität sehr wohl wertungsbestimmend fortbestehen. Allem Empirischen allerdings ging es entschlossen an den Kragen. „Die Imagination ist reich, überquellend und wunderbar, die Existenz arm, trocken und entzaubert", formulierte Chateaubriand. Wertvoll war nur die schöne Natur. „Ich glaube nicht, daß die *reine Natur* die schönste Sache der Welt sei. Ich habe sie ziemlich häßlich gefunden, wo immer ich Gelegenheit hatte, sie zu sehen ... Das Denken macht den Menschen. Mit diesem Wort *Natur* ist alles verloren. Malen wir die Natur, aber die schöne Natur: um die Nachahmung von Mißbildungen hat die Kunst sich nicht zu kümmern."[190] Hier wurde dem Subjekt alles zugetraut – aber außerhalb der Erfahrungswelt, unabhängig von ihr. Als Vigny etliche Jahre später die Differenz zwischen „der *Wahrheit* der Kunst und dem *Wahren* des Fakts" diskutierte, fühlte er sich berechtigt zu sagen: „Die *Kunst* darf immer nur in ihren Beziehungen zu ihrer [der dargestellten Realität – W. K.] *idealen Schönheit* betrachtet werden. Das *Wahre* ist, es muß gesagt werden, nur sekundär ... Sie kann sich darüber hinwegsetzen, denn die *Wahrheit*, von der sie sich zu nähren hat, ist die Wahrheit der Beobachtung der menschlichen Natur und nicht die Authentizität des Fakts. Die Namen von Personen tun nichts zur Sache. Die Idee ist alles."[191] Diese forschen Sätze entstammen immerhin dem Vorwort zu einem historischen Roman. Sie verdeutlichen gerade damit, wie weit es gekommen war im Land des Rationalismus. Verzückt konnte Jules Janin das Spiel der Rachel preisen: „Sie weiß überhaupt nichts. Aber sie hat etwas Besseres als erkanntes Wissen, sie hat den göttlichen Funken des Genies."[192]

Die Apotheose des selbstherrlichen Genies war damit sogar über Chateaubriands Hochachtung des menschlichen Denkvermögens hinausgetrieben. Die Idee stand nicht mehr in Beziehung zu einem Wesen der Dinge, sie war rein subjektive Konstruktion geworden. Das Kantsche Fragen nach dem Verhältnis von Erkenntnis und Gegenständen war ferner denn je. Durch Eliminierung der zweiten Seite war es gegenstandslos im wahrsten Sinn des Wortes geworden. Das Pendel erreichte seinen antirealistischen Extrempunkt. „Künstler sein!" war der Leitartikel in der ersten Nummer einer Zeitschrift betitelt, in der ab 1831 alle Großen aus Literatur und Kunst veröffentlichten.[193] Die protestierend sich verschanzende Subjektivität – lief alles hinaus auf l'art pour l'art?

1835 erschien Gautiers Roman „Mademoiselle de Maupin", dessen Vorwort als Manifest der Richtung gilt. Es war kein Kodex, sondern ein Pamphlet, in dem die Formel selbst gar nicht auftauchte. Wahrheit und Wahrscheinlichkeit, Ideales und Reales interessierten dort überhaupt nicht. Es ging gegen Journalisten, die moralische Ideen in Büchern anmahnten, und gegen Kritiker, die sozialen Nutzen von ihnen forderten. Den ersteren wurde entgegnet, die Zeit sei „unmoralisch" und „die Bücher folgen den Sitten", nicht umgekehrt. Die Nützlichkeitsfanatiker hatten zur Kenntnis zu nehmen, daß der Nutzen von Romanen darin bestehe, daß einige Leute (darunter der Autor) Geld mit ihnen verdienten und daß sie die Leser zeitweise davon abhielten, Zeitungen zu lesen. Im übrigen sei „wahrhaft schön nur, was zu nichts dienen kann; alles Nützliche ist häßlich ... Das Überflüssige ist das Notwendige." Gautier trieb also nicht weiter, was an Subjektivismus bereits produziert worden war. Auf dessen undiskutiert übernommener Basis und mit einem kräftigen Schuß Pessimismus – „Niemals wird das so sehr versprochene Morgen über der Welt leuchten"[194] – führte er eine Attacke gegen anderslaufende Tendenzen.

Die hier wirkende antirealistische Denkart wirkte noch lange. Aber das Gautiersche Vorwort deutet darauf, daß der Empirie nicht überall der Garaus gemacht worden war.

Die langsame Rückgewinnung der Wirklichkeit

Acht Jahre vor Gautiers Pamphlet war ein anderes Vorwort erschienen, das noch nachhaltiger den Glanz des von ihm eingeleiteten Werkes überstrahlen sollte. Hugos Erläuterung seines „Cromwell"-Dramas führte den entscheidenden Stoß gegen die klassizistische Schönheitsdoktrin. Deren nachrevolutionäre Erbauungsfunktion war angesichts der sozialen Entwicklung nicht zu der von Madame de Staël erhofften Entfaltung gelangt; ihres letzten Gesellschaftsbezugs beraubt, war sie endgültig in Künstlichkeit erstarrt. Hugo holte historisch weit aus, als er sie erledigte, aber er hatte leichtes Spiel. Zu offensichtlich hatte er recht: „Nicht alles in der Schöpfung ist menschlich schön, das Häßliche existiert neben dem Schönen, das Unförmige beim Graziösen, das Groteske auf der Kehrseite des Erhabenen, das Schlechte mit dem Guten, der Schatten mit dem Licht." Der Klassizismus hatte das als allgemeine Feststellung nie bestritten. Nur in der Kunst hatte er den Schattenseiten der Schöpfung keine volle Existenzberechtigung zubilligen wollen. Eben dies nun attackierte Hugo mit einem neuen Selbstbewußtsein. „Die moderne Muse ... wird sich fragen, ob die begrenzte und relative Vernunft des Künstlers über die unbegrenzte, absolute Vernunft des Schöpfers obsiegen soll." Die Poesie werde darangehen, „es wie die Natur zu machen und in ihren Schöpfungen, ohne sie zu verwechseln, Schatten und Licht, Groteskes und Erhabenes, mit anderen Worten, Körper und Seele, Tier und Geist zu mischen". Auch im Bereich der Kunst wurde nun einem Begriff des „Realen" Geltung erstritten, der „aus der ganz natürlichen Kombination zweier Typen resultiert, des Erhabenen und des Grotesken, die sich im Drama verschränken, wie sie sich im Leben und in der Schöpfung verschränken. Denn die wahre Poesie, die vollständige Poesie liegt in der Harmonie der Gegensätze."[195]

Dem Antiklassizismus Hugos war der Beifall gewiß. Schon 1824 hate es ganz in seinem Sinne in „Le Globe" geheißen: „Alles, was Teil des Universums ist, vom höchsten bis zum niedrigsten Gegenstand, von der göttlichen Sixtinischen Madonna bis zu den flämischen Säufern", sei würdig, in Kunstwerken dargestellt zu werden.[196] Als dieselbe Zeitschrift Auszüge aus Vorwort und Drama veröffentlichte, lobte eine redaktionelle Vorbemerkung den Verfasser als „wahren Dichter" und das Werk als eines, das „den Fortschritten der Kunst dient", auch wenn man sich die von Irritation durch das Neue zeugende Bemerkung nicht verkneifen konnte, mit seiner Betonung des Grotesken sei der Autor vielleicht „zu schnell dabei, einige Detailbeobachtungen zu verallgemeinern".[197] Daß Hugo dem Schönen auf seinem Thron die Widersprüchlichkeit des Lebens zugesellte, daß er den Künstlern die Last einer normativen Formbewertung nun auch programmatisch von den Schultern nahm, entsprach dem Kunstdenken aller Romantiker (auch dem Gautiers) in einer Weise, die den von Hans Robert Jauß geprägten Begriff einer „Julirevolution der Literatur"[198] durchaus rechtfertigt. Parallel zu den antirestaurativen Bestrebungen der liberalen Bourgeoisie, die 1830 den Bürgerkönig an die Macht brachten, vollzogen die Künstler (nicht etwa, siehe Cousin, die Kunsttheoretiker) jene antiklassizistische Wende, die Ingres zur Verzweiflung und zum Rückzug von den Salonausstellungen trieb.

Daß Hugo der Subjektivitätsmanie nicht den Tribut eines Vigny zollte, daß seine Kritik des Klassizismus ihre Argumente aus einer umfassenden Realitätsvorstellung und nicht aus der grenzenlosen Aufwertung des Individuums bezog, fiel vorerst weniger auf. Es ist dies der Punkt, der den Beitrag des „Cromwell"-Vorworts zur Geschichte des realistischen Kunstdenkens ausmacht. Hugo wertete die Empirie auf. Im Rahmen eines (christlich begründeten) Universalitäts- und Harmoniedenkens bestritt er dem Idealschönen seinen Ausschließlichkeitsanspruch als

Gegenstand großer Kunst. Zum Universum gehörte alles, auch das weniger Gelungene, ja das Mißglückte. Es war der moderne Wirklichkeitsbegriff, der hier in das Kunstdenken eintrat: Das Konkrete und nicht das zu einem Wesen Gesteigerte bildete seinen Inhalt. Dies war für Frankreich ein wichtiger neuer Ausgangspunkt. Nun galt nicht mehr, was die Académie française Corneille aus Anlaß seines „Cid" entgegengehalten hatte: „Nicht alle Wahrheiten sind gut für das Theater ... Es gibt widernatürliche Wahrheiten, die, wenn man sie nicht verdeckt halten kann, als befremdliche Dinge zu markieren man sich begnügen muß. Gerade wo dem Dichter solches begegnet, hat er das Recht, der Wahrheit die Wahrscheinlichkeit vorzuziehen und eher über einen erfundenen und vernünftigen Gegenstand zu arbeiten als über einen wahren, der nicht der Vernunft entspricht."[199]

Subjektivität wurde damit nicht etwa geleugnet: Dem schaffenden Künstler war freigestellt, im Ganzen der Wirklichkeit (einschließlich seiner Phantasie) nach seinem Gutdünken zu wählen. Aber Kunst galt nun als „konzentrierender Spiegel (miroir de concentration)". Wissend um den Unterschied zwischen Kunstrealität und Naturrealität („Die Kunst kann nicht die Sache selbst geben"), beschrieb Hugo die Arbeit des Künstlers als Konstruktion, genauer, als Rekonstruktion – er schaffe nicht aus sich heraus, sondern arrangiere das Reale so, daß dessen letztlich harmonische Ganzheit aus der Präsentation der Gegensätze ans Licht trete. So wurde das Ziel der Kunst „fast göttlich: wiedererwecken, wenn sie auf Geschichte zielt; schöpfen, wenn sie auf Poesie zielt".[200]

Die Rekonstruktion des Realen – stünden wir mit Hugos Vorwort 1827 vor dem „französischen Geburtsakt des literarischen ‚Realismus'"[201]? Sicher: Das „Reale" Hugos weitete den auf das Wesentliche begrenzten Wirklichkeitsbegriff der Klassik auf alles Seiende aus. Problematisch strukturiert aber war die Wirklichkeit deshalb nicht. Fällt der Name Hugo, funktioniert das automatisierte Bewußtsein des Romanisten signifikativ: „Grotesk und erhaben" wird immer als Paar assoziiert, nie das eine gegen das andere gesetzt. Hugos Wirklichkeit war linear beschaffen. Auch das Verhältnis von Subjekt und Empirie blieb bei ihm widerspruchsfrei: Der Künstler ist dem Schöpfer gleichgestellt und waltet wie dieser einschränkungslos in der ganzen Welt. Sieht man in „Realismus" mehr als die Betonung des Empirischen durch Kunst, so ist zusammenfassend zu sagen: Im „Cromwell"-Vorwort befand sich der Realismus im Embryonalzustand, geboren war er noch nicht.

Das gilt auch für jene etwa zur selben Zeit entstehenden Kunstprogramme, die heute „art social" heißen.[202] Der wesentliche Akzent, der diese Programme von dem Denken Hugos unterschied, war funktionaler Natur. Für Hugo trug der Künstler in einem allgemeinen Sinn als freies Individuum zum menschlichen Fortschritt bei; vom art social wurde ihm im Zusammenhang eines gesamtgesellschaftlichen Fortschrittsbemühens ein Platz zugewiesen, an dem er sich nützlich zu machen hatte. In der Nachfolge Saint-Simons stellte Emile Barrault den Künstler als wissend-kündenden „Hofmeister der Menschheit" an die Spitze der gesellschaftlichen Bewegung; er allein sei „aus der Macht jener Sympathie, die ihn Gott und die Gesellschaft umfassen läßt, fähig, die Menschheit zu führen".[203] Auguste Comte hatte da Vorbehalte; seinem auf Stabilität orientierenden Konzept standen philosophische oder naturwissenschaftliche Denkweisen entschieden näher als künstlerische Phantastereien. Deren Ort im Gehirn sei ja auch „deutlich weiter vom Zentrum entfernt" als der der philosophischen Tätigkeit. Wenn die Künstler folglich nicht leiten sollten, so war ihnen doch ein Feld der Nützlichkeit ausdrücklich zugewiesen: Sie hatten durch emotionale Erweckung die eigentliche, „die wissenschaftliche und philosophische Erziehung" vorzubereiten, sollten „das Gewaltige des Menschen, seine Eroberung der Natur, die Wunder seiner Gesellschaftlichkeit besingen" und als „Quelle wahrer Freuden" angesichts der „bald unerträglichen Müdigkeit" dienen, die die Arbeit dem Menschen bringe.[204]

Ob der Künstler in führender Position stand oder nur dem erklärenden Lobpreis der Errungenschaften und der Zerstreuung diente – die soziale Funktion bestimmte ausdrücklich das gesamte Kunstdenken des art social. Seine Vertreter sprachen das auch ungeschminkt aus. So hieß es in einem Salonbericht aus dem Jahre 1833: „Aktualität und soziale Tendenz der Kunst sind die Dinge, um die wir uns am meisten kümmern; dann kommt die Wahrheit der Darstellung und die mehr oder weniger große Geschicklichkeit der materiellen Ausführung. Wir fordern vor allem anderen Aktualität, weil wir wollen, daß die Kunst auf die Gesellschaft wirkt und ihren Fortschritt fördert; wir fordern von ihr Wahrheit, weil sie lebendig sein muß, um verstanden zu werden."

Ein seltsamer Widerspruch tat sich damit auf. Einerseits forderte das Kunstdenken des art social wegen seines Willens zur Aktualität mit bisher unbekannter Intensität die Darstellung zeitgenössischer sozialer Wirklichkeit durch die Kunst. Wesentlich unter seinem Banner wurde die Empirie in den dreißiger Jahren kunstwürdig. Der Aufstieg des Romans zur wichtigsten Literaturgattung hing damit zusammen, und es war ebenso folgerichtig, daß der zitierte Salonbericht die „Schule der Naturalisten", die „unsere Sitten und unser Klima" darstelle,[205] am ausführlichsten behandelte. Den Denkzusammenhang aber, in dem das geschah, beschrieb eine Rezension des „National" 1837 folgendermaßen: „All unsere Sympathien gehören jenen Schriftstellern, die ein wahrhaft philosophisches und soziales Ziel verfolgen; . . . der Roman, der eine Wahrheit entwickelt und sie durch die Fakten fühlbar macht, ist mehr als ein Buch, er ist fast ein gutes Beispiel."[206] Als bloßes Mittel waren die „Fakten" demnach andererseits einer über ihnen existierenden „Wahrheit" zugeordnet. Die Empirie galt nur, sofern sie ein höheres Prinzip zur Anschauung brachte. Unüberhörbar sind die Anklänge an die alte, klassizistische Kunsttheorie.

Wie für Hugo, so war auch für den art social die Wirklichkeit nicht gegliedert. Stärker sogar als bei diesem wurde der Künstler auf die Darstellung des Empirischen orientiert. Die aus dem funktionalen Anliegen des art social resultierende „Gerichtetheit auf die Zukunft"[207] aber stoppte den Zug zur Wirklichkeit. Wenn Kunst für bestimmte Ziele befeuern soll, die noch nicht in der Welt sind, kann sie sich nicht vorrangig aus dem Seienden konstituieren; sie kann es höchstens als Element in einen durch den Verstand konstruierten Zusammenhang einbauen (wenn sie es nicht radikal negiert – das aber sollte erst im 20. Jahrhundert versucht werden). Tendenzkunst hat daher einen nichtrealistischen Grundzug. Der art social hantierte folglich auch weiter mit der Einheit des „Wahren und Schönen"[208], des „Schönen und Guten"[209].

So ist es nicht angemessen, bei einer Bestimmung des art social „thematische Innovationen", die „Berücksichtigung neuer sozialer Bedingungen in der Literatur", vor seinen „wirkungsästhetischen Strategien" und der „geschichtsphilosophischen Perspektive"[210] an die erste Stelle zu setzen. Die kürzlich erhellte Geschichte von Delacroix' berühmter „Freiheit auf der Barrikade" – der großen Ausnahme engagierter Kunst in seinem Schaffen – gewinnt in diesem Zusammenhang paradigmatischen Wert: Der Maler verwendete für sein Bild, das vom revolutionären Elan der Revolution von 1830 erzeugt war und zeugte, Entwürfe, die er 1821 für ein Bild aus dem griechischen Unabhängigkeitskrieg (das nicht vollendet wurde) gemacht hatte. Einige Skizzen, die nach dem Juli 1830 entstanden, zeigen, was er zu der ursprünglichen Komposition hinzuzufügen suchte: charakteristische Kostümdetails und Haltungen.[211] Die abbildende Wendung zur zeitgenössischen Wirklichkeit war dem Ausdruck einer Idee dienend unterstellt.

Der Gewinn für den Realismus, den der Schub an Wirklichkeitsabbildung in der französischen Literatur der dreißiger/vierziger Jahre brachte, ist demnach nicht zuerst an den art social gebunden. Aus heutiger Sicht ist weit eher auf Stendhal zu verweisen. Seine Abhandlung „Racine und Shakespeare", 1823/25 entstanden, die sich detailliert mit der klassizistischen Tradition und deren gegenwärtigem Gewicht auseinandersetzte, kam in solchen Bezugsgrößen wie Leidenschaft und Einfachheit und in dem ausdrücklichen Bekenntnis zur Romantik nicht als realistische Programmschrift daher. Holt man aber aus den polemischen Sätzen die positiven Bestimmungen, bietet sich ein Bild bedeutender Neuheit. Der historische Punkt, der hier der Literatur die Richtung gibt, liegt nicht, wie im art social, in der Zukunft: Zeitgenossenschaft ist oberstes Prinzip. „Nie hat ein Volk in seinen Sitten und seinen Vergnügungen einen schnelleren und umfassenderen Wandel erlebt als den von 1780 bis 1823; und immer noch will man uns die gleiche Literatur geben!" Abbildung dessen wird gefordert, was ist: „Die Romantiker raten niemandem, die Dramen Shakespeares direkt nachzuahmen. Was von diesem großen Mann nachgeahmt werden muß, ist die Art, die Welt, in der wir leben, zu studieren." Kein direkter missionarischer Besserungseifer: Vom „Publikum von 1824 mit seinem Mißtrauen gegen alles, seinem völligen Mangel an Glauben und Leidenschaft, der Gewohnheit zu lügen, der Angst, sich zu kompromittieren", ist nichts als Pfiffe zu erwarten (wenn nicht schon die Zensur gegen die „exakte Malerei der Seelenbewegungen und Vorfälle im Leben der Modernen" eingeschritten ist). Dennoch kein Ausweichen anderswohin, kein Aufbau erträumenswerter Welten. „Die Natur exakt reproduzieren, kunstlos, wie ein Spiegel, ... das ist kein kleines Verdienst." Neu zu erkennen ist der Gehalt einer neuen Zeit – nach einer „so plötzlichen Revolution in den Gewohnheiten, Ideen, Überzeugungen", wie die Welt „sie vielleicht noch nie erlebt hat". Geschrieben werden soll Literatur „für ein Volk, das Angst vor der Hölle hat". Denn „wir alle haben Angst in unserem Leben gehabt".[212]

Die Widerstände, die die Wirklichkeit dem Subjekt entgegensetzte, waren in diesem Denken überall gegenwärtig. Zugleich herrschte der Wille, sich den Dingen zu stellen, die Angst zu bezwingen, das Neue durch „Vervollkommnung der Vernunft"[213] zu bewältigen. Die Haltung, die eingenommen wurde, war erkennbar als die des Realisten. Ohne den Namen war die Sache da.

Ausgehend nicht von dem Kunstdenken, sondern von den Werken, hat Erich Auerbach den Mann aus Grenoble als den „Begründer" des modernen Realismus bezeichnet.[214] Manfred Naumann hat klargemacht, wie Stendhal die aufklärerische Romanvorstellung revolutionierte: Statt „eine Wahrheit zu interpretieren, die in ihren wesentlichen Bestimmungen schon als bekannt galt", habe er den Roman umstrukturiert „zum Instrument der Suche nach den Gesetzmäßigkeiten ..., die – noch unbekannt – die neue Realität beherrschten", und sich das Recht genommen, „in seiner Romanwelt den Sinn zu produzieren, der außerhalb von ihr noch nirgends vorhanden war".[215] Daß hier ein Autor den Platz des Empirischen in seiner Arbeit anhob, macht demnach sein Wesentliches erst zum Teil aus. Erst die subjektive Konstruktion von Sinn, zu der der Autor die Anschauung führt, macht den Vorgang vollständig. So kann verallgemeinert werden. Wenn die Empirie einem Subjekt zum Problem wird und es sich dennoch für ihre Abbildung entscheidet, wenn die Wirklichkeit dem erkennenden Subjekt einen wesentlichen, kurzfristig nicht zu überwindenden Widerstand entgegensetzt, dieses Subjekt aber unter dem Primat der wirklichen Welt auf das erkennende Erfassen dieser Wirklichkeit dennoch nicht verzichtet (statt, wie Kant es vorschlug, die Erkenntnis dem Gegenstand überzuordnen), kann historisch von Realismus gesprochen werden.

Die vorliegende Arbeit erhebt keine definitorischen Ansprüche. Wenn aber die Problemgeschichte Möglichkeiten einer

Präzisierung verwaschener Begriffsverwendungen gibt, sollen sie zumindest hervorgehoben werden. Der empirische Bezug ist für den Begriff nicht unwesentlich: Es ist kein Zufall, daß für die Musik oder die Architektur Realismusnachweise so schwerfallen – in ihnen hat die Anschauung keinen konstituierenden Platz. Gegenständlichkeit allein aber macht die Bestimmung unscharf: In Literatur und Malerei ist sie (bzw. war sie zumindest bis ins 20. Jahrhundert hinein) unabdingbar – die Ausdehnung des Realismusbegriffs auf alle anschauende Kunst (oder anschauenden Aspekte von Kunst) bringt gerade deshalb aber nicht viel an Unterscheidung und Erklärung. Subjektivität ist in solcher Sicht notwendige Bedingung für Realismus, aber der anschauende Wirklichkeitsbezug hat sie nicht einfach nur zu ergänzen: Individuelles Selbstbewußtsein im Verhältnis zur Wirklichkeit wird realistisch, wenn das subjektive Vermögen zum Durchdringen einer vielfach gegliederten Wirklichkeit eingesetzt wird. (Dies birgt auch ein Moment der Langfristigkeit: Realismus tritt zurück, wenn die Wirklichkeit selbst sich im Umbruch befindet.) Dem Realismusbegriff ist mit alledem durch seine Geschichte eine weltanschauliche Komponente bestimmend eingeprägt, ja, er wurde zum Kunstbegriff erst in der *Folge* einer Grundbestimmung im Weltverhältnis erkennender Subjekte. Ohne Not muß die Koppelung von Anspruch auf Welterfassung, problematischem Weltverhältnis und gegenstandsbestimmter Kunstarbeit im Realismusbegriff nicht aufgegeben werden.

Für die Geschichte von „Realismus" in Frankreich, deren Anfänge hier abrißhaft beschrieben werden, ist im Zusammenhang mit Stendhal eine weitere Tatsache wichtig: Der Verfasser von „Rot und Schwarz" hat bekanntlich fast unbemerkt von seinen Zeitgenossen für die Nachwelt geschrieben. Daß die Existenz des Realisten Stendhal im Kunstdenken seiner Zeit so gut wie unbeachtet blieb und sein Realismus, wenn überhaupt bemerkt, im Namen der Erbauungsfunktion von Kunst abgelehnt wurde,[216] stützt die diesen Überlegungen zugrunde liegende Periodisierung. Es zeigt, daß im Kunstdenken der dreißiger/vierziger Jahre die realistischen Elemente noch nicht ausgeprägt waren. Auch Stendhal steht damit (nach einer Kapitelüberschrift Léon Rosenthals) erst „auf dem Wege zum Realismus": Im Zeichen der vorherrschenden Orientierungen des zeitgenössischen Kunstdenkens war dieser vorerst verdrängbar. Die Gesellschaft war bis auf weiteres nicht bereit, realistisches Kunstdenken anzunehmen.

Auch Balzac, obwohl zweifellos weit bekannter als sein kritisch-realistischer Kollege, wurde durch die Kritik zu seinen Lebzeiten überwiegend negativ beurteilt. Dem Lob seiner „Imaginationskraft"[217] 1831 oder der Qualifizierung als „der erste unserer Romanciers"[218] zehn Jahre später standen weit zahlreichere Wutausbrüche gegenüber, an denen sich der Leser von heute delektieren kann. „Dieser Geizhals geht so weit, er ist so schrecklich und steht so weit außerhalb der Natur, selbst der Natur der Geizhälse, daß er nicht einmal mehr ein Geizhals ist, sondern ein Irrer." Oder: „Überall suche ich den Menschen in seinen Werken, und ich treffe nur auf verbrauchte Naturen oder bizarre Anomalien ... Was die ephemeren Leidenschaften betrifft, die sich unter bestimmten Bedingungen entwickeln und mit den zufälligen Ursachen, aus denen sie entstanden sind, vergehen, so ist es vielleicht interessant, sie zu studieren, aber ihre Scherben sind schlecht geeignet, die Geschichte der Menschheit zu rekonstruieren. Es sind die Mißbildungen unserer Spezies, ihr Platz ist am Rande des Jahrhunderts, dem sie angehören ... Auf dem Grund der menschlichen Seele gibt es Geheimnisse, die in Gottes Hand liegen. Der Anspruch, sie zu ergründen, ist fast ein Sakrileg, ich sehe übrigens nicht, was die Kunst dabei je gewinnen könnte."[219] In diesen Urteilen ist ein apologetisches Abwehren von Gesellschaftskritik leicht auszumachen. Jene Kritiker versuchten für ihre Gesellschaft mehr Schönheit herbeizureden, als Balzac ihr zugestand. In solchen Reaktionen kündigte sich die Realismusschlacht der fünfziger Jahre an.

Aufschlußreich sind aber auch die Begriffe, auf die die Kritiker sich dabei positiv bezogen: Natur, Mensch, Leidenschaft, Seele. Sie zeigen, daß Balzacs realistische Kunst noch um 1840 vorrangig durch die Brille älteren äthetischen Denkens gesehen wurde. Seine Bezugnahme auf zeitgenössische soziale Wirklichkeit galt unhistorisch als eine von vielen möglichen Vergegenständlichungen des menschlichen Wesens. Der Wirklichkeitsbegriff vieler Balzac-Leser war noch immer eher der alte, essentielle. Obwohl man ihn mehr zur Kenntnis nahm als Stendhal, ging es ihm – was das in heutiger Sicht Eigentliche seines Werks betrifft – kaum viel besser als diesem. Auch im Falle Balzac nahm die Gesellschaft den Realismus nicht an.

Eines aber war anders als bei Stendhal: Sein eigenes Programm bot seinen Kritikern die Möglichkeit, ihn so zu lesen, wie sie es taten. Dieser Aspekt sei hier hervorgehoben, weil er den produktiven inneren Widerspruch des Balzacschen Werkes freilegt. In diesem nehmen menschliche Leidenschaften wie Geldgier, Machttrieb, Herrschaftsverlangen einen wichtigen Platz ein, und gelegentlich fehlt auch ein bißchen Hexerei nicht. Manfred Naumann hat darauf hingewiesen, daß dies als Versuch zu werten sei, „Lösungen für das Erfassen von Zusammenhängen zu finden, von denen man noch nichts Genaueres wußte". Gleichzeitig hat er die Existenz „eines monistischen Prinzips der Einheit" in der Weltvorstellung Balzacs unterstrichen, aus dem mit der Ganzheit auch die Überzeugung von der Erkennbarkeit der Welt erwachsen sei.[220]

Die ganzheitliche Sicht ist in einem für das Selbstverständnis Balzacs so zentralen Text wie dem Vorwort zur „Menschlichen Komödie" (geschrieben 1842) unverkennbar. Gleich eingangs stellte er die Erkenntnisse der Naturwissenschaften seiner Zeit über den inneren Zusammenhang des Lebens programmatisch heraus, um dann zu formulieren: „Die Gesellschaft ähnelt der Natur." Der Satz enthält eine Differenzierung im Wirklichkeitsbegriff – die Gesellschaft war nicht einfach auch Natur. Das hob aber die „Einheit der Komposition" in Balzacs Augen nicht grundsätzlich auf. Diese Einheit machte es ihm möglich, den Anspruch seiner „Menschlichen Komödie" in jener umfassenden Weise zu formulieren und einzulösen, die bis heute beeindruckt und jene begeistert, die wie er davon überzeugt sind, daß die Gesellschaft den Menschen nicht, „wie Rousseau behauptete, verdirbt", sondern „ihn vervollkommnet, ihn besser macht". Nicht allein Fabulierkunst und viel Kaffee verhalfen dazu: Den universalen Darstellungsanspruch der „Menschlichen Komödie" konnte nur formulieren und realisieren (und ihn kann auch nur akzeptieren), wer wie Balzac das Gesetz der Entfremdung für sich und seine Zeit nicht anerkannte. „Das Inventar der Sünden und der Tugenden aufstellend, die hauptsächlichen Fakten der Leidenschaften versammelnd, die Charaktere malend, die hauptsächlichen Ereignisse der Gesellschaft auswählend, Typen durch die Vereinigung der Züge mehrerer homogener Charaktere komponierend", stellte Balzac sich ein Ziel außerhalb dieser „genauen Reproduktion": Er wollte „die Gründe oder den Grund der sozialen Wirkungen studieren, den Sinn erwischen, der in dem gewaltigen Gemenge von Figuren, Leidenschaften und Ereignissen verborgen ist".

Das Streben nach Totalität, das diese Sätze trägt, hat zusammen mit der Schärfe der Wirklichkeitssicht und -darstellung den Realismus Balzacs hervorgebracht. In seiner schriftstellerischen Praxis trug er der vielgliedrigen Komplexität der Wirklichkeit Rechnung wie kaum einer. Die Ideologie aber, die ihm das ermöglichte, wies noch Züge jenes alten Wirklichkeitsbegriffs auf, mit dem auch die Kritiker sich den Büchern gegenüber zu helfen suchten. Es sollte nicht übersehen werden: Während für Stendhal die Widerstände entscheidend wurden, die der Sinnbildung durch den Künstler in der Wirklichkeit seiner Zeit entgegenstanden, und er kritische Gegenbilder mit hoher subjektiver Komponente den vorhandenen Sinnangeboten entgegensetzte, fragte Balzac, sein Ziel zusammenfassend, ob es nicht nötig sei, „über die natürlichen Prinzipien zu meditieren und zu schauen, worin die Gesellschaften sich von der ewigen Regel, dem Wahren, dem Schönen entfernen oder sich ihnen nähern". In der diesem Resümee gegebenen Frageform ist der Zweifel an der beschworenen Natürlichkeit und Ewigkeit nicht zu übersehen. Dennoch: Balzacs Richtschnur zur Wertung der von ihm beobachteten Fakten blieben die ästhetischen Prinzipien des Wahren und Schönen sowie auch des hier nicht zitierten Guten, das gleich anschließend aus der Zustimmung zu Bonalds Satz erwuchs, der Schriftsteller habe sich als „Lehrer der Menschen" zu begreifen.[221] Das partielle Überleben dieser alten Dreieinigkeit bildete aber vielleicht auch eine Voraussetzung dafür, daß, während es von Stendhal nur wenige, zum Teil nicht einmal vollendete Romane gibt, Balzac zügig Stück um Stück eines umfassenden Zyklus schaffen konnte.

Der berühmte „Triumph des Realismus" (schon der noch aktive Politiker Hugo erhöhte in seiner Grabrede zwei Jahre nach 1848 den Toten zum revolutionären Schriftsteller) ist damit nicht in Frage gestellt, gewinnt vielmehr an Bedeutung. Er ist dann ein Widerspruch zwischen Autorenprogramm und -praxis und außerdem ein Rezeptionsphänomen, das in der Genauigkeit Balzacscher Gesellschaftsdarstellung gründet. Unter dieser lag ungehemmtes Herrschaftsstreben, und sie gab den Lesern (z. B. Engels) die Widersprüchlichkeit der Zeit über das ganzheitliche Selbstverständnis des Schriftstellers hinaus so genau zu erkennen, daß ihnen aus eigener Lebenserfahrung eine kritischere Wertung der abgebildeten Zusammenhänge möglich wurde, als Balzac selbst sie vorgenommen hatte. Das zum Realismus gehörende problematische Weltverhältnis formierte im Falle Balzac nicht nur der Autor. Der machte es aber den Lesern seiner Bücher möglich.

Was bedeutete es nach dieser Geschichte des Problems „Realismus", daß Balzac kurz vor 1848 als Zentralfigur einer „realistischen Schule"[222] bezeichnet wurde? Von nichts weniger als einem Vorboten Engelsscher Balzac-Lektüre kann geredet werden. Die Benennung entbehrte jeder weltanschaulichen Dimension und aller Einblicke in die Dialektik des Verhältnisses von Vernunft und Anschauung. Sie entwuchs einer wortgeschichtlichen Entwicklung, die Balzac noch immer nicht verarbeitet und Stendhal noch gar nicht entdeckt hatte. Durchgesetzt bis in den Bereich des Kunstdenkens hatte sich allein das reduzierte Wortverständnis, in dem seit Villers „Realismus" auf den Pol der Empirie zurückgestutzt war. Die Rede war von dem empirischen Material, auf das jeder Künstler zurückgreift.

Der erste Versuch einer Anwendung von „Realismus" auf Kunst hatte das allerdings noch offengelassen. „Jene literarische Doktrin, die täglich an Boden gewinnt", hieß es im Frühjahr 1826 im „Mercure du dix-neuvième siècle", „und die zu einer getreuen Imitation nicht der Meisterwerke der Kunst, sondern der Originale führen soll, die die Natur uns bietet, kann recht gut Realismus genannt werden: einigem Anschein nach wäre das die beherrschende Literatur des 19. Jahrhunderts, die Literatur des Wahren."

Der Satz findet sich in dem unsignierten Vorwort, mit dem die Redaktion nach dreijähriger Arbeit eine neue Serie ihrer Zeitschrift einleitete. Er hatte insofern programmatischen Charakter. Abgewogen wurde, in welcher Richtung die literarischen Beiträge profiliert werden sollten. Die genauere Lektüre der später viel, aber isoliert zitierten Bekundung verdeutlicht jedoch, daß der Schluß von dem Wort „Realismus" und der „Literatur des Wahren" auf die erfolgte Geburt eines modernen Begriffes von künstlerischem Realismus so zwingend nicht ist, wie er erscheint. An diesen Wortgebrauch ist der spätere nicht einfach anschließbar. Schon wenn nur der zitierte Satz betrachtet wird, fällt auf, daß der Naturbegriff zwar nicht mehr die frühere Hervorhebung der *schönen* Natur als Kunstgegenstand nach sich zieht, aber andererseits in keiner Weise in sich differenziert ist (wie es, um von Kant nicht zu reden, wenig später z. B. Hugo durch das Paar grotesk/erhaben tat): Was die Natur bietet, ist problemlos „das Wahre"; das Subjektproblem spielt keine Rolle. Hinzu kommt, daß der polemische Akzent sich nur sehr vermittelt auf das Wirklichkeitsverhältnis richtet: Gefordert wird die Loslösung von der Nachahmungsästhetik, also eine Wandlung vor allem im Raum der Kunst selbst.

Betrachtet man den Kontext, so läßt sich präzisieren: Der Bezug auf das Wahre untersteht noch nicht dem modernen Wirklichkeitsbegriff. Gleich eingangs wird Wirklichkeit als „irdischer Reflex der ewigen Wahrheit" bestimmt – daß hier der scholastische Begriff mitklingt, ist deutlich. Hinzu kam allerdings das eher romantische Prinzip, jedem sei die Freiheit zu geben, „die Wahrheit auf dem Wege zu suchen, der ihm der beste scheint". Der Übergangscharakter des Textes drückte sich schließlich in der Bildung einer Reihe möglicher Kunstauffassungen aus, die mit dem „Klassizismus" begann und über „Romantik", „Vaporismus" (dem sich allerdings nur „sehr wenige Leute" anschlössen; der Leser erfährt nicht, worum es sich handelt), das „Unverständliche" und den „Galimathias" bis zu „Realismus" führte. Auch wenn die Redakteure letzteren, wie zitiert, besonders hervorhoben: Dies war eine weder in neuen Bestimmungen ausgearbeitete noch im eigenen Wollen entschiedene Deklaration, deren hervorstechendstes Charakteristikum der Eklektizismus ist. Die Redakteure selbst sahen das nicht anders: „Hüten wir uns für den Augenblick, in eine Diskussion einzutreten, die uns etwas weit führen würde. Begnügen wir uns damit, unseren Lesern unser Bemühen zu versichern, die Debatte für sie amüsant zu machen."[223]

Der halbherzige Vorschlag des „Mercure du dix-neuvième siècle" blieb folgenlos: Es ist trotz eifriger Suche bisher nicht gelungen, ein Fortleben des Terminus in den folgenden sieben Jahren zu belegen. Als er dann doch wieder auftauchte, war sein Sinn eindeutig geworden.

Einigen Kritikern der „Revue des deux mondes" (voran Gustave Planche) diente „Realismus" seit 1833 dazu, eine verbreitete Tendenz in historischen Dramen und Romanen zu benennen (und vor ihr zu warnen), sich nicht mehr zu kümmern um „die Politik der Könige, die Leidenschaften, die sie zu gefährlichen

Abenteuern hinrissen; vor allem muß bekannt sein, welches Wappen an der Schloßpforte angebracht war, welchen Spruch das Banner trug, welche Farben der verliebte Baron“[224]. Allein das präzise Detail hieß ihnen „realistisch“, und in einer Kunstauffassung, die Genie und Schöpfertum betonte, war dem Realismus damit ein Platz am Dienstbotentisch angewiesen. „Als nebensächliche und vorübergehende Reaktion auf die Entartung überkommener Formen kann er seine Nützlichkeit besitzen; aber alles in allem ist das nur ein Mittel; und sich an den Realismus zu halten heißt zugleich, das wahre Ziel der Erfindung zu verkennen.“[225]

In diesen Bestimmungen war „Realismus“ zur Chiffre geworden, mit der der Teil Empirie in jeder Kunst, ihre gegenständlichen Aspekte bezeichnet wurden. Vignys historische Romane konnten so Realismus enthalten; Detailgenauigkeit ging bald auch bei der literarischen Darstellung der „zeitgenössischen Gesellschaft“ an;[226] im „Artiste“ begann man sie nach einiger Zeit in der Genremalerei zu entdecken; Mitte der vierziger Jahre fand der Realismus in Rembrandt sogar einen „höchsten“ Repräsentanten.[227] Das eindrucksvollste Bild dessen, was der Begriff nun bezeichnete, stammt aus der Feder des Verfassers des l’art-pour-l’art-Manifests. Théophile Gautier veröffentlichte 1843 ein Buch über eine Spanienreise und beschrieb darin ein Gemälde, das er in der Kathedrale von Burgos gesehen hatte. Es zeigte das Martyrium der Heiligen Casilda, „der der Henker beide Brüste abgeschnitten hat: das Blut spritzt in dicken Strahlen aus zwei roten Flächen, die das amputierte Fleisch auf der Brust hinterlassen hat; die beiden Halbkugeln liegen neben der Heiligen, die in fiebriger, konvulsivischer Extase einem großen Engel entgegenblickt, der ihr mit träumerischem, melancholischem Blick die Märtyrerkrone überbringt“. Eine weniger realistische Szene, so sollte man meinen, ist kaum vorstellbar. Gautier aber fuhr fort: „Diese schrecklichen Märtyrerbilder sind in Spanien, wo die Liebe zum Realismus und zur Wahrheit in der Kunst bis an ihre Grenzen getrieben worden ist, sehr zahlreich. Der Maler erspart einem keinen Tropfen Blut; man muß sehen, wie die zerschnittenen Nerven sich zusammenziehen, wie das lebendige Fleisch zuckt.“[228] So treffend gaben diese Sätze das gewonnene Realismusverständnis wieder, daß sie sich schon zwei Jahre später als Beleg in dem von Louis-Nicolas Bescherelle herausgegebenen „Nationalen Wörterbuch“ fanden.

Im Rahmen des herrschenden Kunstdenkens blieb das Bild von Realismus eines der Dürftigkeit. Bis an das Ende der vierziger Jahre war er ein Sekundärphänomen. Als untergeordnetem Bestandteil künstlerischer Darstellung begegnete man ihm gelassen. Anrecht auf mehr als Duldung hatte er nicht. Aber es gab weder Anlaß noch Berechtigung, gegen ihn zu streiten. Schließlich hatte, so verstanden, jedes Kunstwerk seinen Teil Realismus. Weder Klassizisten noch Romantiker mußten das grundsätzlich abstreiten – mochten sie sein Wirkungsfeld auch gering bemessen. Realismus war ein Begriff theoretischen Kunstdenkens geworden, in dem das empirische Moment alles andere zudeckte.

In dieser Form fanden die werdenden Realisten ihren Leitbegriff vor, und es wurde schon darauf verwiesen, daß Buchon und Champfleury ihn ursprünglich unverändert aufnahmen. Sich Realist zu nennen hieß, sich einzulassen auf einen besonders intensiven, Beschreibung und Bild werdenden, konkreten Gegenstandsbezug von künstlerischen Werken. „Realistisch" arbeitete, wer detailgetreu abbildete. Das Schöpferische des Subjekts aber hatte diese Abbildung zu regieren. „Realisten" waren dem Kunstverstand der Zeit daher nicht oder nur ohne ein Seinszentrum, damit existenzunfähig denkbar. Courbets Selbstcharakterisierung konnte nur als Selbstverstümmelung verstanden werden: Wozu sollte es führen, daß der Mann alles Schöpferische strich?

Im Lichte der Programmerklärungen und der Problemgeschichte läßt sich nun präzisieren, worin der Neuansatz der Realisten um Courbet bestand. Ihre Kunstarbeit war gegenstandsgeprägt. Aber sie waren keine Fetischisten des Empirischen, wie es der Zustand ihres Fahnenwortes vermuten lassen könnte. Sie wußten um die Bedeutung der Konstruktion für das Zustandekommen von Kunst, setzten reale Welt und Kunstwelt nicht in eins, sondern faßten ersichtlich den Entschluß, mittels Kunst eine Welt zu erfassen, deren Wesentliches nicht unmittelbar gegeben, aber durch subjektive Anstrengung ergründbar und darstellbar schien. Im französischen Kunstdenken machten sie als erste eine Position demonstrativ auffällig, die, von dem neuen Wirklichkeitsbegriff ausgehend und nicht Linearität zwischen Subjekt und Empirie walten sehend, letzterer ausdrücklich das Primat zusprach und – ohne den Griff nach außersubjektiven, speziell religiösen, oder nach naiven Erklärungshorizonten – die Beherrschbarkeit der kritikbedürftigen Welt durch die Vernunft, durch die Anstrengung des Gestaltungsvermögens behauptete. In der vom Kapitalismus produzierten Vergesellschaftung sahen die programmatischen Realisten nicht Entfremdung, sondern ein Anwachsen menschlicher Betätigungsmöglichkeiten, an dessen Ende die Meisterung der Gegenstände durch die Subjekte stehen würde. Die Ganzheit war ihnen nicht gegeben, aber sie war herstellbar. Nicht der Autonomie redete dieses Kunstdenken damit das Wort: es schloß an das bürgerliche Fortschrittsdenken an.

Man sollte meinen, daß die Weichen für den Siegeszug des Realismus im zeitgenössischen Kunstdenken nun gestellt gewesen wären: Übereinstimmend mit der allgemeinen Tendenz des Gesellschaftsdenkens in Richtung auf nüchterne Fortschrittsorganisation, betonten hier Künstler ausdrücklich die Bedeutung des Gegebenen für ihr Schaffen, ohne doch zu vergessen, daß Sinnproduktion durch konstruierende Erkenntnisarbeit Sache ihrer Kunst zu sein hatte – so wie die Ideologen der Bourgeoisie die Umgestaltung einer unbefriedigenden Wirklichkeit auf eine bessere Zukunft hin jetzt zu begründen und zu propagieren begannen und wie die Klasse sich daranmachte, ihre Gesellschaftsordnung auszugestalten. Weder im Ästhetischen noch im Weltanschaulichen war nach den Programmerklärungen der Realisten eigentlich mehr zu erwarten als ein Abwägen der Quantitäten von Subjektivität oder Gegenstandsbezogenheit ohne grundsätzlichen Dissens. Hugos weiter Begriff des Realen z. B. bot alle Möglichkeiten dazu.

Tatsächlich ließ es sich so auch an. 1846 veröffentlichte Arsène Houssaye, langjähriger Chefredakteur des „Artiste“, eine zweibändige Geschichte der flämischen und holländischen Malerei, die zur Neuentdeckung dieser frühbürgerlichen Kunst einen wichtigen Beitrag leistete. Gleich in den ersten Sätzen war eine indirekte Selbstkorrektur formuliert. Zehn Jahre zuvor hatte Houssaye – Vignys Kunstauffassung vulgarisierend – geschrieben: Je falscher die Romane seien, „desto mehr gefallen sie mir. Der Reiz eines Romans besteht darin, dich aus der gegenwärtigen Welt in eine ideale und reizvolle zu tragen; sonst ist das Buch so langweilig wie das Leben selbst ... Die Wahrheit ist nicht schön, und nicht ohne Grund hat man sie ganz tief in einen Brunnen gesteckt. Dort soll sie bleiben.“[229] Nun kam er neuerlich auf die Wahrheit im Brunnen zu sprechen. Bilderreich brachte er die Rede auf ein „unsichtbares Gebirge, das bis zu unseren

Füßen niedersteigt und sich bis zu Gott erhebt". Kunst in ihrer höchsten Ausprägung habe dieses Gebirge zu erklimmen. „Aber", hieß es dann, und das leitete die Toleranzerklärung gegenüber dem Empirischen in der Kunst ein, „vor der Kunst öffnet sich nicht nur eine Straße; wenn ihr der Atem fehlt, die höchsten Gipfel zu erreichen, so wird sie der Wahrheit folgen, die ganz nackt und noch ganz naß dem Brunnen entsteigt. Das Ideal und die Wahrheit sind die beiden höchsten Kennzeichen der Kunst."[230] Diese Sätze hielten das Ideal hoch; aber ein erotischer Unterton ließ doch auch die Verführungskraft nackter Tatsachen durchschimmern. Ihr nachgehend, vermochte Houssaye Schönheit noch bei Rembrandt und Brueghel zu entdecken. Im gleichen Sinne verkündete Gautier noch im Oktober 1851 als oberstes Prinzip „absolute Freiheit . . ., vom ätherischsten Ideal bis zum absolutesten Realismus, von der zügellosesten Laune bis zur exaktesten Beobachtung" – mit der Form als einziger Bedingung.[231] Und auch für das Organ der republikanischen Bourgeoisie galt in der Kunstbetrachtung zwar: „Eher das Ideal als die Realität" (denn es erziehe besser); zugleich aber hieß es: „Wir sollten aus Prinzip keine Vorliebe und keine Variante zurückweisen" – was auch für Courbet galt.[232]

Die beginnenden Realisten hatten es in einem solchen Klima nicht allzu schwer. Courbet erhielt 1849, auf dem ersten und für lange Zeit letzten Salon, der ohne eine auswählende Jury auskam, eine Medaille für den „Nachmittag in Ornans", das erste seiner großen realistischen Bilder (was es ihm nach dem später geltenden Reglement ermöglichte, weitgehend nach eigenem Ermessen im Salon auszustellen). Champfleurys Novellen und Romane waren Verkaufserfolge. Die Stimmung der Kritik gegenüber dem Realismus war um 1850 eher nachsichtig. Ermutigung hatte zugenommen. Zwar fehlte es an Widerspruch nicht, besonders zu Courbets Bildern im Salon 1850/51 – dem „Begräbnis in Ornans", den „Steinklopfern". Aber er artikulierte sich überwiegend im Ton der Sorge um einen begabten jungen Maler, der sich nur „zwei, drei falsche Ideen aus dem Kopf schlagen"[233] sollte. Keine Schlacht zeichnete sich am Horizont ab.

Plötzlich aber war Aufgeregtheit da, wuchs sich aus und hielt sich über mehrere Jahre. Was war geschehen? Man hat oft ästhetische Unterlassungssünden der Realisten für die Realismusschlacht verantwortlich machen wollen – Identitätsdenken, Fotografiemanie, Verkennen des Schöpfertums oder des utopischen Elements von Kunst heißen die diesbezüglichen Schlagworte. Sie treffen Courbet und seine Gefährten nicht. Ihr Realismus hatte Nachhilfe über die Notwendigkeit künstlerischer Subjektivität bei der Realitätsverarbeitung nicht nötig. Das Wissen um diese Notwendigkeit war – wir sahen es oben – bei den einzelnen Realisten unterschiedlich stark ausgeprägt (am schwächsten sicher bei Champfleury). Daß es insgesamt schon zuviel an wertender Distanz zur Wirklichkeit der Zeit enthielt, sollten spätestens die Reaktionen der Antirealisten verdeutlichen. Deren Angriff richtete sich gerade auf die kritische Potenz des Realismus, die diesem später so nachdrücklich abgesprochen werden sollte.

Die Realismusschlacht war keine ästhetische, sie war eine kulturpolitische Auseinandersetzung. Die Anrufung des Ästhetischen bemäntelte ein (im schlechten Sinn) ideologisches Interesse. Am Ausgangspunkt der Schlacht stand ein politisches Ereignis: Im Dezember 1851 machte sich Präsident Louis Bonaparte gegen die republikanische Verfassung zum Präsidenten auf zehn Jahre, ein Jahr darauf zum Kaiser Napoleon III. Er beseitigte ein Gutteil der demokratischen Errungenschaften von 1848 und verpflichtete auch die Künste auf staatsstabilisierende Funktionen. Um die ostentative Ungnade zu verstehen, in die der Realismus fiel, reicht die Erinnerung an diesen Umsturz jedoch nicht aus. Es ging nicht etwa nur um ein ausgebliebenes politisches Bekenntnis von Künstlern. Ins Zwielicht geriet ein konstituierendes Element realistischen Kunstdenkens: seine ausdrücklich kritische Realitätsgebundenheit und, noch spezifischer, das Courbetsche Prinzip der Zeitgenossenschaft. Stendhal hatte schon 1807 von dem „Entsetzen“ gesprochen, daß Bücher hervorrufen müßten, „würden sie die Welt zeigen, wie sie ist“.[234] Das Vorzeigen der realen Disharmonien schien unbrauchbar für eine Zeit, in der ein Kaiserreich und, darüber hinaus, eine neue herrschende Klasse für die Stabilität ihrer Verhältnisse noch so zu rudern hatten. Was „Realismus“ in Frankreich inzwischen hieß, kam da gerade recht, um vom Eigentlichen nicht sprechen zu müssen. Eine Kampagne für eine angeblich unterdrückte ästhetische Subjektivität entfaltete sich, die von den Zuständen in der Gesellschaft weglenkte. Eine ihrem Selbst gegenüber mißtrauische Macht suchte Unzureichendes durch Appell und Erziehung glanzvoll erscheinen zu lassen. Das geforderte Maß an Einsicht war größer, als es die Realisten in ihrem Denken aufbrachten. Nochmals wurde das empirisch Seiende das Unwesentliche. Kaum auf den Hinterhof der Kunst gelangt, wurde der Realismus ihres Reiches schon wieder verwiesen.[235] Schuld daran war weniger mangelndes Verständnis für die ästhetische Subjektivität: Es langte nur nicht zu dem geforderten, Wirklichkeitserfahrungen entschlossen zurückdrängenden Subjektivismus.

„Die Tröstungen der idealen Welt"
Bonapartistische Kunstpolitik gegen den Realismus

Mitten in der Zweiten Republik und im Jahrhundert nahm jene Zeitschrift, die bis in den Titel den subjektiven Belangen der Künstler der ersten Jahrhunderthälfte Ausdruck verliehen hatte, in einer kleinen Notiz explizit Abschied von ihrer Unabhängigkeit. Am 15. Juli 1850 war im „Artiste" zu lesen: „Künftig wird der ‚Artiste' das offizielle Organ der Kunst- und Museumsdirektion sein." Seine Aufgabe war die eines Staatsanzeigers: Verbreitung von Informationen und Dokumenten aus den leitenden Stellen. Ob sich die Redaktion Illusionen darüber machte, inwieweit ein offizielles Organ noch vermeiden konnte, wovor Jules Janin 1831 im Leitartikel der ersten Nummer des Blattes gewarnt hatte – „sich als Sklave unter das Positive des Lebens zu beugen" –, sei dahingestellt. Wer darauf hoffte, wurde bald eines Schlechteren belehrt. Organ der Kunstpolitik wurde der „Artiste" nicht nur als Platzlieferant für Informationen von oben: Seine Wertungen trugen ebenfalls bald offiziösen Anstrich. Die Ergebenheitsadresse des langjährigen Chefredakteurs an den Präsidenten nach dessen Staatsstreich vermied das direkte Anbiedern, ja trug sogar das Gewand der Ermahnung. Inhaltlich aber konnte sich der werdende kleine Napoleon nichts Besseres wünschen: „Den Regierungen sind alle nationalen Heiligtümer anvertraut: die Pflicht, die Aufopferung, die Ehre, der Ruhm, die verborgene und die öffentliche Tugend. Den Regierungen obliegt es, das Volk in die strengen Freuden des Denkens einzuführen, es das Schöne verstehen zu lassen, es das Lesen in der Welt der Moral zu lehren, es in das reine und heitere Gebiet des Geistes zu versetzen. Während die Arbeit die Arme adelt, singt die Seele die Sinfonie der Einsicht; während schwere Mühsal die Materie unterwirft und den Körper erfaßt, findet der Geist die Tröstungen der idealen Welt, jenes Paradieses, das Gott zwischen Himmel und Erde schweben läßt."[236] Auguste Comte hätte das nicht besser sagen können.

Weniger wendig im Ausdruck, hatte einige Monate zuvor der Innenminister bei der Auszeichnung der besten Maler des Salons Ähnliches verkündet. Explizit hatte er ein Recht der Regierung auf Erteilung von Ratschlägen proklamiert – schließlich kaufe fast ausschließlich sie die Kunst: „Die Kunst, meine Herren, ist nicht Ausdruck der Phantasie; sie ist dazu bestimmt, für die Augen zu übersetzen, was der Verstand auffaßt, das Herz fühlt und die Imagination sieht."[237] Gautier merkte hierzu zwar an, daß längst nicht nur der Staat Bilder kaufe. Aber das half nicht weit, der Ton war angeschlagen: Kunst sollte der Erziehung zu Weltanschauung und Moral der Bourgeoisie dienen, sollte Instrument ideologischer Herrschaftsstabilisierung sein. Im Zentrum der moralischen Mobilisierung stand vorerst der Antirealismus. Dessen erster Propagandist war die Kunstkritik, nicht nur die des „Artiste".

„Wo ist die moralische Wahrheit?"
Die Fragen der Kunstkritik

Das Arsenal der Kritik war reich bestückt; es erschöpfte sich durchaus nicht in unvermitteltem Anmahnen der Weltsicht der Herrschenden. Man war im allgemeinen bemüht um eine ästhetische Ebene der Argumentation, operierte mit Auffassungen von Wesen und Funktion der Kunst. Den politischen Charakter der Angriffe vermochte das ästhetische Mäntelchen freilich nicht zu verbergen. Die unterschiedlichen Bestandteile des Antirealismussyndroms lassen sich durchaus auseinanderlegen. Das wird im folgenden versucht.

Die Äußerung von Unbehagen begann mit schlichtem Anpöbeln. Dem Literaturkritiker Nettement roch Champfleurys Novelle „Die Abenteuer des Fräulein Mariette" (1853) nach „Abwasser, Kloake, Erstickungsgerüchen, Morast"[238]. Dem berühmten Prosper Mérimée kam beim Betrachten von Courbets „Badenden" Neuseeland in den Sinn, wo man nach seiner Kenntnis „den Wert einer Gefangenen nach der Fleischmenge beurteilt, die sie auf den Tisch ihres Herrn zu bringen vermag“[239]. Delécluze stellte fest, daß Courbets Sehorgane offenbar „nicht in Ordnung“ seien, und fragte sich gleich noch, ob der Maler nicht auch „einen Gehirnschaden“ habe.[240] Ins Gästebuch von Courbets Realismus-Ausstellung 1855 trug ein pikierter, zu ästhetischer Differenziertheit allerdings nicht verpflichteter Besucher ein: „Herr Courbet wird gebeten, das Hemd seiner Steinklopfer gütigst flicken und die Füße waschen lassen zu wollen. Ein sauberer und zartsinniger Mensch.“[241] Die Reihe ließe sich fortsetzen.

Eine zweite Primitivreaktion neben dem Gekeife folgte der Devise: Der Realismus ist gar keine Kunst, wir stellen ihn raus und reden nicht mehr davon. Mit den Worten des langjährigen Salonkritikers des „Artiste“: „Über solche Dinge zu reden, aufzuzeigen, warum sie schlecht sind und warum sie das Gebiet der Kunst und der Kritik verlassen, hieße, auf dermaßen elementare Begriffe zurückzukommen, daß unsere Leser denken könnten, wir mißbrauchten ihren guten Willen und machten uns über sie lustig.“[242] Manche Salonberichterstatter dieser Jahre – man kann es in den Zeitschriften verfolgen – klammerten in ihren Berichten Courbet ausdrücklich aus oder widmeten ihm nur wenige Zeilen. Diese vordergründig einfachste aller Lösungen des Problems ließ an wenigen Stellen ihren Pferdefuß sehen: Es ging nicht nur darum, das Publikum nicht auf den Arm zu nehmen, ihm sollte auch gefährliche Verführung erspart werden. Wieder anläßlich der „Badenden“: „Trotz des Lärms, der um sie gemacht wird, sehen wir es nicht als unsere Aufgabe an, vor ihnen zu verharren und sie zu beschreiben. Es mag bei genauerem Hinschauen vielleicht möglich sein, einige Spuren materieller Geschicklichkeit, eine gewisse Verheißung eines energischen Talents zu entdecken – in jeder anderen Hinsicht entsprechen sie so wenig den wesentlichen Gesetzen der Kunst, daß wir selbst durch die gerechte Strenge unserer Kritik nicht dazu beitragen wollen, ihnen eine Bedeutung zu verleihen, die sie insgesamt nicht haben sollten.“[243] Ein solcher Satz sprach recht deutlich vom kunstpolitischen Verantwortungsgefühl seines Verfassers.

Der „Artiste“ allerdings blieb nicht bei solcherlei plumpen Manövern stehen. Nicht, daß die Beschimpfung gefehlt hätte. Auch dort ein hübscher Ausbruch angesichts der „Badenden“: „Potztausend, dann kleckst doch, wenn das euer Beruf ist! Wenn Ungeheuer euch anziehen, geht aber wenigstens eine Stufe tiefer.

Malt Kühe wie Troyon oder Kamele wie Decamps, wenn ihr könnt, aber vergreift euch nicht an der weiblichen Rasse; schämt euch zumindest." Wenn aber Courbet unter derselben Feder zum „Apostel des Häßlichen", zum „Antichrist der physischen und moralischen Schönheit"[244] avancierte, so deuteten sich Bezüge an, die von den ethnographischen und medizinischen Vermutungen der Mérimée und Delécluze durchaus geschieden waren: In solcher Argumentation war von Künstlerischem die Rede. Charles Perrier, dessen eben zitierter Leitartikel als Leserbrief daherkam, ließ sich auf ein Abwägen möglicher ästhetischer Zusammenhänge von Realismus ein. Nachdrücklich ergriff er die Partei des Schönen gegen das Häßliche; aber daß er sich zum Nachdenken entschloß, verdient Hervorhebung. Mit dem Bemühen um ästhetische Argumentation stand er nicht allein.

„Ästhetische Argumentation" heißt vor allem: Die Rüge trug mit Bedacht das Gewand des Ideals. Mehrere, allerdings ineinander übergehende Betonungen lassen sich dabei ausmachen. Zuerst eine klassizistische.

In der Realismusschlacht zeigte sich, daß Hugo den Klassizismus nicht völlig auszurotten vermocht hatte. Er wurde nochmals hervorgeholt, um den Realismus aufs Haupt zu schlagen. Die Gebärde war absolutistisch: „Die Idee des Schönen ist eine der ursprünglichen Ideen, die man niemandem verständlich machen kann, der sie nicht in sich trägt. Es ist unmöglich und unnütz, sie zu definieren."[245] Die Argumente waren die altbekannten: Real war nicht das einzeln Existierende, das gewann seine Lebensfähigkeit nur als irdische Hülle der allgemeinen Idee. Eine erste Bedeutung von „Ideal" kristallisierte sich um harmonisch in sich ruhende Vollkommenheit, die als das Eigentliche alles einzelnen behauptet wurde. Denen galt höchster Ruhm, die dieses Prinzip aus den Wechselfällen des Alltags herauszuschälen und als Schönheit sinnfällig zu machen verstanden. Die Vertreter einer solchen Auffassung trugen erkennbar die Farben der Defensive, aber sie waren im Chor der Antirealisten doch noch deutlich vernehmbar. Der Minister nach einem Lob der gewachsenen technischen Fertigkeiten der Maler: „Man mag bedauern, daß unsere jungen Künstler dem Idealschönen nicht mit demselben Feuer folgen, das sie für das Studium der Realität aufbringen. Man könnte sich wünschen, daß sie nach dem Beispiel der alten Meister Ideal und Realität zu versöhnen trachteten, indem sie die Anschauung des ewigen Typus des Schönen mit dem begreifenden Studium der Formen und Szenen vereinten, die das Schauspiel der Natur unseren Augen bietet."[246]

Die gefeiertste Ausführung dieses Staatsauftrages war Ingres' „Apotheose Napoleons". Das Bild wurde in den Kämpfen der Pariser Kommune zerstört, aber die zeitgenössische Beschreibung liefert eine ausreichend lebendige Vorstellung von ihm wie von den mit ihm bedienten Erwartungen: „Der Held Frankreichs steht auf einem Kriegswagen, dessen Pferde Viktoria lenkt und der zum Tempel des Ruhmes und der Unsterblichkeit führt. Mit einer Hand auf sein Zepter gestützt, hält er mit der anderen einen azurnen Reichsapfel und preßt sein Schwert zwischen Arm und Brust. Seine Gebärde ist edel und maßvoll, sein nackter Rumpf hat die männliche Kraft und die jugendliche Grazie antiker Statuen, sein ruhiges, stolzes Auge schweift im Raum, von seiner Stirn strahlt ein göttliches Licht. Die Berühmtheit, neben ihm auf dem Wagen stehend, setzt seinem Haupt die Krone der Unsterblichkeit auf. Die ganze Gruppe schwebt im Äther; sie bildet den Hauptteil des Werkes. Darunter beweint Frankreich im Trauergewand den Helden, den es verloren hat, und Nemesis, die schreckliche Rachegöttin, wirft die Anarchie nieder. Auf dem verlassenen Throne schließlich sind die Worte zu lesen: In nepote redivivus. Das Werk ist voller Größe und Majestät, und die Ausführung ist vollendet."[247] Was soll man mehr bewundern: das Wimmeln der allegorischen Figuren, die pädagogisch hilfreiche Doppelung von Ruhm und Unsterblichkeit, die Erklärung des Heldensturzes allein aus Anarchie, die lateinische Verdeutlichung des Hintersinns, daß der Neffe die Reinkarnation des Onkels sei? Vielleicht reicht es für uns, auf den marginalen Ort zu weisen, an dem das ministeriell immerhin autorisierte „Studium der Realität" sich wiederfand: Es ist der Nachsatz über die Ausführung.

Unter der Brille des Klassizismus verkörperte die Venus von Milo „die Idee der Schönheit" und hatte „kein Atom Fleisch in ihrem göttlichen Marmor".[248] Champfleurys Erzählung von Fräulein Mariette am anderen Pol gab Anlaß zu der Bemerkung: „Ein in einer Landschaft oder im Leben beobachtetes Detail kann gerne wirklich existieren und dennoch in einem allgemeinen Sinn nicht wahr sein."[249] Allerhöchstens im kleinen Genrebild, wie bei den alten Holländern, mochten Alltagsszenen würdig sein, überhaupt gemalt zu werden. Die Courbetschen Formate bereits – mehr als 3 × 6 m für ein Kleinstadtbegräbnis, 2 × 3 m für zwei Steinklopfer – waren eine Provokation. Schon durch ihre Größe machten diese Gemälde den Historien- und Religionsbildern den Rang streitig. „War es unabdingbar, eine so große Leinwand zu nehmen, um eine arme, traurige und peinvolle Arbeitsszene vorzuführen? Früher reichten Holbein ein kleiner Stich und La Bruyère fünfzehn Zeilen, um den bösen Willen und die unverständige Härte zu einem Blick des Mitgefühls auf Leiden zu veranlassen, die jeder Mensch, jeder Christ zu lindern und denen gegenüber er Barmherzigkeit zu üben hat.“[250]

In Zeitschriften wie „L'Athénaeum français“ oder „Le Correspondant“ kann man zahlreiche weitere Belege klassizistischer Denkweise finden. Überall in ihrem Umkreis war die antirealistische Distanz vorprogrammiert. Von Dummheit ist hier nicht mehr zu sprechen; überlebt aber muß man die klassizistische Begründung der Idealisierungsfunktion von Kunst in der Mitte des 19. Jahrhunderts wohl nennen.

Ein zweiter Zusammenhang antirealistischen Bestehens auf dem Ideal findet sich in Formulierungen wie: „Kunst kann nur die Idealisierung der Realität sein, sonst brauchte man sich nur an die Realität selbst zu halten.“[251] Das war ein wichtiger, mit dem eben Erörterten durchaus nicht identischer Hinweis. In ihm ging es – aneignungstheoretisch – darum, daß zwischen Lebenswirklichkeit und Kunstwirklichkeit eine wesentliche Differenz besteht. Der Begriff des Ideals diente hier der Abwehr von Identitätsvorstellungen, dem Hinweis auf die Distanz zwischen Abzubildendem und Abbild und auf die schöpferische Aktivität des Künstlers als eines aneignenden Subjekts. Wenn Edouard L'Hote die Kunstwelt eine „andere Welt“, ja „die Lüge der Wahrheit“ nannte und zur Verdeutlichung an das violette Pferd im Vordergrund von Delacroix' Gemälde „Die Einnahme Konstantinopels“ erinnerte, das für die Wirkung des Bildes wesentlich sei – „sicher eine noch nie dagewesene Farbe für ein Pferd“[252] –, so ist ihm in dieser Hinsicht nicht zu widersprechen. Wenn die zeitgenössische Kritik in diesem Sinne vor einer nur abfotografierenden Kunst warnte und auf der „Aura“[253] bestand, muß ihr beigepflichtet werden. Eher selten allerdings erreichte die Kritik diese Höhe. Andeutungen solcher Art fanden sich nur gelegentlich im „Artiste“ und in anderen Zeitschriften. Am nachdrücklichsten wurden sie von Perrier in seinem bereits zitierten Artikel ausgeführt. Die „materielle Reproduktion von Objekten", so hieß es dort, genüge der Kunst nicht; sie brauche Individualität. „Es gibt in der Natur etwas anderes als das, was der Künstler kopiert hat ... Dies Etwas, das sollten wir begreifen, können wir nur erlangen, indem wir die reine Realität ein wenig betrügen. Dieser unschuldige Betrug ist von den größten Künstlern verübt worden, weil man in seinem Ergebnis wahrer als die Wahrheit ist. Das nennt man Ideal."[254]

Diese Auffassung des Ideals war nicht mehr die klassizistische, die das Seiende als bloße Hülle des Eigentlichen behauptet hatte. Es ging um die Modellierungsvorgänge in der Kunstproduktion. Einer der Haupteinwände gegen den programmatischen Realismus wird bis heute von hier bezogen: Ihm gehe die Subjektivität ab, ohne die Kunst unmöglich sei, er klebe am Faktischen, sei unschöpferisch, hege Identitätsillusionen. Zwei neuere Kritiker des Realismus formulierten, daß er die „ästhetische Identität der Literatur"[255] entfremde bzw. ihren „utopischen" Charakter, ihr Wesen als „Möglichkeitsdenken"[256] verkenne. Nachdrücklich ist demgegenüber an zwei Befunde der bisherigen Untersuchung zu erinnern. Zum einen war zu erkennen, daß der programmatische Realismus an einer Verletzung ästhetischer Spezifik an sich nicht krankte – Gleichsetzungen von künstlerischer und außerkünstlerischer Realität ließen sich in ihm nicht nachweisen. Zum anderen wies die Begriffsgeschichte aus, daß die von Perrier vorgetragene Überlegung an dem Besonderen des Realismus durchaus vorbeiging. Die Differenzierung von Abbild und Abgebildetem spielt zwar eine Rolle, wo es um die Grenzen von kultischer und nichtkultischer Kunst geht; ist die letztere Stufe aber einmal erreicht, besitzt sie keine qualitative Unterscheidungskraft mehr. Kunst wird dann generell im Bewußtsein ihrer Künstlichkeit produziert und ebenso rezipiert; das Nachdenken über das Verhältnis von Kunst und Wirklichkeit als ein Verhältnis zweier wesentlich getrennter, nichtidentischer Bereiche wird zum Moment *allen* Kunstdenkens. An das Ideal als die notwendige Lüge in Kunst zu erinnern ist somit immer richtig; ein ausreichendes Argument für oder gegen Realismus ist daraus jedoch nicht zu gewinnen, auch wenn Quantität und Ernsthaftigkeit beim Ausstellen des abbildenden Realitätsbezuges abzuwägen bleiben (Erich Auerbach hat darauf sein „Mimesis"-Buch gebaut).

Das ist jedoch nicht alles, was anläßlich Perriers zu sagen wäre. Er schimpfte nicht nur und machte andererseits nicht nur einige allgemeine Ausführungen zu ästhetischen Fragen. Vor allem zog er eifrig mit an dem Seil jener Glocke, die stärker als jede andere Sturm läutete angesichts des Realismus. In einem dritten Sinne wurde der Ton des Ideals angeschlagen: Sein Antipode war nun das Häßliche und sein Kontext weder ein klassizistischer noch ein ästhetischer. Es ging um die Stellung zur zeitgenössischen sozialen Wirklichkeit.

Perriers erste Sätze zum Häßlichen wahrten noch den ästhetischen Anstrich: „Wenn die Kunst ohne Unterstützung des Ideals existieren könnte, so immer nur unter der Bedingung, daß sie uns die Natur in ihren edelsten und schönsten Formen zeigte. Was das Häßliche angeht, so kann es künstlerisch nur unter der Bedingung existieren, daß es in gewisser Hinsicht eine durchsichtige Maske ist, unter der der Geist durchschimmert." Dann aber folgten die Ernennung Courbets zum Apostel des Häßlichen und bald darauf Sätze, die das Häßliche jedes ästhetischen Elements entkleideten: „Daß es sich da um eine der Seiten der Wirklichkeit handelt, mag sein; daß man einmal daran rührt, nun gut; aber immer, das geht zu weit." Und fast schon direkt politisch: „Mein Gott! Das Jahrhundert ist häßlich, das ist möglich; aber so häßlich doch nun wirklich nicht!"[257]

Hauptthemen der zeitgenössischen Kritik am Realismus, so deutet sich in diesem Stoßseufzer an, waren dessen Charakterisierung als Verstoß gegen die Wahrheit, als krankhafte Verzerrung eines eigentlich schöneren Ganzen sowie der Aufruf, Literatur und Malerei statt dessen in anderer Weise zu subjektivieren: sie moralbildend einzusetzen zur ideologischen Stabilisierung der Bourgeoisherrschaft. In diesem Bemühen gewann „Ideal" einen dritten Sinnaspekt: Es wurde zum schönen Schein, der eine unvollkommene soziale Wirklichkeit versöhnend überglänzen sollte.[258] Kein Gedanke bestimmte das Antirealismussyndrom stärker als dieser.

Der Anspruch, die Wirklichkeit angemessen wiederzugeben, wurde den Realisten schlechterdings bestritten: Courbets Unglück bestehe darin, „die Natur nicht zu sehen, wie sie ist"[259]; er liefere „nur die Karikatur, nicht das Porträt der Wahrheit"[260]; „man würde leichter Venusse von Milo als Badende wie die finden, die Courbet erfunden hat"[261], und so fort.

Der Vorwurf gab sich bisweilen naturwissenschaftlich: Die „schwülstigsten Phantasien anatomischer Deformation" entdeckte ein Kritiker in den „Badenden", dieser „allzusehr dem Ladentisch eines Fleischers gleichenden Anhäufung", bei der „weder die Wahrheit noch Kenntnisse über das Muskelspiel oder irgend etwas, das dem Leben gleicht, wie der Schöpfer es gemacht hat", zu finden seien.[262]

Auffällig oft aber marschierte die Kritik stracks ins Soziale. Das harmloseste war noch die Verwunderung darüber, „daß Maler, die angeblich von republikanischen oder sozialistischen Ideen durchdrungen sind, das Volk stets so abscheulich und grobschlächtig darstellen"; Courbet solle lieber für Frankreich die Arbeit leisten, die „Léopold Robert an den ländlichen Typen Italiens geleistet hat, deren Schönheit er durch seinen eleganten und reinen Stil idealisierte", meinte Gautier.[263] Aufschlußreich für das unterschwellige Bewußtsein darüber, daß die Wirklichkeit doch nicht so schön war wie behauptet, waren Mahnungen wie die, daß der wahre Künstler „das Häßliche nur als Kontrast vorkommen lassen darf und auch das mit äußerster Zurückhaltung; im übrigen hat er es zu verbergen, wie man die Abwässer einer Stadt zudeckt".[264] Die Anklage der Realitätsverzeichnung blieb dabei aber noch nicht stehen. Sie wurde soziologisch: Champfleury sei „nicht neutral", klagte man im „Artiste". „Wenn dieser Spiegel den Steinklopfer, den Schuhmacher, den Köhler, den kleinen Rentier aus der Rue de l'Ours reproduziert, tut er das in schöner Nachahmung; wenn er sich der Mittelklasse und der Aristokratie zuwendet, reproduziert er alles häßlich . . . Weil er einem verbietet, Bourgeois oder Marquis zu sein . . ., schlußfolgere ich, daß Herr Champfleury kein Realist, sondern ein Idealist ist. Allerdings findet er sein Ideal unterhalb des Realen."[265] Dieser Aufschrei einer gequälten Seele, die sich doch gleichzeitig ihrer eigenen Realitätsbewertungen durchaus sicher war, wurde nochmals gesteigert. Wie es gelegentlich vorkommt, war die Hauptstadt der Provinz noch nicht prinzipiell genug. Der Direktor der Kunsthochschule Dijon sandte einen Brief an den in seiner Sicht zu wenig strammen Chefredakteur des „Artiste", in dem er den Protest gegen eine „brutale Negation der Kunst" bis in die Denunziation trieb. Daß jemand „in unseren schönen französischen Landen", in denen doch „ständig und überall die schönste, die gesittetste, die eleganteste Gesellschaft der Welt erglänzt", das „Häßliche, Niedrige, Triviale" zu seinem Programm erhebe, das sei wahrlich „sehr zu bedauern! Mehr noch, es verdient die Zurückweisung aller Menschen von Geschmack, deren Mission es ist, alles zu geißeln und zu verfolgen, was das Gefühl für Kunst, dieses kostbare Maß des Nationalgeschmacks, beflecken und verderben kann."[266]

Demnach war die Realität viel schöner, als die Realisten sie darstellten. Daß sie gegen diese Wahrheit verstießen, war ihnen folglich anzulasten. Den Hauptvorwurf der späteren Kritik, die Realisten klebten zu sehr am Faktischen, teilte die zeitgenössische offensichtlich nicht gänzlich: Für viele Kritiker war alles, was die Realisten abbildeten, Erfindung oder zumindest phantastische Übersteigerung. Der Begriff des „Realen", der in solchen Urteilen am Werk war, bezog sich auf das, was sein *sollte*, nicht auf das, was *war*. Man kann die tiefe Betroffenheit hinter der ausgestellten Entrüstung nur vermuten, muß aber natürlich einräumen, daß der gegen die Realisten erhobene Vorwurf der Phantasie für Kaisertreue viel weiser war als der der Kopie. Das Dargestellte durfte nicht wahr sein.

Wir wissen inzwischen, was von all diesen schönfärberischen Beteuerungen zu halten ist. Historische Darstellungen über die Lage der Arbeiter im Zweiten Kaiserreich sprechen eine noch klarere Sprache als die realistischen Werke der Zeit, in denen, da im Rahmen bourgeoiser Selbstdarstellung verbleibend, die Kritik an den schlimmsten Zuständen ja kaum vorkam. Damals aber stand direkt neben dem Phantasievorwurf eine weitere Forderung. In ihr fand der konformistische Realitätsbegriff seine positive Anwendung: Die Kunst sollte im Sinne der herrschenden Klasse „richtig" sehen und diese Sicht mit ihren spezifischen Mitteln verbreiten. Gab sich die Kritik an Courbet antisubjektivistisch, so wurden nun entgegengesetzte Töne angeschlagen. Vor einem „räuberischen Empirismus" und dem „ausschließlichen Kult materieller Interessen"[267] wurde gewarnt. Nicht übersteigerte, sondern total unausgebildete Subjektivität – so hieß nun der Vorwurf. Kunst als Ornament und als Instrument – das Comtesche Programm schickte sich in vielen Teilen an, Wirklichkeit zu werden.

„Ohne von der Poesie eine allzu lebhafte und allzu ausschließliche Beschäftigung mit den gesellschaftlichen Problemen verlangen zu wollen, dürfte es doch nicht geschehen, daß ihre Unabhängigkeit bis zum Vergessen der moralischen Dinge geht."[268] So der gepflegte Hinweis. Es gab auch unwirschere Klänge. „Welche Moral soll aus diesem Roman gezogen werden? Hat Madame Bovary gut oder schlecht getan, so unverschämt die Schande bei sich einzulassen?"[269] Mit dem Verweis aufs Moralische wurde der Kritik an jener Einseitigkeit, die im ausschließlichen Vorzeigen des Häßlichen liege, das positive Gegenstück beigesellt. „Wo ist die moralische Wahrheit? . . . Gut! Zeigt das Häßliche, aber so wie große Künstler und gewandte Schriftsteller . . ., indem ihr dem Schlechten jenes rechte Maß an Gutem beimischt, das nach Gottes Willen sein Gegengewicht"[270] darstellt. Sicher, argumentierte ein anderer gegen die „Schlacht- und Beinhauspoesie" Baudelaires, „Ohnmacht, moralische Leiden aller Art gibt es in unserer Zeit im Überfluß; und das kann nicht anders sein. Wir leben in einem Jahrhundert von Angst und Ungewißheit, Zwietracht und Fieber, Kampf und Anstrengung . . . Der moderne Mensch . . . fühlt sich in einen Abgrund gefallen, wo die Nacht ihn von allen Seiten umgibt, aber er kämpft, er wehrt sich, er sucht aufzusteigen, er ruft die Sonne."[271]

War in dieser Hinsicht vom Ideal die Rede, so war der ästhetische Begriff ersichtlich sozialkonformistisch eingefärbt. „Nein, das Ideal ist kein sinnentleertes Wort . . . Der Mensch trägt in sich selbst das Heilmittel gegen diese relative Ohnmacht. Die Imagination befreit ihn von dem erstickenden Fakt und öffnet ihm so die gewaltige Welt des Möglichen, die sie mit Vorstellungen bevölkert, die zweifellos der Realität entnommen sind, die aber ein unabhängiges Leben gewinnen, das diese Realität korrigiert, sie reinigt, vervollständigt, ihre verstreuten Elemente zu einem harmonischen Ganzen vereinigt, vor dem das Unvollendete dahinwelkt, das uns umgibt." Derselbe Autor, Gustave Merlet, formulierte auch die Konsequenz dieses Gedankens für die Produktion von Kunstwerken. Er forderte vom Künstler weltanschauliche Klarheit von Anfang an: „In einem Kunstwerk muß man mit der Wahl seines Standpunktes beginnen, seine Gruppen postieren, die herausragenden Figuren hervorheben, Schatten und Licht verteilen", um den „Wirrwarr einer universalen Republik" zu vermeiden. Nach einem kritischen Seitenblick auf Bilder Brueghels, auf denen man Adam und Eva unter all den Elefanten und sonstigen Tieren des Paradieses kaum herausfinden könne, hieß es dann: „Mehr als ein Kapitel von ‚Madame Bovary' erzeugt in uns dasselbe Gefühl . . . Flaubert kennt nur ebene Flächen . . . Es genügt nicht, die individuelle Wahrheit wiederzugeben; man muß ihr die der Beziehungen beifügen, die alle Elemente der Ordnung einer allgemeinen Konzeption unterordnen."[272] Kein Wort hier weist deutlicher auf den politischen Untertext dieser vordergründig auf Methoden der Kunstproduktion gerichteten Ausführungen als „Republik". Im noch nicht zehnjährigen Kaiserreich hatte es denunziatorischen Charakter.

Die innere Logik dieses instrumentellen Kunstdenkens führte bis zu Vorschlägen, doch lieber andere Bücher als die vorgelegten zu schreiben. Der Adressat war wiederum Flaubert, der Herrscher der Konjunktiv. „Welch heilsame und fruchtbare Lehre hätte aus der Geschichte dieser deklassierten Existenz entspringen können", seufzte ein „Bovary"-Leser. Dazu allerdings hätte man „sich nicht damit begnügen dürfen, die äußeren, materiellen, sinnlichen Resultate und Symptome der Krankheit . . . zu deduzieren, von der diese unglückliche Frau befallen ist, sondern auf die Ursachen zurückgehen, die Bezüge zwischen den Mängeln dieser Erziehung und den Schwächen dieses Geistes aufdecken" müssen. Wenn Flaubert das begriffen und „die Idee einer großen Lehre sich bei ihm mit der Manie verbunden hätte, alles zu malen", dann wären ihm auch „einige übertriebene Malereien zu verzeihen oder zumindest nachzusehen gewesen. Aber nein . . . Dieses ganz unpersönliche System verbot ihm die Parteinahme für das, was seine Heldin hätte behüten und vor dem erretten können, was sie ins Verderben führt."[273]

Daß vor allem Flauberts „Madame Bovary" die Angriffe der Kritik auf sich zog, ist aufschlußreich. Vorgetragen wurden diese Angriffe, wie zu sehen war, sämtlich im Namen einer unterdrückten Subjektivität. Das spätere Urteil über den Realismus der Zeit als unpersönlich und faktizitätsgeprägt kann sich aus den fünfziger Jahren vor allem auf Urteile über Flaubert berufen, während Courbet und seinen Freunden damals ihre Extravaganzen umgekehrt gerade als Subjektivismus angekreidet wurden. Nun weiß man inzwischen, wieviel innere Energie des Verfassers notwendig war, um den objektivierenden Bericht über Emmas Ehebruch schreiben zu können, und ist auch geübter im Umgang mit literarischen Formen, die ein Gesellschaftsbild aus dem kritischen Vorzeigen von Defiziten entwerfen. In beiderlei Hinsicht vermag man somit zu erkennen, daß der Raum des subjektiven Gehalts und Anspruchs der „Bovary“ weit größer war, als die damalige Kritik zur Sprache brachte. Man kann das Verhältnis zu dieser Kritik darauf beschränken, sich an der Unangemessenheit ihrer Sätze zu weiden. Daß die Flaubertsche Subjektivität nicht erörtert wurde, sagt jedoch mehr: Der subjektive Standpunkt, den die Kritik vermißte, war nicht irgendeiner – es war der ihre. Der Vorwurf an Flaubert lautete, daß er nicht aktiv die Ideologie der herrschenden Klasse propagierte. Das hieß dann „mangelnde Subjektivität“. Deren Maßstab war der selbstzufriedene Subjektivismus der bonapartistischen Machthaber und -teilhaber. Genau hier fügten sich Subjektivitätsverdammung (Courbet) und Subjektivitätsforderung (Flaubert) als Realismuskritik zusammen: Wer das *geforderte* „Ideal“ nicht zu verinnerlichen vermochte, wurde flugs „Realist“ genannt – mochte er das wollen, wie Courbet, oder sich entschieden dagegen wehren, wie Flaubert und auch Baudelaire. In solcher Benennung verselbständigte sich ein überkommenes Gegensatzpaar im Dienste kunstpolitischer Interessen. Weder Idealismus noch Realismus waren hier mehr als Schlagworte. Die damals geborenen Etikettierungen allerdings – so die des Realismus als Faktenfetischismus, als seelenlose Fotografie – lebten lange, ja bis heute fort. Ihr Entstehungszusammenhang sollte vielleicht stärker bedacht werden.

Der laute Ruf der Kritik nach konformer Subjektivität mündete schließlich in die ausdrückliche Formulierung eines Erziehungsauftrages an die Künstler. Gerade hierin tat sich der „Artiste“ hervor, in dem sich gleich nach Beginn des Kaiserreichs ein ausgeprägtes, ja übersteigertes und dabei alles andere als furchtloses Bewußtsein von der Macht der Kunst artikulierte: „Sie können es glauben, die politische Anarchie, von der wir noch vor kurzem bedroht waren, war die Frucht unserer literarischen Verirrungen . . ., die Konsequenz und gewissermaßen die Krönung der moralischen und intellektuellen Anarchie, die von boshaften Büchern und schlechten Schauspielen propagiert wurde . . . Eine einzige falsche Idee bringt mehr Verwirrung in eine Nation als eine Armee von hunderttausend Mann.“[274] Aus diesem Gefühl der Verunsicherung erwuchs der mahnende Ruf: „Die Kunst muß nützlich sein! Das ist die oberste Regel; besonders in dieser Zeit, da jede parasitäre Intelligenz ein Diebstahl am Fortschritt ist.“[275] Folglich galt für den Kunstproduzenten ein pädagogischer Imperativ: „Der Poet darf sich den großen Interessen seiner Epoche nicht entziehen, um abseits zu singen; ... er hat eine Rolle auszufüllen, die des Einweihenden."[276] Als solchem hatte ihm bewußt zu sein: „Das Häßliche kann den Blicken des Lesers gar nicht diskret genug präsentiert werden. Erhebt die Seele durch das Schauspiel des Schönen, fürchtet die Gewöhnung von Herz und Geist an das Entsetzliche."[277] So sollte die Identifizierung mit dem Schönen-Wahren-Guten dem Betrachter hinweghelfen über jegliche reale Unzulänglichkeit. Noch immer wurden der Kunst realitätsüberhebende Wirkungen fast schon irrationalen Ausmaßes zugetraut und den Künstlern deren Produktion zur Aufgabe gemacht. Staatsbürgerliche Erziehung durch positive Beispiele – darauf zielte die Forderung nach der „moralischen Wahrheit", die als Argument gegen den Realismus vorgebracht wurde.

Die Richtung, in die das Denken des Publikums gelenkt werden sollte, beschrieb 1853 Victor Cousin in der Einleitung zu seinen jetzt erst endgültig bearbeiteten, in der Folgezeit immer wieder aufgelegten Ästhetikvorlesungen aus der Restaurationszeit. Ausdrücklich wandte er sich insbesondere an die Jugend: „Wenn Sie Freiheit und Vaterland lieben, fliehen Sie jene, die beide verloren haben. Fern sei Ihnen jene traurige Philosophie, die Ihnen Materialismus und Atheismus predigt ... Seien Sie überzeugt, daß die Demokratie in Frankreich immer die Freiheit durchkreuzen wird, daß sie direkt zur Unordnung und durch die Unordnung zur Diktatur führt. Fordern Sie daher nur eine gemäßigte Freiheit ... Gewöhnen Sie sich daran, sich vor dem Gesetz zu beugen. Erhalten Sie in sich das edle Gefühl des Respekts. Verstehen Sie zu bewundern: Halten Sie die großen Männer und die großen Dinge heilig. Weisen Sie die entsittlichende, bald rohe, bald raffinierte Literatur zurück, die sich darin gefällt, das Elend der menschlichen Natur zu malen, all unseren Schwächen zu schmeicheln, den Sinnen und der Imagination den Hof zu machen, statt zur Seele zu sprechen und das Denken zu erheben."[278] Es war bezeichnend für das offizielle Kunstdenken unter dem Bonapartismus, daß solche unverblümten Ideologisierungen geeignet erschienen, eine Ästhetik einzuleiten.

„Der Mensch ist immer mehr oder weniger dumm“
Die Folgerungen der Justiz

In den Anfangsjahren des Zweiten Empire erschien die disziplinierende Kraft von Kunst und Kritik den Regierenden jedoch nicht ausreichend.[279] Sie griffen daher den Akteuren der Kunstszene mit staatlichen Mitteln unter die Arme. Regulierung, Zensur und Justiz spielten in den fünfziger Jahren eine wichtige Rolle und wirkten auch auf die Realismusschlacht ein.

Zu den Regulierungsversuchen des Staates zählte das 1850 erlassene Gesetz, daß für jedes Exemplar einer Zeitung, die einen Feuilletonroman veröffentlichte, ein Centime als Steuer zu entrichten sei. Dem offiziell verkündeten Motiv, den riesigen Gewinnen auf diesem Gebiet zu steuern, gesellte sich die ideologische Intention hinzu, auswuchernden „Phantasien“ den allzu flinken Zugang zum Publikum zu erschweren. Tatsächlich ging die Bedeutung des Feuilletonromans beträchtlich zurück.

Eine weitere Bemühung richtete sich auf größeren Einfluß auf Volkskunst und Kolportageliteratur. Zwei kaiserliche Kommissionen wurden zu diesem Zweck gegründet, die nicht nur Volkslieder sammelten, sondern mit der Wiederbelebung regionaler Traditionen auch unpolitische volkskünstlerische Bewegungen zu initiieren sowie die Verbreitung einer neuen Massenliteratur nach dem Grundsatz anzuregen suchten: „Jeder Versuch, die Kolportage wiederzubeleben, muß zur Realisierung des folgenden Programms führen: moralisieren, lehren und amüsieren.“[280]

Was die Malerei angeht, so wäre zu reden über die staatliche Auftragspolitik. Vor allem aber war die Organisation des Salons ständiges Diskussionsthema. Der erste Salon nach 1848 war juryfrei; jeder Künstler konnte die Bilder ausstellen, die er wollte. Das Jury-Prinzip trat danach wieder in Aktion, allerdings oblag die Auswahl der eingereichten Bilder nicht mehr ausschließlich den Mitgliedern der staatlichen Kunstakademie. Um den Anteil der zu ernennenden und der von den Ausstellern selbst zu wählenden Juroren, um die Prinzipien der Hängung der Bilder und der Zurückweisung wurde im Laufe der fünfziger Jahre eine intensive, im „Artiste“ zum Teil auch öffentliche Diskussion geführt, der nachzugehen für das Verständnis der kaiserlichen Kunstpolitik höchst aufschlußreich wäre. Hier sei nur festgehalten, daß für alle Ausstellungen der fünfziger Jahre die Entscheidungsgewalt letztlich nicht bei den Künstlern, sondern bei staatlichen Beauftragten lag.

Was die Zensur betrifft, so erfolgte sie am entschiedensten im Bereich der politischen Tagespresse. Ein Dekret vom Februar 1852 unterstellte sie staatlicher Aufsicht und bewirkte neben dem Verschwinden eines Drittels der Pariser Blätter die Konformität der anderen. Die spätere Erinnerung Ernest Renans, daß kritische Stimmen mangels anderer Möglichkeiten im Literaturteil der Zeitungen laut wurden („die intelligenten Leser suchten auf der dritten Seite, was sie auf der ersten nicht finden konnten“[281]), beschönigte die Lage insofern, als auch die Literatur aus der Aufsicht keineswegs entlassen war. 1860 machte der Innenminister in einem Rundschreiben die Präfekten erneut darauf aufmerksam, daß der Feuilletonroman, „der in den unteren Spalten einer Zeitung ehrbare Gefühle verletzt, ebenso viel und vielleicht mehr Unheil anrichtet als die Übertreibungen, die in den oberen Spalten auf die Geister einzuwirken suchen“[282].

Für die gesamte Literatur galt daher Vorsicht als oberstes Gebot. Selbst Champfleury war von Bedenken der Zensur betroffen; einige seiner Bücher erschienen in den fünfziger Jahren in Brüssel und Leipzig. „Alle ungesunden Werke müssen überwacht und angezeigt werden, selbst wenn sie kindisch und daher harmlos erscheinen; denn wenn sie die Seelen auch nicht verderben können, so bilden sie doch eine Beunruhigung, die diese verwirrt; sie verraten zumindest gefährliche Tendenzen, die der Polizei des gesunden Menschenverstandes nicht entgehen dürfen.“[283] Wodurch diese Polizei sich schon herausgefordert fühlte, kann aus heutiger Sicht bisweilen geradezu lächerlich erscheinen. Man sollte jedoch den Umstand, daß damals sehr schnell von Unsittlichkeit die Rede war, nicht einfach als überzogene Prüderie abbuchen: Die vermißten „Sitten“ waren solche, um die sich die keineswegs schon gefestigte bürgerliche Gesellschaft durchaus noch sorgen mußte (die soziale Mobilität, die von der industriellen Revolution ausgelöst wurde, ging nur langsam zurück: die Land-Stadt-Bewegung war stark, sozialer Aufstieg wie Deklassierung nicht selten). Kleine Vorgänge wie die folgende Korrektur einer Stelle in einem Roman von Duranty zeugten von Unsicherheit hinsichtlich der Festigkeit bürgerlicher Grundwerte. In dessen erstem und wichtigstem Roman, „Das Unglück Henriette Gérards“ (1860), streitet sich ein Sohn mit seiner Mutter. „Er erwiderte nichts mehr, nahm seinen Hut und ging; so überrascht wie unzufrieden blieb seine Mutter zurück." So hieß es bei Duranty. In dem Feuilletonabdruck des Romans zwei Jahre zuvor, der – so die Kalkulation – mehr Leser erreichte als das Buch, konnte die Szene so schroff nicht zu Ende gehen. „Er wagte nicht fortzufahren. ‚Gut', antwortete er, ‚sprechen wir nicht mehr davon.' Und er griff zu einem Buch, das ihm als Schirm diente und in dessen Schutz er träumen konnte."[284]

Am eifrigsten wirkte die Zensur auf dem Gebiet des Theaters. Durch die Achtundvierziger Revolution abgeschafft, war sie bereits im August 1850 wiederhergestellt.[285] Die Begründung eines ihrer Repräsentanten spricht für sich selbst. „Mit einem Drama ist es schließlich nicht wie mit einem Buch. Dieses wird in häuslicher Ruhe gelesen; die Ideen, die es propagiert, die Paradoxa, die es in Umlauf setzt, die Bilder, die es vorführt, beeinflussen den Geist des Lesers nur im Maße seiner Imagination und seiner individuellen Auffassungen. Dem Gesetz und den zuständigen Gerichten bleibt immer noch Zeit, um ihrer Aufgabe gerecht zu werden. Das dramatische Werk kommt mit einer Plötzlichkeit ans Licht, die ein anderes Handeln erfordert. Betrachtet die Massen, die dem Schauspiel folgen, das vor ihren Augen abläuft, studiert die keuchenden Physiognomien, die alle Leidenschaften des Dramas widerspiegeln, hört die kurzen, rohen Urteile, die Schlüsse von zuweilen unerwarteter Logik, die Urteile ohne Berufung, die tausend Mündern entspringen und vom Salon ins Atelier, vom Café in die Kneipe laufen, und ihr werdet verstehen, mit welch machtvoller Energie das Theater sich der Imagination des Volkes bemächtigt, welchen Keim – gut oder böse – es in die Köpfe legt."[286] Die Identifikationsästhetik, die die Forderung der Kunstkritik nach Idealbildung bestimmte, war am Werk.

Es kann hier nicht ausgeführt, muß aber zumindest angemerkt werden, daß es einen Zusammenhang zwischen der Hochschätzung von Identifikation und nichtschriftlicher Kunstform einerseits und der noch längst nicht abgeschlossenen Alphabetisierung andererseits gab. Noch Mitte der sechziger Jahre konnte ein knappes Drittel der Franzosen nicht lesen, ein gutes Drittel nicht schreiben. Im Zuge der Industrialisierung mußte das verändert werden. Es gehörte zu den kulturellen Integrationsstrategien der Bourgeoisie, Alphabetisierung und ideologische Beeinflussung in ihrem Sinne eng zu verbinden. Doch sprach sich immer wieder die Sorge aus, daß der mit wachsender Lesefähigkeit und steigenden Auflagen einhergehende Eintritt bisher ungekannter Massen in das kulturelle Leben der Gesellschaft schwere ideologische Erschütterungen mit sich bringen könnte. Schaden und Nutzen der Volksbildung unterlagen ständig der politischen Reflexion. Die Kunst bekam deren Auswirkungen zu spüren.

In einem ganzen Buch ist zu studieren, wie kaiserliche Beamte dem Unheil zu wehren suchten, das aus dem Massenmedium Theater entspringen konnte: Die Gutachten der Theaterzensurkommission des Dritten Napoleon sind 1892 veröffentlicht worden. Es ist eine den Nichtbetroffenen ungemein unterhaltende Sammlung. Drei Beispiele nur seien herausgegriffen. Shakespeares „König Lear“ konnte 1857 in einem Volkstheater erst nach persönlicher Intervention des Ministers gespielt werden, der sich über das Bedenken hinwegsetzte, die Masse würde darin nur die „Degradierung des Königstums“ erblicken. Eine Dramatisierung von Hugos „Notre-Dame von Paris“ hatte nicht soviel Glück; fünfmal wurde sie wegen des schurkischen Priesters Frollo abgelehnt. „Ist es möglich, einen Priester in gewalttätigen, schlüpfrigen und kriminellen Situationen auf die Bühne zu stellen? ... Wir waren niemals dieser Auffassung. Wir sind es weniger denn je ... Der Priester darf auf der Bühne von Volkstheatern nur mit großer Zurückhaltung, großer Behutsamkeit und nur dann erscheinen, wenn seine Rolle berufen ist, einen glücklichen, erhabenen und moralbildenden Eindruck auf den Geist des Publikums zu erzeugen.“ Schließlich Gogols „Revisor“. Ein erstes Gutachten vom Januar 1853 legte dar, „daß ein Stück, dessen Gegenstand die Inszenierung der Übergriffe öffentlicher Beamter ist, wenn auch in einem fremden Land, auf einem Boulevardtheater nicht unbedenklich“ sei und insbesondere wegen des ständig Briefe öffnenden Postdirektors nicht gezeigt werden sollte. Nach fünfzehn Monaten – der Kontext des Krimkriegs mag eine Rolle gespielt haben – fand eine überarbeitete Fassung freundlichere Aufnahme. Der Postdirektor öffnete nun aus einem persönlichen Motiv nur noch den für die Handlung unerläßlichen Brief, der den Revisor ankündigt, und der Titel lautete „Die Russen, wie sie selbst sich sehen“. Damit schien die Gewähr gegeben, daß der Chauvinismus stärker sein würde als die Beamtenkritik. Der ganze Aufwand lohnte sich im übrigen kaum – das Stück mußte nach wenigen Aufführungen mangels Zuschauerinteresse abgesetzt werden.[287]

Während in dieser Weise auf dem Theater die Ruhe gewahrt werden konnte, zeigte das von Hallays-Dabot so gelassen bewertete Buch, daß es unterschätzt worden war. Die Folgen traten im Jahr 1857 ans Licht: Drei große Prozesse mußten gegen Literaten und deren Verleger geführt werden. Es waren nicht die einzigen im Zweiten Kaiserreich, aber doch die wichtigsten. In ihnen kam der Realismus ausdrücklich zur Sprache. Der Staatsanwalt trat im Januar in die Schranken gegen Flauberts „Madame Bovary", im August gegen Baudelaires „Blumen des Bösen" und im September gegen die „Geheimnisse des Volkes" des wenige Wochen zuvor verstorbenen Eugène Sue. Alle Prozesse beruhten auf einem Gesetz aus der Restaurationszeit.

Flaubert hatte sein Romanmanuskript im Mai 1856 seinem Jugendfreund Maxime Du Camp für dessen „Revue de Paris" gegeben und war fast postwendend mit der Forderung nach Streichungen konfrontiert worden. Einige machte er selbst, aber das reichte nicht. „Sei mutig", schrieb ihm der Freund im Juli, „schließ die Augen während der Operation und vertraue wenn nicht unserem Talent, so unserer Erfahrung in solchen Sachen und auch unserer Wertschätzung für Dich. – Du hast Deinen Roman unter einer Menge gut gemachter, aber unnützer Dinge vergraben, man sieht ihn nicht genug; er muß freigelegt werden, das ist eine leichte Arbeit. Wir lassen sie unter unseren Augen von einer geübten und geschickten Person ausführen; kein Wort wird Deiner Kopie hinzugefügt, sie wird nur ausgelichtet."[288] Wer weiß, wie Flaubert an jedem seiner Sätze gearbeitet hat, wird von dessen kategorischer Ablehnung der „Operation" nicht verwundert sein. Es nützte ihm nichts: Die Redaktion nahm weitere Striche vor, so daß Flaubert in einer Fußnote zur letzten Fortsetzung am 15. Dezember 1856 die „Verantwortung für die folgenden Zeilen" ablehnte. Aber auch der Zeitschrift half das Lavieren nicht: Es wurde Anklage erhoben. Die Sache lief jedoch glimpflich ab. Flaubert erhielt zwar eine „strenge Rüge" vom Gericht, wurde aber nicht verurteilt. Ihm wurde zugute gehalten, daß er „Ekel vor dem Laster durch das Abbilden der Ausschweifungen ausdrücken (wollte), die in der Gesellschaft existieren mögen". Billigen aber mochte das Gericht seine kritische künstlerische Methode nicht. Wiederum die Identifikationsargumentation: „Es muß die Mission der Literatur sein, den Geist durch Hebung des Verstandes und Reinigung der Sitten zu stärken ... Es ist nicht gestattet, unter dem Vorwand der Charakterschilderung oder des Lokalkolorits die Taten, Aussprüche und Gesten von Personen, deren Beschreibung sich ein Schriftsteller zur Aufgabe gemacht hat, in ihren Verirrungen zu reproduzieren; ... ein solches System ... würde zu einem Realismus führen, der die Negation des Schönen und Guten wäre."[289]

Als die „Blumen des Bösen" angeklagt wurden, setzte Baudelaire auf das Argument, das Flaubert zum Freispruch verholfen hatte. Er instruierte seinen Verteidiger, daß er das Böse nur gezeigt habe, um es die Leser hassen zu lehren. Diesmal aber verfing die Taktik nicht. „Glauben Sie ernsthaft, daß man alles sagen, alles malen, alles entblößen kann?" soll der Staatsanwalt empört gefragt haben (die Prozeßakten sind vernichtet, nur nachträgliche Aufzeichnungen existieren noch). „All die zahlreichen Leser, für die Sie schreiben, denn Ihre Auflage beträgt mehrere tausend Exemplare und Sie verkaufen zu niedrigen Preisen, diese zahlreichen Leser jeden Ranges, jeden Alters, jeder Herkunft, werden sie das Gegengift, von dem Sie sprechen, willfährig nehmen? ... Der Mensch ist immer mehr oder weniger dumm, mehr oder weniger schwach, mehr oder weniger krank." Das Gericht folgte diesem Pessimismus hinsichtlich der Denkfähigkeit der Leser. Es verurteilte die „verderbliche Wirkung der Bilder", die der Dichter „seinen Lesern vorlegt und die in den inkriminierten Stücken notwendig zur Überreizung der Sinne durch einen groben, das Zartgefühl verletzenden Realismus führen". Baudelaire sollte 300, Verleger und Drucker mußten je 100 Francs Geldstrafe zahlen. Sechs Gedichte waren aus dem Band zu entfernen. (Durch ein Gesuch an die Kaiserin erreichte Baudelaire eine Reduzierung seiner Strafe auf 50 Francs.)[290]

Am klassenkämpferischsten fiel das Urteil gegenüber Sue aus: Seine durch die Jahrhunderte geführte Darstellung des Kampfes der unterdrückten Klassen – „die er die Klasse der Proletarier nennt" – gegen die Tyrannen sei geschrieben „im Haß gegen die Institutionen und die Regierung seines Landes, allein mit dem offensichtlichen Ziel der Demoralisierung; man findet hier wahrlich in jedem Band, auf jeder Seite die Negation oder die Zerstörung aller Prinzipien, auf denen die Religion, die Moral und die Gesellschaft beruhen". Weit schärfer als für Baudelaire war die Strafe für solche Ungeheuerlichkeiten: ein Jahr Gefängnis und 6000 Francs Geldstrafe für den Rechtsinhaber ,zwei Monate und 2000 Francs für den Verleger, die Hälfte für den Drukker. Alle Exemplare des Werkes sollten vernichtet werden.[291]

In diesen staatlichen Maßnahmen wurde zur Gewalt, was den Maßstäben und antirealistischen Urteilen der Kritik zugrunde lag: die Überzeugung, daß die Weltanschauung der herrschenden Klasse zu ihrer Stützung der überredenden Macht der Kunst bedürfe, um das Denken der Menschen zu erreichen, und zugleich die Unsicherheit darüber, ob das gelingen würde. Schaut man auf die Begründungen der Zensur und der Justiz, so ist vor allem das Mißtrauen gegenüber jenen Urteilen über die Wirklichkeit auffällig, die sich Leser und Zuschauer ohne regulierende Rezeptionshinweise allein aus ihrer Sicht auf die Realität und auf die Werke bilden könnten. Daß der Blick auf das „Häßliche" die Wertschätzung des „Schönen" bestärken könnte, galt als unwahrscheinlich. Denkfähigkeit in der Richtung des Bonapartismus wurde dem Publikum (sicher mit einiger Berechtigung) nicht in ausreichendem Maße zugetraut. Folglich war den „Wissenden" mit aller Macht Platz zu schaffen. „Die Massen sind bei uns nicht Künstler genug, um der Administration eine vernünftige Wahl zu diktieren; einer kleinen Zahl distinguierter Geister, ernsthafter Kenner, unabhängiger und strenger Richter kommt diese Wahl zu."[292] Die Bemerkung bezog sich auf die Salonjurys. Sie galt weit darüber hinaus.

„Das Leben ist gut und schön"
Integrationsansätze

Kritik und Regulierung, Zensur und Prozeß waren abwehrende Unterdrückungsmaßnahmen. Das Arsenal der bonapartistischen Kunstpolitik gegenüber dem Realismus erschöpfte sich jedoch nicht in solch scharfen Reaktionen der Abgrenzung. Es gab daneben eine Tendenz, das Ganze als weniger schlimm zu erklären und Ausmaß wie Folgen des Realismus weniger schwarz zu malen. Dieser Tendenz der Verharmlosung des kritischen Elements sollte die Zukunft gehören; in der Mitte der fünfziger Jahre begann sie sich abzuzeichnen.

Wie schon bei der abwehrenden Kritik kann eine ästhetische

und eine ideologische Betonung unterschieden werden. Die erstere suchte jenen harmonisierenden, Schönes und Häßliches einschließenden Wirklichkeitsbegriff zur Wirkung zu bringen, der in Hugos „Cromwell"-Vorwort zu finden war. Dabei wurde durchaus tiefer gelotet als durch jenen Kritiker, dem nur einfiel zu sagen, daß die Entdeckung der „Wahrheit" in der Kunst „nicht neu" sei: „Alle gewissenhaften Geister zu allen Zeiten haben sie gesucht und mehr oder weniger gefunden."[293] So pur war der Satz als eine jener Primitivreaktionen zu lesen, die Neues bisweilen hervorruft. Aber er besaß eine von seinem Verfasser nicht benannte Berechtigung.

Buchon hatte in seinen Realismusband einen 1854 veröffentlichten Artikel von Hippolyte Castille aufgenommen, in dem es ebenfalls hieß: „Der Realismus ist kein neues Faktum in der Literatur- und Kunstgeschichte." Castille führte dazu aus, daß es zwei nach ihrem Naturverhältnis zu unterscheidende „Klassen von Geistern" gebe: Idealisten und Realisten. „Die einen wollen die Natur verschönen ... Die anderen dagegen halten sich etwas darauf zugute, ihr Schritt für Schritt zu folgen." Dieser historischen Aufwertung des Realismus ließ Castille eine weitere folgen, indem er im Zusammenhang des Vorgangs der Kunstproduktion sogar eine „Notwendigkeit" für Realismus herausstellte: Der Maler müsse zuerst die Natur „so exakt wie möglich kopieren", bevor er seine Imagination walten lassen könne. So wurde der Realismus zum „Ausgangspunkt" jeder Kunst.[294]

Der Gedankengang begegnete bereits bei jenen Kritikern des Realismus, die ihm Identitätsillusionen zur Last legten. Hier aber wurde er nicht zum Vorwurf gegen den Realismus gesteigert, sondern als Selbstverständlichkeit mitgeteilt, der auch das Herangehen an den Realismus zu unterliegen habe. Eine ganze Richtung in der Realismusschlacht baute darauf auf.

Insbesondere auf die „Revue des deux mondes" ist zu verweisen. Sie hatte dem Begriff, wie erinnerlich, in der eingeschränkten Bedeutung, die auch Castille aufnahm, schon in den dreißiger Jahren Raum gegeben und beteiligte sich auch jetzt nicht an der tagespolitischen Polemik. Mit einiger Gelassenheit nutzten ihre Autoren gehobenere Anlässe, um unter anderem einige Worte zu jenem Problemkreis zu sagen, in dem der Realismus angesiedelt sei. In ihnen wurde Idealismus/Realismus als eine allgemeine ästhetische Opposition gefaßt. Da verwies man beim Nachdenken über den „Hamlet" darauf, daß die Größe einer Dichtung nicht nur aus ihrem universalen Bezug, sondern auch daraus erwachse, daß sie diese Universalität „durch die Umstände und Besonderheiten ihrer Nation und ihrer Zeit auszudrücken vermag", und interpretierte Hamlet als „den modernen Menschen", der „die reine Wahrheit" erfahren wolle, „die Wahrheit ohne Schleier".[295] In der griechischen Kunst, so war zu erfahren, habe die „Imitation des lebenden Modells" dem Kunstbegriff durchaus nicht widersprochen, es gebe nicht nur das Ideal, es gebe eine realistische Komponente in den alten Statuen.[296] Der französische Roman des beginnenden 17. Jahrhunderts gab Anlaß zu der Bemerkung, daß der Roman „nicht der gehobenste, aber vielleicht der vollständigste Ausdruck des moralischen und sozialen Zustands einer Zeit und eines Landes" sei, weil er „das Ideale und das Reale" vereine.[297]

Am Ende des Jahrzehnts erst griff der „Artiste" diesen Vorschlag auf, nun aber entschieden: „Ich kenne nur eine vernünftige Art, das Wort Realismus zu definieren und anzuwenden: es als Ausdruck für ein Kunstprinzip zu betrachten, das allein auf der exakten Beobachtung der Natur beruht, ohne jeden Bezug auf die poetische Inspiration, und ihm ein Kunstprinzip gegenüberzustellen, das auf dem Ideal beruht und – ohne Bezug auf die Natur – den Träumereien der Imagination entspringt." Um ganz klar verstanden zu werden, fügte Albert de La Fizelière hinzu: „Realismus sollte in gutem Französisch kein Synonym für häßlich sein."[298] Der hier vorgeschlagene Begriff von Realismus als einem allgemeinen Kunstprinzip, einem notwendigen Ingredienz jeder Kunst – als Bezeichnung für die Momente gegenständlicher Abbildung in den Kunstwerken – setzte sich in Frankreich bald vollständig durch. (Für die Anerkennung der Fotografie als Kunst sollte das nicht unwesentlich sein.[299]) Dabei wurde eine Reduktion vollzogen: Die neue Fassung des Begriffs blendete durch den Rückzug (oder Aufstieg) auf die Ebene der allgemeinen Ästhetik wichtige Elemente eines historisch möglichen Begriffs von Realismus aus – das der Differenz konkreter Individuen zu ihrer Gesellschaft und das des Trotzdem, des Ineinszwingens von Individualität und konkreter sozialer Wirklichkeit durch genaue Kritik. Indem dem Begriff der kritische soziale Bezug herausoperiert wurde, war er so verallgemeinerbar, daß er nicht mehr schmerzte. Über Offenbachs Mythenparodien nachdenkend, hat Hans-Jörg

Neuschäfer deren Erfolg beim bürgerlichen Publikum u. a. aus „Entlastung vom Realitätsdruck" durch Verlust an Verbindlichkeit erklärt.[300] Daß die Realismusschlacht um 1860 beendet war, hat zu einem Teil damit zu tun, daß über die Ästhetisierung des Begriffs eine Möglichkeit gefunden worden war, auch ihm Verbindlichkeit abzusprechen.

Wie das praktisch funktionierte, zeigte z. B. Gautiers große Balzac-Studie, die der „Artiste" 1858 über mehrere Nummern veröffentlichte. Der hier vermittelte Eindruck war durchaus nicht der Engelssche: „Er gehorchte einer Art innerer Trunkenheit und zeichnete in schnellen Strichen, mit unvergleichlicher komischer Intensität und Kraft bizarre Phantasmagorien ... Wenn man Balzac zuhörte, hatte man einen ganzen Karnevalszug springender, außergewöhnlicher und realer Gespenster vor Augen ..., und nach einer halben Stunde meinte man, es ginge einem ein Mühlrad im Kopf herum." Die Liebe des Romanciers zu Paris wurde hervorgehoben: Die Stadt sei für ihn „ein gewaltiges, hybrides, furchtbares Ungeheuer, ein Polyp mit hunderttausend Armen" gewesen. Die Lesart entsprach, wie schon ausgeführt, wohl dem Selbstgefühl Balzacs. Bezeichnend für uns aber die Mythisierung und das Wort vom Komischen – sie rückten das Gesellschaftsbild, das Balzac seinen Lesern als Kritik zu entziffern gestattete, weg vom Ernsthaft-Verbindlichen. Gautier hätte es gar nicht mehr nötig gehabt, am Schluß – gegen die Okkupation Balzacs durch die Realisten – auch noch darauf zu verweisen, daß dieser „nicht nur nicht unmoralisch, sondern sogar ein strenger Moralist war. Als Monarchist und Katholik verteidigt er die Autorität, preist die Religion, predigt Pflichtbewußtsein, lehrt die Leidenschaft Mores und läßt Glück nur in Heirat und Familie gelten."[301]

Daß Gautier den ideologischen Zeigefinger hob und gar nicht auf der allgemeinästhetischen Ebene diskutierte, gibt einen wichtigen Hinweis, wie das Wachstum der Toleranz gegenüber dem Realismus konkret verlief. Es gab die sich durchziehende ästhetische Argumentation; außerdem aber, und das herrschte zunächst vor, wurde unverblümt auf der Ebene der Weltanschauung gesprochen.

Die Realisten bloß zu Spinnern zu erklären oder nur zu sagen, daß Kunst nicht das Häßliche, sondern zu Erziehungszwecken das Schöne zur Anschauung bringen solle, war ja – genau besehen – eine recht unbefriedigende Reaktion. Im ersten Fall formulierte sie kein Gegenargument, im zweiten akzeptierte sie eigentlich, trotz aller anderslautenden Beteuerungen, die kritische Weltsicht der Realisten und forderte nur, auf das Kritisierte nicht so sehr zu schauen. Erfolgreicher – und damit dann auch konzilianter – konnte eine Argumentation sein, die nicht aus der Defensive operierte, sondern die Welt selbstbewußt für so schön erklärte, daß man sie ruhig darstellen sollte (bis in die vielleicht noch nicht ganz beseitigten Häßlichkeiten in einzelnem). Es war diese von purer Apologie bis zu evolutionärer Forderung reichende Argumentation, die dem Gesellschaftsdenken der herrschenden Klasse nach 1848 in wachsendem Maße entsprach, und es macht keine Schwierigkeiten, sie in der Realismusschlacht aufzufinden.

Das klassische Beispiel für pure Apologie, oben schon zitiert, bildete Maxime Du Camps Gedichtband „Die modernen Lieder“ (1855). In seinem Vorwort forderte der Flaubert-Freund und -Zensor den positiv abbildenden Gegenwartsbezug. „Alles marschiert, alles wächst, alles vermehrt sich doch um uns herum. Die Wissenschaft und die Industrie vollbringen Wunder, und wir bleiben unbewegt, unberührt, verachtend ... Man entdeckt den Dampf, wir besingen Venus, die Schaumgeborene; man entdeckt die Elektrizität, wir preisen Bacchus, den Freund der purpurnen Trauben. Das ist absurd!“[302] Die Formulierung hat vor allem Aufmerksamkeit gefunden wegen ihres ungeschlachten Industriebezugs. Ihr Gehalt läßt sich in allgemeinerer Formulierung aber auch anderswo finden: „Das Gute, das Edle, das Schöne – existieren sie nicht wirklich?“[303]

Differenziert wurde dieser Konformitätsüberschwang zuerst durch ein zeitliches Element. Théophile Gautier widersprach Du Camp nicht, setzte aber dessen Aussagen ins Futur und stärkte so das evolutionäre Moment. „Die Glorifizierung des Menschen und der Schönheiten der Natur – das scheint in Zukunft das Ziel der Kunst zu sein ... Die Wahrheit wird dem Künstler mehr Quellen zur Verfügung stellen als die Laune. Unsere Aufgabe ist es, den Planeten zu besichtigen, den Gott uns als Wohnstatt zugewiesen hat, und seine unendlichen Schönheiten in möglichst vollendeten Werken hervortreten zu lassen. Dichter, Maler und Bildhauer sind beauftragt, den Kommentar der Schöpfung zu schreiben; die Zeit ist gekommen, direkt die Natur zu studieren ... Von der Entdeckung der Dampfkraft wird eine neue Ära der

Poesie datiert werden ... Der moderne Pegasus wird eine Lokomotive sein!"[304] Im „Artiste" tauchte die Forderung, die Kunst als „fast immer getreues Bild der Gesellschaft zu betrachten, der wir angehören"[305], erstmals im Mai 1855 auf – im Zusammenhang der Pariser Weltausstellung, auf der sich das neue Regime seine frische Macht glanzvoll bestätigen ließ. Dieses Bekenntnis zur Zeitgenossenschaft hatte zweifellos mit der relativen Stabilisierung des Bonapartismus zu tun. Das Zutrauen zur allgemeinen Entwicklungsfähigkeit begann so groß zu werden, daß man es wagte, sich anzuschauen. Von dieser Wandlung zeugte die stark erhöhte Nachfrage nach Genrebildern und Porträts ebenso wie der Markterfolg der neuen Romane aus dem bürgerlichen Leben.

Differenzierung des Willens zur Konformität auch in der weisen Warnung vor allzu hochgespannten Erwartungen an die unmittelbare Zukunft. „Die Idee des Fortschritts", gab der erste Geschichtsschreiber des Streits der Alten und der Modernen zu bedenken, sei nur dann „gefährlich und dumm, wenn man der Erde grenzenloses Glück verspricht, den Himmel darüber für nichtig erklärt und das Ziel der Menschheit, das doch so hoch über unseren Köpfen plaziert ist, auf die Ebene dieses irdischen Staubs herniedersteigen läßt". Begreife man sich aber in der „unendlichen Kontinuität" eines Fortschritts*prozesses*, so erwachse aus dem Fortschrittsdenken „eine von der Vorsehung gebilligte Hoffnung und nicht ein stolzes Zeichen, dessen sich der Mensch bedient, um den Menschen zu spalten".[306] Soziale Unruhe – so muß man den letzten Satz wohl lesen – durfte nicht das Ergebnis der Wende zum Irdischen sein. War dies gesichert durch das Versprechen einer besseren Zukunft, brauchte die Kunst ihren Blick durchaus nicht von einer häßlichen Gegenwart abzuwenden, sondern konnte ihn auf die Keime des Neuen in dieser Gegenwart richten. Vom Blick auf die zeitgenössische Wirklichkeit war, im Gegensatz zu jenen Befürchtungen, denen der Staatsanwalt Baudelaires Ausdruck verliehen hatte, nichts Böses zu erwarten, wenn deren Vervollkommnungsfähigkeit nachweisbar wurde. So findet sich 1857 auch bei einem Nichtrealisten der Gedanke: „Sache des Romanciers ist es, das Leben so zu malen, wie es ist ... Die Wahrheit kann niemanden in Schrecken versetzen; sie kann niemanden vom rechten Weg abbringen."[307] Auch in bezug auf die Gegenwart wurde nunmehr die Erfüllung dessen für möglich gehalten, was „Mission der Kunst" hieß: „Das Leben ist gut und schön für den, der es als Christ, als Philosoph und Dichter befragt. Man muß zeigen, daß das Schlechte letztlich niemals triumphiert, daß selbst der Schmerz etwas Gutes ist und die Tugend davon Nutzen hat; man muß zeigen, daß die Welt trotz der Elenden und der Schlaffen schön ist."[308]

Einen bestimmten Nutzen von der wachsenden Gelassenheit hatten die Realisten. Sie waren nie völlig aus der Öffentlichkeit verdrängt worden. Der am leichtesten zu Integrierende von ihnen, Champfleury, hatte immer wieder auch im „Artiste" veröffentlicht. Die Zeitschrift hatte zwei Monate nach der großen antirealistischen Philippika Perriers eine Verteidigung der Geschmähten von Fernand Desnoyers veröffentlicht, die übrigens ebenfalls auf den von Selbstbewußtsein zeugenden Ruf hinauslief: „Laßt uns ein wenig wir sein, wären wir auch häßlich."[309] Ein Veteran des „art social" wie Théophile Thoré veröffentlichte Ende der fünfziger Jahre eine große Darstellung der niederländischen Malerei, in der er diese nicht mehr – wie noch Houssaye 1846 – aus dem dortigen Klima, sondern aus den gesellschaftlichen Verhältnissen abzuleiten suchte und deren Prinzip groß herausstellte, zu malen, „was man sieht und was man fühlt"[310].

Insbesondere für Courbet ist eine deutliche Veränderung des Umgangstones nach der Welt- und der Realismusausstellung auffällig. Sie ist häufig mit einer erfolgshungrigen Wendung des Malers zum unverfänglichen Naturbild nach 1855 erklärt worden. Obwohl von einer Akzentverlagerung in der Gegenstandswahl gesprochen werden kann, ist das doch nicht die ganze Wahrheit. Zum einen ist das sozialkritische Moment bis in die Jagdbilder nachweisbar,[311] zum anderen geriet Courbet mit einigen seiner sozialen Sujets noch in den sechziger Jahren unter Kritik. Deren dennoch zu konstatierende Entschärfung war zu wesentlichen Teilen Folge des Anwachsens einer Fähigkeit zu Integration durch Verharmlosung.

Den im Konkreten wegweisenden Einfall äußerte Louis Goudall im März 1856. Es war die Idee von den zwei Courbets. Alle Welt wisse doch, umkleidete Goudall den Neuheitswert seiner Idee, daß es „zwei wohl unterschiedene Persönlichkeiten" in Courbet gebe – den „wahren", einen „Meister unserer Zeit", und den „falschen", einen „ausgebufften Sohn der Franche-Comté, dessen Pinsel aus dem Schwanz des Hundes des Alkibiades gemacht ist".[312] Dieser Linie folgend, gab der „Artiste" seinen Lesern am

31. August 1856 in seiner ständigen Rubrik zeitgenössischer Kunstreproduktionen erstmals einen Stich nach Courbet zu sehen: „Das Tal von Ornans" hatte zu dem Beweis herzuhalten, „daß die wohlverstandene Realität nichts mit dem Realismus gemein hat". So die Redaktion, die am 19. Oktober ein zweites Bild des „Courbet der Landschaft" folgen ließ. Ein knappes Jahr später hob der Kritiker des „Athénaeum français" den Bann des Schweigens über Courbet ausdrücklich auf und machte einen Vorschlag zur Güte: „Landschafts- und Stillebenmaler! Hätte er nun seine Berufung gefunden?"[313] Gautier unterschied bei seinem Gang durch den Salon 1857 den „vernünftigen" Teil der Bilder Courbets von dem „extravaganten" und ließ sich zu der Feststellung hinreißen, Courbet sei „ein geborener Maler" – mit dem feinen Zusatz: „was auch immer er in seinen Manifesten von sich sagt".[314] Die halbe Persönlichkeit reichte aus, um im selben Jahr eine Medaille 2. Klasse für des Meisters Salon-Beitrag zu rechtfertigen – die erste nach 1849. Und ein weiteres Jahr später konnte sich ein Berichterstatter aus Antwerpen im „Artiste" schon darüber wundern, daß man in Frankreich „bis zum Verlust des Geistes über diesen Realismus diskutiert" habe: „Man muß die Künstler nehmen, wie sie sind, ihnen zum Trotz, und das Schicksal nehmen, wie es ihm zu sein gefällt, uns zum Trotz."[315]

Was hier für Courbet praktiziert wurde und die ersten ungelenken Annäherungsversuche Nieuwerkerkes vor der Pariser Weltausstellung geschliffener fortsetzte, bedeutete das Ende der Realismusschlacht. Um 1860 war eine neue Gelassenheit gefunden; das drakonische Element trat zurück. „Frankreich ist heute eklektisch", konstatierte der „Artiste" angesichts des Salons 1861,[316] und nichts konnte das deutlicher machen als das neue Prinzip der Hängung, das auf diesem Salon versucht wurde: Nicht mehr nach den traditionellen Genres wurden die Bilder sortiert – der Anfangsbuchstabe des jeweiligen Malernamens war ausschlaggebend. Mit solcher Vermischung durch das Alphabet schloß die Diskussion dort wieder an, wo sie 1851 schon einmal gewesen war. Wie damals Gautier nur die Form zum Kriterium von Kunst gemacht hatte, so wurde nun erneut die Darstellung „aller realen Wesen" freigegeben, und nur ein Kriterium blieb: „Kunst ist Form ... Die Form ist alles."[317] Der Begriff des Realen ging in solchen Sätzen endgültig von der Seite des schönen Wesens auf die des positiv Seienden über. Der mit dem Realen verbundene Ismus entging damit sofortiger Entwertung. Eine neue Sanftheit seiner Gegner ermöglichte diesen Schritt.

Von Antirealisten ist ganz deutlich gesagt worden, daß diese Toleranz abgerungen war. Die Kritik war nicht angekommen gegen Kunstentwicklung und Publikum. Der Realismus sei eine „Macht" geworden, stellte nicht nur der Kritiker des katholischen „Correspondant" ernüchtert fest, und nicht nur er schlußfolgerte, man müsse mit dieser „wie mit allen Mächten rechnen und vermutlich zu einem Vergleich kommen, denn gewöhnlich werden Kriege durch Vergleiche beendet".[318] Dieser Vergleich war – wie zu sehen war – vorbereitet worden durch eine ästhetisierende Neutralisierung sozialkritischer Komponenten des Realismus. Als er nun vollzogen wurde, intensivierte sich nochmals auffällig jenes weltanschauliche Moment, vor dem dem Realismus bisher keine Gnade zuteil geworden war. Die werdende Schönheit ihrer Realität erst stärkte die Toleranzfähigkeit der Kritiker so weit, daß sie mit dem Realismus übereinzukommen vermochten.

Die religiöse Malerei sei so gut wie verschwunden, stellte der Kritiker des „Artiste" 1861 fest. „Doch man muß einräumen, daß die Pracht der Zivilisation, die hehren Taten staatsbürgerlichen Mutes, die Hingabe an die Belange der Öffentlichkeit, die Kämpfe des Menschen gegen die Schwierigkeiten des Lebens, die nützlichen Entdeckungen, alle Triumphe, alle Wohltaten des Friedens durchaus wert sind, daß die Malerei sie preist, ihre Verehrung und Bewunderung dem Volk nahelegt." Daß dieser Überschwang dem, was die bisher so scharf kritisierten Realisten meinten, nicht entsprach, ist kaum zu betonen. Gerade in der Verklärung der Realität lag ja der Trick, der ihre Integration überhaupt ermöglichte: Wenn es schon nicht zu umgehen war, daß die Kunst sich der zeitgenössischen Realität zuwandte, dann sollte das wenigstens in konformistischer Weise geschehen. „Die intellektuelle Arbeit des Menschen auf dieser Erde ist nur insoweit nützlich, als sie täglich einen neuen Stein zum Gebäude der modernen Gesellschaft beiträgt." Die Verehrung der Tradition hieß plötzlich „übertrieben", und der Verdacht wurde laut, sie führe zu „Ignoranz und Barbarei".[319] Wer das noch vor kurzem den klassizistische Reden haltenden Ministern des neuen Kaisers gesagt hätte, wäre Zweifeln an seiner Ergebenheit kaum entgangen. Nun war es Politik: Nicht mehr auf vergangene Größe wollte das Zweite Kaiserreich sich stützen, das Wachstum seiner eigenen schien ihm ausreichende Stabilität bis ins Ideologische zu verbürgen.

Unter diesen Auspizien bekamen Argumente wieder Raum, die dem Publikum ein eigenes Urteil auch über die „Poesie der Schrecken"[320] zubilligten: Dies Urteil würde nichts erschüttern. Die Gedanken der bürgerlichen Demokratie lugten unter der Maske bonapartistischer Lobgesänge bereits hervor. „Wegen einiger Badender, die allzu selbstgefällig Formen zeigten, die sie hätten bedecken sollen . . ., hat man allseits ständig wiederholt: ‚Seht, wohin ihr mit der Freiheit kommt!' . . . Was denn, wäre das in seinen Äußerungen so geistreiche französische Volk dahin gekommen, ohne weiteres das Häßliche und nichts als das Häßliche zu bewundern, wenn eine vorausschauende Hand es nicht von seinen Augen ferngehalten hätte? Ist nicht hinreichend bekannt, daß der Irrtum nicht lange triumphiert, wenn die Wahrheit sich an seiner Seite zeigen kann? . . . Ein schlechtes Bild hat niemals jemandem geschadet."[321] Der Staatsanwalt des Jahres 1857 hatte die Prozesse im nachhinein verloren.

Was für das Publikum galt, mußte den Künstlern selbst nur billig sein. Als Catulle Mendès, der am Jahrhundertende zum Schwiegervater von Henri Barbusse werden sollte, in diesem Umbruchsjahr 1861 eine „Revue fantaisiste" gründete, da räumte er seinen Mitarbeitern „die größten Freiheiten" ein: „Sie haben das Recht, sich alle Arten von Phantasien zu erlauben, selbst die, Realist zu sein – unter der Bedingung allerdings, daß die letztere sie nicht allzuoft ankommt."[322] Champfleury und Baudelaire gehörten zu seinen Autoren. Das Ende der Zeitschrift allerdings kam nach zwölf Nummern, und zwar mit einem Prozeß, der Mendès neben dem Verbot des Blattes einen Monat Gefängnis und 500 Francs Geldstrafe einbrachte. So einfach ging die Lösung von den fünfziger Jahren nicht vonstatten.

Dennoch: Die Realismusschlacht war 1861 Geschichte. Von der Warte der Späteren aus kann man sagen, daß das recht schnell gegangen war. Zu schaffen machen sollte der Realismus seinen Kritikern allerdings noch eine Weile. Nur die Formen der Auseinandersetzung änderten sich.

Exkurs:
Charles Baudelaire und Jules Verne über Edgar Allan Poe

Der Ruf nach kapitalismusstabilisierender Moralität war der lauteste, der dem Realismus als Kritik entgegenschallte. Er war nicht zugleich der einzig wichtige. Neben dem Vorwurf allzu großer Distanziertheit von der zeitgenössischen sozialen Realität, den die Konformisten erhoben, gab es den eher entgegengesetzten allzu großer Nähe zu ebendieser Realität. Sein Ursprungsort lag auf der Linie der Kunstautonomie, die sich durch das 19. Jahrhundert zieht. Wenn bisher betont wurde, daß nicht alles Kunstdenken des Jahrhunderts auf dieser Linie gründete, so ist nun hinzuzufügen, daß damit Existenz und Kontinuität von Auffassungen nicht bestritten werden, denen es vor allem um jene Momente ging, die künstlerische Tätigkeit von der Sozialentwicklung abzuheben gestatten. Längst nicht so kräftig wie die Stimmen der bisher behandelten Antirealisten drangen diese anderen an die Öffentlichkeit ihrer Zeit – sie wurden vor allem von Dichtern erhoben, und denen standen spürbar geringere Resonanzmöglichkeiten zur Verfügung. Um so nachhaltiger hat sich die Nachwelt ihrer angenommen, und heute gelten die ausdrücklich heteronomen Kunstauffassungen im Zweiten Kaiserreich schon als dermaßen marginal, daß sie aus verallgemeinernden Bestimmungen dessen, was „bürgerliches Kunstdenken“ genannt werden könnte, zumeist als Entgleisung ausgeklammert werden.[323] Die marxistische Literaturgeschichtsschreibung hat – entgegengesetzt wertend, aber gleiches beachtend – das Feuer ihrer Kritik an bürgerlichen Literaturkonzepten lange auf Autonomiepostulate an sich konzentriert und die Koppelung von „autonom“ und „bürgerlich“ noch (und gerade) dann nicht grundsätzlich in Frage gestellt, als sie die Entstehung des Autonomiedenkens in allgemeineren Zusammenhängen der Kapitalismusentwicklung historisierte und damit entdämonisierte.

Im Rahmen dieser Arbeit kann es nicht darum gehen, jene Gesamtheit zu rekonstruieren, die das Bild der behandelten Zeit erst den tatsächlichen Entwicklungen adäquat machen würde. Die Konzentration auf den Realismus schließt einen solchen – literaturgeschichtlichen – Ehrgeiz aus. Um die Konstellationen zu verstehen, in denen der Realismus wirkte, ist es aber notwendig, zumindest den Abstand auszumessen, der ihn von jenem Kunstdenken trennte, das der Autonomie die Fahne hielt. Als Kristallisationspunkt, an dem die Verschiedenartigkeit gezeigt werden kann, sei hier Edgar Allan Poe gewählt.

Die erste französische Poe-Übersetzung („Der Goldkäfer") erschien im November 1845 in der „Revue britannique"; weitere Zeitschriftenveröffentlichungen folgten. 1853 und 1855 legten die ersten Auswahlbände zwei bzw. vier Novellen vor. Von 1853 an mehrten sich auch wertende Äußerungen über den vier Jahre zuvor verstorbenen amerikanischen Autor. Unter ihnen war eine außergewöhnliche. In seiner die subjektive Kraft einer Leistung auch sonst fast immer verblüffend genau erfassenden, fremde Auffassungen mit geschliffenem Sarkasmus allerdings ebenso prompt, ja brutal vernichtenden, auf Unabhängigkeit bedachten aristokratischen Literaturkritik verwies Jules-Amédée Barbey d'Aurevilly schon 1853 auf die „unerhörten Details" als das Wesentliche an Poes Werk – durch sie vermöge man zu begreifen, „bis zu welchem Punkt die Imagination, diese erhabene Irre, die Vernunft mit Füßen treten kann". Mit dieser Entgegensetzung war die Grundspannung in Poes Werk ins Blickfeld genommen. Mit seiner nachdrücklichen Entscheidung für die Imagination stellte sich Barbey d'Aurevilly auf den Boden einer Sozialkritik der Verweigerung – die Vernunft seines Industriezeitalters galt ihm nicht viel. Eine an die zitierte Überlegung anschließende Passage, die u. a. auf die schon im 19. Jahrhundert existierende Widersprüchlichkeit des Mythos von der Neuen Welt hinweist, macht das deutlich: „Amerika ist nur etwas wert, wenn es eine Wüste, ein Urwald, ein Schweigen, ein vorsintflutliches, wildes Ding, ein jungfräuliches, allmächtiges Chaos, die Einsamkeit des fünften Tages der Schöpfung ist. Amerika mit den Amerikanern, die es kultivieren und prosaisieren, ist leider nur das gewöhnlichste aller Länder." Imagination und Natur schossen hier zusammen in einem Ideal, das mit der Ausweisung des Menschen aus der Natur eine entschiedene Absage an die Zeit enthielt. Die Parteinahme trübte indessen nicht den Blick des Kritikers für die Komplexität seines Gegenstandes: Auch die rationalen, „amerikanischen" Züge bei Poe, der sich bisweilen „vernunftgemäß" um eine Auflösung der von ihm angerichteten Verwicklungen bemüht habe, fanden Beachtung. „Amerikanischen Gewohnheiten" sei das geschuldet, zum „verstümmelten Hoffmann" mache der Autor sich damit, „der Amerikaner erwürgt den Poeten". Zusammenfassend hieß es 1856, Poe sei „ein Spiritualist, der durch den Materialismus seines Landes und seiner Zeit verdrängt und verstümmelt" worden und an diesem Widerspruch gestorben sei.[324] Dies Urteil stellte das subjektive Scheitern heraus und erklärte es aus der ungenügenden Konsequenz, mit der Poe den Bruch mit materialistisch-rational-amerikanischen Auffassungen vollzogen habe. Im Verein mit dem eigenen absoluten Subjektivismus war dies scharfe Kritik. Einer, der dem Außerindividuellen Raum in sich ließ, der zu schwach war für völlig zeitunabhängiges Selbstvertrauen, konnte auf Billigung durch Barbeys kühlen, letztlich unbeteiligten Verstand nicht rechnen. Barbey brauchte Poe weder als Argument für seine Weltsicht noch als Stütze seines Ich. Er konnte ihn deshalb – wie kein anderer in seiner Zeit – in seiner ganzen Widersprüchlichkeit sehen.

Von der sonstigen zeitgenössischen Kritik kann man das nicht sagen. In ihr wurden auch an Poe – wie könnte es anders sein – jene Grundgedanken durchexerziert, die die gleichzeitige Realismusschlacht prägten. Ein weiteres Mal überschatteten ideologische und ästhetische Prinzipien den genauen Blick auf die Besonderheiten des Gegenstandes. Insbesondere wurde angesichts des nicht durchgängig gutbürgerlichen Lebens Poes der Eindruck von „etwas, das tief anwidert", artikuliert. „Allseits haben sich ernsthafte Stimmen erhoben, um dem 19. Jahrhundert das Bewußtsein einer erneuernden Mission zu geben, und die Poesie hat, wie auch die Wissenschaft, in den Seelen das Gefühl für die ewigen Wahrheiten wachrufen wollen. Warum sollte sich, bei einer solchen Tendenz, die heutige Gesellschaft um einen Dichter scheren, der mit 38 Jahren betrunken gestorben ist?"[325] Derselbe Kritiker vermißte bei späterer Gelegenheit „das Gefühl für das moralisch Schöne" bei dem Amerikaner und jegliche „Erhebung" in jene „Sphären, wo Dante die Weisen leben läßt".[326] Wir wissen inzwischen, wie die Zeitgenossen solche Erinnerungen an Moralisches verstehen mußten (auch wenn Thalès Bernard, von dem die Sätze stammen, der ins Zeitlose weisenden Sozialkritik des Parnasse verpflichtet sein mochte). Interessanterweise funktionierten aber jene Kriterien, die den Realisten das Leben so schwer machten, in der französischen Poe-Rezeption dieser Jahre nicht in gleicher Weise.

Auch Courbet wurde sein Alkoholkonsum vorgehalten, und das Argument verstand sich als vernichtend. Bei Poe jedoch kam daneben jenes neutralisierende Element zur Wirkung, das z. B. Gogols „Revisor“ den Weg auf französische Bühnen öffnete: das der räumlichen Distanz. Amerika war weit, und wer dort trank, bestritt damit dem Zweiten Kaiserreich nicht direkt die Wohlgeformtheit. So fand sich Bernard durchaus bereit, „Gründe“ für Poes Lebenswandel zu akzeptieren, die in einer „schlechten Gesellschaft“ liegen mochten, und ihm „wahrhafte Aufrichtigkeit“, ja den „geheimen Protest der Seele gegen die Schwächen des materiellen Lebens“[327] zuzugestehen (wiederum konnte ein eingestimmter Leser darin Bonapartismuskritik wittern, wenn er wollte). Und im sonst so strammen „Figaro“ blickte man gar völlig über die zweifelhaften äußeren Umstände hinweg, sprach nicht von Poes Leben und las aus seinem Werk sogar die bonapartistische Fassung des Verhältnisses von Poesie und Wissenschaft heraus. Poe habe in vollendeter Weise „die ergreifenden Mittel, die die Poesie selbst uns gibt, mit jenen zu vereinen verstanden, die uns heute die Entdeckungen, die Hypothesen, ja die Träume der modernen Wissenschaft liefern. Poe hat es verstanden, wahrer als die Wahrheit zu sein.“[328] Das war die auch von Barbey d'Aurevilly vorgenommene Differenzierung, aber ohne dessen Parteinahme. Ein größeres Lob aus diesem Munde war nicht denkbar. Es schloß – unter dem Motto „Was Recht ist, muß Recht bleiben“ – auch den Übersetzer der 1856 erschienenen dritten Sammlung von Poe-Novellen in Frankreich ein, der kein halbes Jahr zuvor am selben Ort wegen eigener Gedichte zu den „tauben Früchten der modernen Dichtung“[329] gezählt worden war. Es handelte sich um Charles Baudelaire.

„La Liberté de penser“ (das theoretische Organ der republikanischen Bourgeoisie, von dem im ersten Kapitel die Rede war) hatte am 15. Juli 1848 die erste Übersetzung eines Poe-Textes durch Baudelaire veröffentlicht. Dieser war auf den Amerikaner durch die fourieristische Zeitschrift „La Démocratie pacifique“ aufmerksam geworden, in der 1847/48 einige Novellen Poes erschienen waren – als abschreckendes Beispiel übrigens: Poe galt diesen Frühsozialisten als einer der „letzten Anhänger des Dogmas der angeborenen Verderbtheit“[330] des Menschen. Im März/April 1852 brachte die „Revue de Paris“ einen längeren Beitrag Baudelaires, in dem dieser (auf der Grundlage zweier – in den Fakten nicht ganz zuverlässiger – Artikel aus amerikanischen Zeitschriften, die ihm ein Journalist aus den USA gegeben hatte) die kulturelle Öffentlichkeit Frankreichs erstmals ausführlicher über Leben und Werk Poes informierte. Im selben Jahr publizierte Baudelaire weitere Übersetzungen von Poe-Novellen in Zeitschriften. Am 1. März 1853 erschien im „Artiste" Poes Gedicht „Der Rabe" in seiner Nachdichtung. Drei Jahre darauf, im März 1856, legte er die Übersetzung der „Phantastischen Geschichten" vor, auf die sich Barbey d'Aurevilly und der „Figaro" bezogen. Daran schloß 1857 ein weiterer Band mit Erzählungen Poes an. Beiden Bänden waren ausführliche Einleitungen vorangestellt. 1858 folgten „Die Abenteuer Arthur Gordon Pyms", später weitere Texte.

Man kann sagen, daß die französische Öffentlichkeit wesentlich durch Baudelaire mit Poe bekannt wurde. Umgekehrt war Baudelaire zu seinen Lebzeiten als Poe-Übersetzer mindestens ebenso bekannt wie als Dichter und sicher weit geschätzter. Nur ganz selten war das allseits große Lob vermischt mit dem Bedauern darüber, daß „solche Qualitäten in der Vorliebe für exzessive Dinge vergeudet werden"[331]. War dieses Bedauern gerechtfertigt? Woher der nachdrückliche Einsatz des Dichters der „Blumen des Bösen"? Was interessierte Baudelaire an Poe?

Zu betonen ist die tiefe Differenz zur Poe-Rezeption der Zeitgenossen. Einerseits: Baudelaire ordnete Poe nicht in eine Wissenschafts- und Fortschrittskonzeption ein wie etwa Goudall. Wie Barbey d'Aurevilly gab er bei der Wahl zwischen den Polen „Imagination" und „Vernunft" der ersteren den Vorrang. Andererseits unterschied er sich von diesem dadurch, daß er Poe nicht sezierte: Er lebte mit ihm. „Wissen Sie, warum ich so geduldig Poe übersetzt habe? Weil er mir gleicht. Als ich das erste Mal ein Buch von ihm öffnete, sah ich mit Schrecken und Entzücken nicht nur Sujets, die ich geträumt, sondern Sätze, die ich gedacht und die er zwanzig Jahre davor geschrieben hatte."[332] Poe wurde seinem Übersetzer zum Opfer einer imaginationsfeindlichen Welt, und der Gestus, in dem er ihm begegnete, war der des Mitfühlens, ja Mitleidens. Keine umfassende Vorstellung von Poe sollte vermittelt werden: Der Franzose sah und betonte an dem Amerikaner, was ihm persönlich in seiner Zeit lebenswichtig war – die Schaffung einer anderen Welt als der gegebenen, im Geiste. Seine Überlegungen sagen nicht zuerst über Poe, sondern über ihn selbst aus. Sie vermitteln zugleich Veränderungen des Weltbildes und der darauf aufbauenden Literaturauffassung Baudelaires – seine Ästhetik der Modernität war ja ein Produkt auch individueller Entwicklung.

In dem ersten Poe-Artikel von 1852 hieß der Feind Amerika. „Der Amerikaner ist ein positives Wesen, das sich auf seine industrielle Kraft etwas einbildet und den alten Kontinent ein wenig beneidet. Zeit für Mitleid mit einem Dichter, den Schmerz und Isolierung irremachen konnten, hat er nicht. Er ist so stolz auf seine junge Größe, glaubt so naiv an die Allmacht der Industrie, ist dermaßen überzeugt, daß sie schließlich den Teufel fressen wird", daß er „über die einsamen, freien Seelen leicht hinwegschreiten und sie ebenso unbekümmert mit Füßen treten würde wie seine gewaltigen Eisenbahnlinien die abgeholzten Wälder und seine Schiffsungeheuer das Wrack eines tags zuvor angezündeten Schiffes. Er hat es so eilig anzukommen. Zeit und Geld – das ist alles." Dieser Welt entgegen stand die „seltsame . . . Schönheit des Herrn Poe" – „eine ganz neue Literatur", geschaffen von einem Mann, der „fast immer allein war", von einem „Trinker, einem Armen, einem Verfolgten, einem Paria". „Er hat viel erduldet für uns", hieß die abschließende Würdigung.[333]

Die Natur als Opfer der Industrie und der Außenseiter als Repräsentant der Menschheit – das in solchen Auffassungen sich aussprechende Weltbild sollte Baudelaire in der Folge immer tiefer bestimmen. Kein Jahr zuvor waren die Akzente noch durchaus anders verteilt gewesen: „Die Natur ist so schön, und der Mensch ist so groß, daß der Sinn des Ausdrucks ‚nicht wieder gutzumachen' von einer höheren Warte schwer zu begreifen ist", hatte es da geheißen, und in Gestalt von Pierre Dupont war ein Dichter gepriesen worden, „der ständig mit den Menschen seiner Zeit kommuniziert".[334] Der erste Poe-Essay brach mit dieser Zukunftsgewißheit. Zwischen den beiden Texten lag der 18. Brumaire des Louis Bonaparte und lag in einem allgemeineren Sinn eine veränderte Sicht Baudelaires auf menschenfeindliche Entwicklungstendenzen in seiner Gesellschaft, die eine Abkehr nicht von 1848, aber von der Erwartung bedeutete, daß die Achtundvierziger Hoffnungen bald eingelöst würden. Man kann die Warnung vor „Amerika" in solchem Zusammenhang bereits als maskierte Abrechnung mit dem zeitgenössischen Frankreich lesen; dabei ist allerdings die Distanzierung dennoch zu beachten: Baudelaire verallgemeinerte hier noch nicht ausdrücklich seine schlimmen Erfahrungen, er bezog sie nicht auf *die* Zeit, sondern auf *ein* Land, und er wies auf ein einzelnes Opfer, nicht auf eine allgemeine Notwendigkeit individuellen Unglücks. In dieser noch vermiedenen Verabsolutierung wies der Text von 1852 seinen Übergangscharakter aus.

Das galt auch für die in ihm enthaltenen Aussagen zum Werk Poes. Baudelaire deutete selbst an, daß es ihm schwerfalle, dessen Neuheit exakt zu bestimmen, und berief sich auf Poes „Poetisches Prinzip", um „die Vorstellung von direkter Nützlichkeit" der Poesie – Nützlichkeit für eine amerikanisierte Welt – als „große Häresie" abzuweisen (auch „Nützlichkeit" hatte im Dupont-Aufsatz noch einen positiven Akzent besessen); er betonte, daß Poe in seinen Darstellungen „Nebensächlichkeiten" unterdrücke und so die für ihn zentrale Idee herauszustellen vermöge (ein im Sinne der Zeit nichtrealistisches Verfahren); er würdigte es schließlich als einen bemerkenswerten Fakt, daß Poe, „ein Mann mit einer so unsteten und hochstrebenden Phantasie", sich in seiner Literaturkritik als jemand zeige, der „Regeln schätzt und fleißiger Analyse wie geduldiger Forschung fähig ist. Eine fleischgewordene Antithese, könnte man sagen."[335] Dies alles war Annäherung, die als solche eine gewisse Offenheit besaß – noch Suche, nicht feste Entschiedenheit, noch Einfühlung, weniger eigene Positionsbestimmung.

In den Einleitungen zu den Novellenbänden von 1856 und 1857 war der neue Standpunkt bezogen. Ein kleiner Einschub in der bearbeitet übernommenen Amerika-Passage des früheren Textes verdeutlicht den vollzogenen Wandel des Weltbildes. War dort nur „dem Amerikaner" die Überzeugung als naiv angekreidet worden, daß die Industrie schließlich den Teufel fressen werde, so hieß es nun mit erweiterter Adresse: Dessen Land und „einige Unselige bei uns" seien überzeugt von der göttlichen Macht der Industrie. Gleich darauf ging es gegen „den Fortschritt" – schon im Bericht über die Weltausstellung 1855 hatte der ein „tückisches Fanal" und eine „groteske Vorstellung"[336] geheißen. Was 1852 noch auf Amerika beschränkt war, galt nun umfassend und betraf daher vor allem auch die eigene Person. War die Natur 1851 noch schön, ein Jahr darauf noch unschuldiges Opfer, so war jetzt die Rede von der „natürlichen Schlechtigkeit des Menschen", von „natürlicher Verderbtheit". Weshalb wollten die Menschen nicht begreifen, fragte Baudelaire, „daß der Fortschritt (soweit es Fortschritt gibt) den Schmerz in dem Maße vervollkommnet, in dem er den Genuß verfeinert, und daß, wenn die Haut der Völker zarter wird, diese doch nur ... einer mit jeder Minute verlorenen Eroberung nachjagen, einem Fortschritt, der sich immer selbst negiert"? „Wir alle", sagte der Dichter der „Blumen des Bösen" in deren Erscheinungsjahr mit voller Radikalität, „sind gezeichnet für das Böse!"[337]

Nur einer von vielen Belegen für die nunmehr eingeschlagene Richtung sei noch angeführt; er kann den Marx-Kenner in besonderer Weise interessieren. Am Ende seines Aufsatzes über Gautier kam Baudelaire 1859 auf den Vorwurf zu sprechen, Dichtern wie diesem fehle es an Menschlichkeit. Betroffen von einer solchen Kritik, schrieb er: „Wer die Menschheit liebt, wird in gewissen Angelegenheiten, die zu philanthropischer Deklamation einladen, niemals verfehlen, den berühmten Satz zu zitieren: Homo sum; humani nihil a me alienum puto. Ein Poet hätte das Recht zu antworten: ‚Ich habe mir so hohe Aufgaben gestellt, daß quidquid humani a me alienum puto. Meine Funktion ist außermenschlich.'" Daß alles Menschliche dem Dichter fremd sein sollte, weil alles Menschliche böse war, bildete die Folgerung Baudelaires aus seinem Erleben menschlichen Handelns, in dem er Ansätze von Verbesserung nicht sah, und wurde zur weltanschaulichen Grundlage seines Dichtens. Nirgends so deutlich wie im Anschluß an diese Überlegung hat er die Tragik des Verzichts auf Veränderung dessen benannt, was ihm ungeschieden Natur und Menschheit hieß: der Welt, in der er leben mußte. „Ihr haltet mich für kalt", legte er Gautier seine Worte in den Mund, „und ihr seht nicht, daß ich mir eine künstliche Ruhe aufzwinge, die eure Häßlichkeit und eure Barbarei, o Männer der Prosa und des Verbrechens, ständig stören wollen! Was ihr Gleichgültigkeit nennt, ist nur die Resignation der Verzweiflung."[338]

In Verzweiflung trieb Baudelaire das Nachdenken über das von dem modernen Menschen – dem Menschen seiner Zeit – zu lebende Leben. Immer wieder traf er auf den Widerspruch zwischen Universalität und Partikularität des Menschen, und immer wieder bekundete er aufbegehrend seinen Willen zu einem umfassenden Weltverhältnis. Die Erinnerung an Synthetisches, Universales, Ganzheitliches – an die nichtentfremdete als die eigentlich menschliche Existenz – fand sich auch anläßlich Poes. In dem Aufsatz von 1857 gibt es eine Passage, in der der „moderne" und der „wilde" Mensch gegenübergestellt werden – ersterer durch Spezialisierung verkleinert, letzterer als „enzyklopädisch", am „Rande des Ideals" lebend, als „Dandy" erscheinend.[339] (Der „Mensch der Muße und der umfassenden Erziehung"[340] hieß der Dandy an anderer Stelle.) Die Gegenüberstellung ist aussagekräftig in doppelter Hinsicht. Sie enthält erstens Aussagen zu einem positiven Gesellschaftsbild. Der Wilde als Dandy – eine uns ungewohnte Vorstellung – war beheimatet *nach* jener Zeit, in der der Mensch noch „Opfer der Elemente" war, andererseits *vor* jeglicher Klassenspaltung (wenn man einen Terminus des historischen Materialismus versachlichend einführen will, den Baudelaire nicht benutzte), in einer von familiärer Harmonie, individuellem Heroismus und starken kultischen Elementen geprägten Gemeinschaft. Dem Bild vom Dandy hinzuzufügen ist die mehrfache ausdrückliche Hervorhebung der „Aristokratie".[341]

Man könnte versucht sein, von einem wirren, ja rückwärtsgewandten Geschichtsbild zu sprechen oder, im Gedanken an andere Versuche in der Literaturgeschichte, einer entfremdeten Gegenwart ferne Universalität entgegenzusetzen, das Adjektiv „romantisch" zu gebrauchen. Auch Barbey d'Aurevillys Lobpreis des wüsten Amerika kann ins Gedächtnis kommen. Solche Bezüge griffen jedoch zu kurz. Die zitierten Stichworte deuten vorerst nur auf entschiedene Abgrenzung von einer als subjektfeindlich verstandenen Gegenwart der Vergesellschaftung und ebenso entschiedenes Bestehen auf einer anderswo zu findenden Ganzheitlichkeit. Inhaltliche Aussagen über ein mögliches Gegenbild sind allein von hier aus nicht zu treffen.

Die Gegenüberstellung des modernen und des wilden Menschen ist noch in einer zweiten Richtung aufschlußreich. Wer als Franzose von „Wilden" sprach, zitierte Rousseau. So auch Baudelaire. Mit Poe rief er Rousseau als Kritiker von Fortschrittsillusionen auf. Ablehnend aber äußerte er sich über dessen Alternativvorschlag – den Rückgriff auf die Natur. „Die Natur macht nur Ungeheuer, und die ganze Frage besteht darin, sich über das Wort ‚Wilde' zu verständigen."[342] Hier wird deutlich: Für Baudelaire war „Natur" kein Gegenbegriff zu „Gesellschaft", keine Regenerations-, keine Rückzugs-, keine Protestsphäre. Natur war, was ihn umgab, und an erster Stelle die Gesellschaft seiner Zeit. Die Resignation der Verzweiflung, von der er sprach, prägte auch diesen Begriff: Als „natürlich" bezeichnete auch die Bourgeoisie die zeitgenössische Gesellschaft. Baudelaire verwendete den Naturbegriff der bürgerlichen Apologetik. Sie wie er sahen nicht, welche soziale Kraft die gegebene Ordnung grundsätzlich hätte erschüttern können.

Baudelaires Wertung dieser Natur war der herrschenden entgegengesetzt. Häufig wird er dennoch ein bürgerlicher Dichter genannt. Das ist in dem politischen Sinn begründet, daß er sich nicht auf den entschiedensten Gegner des Kapitalismus, das revolutionäre Proletariat, orientierte. In bezug auf jede Vorstellung von Sinn und Art menschlichen Lebens aber ist es in höchstem Maße unangemessen.[343] Baudelaires Antibürgerlichkeit war umfassend. Nicht zu sozialem Umsturz aber führte sie ihn – wie hätte der in dieser Zeit erfolgen sollen? Seine Gegenkraft hieß „Imagination". Mit ihrer Hilfe zwang Baudelaire die Gefahr nieder, die aus dem Bewußtsein einer auf längere Zeit aussichtslosen Umwälzung unmenschlicher Verhältnisse dem radikalen Anspruch erwachsen kann: die des Verstummens. Der Dichter sollte – und konnte – ein Gegenbild, das Bild der produktiven Fähigkeiten des menschlichen Verstandes, für sich behaupten und in bestimmter Weise nach außen bringen. „Darzustellen, was ist, finde ich unnütz und langweilig, denn nichts, was ist, befriedigt mich. Die Natur ist häßlich, und ich ziehe die Ungeheuer meiner Phantasie der positiven Trivialität vor." Surnaturalismus nannte er das bisweilen, und der Surrealismus (den allerdings ein direkt revolutionärer Elan trug) ist in diesen Gedanken nicht weit. Souverän gebot die Imagination über das Reich der Natur. „Sie zerlegt die ganze Schöpfung und schafft mit den angehäuften Materialien – nach Regeln, deren Ursprung nur im Innersten der Seele zu finden ist – eine neue Welt."[344] Nur im Geiste war dies zu unternehmen überhaupt möglich, und es bedurfte außergewöhnlicher Menschen. In den späten Aufzeichnungen Baudelaires steht ein Satz, der den ungeheuren Anspruch an sich selbst formuliert, der so erwuchs: „Der größte der Menschen sein, sich das in jedem Augenblick sagen."[345] Es war, wir wissen es, noch für Baudelaire ein zerreißender Anspruch.

In seinem Zeichen stand die Begegnung mit Poe. Dessen Größe und Beispielhaftigkeit sah Baudelaire darin, daß er unter Einsatz, ja letztlich Opferung seines Lebens sich den Forderungen der Imagination gestellt hatte. „Aus einer nach Materialität gierenden und hungernden Welt hat sich Poe in die Träume emporgeschwungen." So lautet der zentrale Satz in den Poe-Texten Baudelaires.

Noch in seiner vom eigenen Ich geprägten Betrachtung sah Baudelaire, daß es bei Poe „Fiktionen" gab, die „die vorgebliche Allmacht des Menschen" zu bestätigen schienen. Entschlossen aber wurden sie für unwesentlich erklärt. „Nicht durch seine materiellen Wunder, die doch seinen Ruf begründet haben, wird es ihm gegeben sein, die Bewunderung denkender Menschen zu erringen, sondern durch seine Liebe für das Schöne, durch seine Kenntnis der harmonischen Bedingungen der Schönheit, . . . und schließlich vor allem durch das ganz spezielle Genie, das einzigartige Temperament, das es ihm gestattet, in hervorragender, ergreifender, schrecklicher Weise die Ausnahme in der Moralordnung zu malen und zu erklären." Um diese Ausnahme vor allem gehe es in der Arbeit des Poeten, und so auch sei Poes Trunksucht zu verstehen: als „ein Denkmittel, eine Arbeitsmethode"[346], um aus der Gewöhnlichkeit herauszukommen. Für den Träumer hoffte Baudelaire auf die „Lücken", die die moderne Wissenschaft in ihrem Streben nach Welterfassung noch gelassen habe.[347] Der verfolgte Gedanke fand sein Ziel in einer Formulierung, die Baudelaire in seinem „Salon 1859" breit entwickelte: „Für ihn ist die Imagination die Königin der Fähigkeiten" – und das heiße nicht „Phantasie" oder „Sensibilität", sondern „eine gewissermaßen göttliche Fähigkeit, die sogleich, außerhalb philosophischer Methoden, die inneren und geheimen Beziehungen der Dinge, die Korrespondenzen und Analogien erfaßt".[348]

Der ganzheitliche Anspruch ist in solcher Überlegung unübersehbar. Daß in ihnen folglich vom „Schönen" und von „Harmonie" die Rede ist, hat es der Bourgeoisie zum Jahrhundertende hin erleichtert, Baudelaire zu einem großen französischen Dichter zu verklären, der dem „Kult der Bilder" als „einziger Leidenschaft" gehuldigt habe.[349] Das war brutale Kastration. Das Schöne ist von Baudelaire einmal bestimmt worden als Bild des Menschen, wie „er sein sollte und könnte"[350]. Eben dieses Bild aber entwarf er nicht. Seine Dichtung entstand nicht nur aus einer Abneigung gegen seine Zeit (wie z. B. auch die romantische) – sie öffnete sich deren ganzer Häßlichkeit, abbildend und in ihrer Konstruktionsart. Sie wies auf ein ganzheitliches Weltbild – aber sie trug zugleich das Zerbrechen der gegebenen Welt als poetisches Prinzip in sich. Gerade aus diesen Widersprüchen erwuchs ihre schmerzende Spannung. Ohne seine radikale Zeitkritik (und darin Zeitgebundenheit) ist Baudelaires Werk nicht zu verstehen. Der Veränderungswille, der in der Realität nicht durchdrang, richtete sich – um der Verzweiflung zu entgehen – auf Poesie als schöpferische Tätigkeit, als „Neuformung der Natur“[351].

Mit solchen Auffassungen war das Verhältnis zum Realismus vorgeprägt. Baudelaire verstand ihn – von der ersten Verwendung 1846 an[352] immer völlig übereinstimmend mit dem gängigen Verständnis der Zeit – als getreue Wiedergabe äußerer Erscheinungsbilder, was, wie leicht zu ersehen, seiner Sicht auf Kunstarbeit überhaupt nicht entsprach. Das „imaginative“ Lager, das die Dinge mit seinem Geist erleuchte, stand ihm weit über dem „realistischen“, das sie wiedergeben wolle, wie sie seien.[353] Die zentrale These im Entwurf eines Artikels, mit dem Baudelaire vermutlich auf Courbets Realismus-Ausstellung reagieren wollte: „Poesie ist, was es an Realerem gibt, was nur in *einer anderen Welt* vollständig wahr ist.“[354] Wenn ein Mann wie Stendhal seine Gesellschaftskritik von den gegebenen Strukturen der sozialen Wirklichkeit aus entwickelte, so war Baudelaires kritisches Prinzip ein nichtrealistisches: „Das gesamte sichtbare Universum ist nur ein Vorratshaus von Bildern und Zeichen, denen die Imagination einen Platz und einen relativen Wert verleiht.“[355] Und: „Die wahre Realität ist nur in den Träumen.“[356] Sinnproduktion durch das Subjekt, bewußt *gegen* die Zusammenhänge, in denen es lebt.

Unter den Konsequenzen eines realistischen Literaturverständnisses galt Baudelaires Hohn besonders der Vorstellung von der erzieherischen Aufgabe der Literatur. Als „Häresie“ und „Absurdität“ wurden solche Ideen anläßlich Poes gebrandmarkt. „Wenn der Dichter ein moralisches Ziel verfolgt, mindert er seine poetische Kraft; und man kann darauf wetten, daß sein Werk schlecht sein wird. Dichtung kann sich unter Strafe des Todes oder der Ohnmacht nicht an Wissenschaft oder Moral anschließen; nicht die Wahrheit ist ihr Objekt, sondern sie selbst.“[357] Erneut ein Gedanke, der für manche zeitlose Verabsolutierung herhalten mußte. Dabei trug auch er in seinem Ursprung das Zeichen des Antibonapartismus. Paul Verlaine, der das Prinzip 1865 in seinem Baudelaire-Essay verteidigte, gab ihm noch jenen polemischen Kontext mit, der später verlorenging. Die Gegenbegriffe waren Zitate der Kunstpolitik des Zweiten Kaiserreiches: „Ja, die Kunst ist unabhängig von der Moral wie von Politik, von Philosophie und Wissenschaft, und der Dichter schuldet dem Moralisten, dem Tribun, dem Philosophen oder dem Wissenschaftler nicht mehr Rechenschaft als diese ihm. Ja, das Ziel der Dichtung ist das Schöne, allein das Schöne, das reine Schöne, ohne Beimischung von Nützlichem, Wahrem oder Richtigem."[358]

Es wäre falsch, aus der Abfuhr für den Realismus auf Abkehr von der Zeitgenossenschaft zu schließen. Die Differenz zum Realismus bestand nicht darin, daß sich die Realisten der zeitgenössischen Wirklichkeit zugewandt hätten und Baudelaire nicht. Sie gründete vielmehr in dem verschiedenen Verhältnis zu deren Strukturgesetzen: Die Realisten erkannten sie als Rahmen ihres Seins und wünschbarer Veränderung an; Baudelaire negierte sie radikal. So nur konnte die Verbindung zu Champfleury den Bruch der Achtundvierziger Erwartungen (trotz einiger Dämpfung) überdauern, konnte der Realismus den Richtern über die „Blumen des Bösen" zur Begründung ihres Urteils in den Sinn kommen und Courbet im Verein mit Manet und Legros von Baudelaire für „entschiedenen Geschmack an der Realität, der modernen Realität"[359] ein Lob ernten.

Goudall hatte im „Figaro" seine Zeit für schön erklärt und das ausdrückliche Bekenntnis zu ihrem gegebenen Zustand gefordert. Barbey d'Aurevilly hatte sie ungerührt verurteilt; um sie zu ertragen, hielt er sie sich einfach fern. Baudelaire ließ sich ein mit ihr. Aber er ertrug sie nicht. „Zu glauben, daß Wollen Können heißt", wies er einen der Comteschen Grund-Sätze zurück, „reißt den Träumer von Enttäuschung zu Enttäuschung, bis zum Selbstmord."[360]

Poe war der Begleiter Baudelaires auf dessen Weg in die machtlos-tragische Einsamkeit des Rebellen im Geiste.

Die Novellen Edgar Allan Poes wurden durch Baudelaire in Frankreich bekannt. Sein Lebensinteresse an dem Amerikaner aber wurde von den Zeitgenossen ebensowenig begriffen wie Bedeutung und innerer Zusammenhang seiner Gedichte. Nur die gröbsten Schlagworte blieben hängen, die allerdings gründlich. „Phantastisch" und „makaber", „schrecklich" und „erfunden" waren Poes Geschichten von nun an den Franzosen; ihr Reiz kam aus spekulativer Träumerei. Sie waren a-sozial.

Auch die Realisten sahen Poe so. Champfleury, wieder einmal

beeindruckt von dem Denken anderer, schrieb 1854 mit Bezug auf Baudelaires Interesse für Poe an Max Buchon: „Mit einigen Romanciers wie Poe hätten wir eine schreckliche Literatur."[361] Duranty erwähnte Poe, um nichtrealistische Züge an Balzac zu charakterisieren: Dieser wurde „von einer Menge persönlicher Träume gequält, die er aufschreiben muß, um sich Erleichterung zu verschaffen. Darin berührt er sich mit Edgar Poe."[362] Ein eigener Blick auf Poe lag dem nicht zugrunde.

Von Desinteresse zeugte die Reaktion Hippolyte Taines, dem Baudelaire 1865 seine Übersetzungen übersandte. Verbindlicher Dank, Hinweis auf Überlastung und Krankheit, so daß er über Poe keinen Artikel schreiben könne, schließlich einige Sätze, wie jeder Literaturkenner sie inzwischen zu formulieren verstand: Von Bewunderung, tiefer Intuition, erstaunlichster nervöser Überreizung, Schrecklichem und Erhabenem, von Schwärze und vom Alkohol sprachen sie.[363] Kein Anreiz für Taine, genauer hinzuschauen.

Im Anschluß an jenen Poe, den Baudelaire bekannt gemacht hatte, entstand auch Literatur in Frankreich. Die erste der „Grausamen Geschichten" von Villiers de l'Isle-Adam, die in den siebziger Jahren geschrieben wurden, trug ein Motto von Poe; ihr Verfasser wußte von diesem durch Baudelaire. Und auch Barbey d'Aurevillys Novellen „Die Teuflischen" (1874) verleugneten das Vorbild nicht. Schließlich die Nachdichtungen Mallarmés und die Bedeutung des Amerikaners für die Symbolisten.

In all diesen Annäherungen blieb Poe der seltsame Fremde – erstaunt betrachtet, gleichgültig beiseite geschoben, zu eigener Distanzierung von der Gegenwart genutzt, im Grundsätzlichen gesehen mit den Augen Baudelaires. Erst Huysmans sollte in „Gegen den Strich", dem 1884 erscheinenden Schlüsselroman des Postnaturalismus, den Lobpreis Poes wieder aus dessen induktiven und dessen nichtrationalen Fähigkeiten zugleich entwickeln. Und erst Emile Hennequin versuchte ein Jahr darauf eine wissenschaftliche Analyse. Die allerdings tendierte schon zum Formalismus. „So wie seine großen Fähigkeiten sein Leben nicht regierten, wurden sie von diesem auch nicht betroffen", glaubte der zehn Jahre nach Poes Tod Geborene sich berechtigt zu urteilen.[364]

Zwanzig Jahre zuvor aber hatte ein anderer einen nicht-baudelaireschen Zugang zu Poe gesucht: Jules Verne holte den Amerikaner in den Kreis des bürgerlichen Reformismus.

Seit 1863 erschienen in steter Folge und mit gleichbleibendem Publikumserfolg jene Romane, die nach den Worten ihres Verlegers Hetzel „endlich die Wunder dieses Universums bekanntmachten", indem „die Wissenschaft ihren Platz auf dem Gebiet der Literatur einnahm" und so „Belehrung" und „Unterhaltung" verbunden wurden.[365] Das „Journal des débats" veröffentlichte sie schon in den sechziger Jahren als Fortsetzungsromane. Zeitschriften, die zur selben Zeit mit Courbet oder mit Taines Ästhetik noch ihre Schwierigkeiten hatten, priesen sie hoch: Der Autor wisse „viel, und er weiß gut; er beschreibt, als hätte er gesehen, und beherrscht die schwierige Kunst, der Fiktion neben erregender, durchgehender Interessantheit das Aussehen erstaunlicher Wahrscheinlichkeit zu verleihen"[366]. Die Organe der Dritten Republik schätzten Verne nicht minder: „Man sucht positive Kenntnisse. Der Erfolg der Romane Jules Vernes ist Ausdruck dieses Wissenschaftsbedürfnisses, das Leute empfinden, die fühlen, daß sie für wissenschaftliche Begriffe nicht vorbereitet sind, und daher meinen, daß es leichter für sie wäre, sie in einem Roman aufzunehmen ... Was ist die ernste, solide Basis unserer Zivilisation wenn nicht die Wissenschaft?"[367] Jules Verne fand mit seinen Romanen, die ja nicht einfach Wissenschaft popularisierten, sondern von einem allgemeinen Vervollkommnungs- und Herrschaftsstreben des Menschen sprachen, breite Zustimmung bei der Bourgeoisie seiner Zeit. Diese fand in seinen Büchern jene Evolutionsideologie wieder – und zwar nicht plump, sondern in reizvoller, zumeist exotischer Umkleidung –, mit der sie ihre soziale Rolle ausfüllte. Die Zeitgenossen lasen ihn als bürgerliche „Bestätigungsliteratur"[368].

Wo der Wissenschaft eine menschheitsfördernde Wirkung zugestanden wurde, ist Verne später häufig unter den Bannerträgern des Fortschritts zitiert (und immer ist er viel gelesen) worden. Das war auch bei marxistischen Lesern lange der Fall. Inzwischen hat die ideologiekritische Lektüre seiner Romane[369] jedoch zweierlei klargestellt. Vernes Fortschrittsbegriff war, zum ersten, kapitalismuskonform. Das rief die entschiedene Kritik all jener auf den Plan, denen die bürgerliche Gesellschaftsordnung nicht den Gipfel der Menschheitsentwicklung bedeutete. Die vorgenommenen detaillierten Romananalysen können und müssen hier nicht reproduziert werden: Daß Verne die blutige Unterdrückung der Kommune ausdrücklich begrüßte, die Kolonialpolitik als zivilisatorische Aufgabe voll unterstützte und sich als Antidreyfusard entschieden bekannte, gibt ausreichende Hinweise auf die politische Ideologie des Romanciers. Zum zweiten scheint dann jedoch Kindheitsnostalgie den eben noch so scharfen Kritikern die Feder geführt zu haben. Aus Figurenentwicklungen und Handlungskonstellationen der Verneschen Romane rekonstruierten sie das rettende Grundmotiv: eine wesentliche innere (verdrängte, unbewußte) Distanz Vernes zu den von ihm dargestellten Möglichkeiten von Wissenschaft, Technik und Menschen; von Ernüchterung, Zweifel und Pessimismus sei zunehmend, vor allem seit Mitte der achtziger Jahre, zu reden. Auf diesem Wege ist Verne eine gewisse bleibende Bedeutsamkeit doch noch bescheinigt, ist er für das Lager der Kritiker des Kapitalismus nicht ganz verloren gegeben worden.

Die wenigen Texte, in denen sich Verne selbst zu literarischen und sozialen Fragen geäußert hat, erweisen die Berechtigung des Eindrucks der Zeitgenossen. Es tritt der ehrenwerte und für Ehren durchaus empfängliche Bürger und langjährige Stadtverordnete von Amiens ans Licht, der 1889 den neuen Zirkus der Stadt mit einer Rede eröffnete, in der das Gebäude zur Allegorie des hundertjährigen Frankreich der bürgerlichen Revolution emporgeredet wurde: „Er ist solide und korrekt gebaut. Er wird den Erschütterungen durch die Akrobaten zu widerstehen vermögen, deren Trapeze in seinem Dachgebälk hin- und herschwingen. Sogar den in anderer Weise zu fürchtenden Erschütterungen durch Kundgebungen würde er widerstehen, falls – was Gott verhüten möge – er jemals zum Ort politischer Tageskämpfe werden sollte! Das Talent seines Architekten sichert ihm jene Langlebigkeit, die die Natur im Materiellen den vollkommensten Arbeiten des Menschen zugesteht. Nein! Er wird nicht einstürzen.“[370] Kann der letzte Satz, hinter dem sicher ein Zweifel steht, bis zur Verkündigung eines bevorstehenden Einsturzes umgedeutet werden? Verne eröffnete Blumenausstellungen, begrüßte neue Mitglieder der Kunst- und Wissenschaftsakademie von Amiens, der er selbst seit 1872 angehörte, gab den Kassenbericht der Sparkasse der Stadt, zu deren Vorstand er zählte, und war Festredner auf der Abiturfeier des Lyzeums. Vor Versemachen, Wissenschaftsinteresse, Politik, Turnwettbewerben und „vor allem vor Bicyclismus“, dem Fahrradfahren, warnte er die jungen Damen bei letzterem Anlaß – die Familie sei ihre soziale Aufgabe, und wenn sie nach dem Chemieunterricht einen Pot-au-feu zu verfertigen wüßten, sei dessen Ziel vollständig erreicht (325–328).

Diese Reden haben nicht nur anekdotischen Wert. Sie weisen auf eine gesicherte Existenzform und ein ruhevolles Gesellschaftsbild. Wie Verne Fortschrittsdenken und Fortschrittsbedenken zu vereinbaren vermochte, erläuterte er 1881 in einer seiner Akademiereden: „Was uns betrifft, so war es in diesen Übergangszeiten, die oft länger dauern als die Endzeiten, durchaus notwendig, uns eine Art praktischer Philosophie zuzulegen, vielleicht ein wenig indifferent, ein bißchen skeptisch, aber im Grunde wohlmeinend, die Philosophie der braven Leute, die sich sagen, daß die Vollkommenheit nicht von dieser Welt und der Mensch schließlich niemals vollkommen ist – nicht einmal im Schlechten." (240 f.) Eine Weltanschauung allgemeiner Zufriedenheit, die einzelne Unzulänglichkeiten ruhig einkalkulierte. Ein durchaus milder Evolutionismus, wenn man ihn etwa mit der weit kritischeren Komponente im Denken Renans vergleicht, im Grundsätzlichen aber mit ihm übereinstimmend. In dieser Weltsicht auch gründet Vernes Nähe zum Realismus.

Von Baudelaire aus ist die Entfernung dagegen kaum größer zu denken. Wie kam dieser Bourgeois auf Poe?

Wie die meisten Zeitgenossen durch Baudelaire. Gleich zu Beginn des langen Aufsatzes über „Edgar Poe und seine Werke", den Verne 1864 im „Musée des familles" veröffentlichte, kam er auf Baudelaires Poe-Editionen zu sprechen. Der Übersetzer erhielt das nun schon obligate Lob für seine exzellente Arbeit; gleichzeitig fiel die auf ein tieferes Verstehen weisende Bemerkung, Poe und Baudelaire seien „gemacht, um einander zu verstehen". Poe selbst wurde eingeführt als „Haupt der Schule des Befremdlichen; er hat die Grenzen des Unmöglichen zurückgeschoben". „Nicht weniger befremdlich" sei Baudelaires Vorwort. Das war ein vielversprechender Anfang, der indessen keine Fortsetzung fand. In dreifachem Anlauf begab sich Verne stracks auf die Ebene seines Publikationsorgans – einer Familienzeitschrift für den braven Bürger. Sein Artikel geriet zur Einladung an diesen, Poes Novellen im gemütlichen Heim genußvoll zu konsumieren. Zuerst wies Verne jede Erwartung auf „einige erläuternde Kommentare" zur Poe-Sicht Baudelaires ausdrücklich zurück; die sei, wie sie sei, und habe Aufsehen erregt. Mehr als das Adjektiv „befremdlich" brauchte der Bourgeois darüber offensichtlich nicht zu wissen. Dann waren Poes Werke an der Reihe. „Ich werde nicht versuchen, Ihnen das unerklärliche, unfaßbare, unmögliche Produkt einer Imagination zu erklären, die Poe bisweilen bis zum Wahnsinn trieb." Schließlich wenige Absätze zu Poes Leben, die von seiner (wie schon bei Baudelaire falsch datierten) Geburt „inmitten der positivsten Nation der Welt" ausgingen, die einzelnen Stationen, vor allem die respektableren, kurz andeuteten und dann in bezeichnender Weise auf die Endkrise zu sprechen kamen: „Wir wollen diese Augenblicke des Elends, des Kämpfens, der Erfolge, der Verzweiflung des Romanciers, dem seine arme Frau und vor allem seine Schwiegermutter halfen, die ihn wie einen Sohn über das Grab hinaus liebte, schnell hinter uns bringen und sagen, daß nach dem ausgedehnten Besuch einer Schenke in Baltimore am 6. Oktober 1849 ein Körper auf der Straße gefunden wurde, der Körper Edgar Poes . . . Er starb am folgenden Tag." (112–114) Man beachte, wie rührend die Familie in Szene gesetzt ist.

Nach dieser Verharmlosung wählte Verne einen Erzählton, um seine Leser mit einigen von Poes Werken näher bekannt zu machen. Zitate, Handlungszusammenfassungen und Figurencharakteristiken sind begleitet von einem knapp wertenden Kommentar. Besondere Aufmerksamkeit galt zuerst dem „Doppelmord in der Rue Morgue". Verne suchte die Begeisterung der Leser zu wecken für den „Beobachtungsgeist", die „bemerkenswerte Ableitung", die „wahrhaftige Erklärung", mit denen der „Analytiker" Auguste Dupin den Fall löst (118 f., 122). Dann der „Goldkäfer": Die „Serie von Ableitungen" wird genau vorgeführt, über die die verschlüsselte Botschaft zu dem verborgenen Piratenschatz führt. „Der Romancier entwirrt dieses Chaos mit einer bewundernswerten Logik. Folgen Sie ihm; denn das ist der bestgemachte Teil seiner Novelle." (129, 131) Wenig Gnade fand „Die Ente im Ballon": Die von Poe angegebenen mechanischen Mittel, „die archimedische Schraube, die als Propeller dient, und das Steuer" (137), seien für einen Ballonflug über den Atlantik völlig ungeeignet. In den „Abenteuern eines gewissen Hans Pfaall" würden ebenfalls „beharrlich die elementarsten Gesetze der Physik und der Mechanik übertreten", und eine Atmosphäre habe der Mond nach neuesten Erkenntnissen auch nicht, dennoch zeigte sich Verne in diesem Fall angetan von der „Phantasie" Poes: Die Anerkennung gipfelte in der Hoffnung, daß sich die von diesem erfundenen Mondbewohner zu niederen „Domestiken“ für die Bewohner der Erde eignen könnten (137, 141). Am Ende die „Abenteuer Arthur Gordon Pyms“ und dann eine Zusammenfassung. Sie griff zu dem Verfahren der Einleitung, variierte es aber.

Ausgesprochen „befremdlich und übernatürlich“ erschienen Poes Werke, entsprungen der „Sensibilität seines exzessiven Gehirns“; dann erneut die Fortsetzung: „Wenn man das Unverständliche beiseite läßt...“ Der Hauptteil des Satzes war gebaut auf „wenig bekannte Fakten“, „Beobachtung“, „Gegenstände“. Es folgten „Wahrscheinlichkeit“, „materialistische Seite“, „niemals das Eingreifen der Vorsehung“, „physikalische Gesetze“, und das Ganze mündete in die Feststellung: „Dieser Unglückliche ist ein weiterer Apostel des Materialismus.“ (151 f.) Das war gegen die Jenseitsverheißung des Christentums gerichtet und lag insofern auf der Linie des Kampfes der bürgerlichen Republikaner gegen den gesellschaftlichen Einfluß der gallikanischen Kirche. Als resümierende Wertung ging das Schlagwort vom „Apostel des Materialismus“ jedoch über diesen Kontext hinaus: Es hob nicht zuerst die Elemente der Imagination, sondern die der Vernunft auf die Höhe der Verallgemeinerung. In dieser Sicht waren die „materiellen Wunder“, denen Baudelaire so abschätzig begegnet war, das Wichtigste an dem Amerikaner. Dessen Erfindungen formten keine neue Natur – sie schritten die erkennenden Möglichkeiten des Menschen in der ihm gegebenen Welt bis zum äußersten aus, manchmal über die Grenze des gegenwärtig Möglichen hinaus. Prinzipiell Unmögliches gab es nicht.

Um dieses Grundinteresse herausarbeiten zu können, hatte Verne, wie erinnerlich, zu Beginn seines Aufsatzes alle anderen Elemente in Poes Leben und Werk ausdrücklich weggeschoben. Auf dessen Leben kam er zum Schluß nicht mehr zurück, und das „Unverständliche“ wies er auch dort im Grundsatz beiseite. Dennoch wurde die andere Seite am Ende nicht völlig ausgeblendet. Die Rede kam auf „die immer befremdliche Persönlichkeit seiner Helden, ihr krankhaftes und nervöses Temperament, ihre Art, sich durch wunderliche Interjektionen auszudrücken“ – dies alles sekundäre, aber eben doch erwähnte Phänomene. Die gegenüber dem Anfang veränderte Haltung ist ernst zu nehmen. Nach der Bekräftigung der Grundsatzpositionen wird dem (bisher) nicht Rationalisierten doch noch ein Platz im Weltbild eingeräumt.

Liest man die Poe-Einschätzung Vernes im Zusammenhang des auf Stabilität gerichteten Evolutionsdenkens seiner Klasse, so kann in solchen Weiterungen einer jener Orte gesehen werden, an denen das kritische Element dieses Denkens haftete – von Selbstvertrauen getragen und von daher durchaus offen für erst zu Ergründendes. Daß von Krankhaftem die Rede war, wies auf die eigene stabile Gesundheit. Das Befremdliche wurde nicht einfach ausgeblendet: Als sekundärem Moment wurde ihm eine Rolle im Weltbild zugestanden; es vermochte sogar, wie noch zu sehen sein wird, Aktivität zu stimulieren.

Liest man die Einschätzung im Kontext des Schaffens ihres Verfassers, so ist von Interesse, daß wichtige Sujets der Verneschen Romane – die Ballon-, die Mond- und die Südpolfahrt ebenso wie die Pointe des 24-Stunden-Gewinns in der „Reise um die Welt in 80 Tagen" – den Werken Poes entlehnt sind. Wesentlicher noch ist die Feststellung, daß die wissenschaftlichen Entdeckungen, über die Verne schrieb, zumindest im Bewußtsein des Autors niemals reiner Phantasie entsprangen, sondern im Augenblick des Schreibens „schon zur Hälfte erfunden waren". Als Grundlage ihrer Darstellung betrachtete Verne seine kontinuierliche Auswertung der naturwissenschaftlichen Fachpresse. Mit ihren konkreten Anregungen und mit der Vermittlung des allgemeinen Eindrucks ständig fortschreitender Erkenntnis ermöglichte sie ihm zumindest in dem uns interessierenden Zeitraum die Umsetzung seiner und seiner Klasse „praktischen Philosophie" in Literatur.

Liest man Vernes Poe-Artikel neben denen Baudelaires, so scheint auf den ersten Blick von zwei verschiedenen Personen die Rede zu sein. Genauer: Jeder hob an dem Amerikaner das hervor, was der andere als unwichtig in den Hintergrund stellte. Doch nicht die Frage, wer nun Poe gerechter geworden sei – beide konnten das ihnen Wesentliche bei ihm finden – soll in unserem Zusammenhang weiter verfolgt werden. Poe war ja nur Mittel, um einen Abstand auszumessen. Da es um den Realismus geht, macht die Verschiedenheit, mit der anläßlich Poes auf das Abbild- und das Ganzheitsproblem reagiert wurde, das eigentliche Interesse aus.

Baudelaire argumentierte mit Poe für den Surnaturalismus – die vom Künstler nur aus den Splittern des Gegebenen neu zu schaffende Ganzheit. Der Anspruch seiner Kritik war total: Er bestimmte sich nicht aus den Gesetzen der gegebenen Wirklichkeit. Dahinter stand jener Naturbegriff, der die Gesellschaft seiner Zeit meinte und so deren Unveränderbarkeit im Innersten einrechnete. Weltanschauung wie Kunstarbeit standen dem Realismus fern.

Für Verne kann von einem entgegengesetzt akzentuierten Herangehen an die zeitgenössische soziale Realität gesprochen werden. Er beanspruchte für sich, die Welt erkennend zu erfassen; seine Distanz zu ihr war nicht qualitativer Art, sie zielte auf fortschreitende Vervollkommnung des Gegebenen. Empirische Tatsachen nahm er nicht allzu ernst, setzte sich über sie bei Bedarf hinweg; die Gesamtstruktur seiner Welt aber akzeptierte er fraglos und vermochte selbst unerhörte Details in sie einzufügen. Ihm war „Natur“ nicht alles, was ihn umgab, sondern das vom Menschen noch nicht Beherrschte, insofern Außergesellschaftliche. Seine Gestalten erfuhren ihre Kraft in der Auseinandersetzung mit Naturgewalten, Ungeheuern, unbekannten Weiten und Tiefen. Dabei konnten sie an Grenzen stoßen (den Mittelpunkt der Erde z. B. nicht erreichen)[371] – die Notwendigkeit einer grundsätzlich neu zu bauenden Ganzheit wurde daraus nicht abgeleitet. Kein Realismus also in der Kunstarbeit: Um wesensgetreue Abbildung zeitgenössischer Realität aus kritischem Impuls ging es Verne nicht. Nähe zur Weltanschauung der Realisten: Beherrschung selbst widriger Umstände durch menschliches Erkenntnis- und Handlungsvermögen. Aber das darin wirkende kritische Moment ist nicht allzu stark.

Am Beispiel Poe ist jedoch mehr zu gewinnen als eine mehr oder weniger befriedigende Möglichkeit, begriffsgeschichtlich gewonnene Realismuskriterien zur literaturwissenschaftlichen Charakterisierung von Autoren zu benutzen. Der Umgang mit Poe war zumindest für Baudelaire existentiell wichtig, und selbst wenn Verne später in kritischer Reflexion nicht wieder auf den befremdlichen Autor zurückgekommen ist, stellt auch seine Annäherung eine über Literaturhistorie hinausgehende Frage. Die Beschäftigung mit Poe legte Lebensorientierungen bloß: Wie vermochten Menschen nach 1848 als gesellschaftsverändernde Individuen sich zu behaupten und wirksam zu werden?

Baudelaires revolutionäre Erwartung und sein Anspruch waren ursprünglich total. Dem erzwungenen Rückzug auf die umwälzende Aktion allein im Geiste folgten Vereinsamung, Verzweiflung, der Tod mit 46. Auch Frankreich war ein Land, an dessen gesellschaftlicher Mauer Dichter „ihre Stirnen wundrieben“[372]. – Verne ging da weit realistischer an seine Welt heran – als gemäßigter Evolutionist. Alles sollte bleiben, wie es war; dann würde es mit der Zeit auch besser werden. Auf noch zu Leistendes wies er als zufriedener Mann. Was sich veränderte, tat es in seinem Sinne. Hochgeehrt starb er, im 78. Lebensjahr. – Auch an Barbey d'Aurevillys Haltung kann erinnert werden: die kühle Diagnostik des innerlich Unbeteiligten. Ob sich etwas änderte oder nicht – Anlaß zu sarkastischen Kommentaren gab es allemal.

Drei Haltungen, die untereinander unvereinbar waren. Gibt es andere?

„Realismus“ in den sechziger bis achtziger Jahren

Die politische Geschichtsschreibung ist sich einig: Um 1860 begann – erst kaum merklich, dann mit zunehmender Geschwindigkeit – das kaum errichtete Regime des Bonapartismus zu verfallen. Die ökonomischen Wachstumsraten fielen. Erste bescheidene Liberalisierungsmaßnahmen hatte der Kaiser noch aus eigener Initiative ergriffen; immer weniger aber bestimmten die Regierenden, was im Lande geschah. Revolutionäre Bestrebungen innerhalb der Arbeiterschaft nahmen zu; immer größere Teile der Bourgeoisie meldeten Widerspruch zu den praktizierten Herrschaftsmethoden an. Das gescheiterte Abenteuer einer französischen Vorherrschaft in Mexiko war die deutlichste außenpolitische Niederlage. Wieviel Ton im Fundament und wieviel Talmi auf dem Gesicht des Zweiten Empire lagen, machten die schnellen preußischen Siege 1870 klar. Wie tief die sozialen Widersprüche gingen, zeigte die Kommune. Der Sturz des Kaisers ermöglichte die Geburt der Dritten Republik; die blutige Niederwerfung der Pariser Arbeiter schuf die zur Ausgestaltung dieser Republik von der Bourgeoisie gewünschte soziale Ruhe. Weitere zehn Jahre Auseinandersetzung unter den Herrschenden waren notwendig, um diese Ausgestaltung zu einem ersten Abschluß zu bringen.

In diesen Kämpfen ging es nicht mehr und noch nicht um Sein oder Nichtsein der Bourgeoisie. Wohl aber forderte die Gestaltung des entwickelten Kapitalismus auf wesentlich unerforschten Bahnen (wo auf dem alten Kontinent gab es z. B. eine Republik?) die Bündelung aller sozialen Potenzen, darunter der ideologischen. Die Bourgeoisie hat in der Phase der Stabilisierung ihrer Herrschaft bewußt und nachhaltig auf jene ideologische Stabilität gesetzt – ja, sie hat sie produziert und organisiert –, die Literatur und Kunst durch eine Abbildung sozialer Zustände im Zeichen von Bestätigung und förderlicher Mahnung zu erzeugen vermögen. Kunstproduktion und -rezeption, Kunstkritik und -politik der herrschenden Klasse wirkten gemeinsam für dieses Ziel. Ausreichend viele Kunstschaffende fanden sich, aus dem Programm künstlerische Praxis zu machen.

Im Kontext dieser Phase kapitalistischer Gesellschaftsentwicklung erlangten die Ergebnisse der Realismusschlacht über ihren Entstehungsbezug hinaus Bedeutsamkeit. Ideologische Stabilitätserfordernisse des Bonapartismus hatten, wie zu sehen war, den Verlauf der Debatte in den fünfziger Jahren wesentlich bestimmt. Brüske, bis ins Administrative gehende Abwehr jeglichen kritischen Gegenwartsbezuges als bedrohlich war in wachsendem Maße zurückgetreten hinter der gelasseneren Ermahnung, den Blick auf Zeitgenössisches für die Beförderung bürgerlicher Moralvorstellungen zu nutzen. Künstler sollten erziehen helfen. Die Anwendung so probater Mittel wie Ästhetisierung, Verharmlosung und Zukunftsverweis war ins Auge gefaßt worden, um kritischer Ungeduld die Spitze zu brechen. „Realismus" war unter solchen Auspizien fast schon Mode geworden: Schriftsteller und Maler produzierten und verkauften Szenen aus dem bürgerlichen Alltagsleben in wachsender Zahl.[373] Wenn die historische Entwicklung die um 1860 vom Bonapartismus proklamierte Stabilität auch sehr bald als gewaltigen Selbstbetrug erwies, so wurden die bis dahin produzierten ideologischen Stützen dieser Stabilität doch nicht überflüssig. Im Gegenteil, man benötigte sie für einen längeren Zeitraum. Der entwickelte Kapitalismus war noch längst nicht umfassend gestaltet.

An durchgreifender Orientierung des herrschenden Kunstdenkens auf Autonomie gab es folglich vorerst kein gesteigertes Interesse. Über das Ende des Bonapartismus hinaus gepflegt wurden vielmehr all jene Gedanken, die auf die Produktion bürgerlicher Weltanschauung durch Kunst gerichtet waren. Kunst galt – abbildend und in ihren Funktionen – als sozial gebunden. Ihre Eigengesetzlichkeit, Selbstbestimmtheit, Freiheit, spezifische Kraft standen nicht hoch im Kurs.

Mit der zu Ende gehenden Schlacht verschwanden um 1860 die ungezügelten Invektiven gegen den Realismus, speziell gegen dessen ausdrücklichen Gegenwartsbezug, ebenso aus dem öffentlichen Kunstdenken, wie die ausdrücklichen Bekundungen der Unabhängigkeit der Kunst spürbar an den Rand rückten. Rimbaud in Afrika, Lautréamont ein Geheimtip erst der Surrealisten – dies die kräftigsten Beispiele für das Schicksal des geistigen Aufruhrs; Théophile Gautier als kaisertreuer Vielschreiber – offiziell hochgeehrt; Leconte de Lisle auf dem Parnaß – da war die Distanz klassizistisch genug, um kalter Würdigung nicht entraten zu müssen. Wo Kritik sich auftat, wurde sie mit wachsender Virtuosität weichgezeichnet; brutalere Mittel der Gleichschaltung lagen immer griffbereit.

Die Diskussion pegelte sich auf jenem mittleren Niveau konformistischer Versöhnung der Gegensätze ein, das auch das politische Bemühen des Bonapartismus kennzeichnete. Jener Fortschritt, der zur wachsenden Stabilität der bourgeoisen Gesellschaft führte und dem der Bonapartismus eine erste vorübergehende, die Dritte Republik dann eine dauerhaftere politische Form war, erzeugte eine integrierende Sogwirkung, die das Kunstdenken erfaßte und auf längere Zeit bestimmte. In Kunstpolitik, Ästhetik und Kritik wurden jene in der Realismusschlacht noch untergeordneten Tendenzen beherrschend, die sozialen Stabilitätsgewinn durch umfassendere Propagierung der Gegenwartssicht der Herrschenden zu erzeugen suchten. Der Vorgang ist nicht untypisch für Schicksale des Kunstdenkens in Zeiten evolutionärer Stabilisierung, in denen zwar das Interesse an sozialer Umwälzung stillgelegt ist, nicht aber das an sozialer Fortentwicklung auf eine bessere Zukunft hin. Die Kunst wurde in den Dienst genommen und trat ihrerseits die Stellung an.

Dies ist in einem ersten Komplex darzustellen. Veränderungen im Denken der Realisten selbst werden anschließend zu betrachten sein – insbesondere, wie unterschiedlich weit in deren Bewußtsein das oppositionelle Moment des Realismus zurücktrat, sie sich also ihrerseits einordnen ließen in die ideologischen Verläufe. Daß solche Einordnung das kritische Vermögen nicht abtöten muß, wird am Beispiel Emile Zolas zu zeigen sein. Es gab in dieser Zeit aber auch Realismus der großen Veränderung. Nur verwiesen werden kann auf Gustave Flaubert, den der Ekel vor seiner Zeit zu zurückgezogenem Leben auf dem Lande veranlaßte, um von dort aus als einer, der nicht hinters Licht zu führen war, die Gebrechen dieser Zeit mit schärfster Distanz zu sezieren. Sein kritischer Realismus war unerreicht in der Genauigkeit der Gegenwartssicht wie in dem Bestehen auf dem Recht der wissenden Subjektivität. In einer anderen Kunst und auf andere Weise verkörperte Gustave Courbet den Realismus des Umsturzes. Sein Schicksal und seine Verklärung stehen am Ende dieser Darstellung. Aus ihnen erwachsen, über die erinnerte Zeit hinaus, Perspektiven des realistischer Kunst Möglichen und Forderungen an den Umgang mit ihr.

„Die Zeit der Polemiken ist beendet"
Die Integration des Realismus nach der Schlacht

Wenn die neue Zeit mit experimenteller Wissenschaft und bürgerlicher Sozialordnung alle Voraussetzungen unbegrenzten Fortschritts in sich zu tragen schien, die entsprechende Ideologie jedoch noch nicht in der wünschenswerten Breite existierte und daher auch Kunst zu ihrer Produktion aufgefordert war, stellte sich das Problem des Realismus in neuem Licht. Zuwendung zu den Gegenständen der sozialen Realität wurde verstärkt proklamiert; sinnvermittelnde Erfassung des sozialen Ganzen war gefragt. Das Abbild des Vorhandenen sollte Genugtuung verbreiten, ja Begeisterung – oder zumindest Beruhigung und Ablenkung. Das zu lösende Problem bestand in der Regulierung des dem Realismus inhärenten kritischen Moments. Paßte sich die Kritik als zuträglich-fördernde in den Rahmen des Gegebenen ein, statt diesen Rahmen zu sprengen, stand gegenwartabbildender Kunst ein weites Feld offen.

In Kunstdenken und Kunstpolitik des endenden Bonapartismus und der beginnenden Dritten Republik mehrten sich – erstens – Gedankengänge, die das aktuelle ideologische Interesse pur formulierten: Kunst sollte die sozialen Errungenschaften der bürgerlichen Gesellschaft propagieren, indem sie sie in freundlichem Licht abbildete. Bei dieser Seiche blieb es jedoch nicht. Es gelang – zweitens – dem ästhetischen Denken, sich eines allgemeineren Problems bewußt zu werden und es einer zeitbedingten Lösung zuzuführen, das aus dem ideologisierten Umgang mit Kunst erwuchs, aber größere Dimension hatte: das der Beziehungen von gesellschaftlichen Bedingungen und Kunstentwicklungen in Produktion von und Abbildung durch Kunst – es war das Thema der Ästhetik Hippolyte Taines. So konnte drittens im Kunstdenken schließlich Gelassenheit gegenüber dem Realismus in fast sublimer Weise die Aufgeregtheit und deren Gründe aus dem Bewußtsein drängen, auf der Höhe eines formalen Nachdenkens über Realismus und Idealismus empirische Wirklichkeit und künstlerische Subjektivität in ewigen Pendelschlag versetzen und so der Inhalte sozialer Widersprüche entheben.

Forderungen nach sozialer Nützlichkeit von Kunst als ideologischem Erziehungsinstrument bildeten – es war davon die Rede – schon während der Realismusschlacht einen der Argumentationszusammenhänge. In den sechziger Jahren verdichteten sie sich in einem Maße, daß andere Funktionsbestimmungen dahinter fast ganz verschwanden. „Die Schriftsteller müssen sich ... als öffentliche Erzieher, als freiwillige Amtsträger betrachten“, hieß es bis in die „Revue des deux mondes“ hinein, und das verwendete Wort „instituteur“ griff hinunter in die Bereiche der Elementarbildung: Der instituteur war der Volks-, auch Hilfsschullehrer; nicht einmal auf die Bezeichnung „professeur“ hatte der Schriftsteller demnach Anspruch. Auf einen in den Augen des Schreibers erhabenen Titel allerdings lief die Rollenzuweisung doch hinaus: „Wenn die Schreibkunst in innigerem Gleichklang mit dem Denken steht als alle anderen Künste, so muß sie denen, die sie ausüben, mit einem direkteren Einfluß zugleich eine größere Verantwortung verleihen. Beitragend zur Freiheit, zur Weisheit und zum Ruhm ihrer Mitbürger, sind auch sie auf ihre Art Verteidiger des Vaterlands.“[374]

Die Künstler als verantwortungsbewußte Erzieher im Dienste des großen Ganzen; ihre Gegenstände Erziehungsmittel, ihr Publikum Erziehungsobjekt. Mit Bedacht war bei solcher Zielsetzung auszuwählen, was die Kunst darstellen sollte, und nicht mehr den Schimären der Phantasie, sondern der „Reproduktion der Schönheiten der modernen Aktivität“ gebührte die Krone. „Das 19. Jahrhundert ist nicht so häßlich, wie man zu sagen beliebt.“ Auch „unsere schwarzen Anzüge“ böten den Vorwurf für Meisterwerke.[375] (Die Ablösung des bunten aristokratischen Gewands durch den einfarbigen Anzug des Bürgertums – in damaligen Überlegungen immer wieder Emblem des Wandels der Zivilisation, und nicht nur in dem kritischen Sinn von Baudelaires „Salon 1846“.) Entschwunden waren die Zeiten, da dem Aufblitzen der unverklärten Empirie in der Kunst mit prinzipiellem Schaudern und voller Empörung gewehrt worden war. Gebieterisch erklang der neue Grundton: „Gott auf Erden“. Das Wort fand sich, nach Renan, 1867 bei Arsène Houssaye, in einem Buch, mit dem er nach zwanzig Jahren auf die Malerei der Flamen zurückkam. Sein Titel bereits bezeugte, daß diese nun nicht mehr, wie 1846, in einer zweiten Reihe standen: „Wunder der flämischen Kunst". Die Kunst „auf einen eher menschlichen als himmlischen Ton" gestimmt zu haben war jetzt ein höchstes Verdienst geworden; „Pan", „Gott" und „Natur" fanden im Diesseits zusammen. Es galt nicht mehr als erforderlich, „Größe, Schönheit, Gnade" – wie die Alten – aus der „universalen Welt" zu beziehen, auch die „reale" tat es (solange nur die Kunst nicht zum „Naturalismus" verkam, was hieß, den Menschen nur in seinen „privaten Gewohnheiten" darzustellen, ihn zu „imitieren", statt zu „interpretieren").[376] Die Stichworte zeigen an, daß den für Kunstdinge Beauftragten des Dritten Napoleon Sublimität nicht durchweg abging. Die Worte entstammten früheren Phasen kunstbetonter Reflexion; sie ließen sich aber gut integrieren, wenn nur dem vormals in wirklichkeitsferner Höhe beschworenen Ideal Existenz im Diesseits des Bonapartismus zuerkannt wurde.

Von einer anderen Seite aus integrierbar war das Grundmotiv des art social, daß Kunst als „Spiegel der Gesellschaft", als „Vulgarisator" und „Triebkraft des Guten oder des Schlechten" soziale Bedeutung besitze und soziale Verantwortung wahrzunehmen habe. Théophile Thoré, der diese Auffassungen 1861 formuliert hatte, vergaß dabei nicht, „Unabhängigkeit" der Individualität von der „offiziellen Gesellschaft" als sein Prinzip zu benennen.[377] Inzwischen aber wurde diese Einschränkung so zurückhaltend formuliert, daß sie hinter den ersten Teil des Thoréschen Gedankens ganz zurücktrat. Die Kunstpolitik des Dritten Napoleon wird daher gelegentlich saint-simonistisch genannt.[378]

Die Einzelbeispiele sollen hier nicht vermehrt werden. Das repräsentativste Dokument des herrschenden Kunstdenkens der sechziger Jahre liegt in dem „Bericht über den Fortschritt der Literatur" vor, der, zusammen mit 37 weiteren Berichten zur Entwicklung der einzelnen Wissenschaften, zur Pariser Weltausstellung 1867 im Auftrag des Volksbildungsministeriums verfaßt wurde. Sein Ruf ist, wie der der damaligen Kunstauffassungen insgesamt, nicht der beste; ein genauerer Blick aber lohnt sich.

Der Bericht war ein widersprüchliches Elaborat. Das begann schon bei der Person des Hauptautors. Sylvestre de Sacy hatte seit 1828 dem „Journal des débats" politische und literarische Artikel geliefert. Seinen aristokratischen Konservatismus in Kunstdingen hatte er unmißverständlich formuliert, als er einige dieser Artikel 1858 zu einem Buch vereinigte. Von seinem „antiken

Geschmack", den „alten Modellen", den „unwandelbaren Regeln des Schönen und des Wahren" war da die Rede: „Ich kenne ebensowenig zwei Arten des Schönen in der Literatur wie zwei Arten des Guten in der Moral." Immerhin fühlte Sacy, daß dies die fortgeschrittensten Ansichten nicht eben waren. Über eine mißmutige Toleranzerklärung führte ihn das aber nicht hinaus: „Ich lasse den anderen ihren Geschmack unter der Bedingung, daß sie mir meinen lassen."[379] Und solch ein Mann sollte nun die „Fortschritte der Literatur" analysieren? Tatsächlich fanden sich Passagen in seinem einleitenden Grundsatzbeitrag, die in dem unhistorischen Hantieren mit „dem Schönen", „dem Wahren", „dem" unveränderlichen „menschlichen Geist"[380] das Verhaftetsein ihres Schreibers in einer vergangenen Epoche direkt aussprachen. Im Romankapitel machte Paul Feval noch immer Walter Scott zum „wahren Vater all unserer gegenwärtigen Autoren" und forderte das „Wunderbare" statt des „Wahren" (43, 45) – was für ihn selbst bedeutete, reizvolle Mantel- und Degenromane zu schreiben. Nirgends waren die Bestimmungen des gegenwärtigen Zustands von Enthusiasmus geprägt. Nur Wandel, nicht Fortschritt wurde konstatiert – auch wenn im Rahmen eines Kaiserlobs der „Glaube an die Zukunft" zu Worte kam (10, 32). Zola war empört über die implizite Distanz, als er den Bericht im Juni 1868 rezensierte. „Einen der am elendesten gescheiterten Versuche unserer Zeit" nannte er die Arbeit; Sacy sei sich zwar bewußt „unserer Anstrengungen, unserer Neigung zum Wahren, des Elans, der uns dazu treibt, das Wissen zu verbreiten, um dem Nützlichen und Richtigen eine höchste Schönheit zu suchen" („instruction" hieß auch hier das Wort für Wissen), aber seine Wertung stehe auf dem Kopf: „Er ruft Dekadenz, während wir Aufbruch sind."[381]

Doch wertete Zola als Aktivist des Neuen die trotz der konservativen Vorlieben vollbrachte Leistung zu sehr ab. Wesentliche Veränderungen im literarischen Leben der letzten Jahrzehnte hatte Sacy genau registriert. Das wird besonders deutlich, wenn man den Vorgänger des Achtundsechziger Berichts zum Vergleich heranzieht, das 1816 von Marie-Joseph Chénier im Auftrag der Académie française veröffentlichte „Historische Tableau des Zustandes und der Fortschritte der französischen Literatur seit 1789". Sacy machte die Veränderungen im Literaturbegriff namhaft: Neben den schon von Chénier nicht mehr behandelten Naturwissenschaften zählten nun auch Grammatik, Philosophie, Logik, Moral, Politik, Recht, Rhetorik, Kritik und Geschichtsschreibung nicht mehr dazu. „Was bleibt der Literatur? . . . die eigentliche Poesie, die dramatische Kunst in ihren verschiedenen Genres und der Roman." (4) Sacy und seine Mitarbeiter Feval und Gautier sprachen von den neuen Wertigkeiten der literarischen Gattungen: dem Aufstieg des Romans zur wichtigsten und dem Wandel der Poesie zur marginalen (bei Chénier war der Roman wegen seiner regellosen Unentschiedenheit zwischen Geschichtsschreibung, Epos, Tragödie und Komödie noch eindeutig abgewertet worden[382]). Zur Rede kamen:

– die gewaltige Vergrößerung der Buchproduktion: „Ein neu erscheinendes Buch ist für uns nur ein Alltagsvorfall: zu Zeiten Chéniers war es ein Ereignis" (6);
– die Herausbildung des Berufsschriftstellers: „Die Literatur ist nicht mehr wie früher . . . das Privileg einiger außergewöhnlicher Berufener; sie ist ein Beruf, ein Stand, von dem man leben muß und wo, wie überall, eine mörderische Konkurrenz herrscht" (7);
– die neue Rolle der Presse mit der positiven Wertung: „Die Literatur hat keine populäreren Organe" (24), während Chénier jegliche „Manufaktur"-Produktion von Literatur wegen Erfolgshascherei und Demokratisierungsgefahr abgelehnt hatte;
– das Ende der normierenden Kritik: „Um zu wägen, haben wir keine Waage, um zu messen, keinen Kompaß mehr" (10); Chénier hatte sich auf „die alten Regeln" noch fast ungebrochen berufen;[383]
– die Ablösung der Salons durch das Massenpublikum: „Es ging darum, eine kleine Zahl feinfühliger Geister zufriedenzustellen: es geht darum, den Bedürfnissen einer ausgehungerten Menge zu entsprechen" (11).

Was hier beschrieben wurde – mit welcher Distanz auch immer –, war der fortschreitende Ausbau kapitalistischer Literaturverhältnisse, und liest man heutige literatursoziologische Untersuchungen der damaligen Prozesse,[384] so belegen sie nur im Detail, was Sacy und seine Kollegen schon inmitten der vor sich gehenden Veränderungen in den Grundzügen erfaßten.

Das zweite Interesse des Berichts liegt in den kunstpolitischen Vorschlägen, die er aus den beobachteten Tendenzen mit frappierender Klarheit ableitete. Mit aller Macht verabschiedete das mit

Genehmigung des Justizministers in der Kaiserlichen Druckerei hergestellte Werk die Idee einer allein dem „plaisir“ verpflichteten Kunst und wies dieser eine soziale Funktion, eine „Mission“, zu (27 f.). Grundlage der Funktionsbestimmung war die zunehmende Alphabetisierung.[385] Die Teilnahme an der „Emanzipation einer ganzen Rasse von Menschen, die in der Zivilisation bisher nicht zählten“, wurde der Literatur als lohnendes Ziel vor Augen gestellt. „Hat sie nicht die letzten Reste der Barbarei zu zerstreuen und eine ganze Welt von Seelen und Köpfen von der Unwissenheit zu befreien? ... Jeder wahre Gedanke ist ein Samenkorn, das ihr in fruchtbarste Erde sät; es wächst nicht nur für einige, es wird Früchte tragen für alle und hundert für eines einbringen.“ (28) Mit dem Blick auf diese Erziehungs- und Bildungsfunktion wurde die Freiheit der Künstler von akademischen Normen ebenso bestätigt wie die Abbildung zeitgenössischer Realität lizenziert: Die Kunst selbst sei „der Herr ihrer eigenen Regeln“ (9), keine Kritik mit „gleichmachendem Gesetz“ (11) könne ihr mehr Vorschriften machen; durch „Beobachtung“ könne der „moderne Roman“ die „Legende unserer Zeit“ (40) sein. Hatte sich der Liberalismus in der Kunstpolitik mit solchen Öffnungen durchgesetzt?

Mitnichten. Nicht ohne Bedacht hatten die kaiserlichen Beauftragten von dem „wahren“ Gedanken gesprochen, den die Schriftsteller zu hegen aufgerufen waren. Nicht geistiger Produktivität – ideologischer Verläßlichkeit ihrer Leser sollte die mittels Literatur zu betreibende Erziehungsarbeit dienen. Was als wahr gelten konnte, darüber gab es keinen, zumindest keinen schriftlich niedergelegten Zweifel. Im weiteren Nachdenken aber – und was jetzt folgte, war der mickrige Schluß, auf den die scharfsichtigen Beobachtungen des Sacyschen Textes zuliefen – stellte sich heraus, daß sich die Verfasser doch nicht so sicher waren, ob ihre Wahrheit auch die jener sei, welche dank der wachsenden Bildung in das kulturelle Leben einzutreten begannen. Kulturpolitische Bedenken meldeten sich zu Wort: „Ein schlechtes Buch, ein unmoralisches, unfrommes, antisoziales Buch ist heute hundert Mal mehr eine schlechte Tat als früher“ – da soviel mehr Menschen es lesen konnten! Nur eines, so schien es Sacy, vermochte dem drohenden Übel zu steuern: das „Verantwortungsgefühl“ der Schriftsteller. Mit breitem Pinsel malte er aus, was dessen Fehlen bei den unzuständigen Lesern anrichten würde: „Wenn man ihnen erst einmal eingeredet hat, daß es weder Gott noch Leben im Jenseits noch kommende Gerechtigkeit gibt und der Genuß des heutigen Tages alles ist, wie kann man annehmen, daß sie nicht sofort ihren Anteil an diesem Genuß fordern werden? ... Werden sie nicht bald in den geheiligtsten gesellschaftlichen Regeln nur das Interesse der Reichen, in der Moral nur eine lächerliche Beschränkung ihrer Gelüste erblicken? O, wenn der Schriftsteller, der ein regelloses Buch produziert, und der eigennützige Verleger, der es verbreitet, Zeugen all dessen werden könnten, was die Lektüre dieses Buches an Ausschweifungen in der Phantasie, an Unordnung in den Familien, an Unglück und Verbrechen hervorbringt, so vermöchten ihre Gewissensqualen der Justiz bereits ausreichend Gerechtigkeit zu verschaffen: andere Bestrafung brauchten sie nicht!"

Das Mißtrauen gegenüber dem erreichten Grad sozialer Stabilität sprach überdeutlich aus diesem Zittern vor der Macht der Literatur. Sicher nicht ohne Bedacht wurde daran erinnert, daß die Justiz im Hintergrund bereitstand. Deutlich aber war auch die Hoffnung, auf deren Eingriff verzichten zu können. Das Mittel dazu: die Selbstzensur der Autoren. „Schriftsteller, die ihr heute selbst eure Polizei und eure Zensur seid, mögen euch Zart- und Ehrgefühl dazu veranlassen, eure Wachsamkeit gegenüber euren Werken zu verdoppeln, alles voller Ernst zu wägen, was eurer Feder entspringt, vorher den entferntesten Widerhall zu prüfen, den ein unglückliches Wort, ein Irrtum erlangen können ...! Zum ersten Mal hat die Menschheit einen großen und schrecklichen Versuch unternommen; der Kampf ist frei zwischen dem Guten und dem Bösen, zwischen Irrtum und Wahrheit: einen sinnlosen Versuch, wenn die, die ihn wagen, nicht tief an den Sieg der Gestirne des Guten über das Böse, der Wahrheit über den Irrtum glaubten!" (28–30)

Was hier zur Sprache kam, war eine bestimmte Stufe auf dem Weg zur selbstregulierten bürgerlichen Freiheit des Literaturbetriebs. Ganz freigegeben war der beschworene Kampf ja durchaus nicht. Wo aber irgend möglich, war auf Gängelung zu verzichten. Im Formalen gab es keine Restriktionen mehr. Wenn allerdings Literatur ihren ideologiebildenden Auftrag nicht erfüllte, hatte die Erziehung der Erzieher einzusetzen – von der Mahnung bis, nötigenfalls, zur Drohung. Die emanzipatorischen Möglichkeiten der Kunst wurden eingegrenzt auf das Begreiflichmachen der bourgeoisen Wirklichkeit. Zuwendung zur sozialen Realität als Gegenstand und als Funktionsraum von Kunst also – was die Realisten gefordert hatten. Aber nur im Rahmen der offiziellen Wahrheit: ohne kritische Komponente. Nochmals traten die *Gegner* des programmatischen Realismus als jene auf, die den ausdrücklichen abbildenden und funktionalen Gegenwartsbezug des Stachels beraubten.

Erkenntnis wichtiger Veränderungen im Literaturbereich und Bekenntnis zu einer vagen, im Bedarfsfall eher engstirnigen Literaturpolitik standen somit in dem „Bericht über den Fortschritt der Literatur" eng zusammen. Gemeinsam machten sie ihn zu einem repräsentativen Dokument. Dieser Rang kam – was den zweiten Komplex betrifft – auch einer gleichzeitig erschienenen Schrift über die „Künste und ihre Verwaltung" zu, die die Grundworte an Hand von Malerei und Plastik durchdeklinierte. Die erzieherische Mission: der Künstler als abhängig „vom moralischen Zustand der Gesellschaft" und seinerseits den „Kreis der menschlichen Kenntnisse" vergrößernd durch das „Schöne", das „in die Liebe des Guten" einführt; „jedes Werk muß ein Ziel haben", und „das große Bemühen des Künstlers muß darin bestehen, seinen Gegenstand auf die Höhe eines Gedankens zu erheben". Das Bekenntnis zu regulierenden „Aufgaben der Regierung", um den Künsten den rechten Weg zu weisen – mit möglichst viel Raum für deren Verantwortungsgefühl auch hier und ohne kleinliche Gängelei: „Man wird dem Künstler die Freiheit der Mittel lassen, die er anwenden kann, und ihn unmerklich dazu bringen, die Gegenstände zu lieben und zu wählen, die ihn am sichersten zum moralischen und nützlichen Erfolg seiner Werke führen." Das „unmerklich" war wichtig in diesem Satz – von Justiz und Zensur sprach der Autor Amédée Jullien nicht mehr. Alles sollte über „Institutionen" gehen, die, ohne außerideologischen Zwang und auch ohne zentrale Bevorzugung dieser oder jener Genres oder Richtungen, die Beziehungen des Staates zu den Künstlern regelten. Wiederum das zage Zutrauen zu weniger begrenzter Liberalität: Moralisch „inspirieren" sollte die Verwaltung schon, aber andererseits „wird man den Ruhm der Künste niemals durch Reglementierungen erhöhen; das ist vielmehr ein Mittel, die Originalität zu paralysieren". Den Künsten seien „die Grenzen zu erweitern, in denen sie sich bewegen", denn schließlich sei ihrer Selbstverwaltungsfähigkeit doch einiges zuzutrauen: „In Frankreich haben die Künste sich hoch genug erhoben, um ihre Freiheit zu sichern und bedingungslos Anspruch auf Protektion durch Staat und Publikum zu haben."[386] Die Wege, auf denen Protektion wie Eigenverantwortung in den bildenden Künsten zu sichern waren, wurden schon erwähnt: die Ausstellungsjurierung und die Ankaufpraxis. Zur relativen Eleganz dieser Mittel trug sicher bei, daß Bilder zunächst nur in einem Exemplar vorhanden sind, die soziale Existenz von Büchern dagegen durch Vervielfältigung beginnt.

Über die schwebende Unentschlossenheit der Kunstpolitik seiner letzten Jahre hinauszukommen war dem Zweiten Kaiserreich nicht mehr beschieden. Liest man heute seine letzte kunstpolitische Verlautbarung, die Rede des zuständigen Ministers Maurice Richard bei der Auszeichnungsveranstaltung nach dem Salon 1870, so bleibt ein Eindruck von erheiternder Hilflosigkeit. „Recht betrachtet, muß der Salon von 1870 uns keinen Anlaß zu Sorge geben", lautete der selbstermunternde methodische Ausgangspunkt. Ihm folgend der klassische Wahlspruch ohnmächtiger Krisenverwalter: „Wir sollten nichts übertreiben." Und am Schluß der entwaffnende Satz: „Ich weiß nicht, ob man, uns mit den großen Epochen vergleichend, das Wort Dekadenz aussprechen kann; aber was ich gut weiß, was ich stolz bin zu verkünden, das ist, daß kein Land zu dieser Stunde in der Lage wäre, etwas dieser französischen Dekadenz Vergleichbares aufzuweisen."[387]

Nur zwei Monate später war der Krieg praktisch verloren, der Kaiser im Exil, der Minister arbeitslos. Wie gingen die neuen Machthaber, die bürgerlichen Republikaner, mit Realitätsabbildung und Erziehung durch Kunst um?

„Endlich haben wir das große Prinzip erreicht: die Freiheit in der Kunst und das durch sich selbst belohnte Talent ... Nur einen Rat haben wir den Künstlern zu geben: Talent zu haben."[388] Dies eine der ersten Programmerklärungen nach den durchstandenen Auseinandersetzungen mit Preußen und Proletariern. Zwar folgten ihr in der nächsten Nummer des „Artiste" wüste Hetzartikel gegen die Kommunarden, u. a. von den alten l'art-pour-l'art-Anhängern Théophile Gautier („Die verbrannten Meisterwerke") und Jules Janin („Die Invasion der Barbaren"). Aber zumindest innerhalb der Herrschenden schien klar: Mit dem politischen Wandel galt die selbstregulierende Anarchie der kapitalistischen Produktionsverhältnisse auch für den Bereich der Kunstproduktion. Der Künstler schreibt, wie's kommt; der Leser liest, was kommt. Das war ja auch in den letzten Jahren des Kaiserreichs von den bürgerlichen Republikanern immer wieder gefordert worden. So

1868 von Charles Blanc, der nun der erste Repräsentant der neuen Republik in Kunstdingen wurde und 1878 den neugeschaffenen Lehrstuhl für Ästhetik am Collège de France erhielt: „Die Kunst ist wesentlich frei ... Wenn der Künstler die Schöpfungen seiner Seele dem Willen einer anderen Seele unterwerfen sollte, zerbräche er die inneren, geheimnisvollen, ungreifbaren Bindungen, die Geist und Körper in der Wärme des Lebens einen."[389] Unabhängig von der qualmigen Diktion: das politische Ziel war eindeutig formuliert.

Schon vor dem Machtantritt wurden jedoch gelegentlich auch Einschränkungen ins Feld geführt. Lesenden Frauen etwa wurde 1863 eine, durchaus nicht uniforme, Liste republikanischer Autoren empfohlen, die nicht ganz ohne Warnschilder auskam: „Trinken Sie die guten und stärkenden Liköre, die die Quinet, Michelet, Hugo, Barbier, Sand, Taine, Proudhon Ihnen anbieten ... Lesen Sie nicht Honoré de Balzac, den großen Beobachter, dem nur zwei Dinge fehlen: Denken und Moral ... Ziehen Sie George Sand vor ... O Gott, schlimm wäre es, wenn Sie bis zu Baudelaire hinunterstiegen."[390] Die wichtigen Begriffe lauteten hier „gut" und „stärkend". Auf sie zuerst meinten die Republikaner ihre Kunstpolitik bauen zu müssen, und damit machten sie genau dort weiter, wo der Bonapartismus gewerkelt hatte: bei dem Bemühen um ideologische Erziehung durch Kunst.

Der oberste Theaterzensor des vertriebenen Kaisers (sein Amt war per Dekret am 30. September 1870 aufgehoben worden) hatte die Neuen gleich nach der Kommune triumphierend gefragt: „Hat sich die Verschwörung gegen die soziale Ordnung, als ihre Stunde kam, vermessen genug auf ihre Beute gestürzt, um die geschlossensten Augen zu öffnen? Hat das absolute Recht, alles zu sagen, alles zu schreiben, alles zu tun, schreckliche Tollheit genug hervorgebracht?"[391] Allerdings! stöhnten die Angesprochenen und machten sich daran, das Feld vorerst in bewährter Manier zu bestellen. Die Theaterzensur wurde bald wieder eingeführt. Ab September 1871 schon war von „Freiheit der Kunst" im „Artiste" ganz anders die Rede. Edouard L'Hote betonte: „Die Kunst ist kein einfaches Amüsement, keine Phantasie, keine Laune; die Kunst hat ein Ziel, eine Mission, wie alle vernünftigen Manifestationen der menschlichen Intelligenz, die Kunst ist gemacht, um zu unterweisen, zu rühren und zu entzücken." Und weiter im Text: „Wozu dient die Kunst? Auf uns selbst zu reagieren, unsere Intelligenz zu erhöhen, in uns das Gefühl des Wahren, Rechten und Schönen zu entwickeln; uns das Leben liebreizender und sanfter, das Vergnügen anziehender, die Freiheit teurer und, wenn wir sie verlieren, das zurückbleibende Bedauern weniger tief und weniger bitter finden zu lassen. Den Ökonomen sagen wir, daß die Kunst dazu dient, die Arbeit zu poetisieren."[392] Zur bewußten Wahrnehmung dieser Dienstverpflichtungen in der Folge Auguste Comtes sollten die Künstler ihre Möglichkeiten nutzen; in der Anerkennung der „großen Mission der moralischen Vervollkommnung der Massen", so hieß es im Dezember 1871, erfülle sich „die Freiheit in der Kunst".[393]

Dieses kunstpolitische Programm erhielt in den ersten Jahren der Dritten Republik umfassende Gültigkeit, und der ehemalige Liberalist Charles Blanc wurde einer seiner eifrigsten Vertreter. „Trotz der Revolution und dem modernen Geist zum Hohn haben wir bisher weder die Freiheit der Feder noch die Freiheit des Wortes", klagte 1876 ein gerichtlich verurteilter Romanautor.[394] Ein Jahrhundert später kam eine mit strukturaler Strenge und linker Radikalität geführte Untersuchung der Romanproduktion des Nachkommune-Jahrzehnts zu weitreichenden Generalisierungen: „Der Roman ist Formierungsmittel des Klassenbewußtseins"; „die herrschende Klasse besitzt den Roman als Werkzeug spezifischer ideologischer Manipulation"; „der Roman ist eine ‚Droge'"; „der Roman ist eine Zensur, der Roman realisiert eine kulturelle (ideologische) Polizei", schrieb Charles Grivel und forderte „Designifikation" als einzig mögliche Gegenstrategie.[395] Man wird an umfassendere Widerstandsmöglichkeiten (selbst innerhalb von Romanen) denken können und auch bemerken müssen, daß der Roman im betrachteten Jahrzehnt nicht ausschließlich Klassenkampffunktionen als Manipulationsinstrument, sondern zumindest auch, wenn nicht überwiegend, Funktionen in der Formierung bürgerlichen Gesellschaftsbewußtseins hatte – die Wahl des historischen Raumes für die Entlarvung aller schlimmen Möglichkeiten von Romanen konnte dennoch kaum treffender sein. Der beginnenden Dritten Republik diente der Roman, wie die Kunst generell, als ideologisches Instrument.

Über die Reinheit der Waffe wurde mit Sorgfalt gewacht. Die Ökonomen um Le Play, um nur ein Beispiel zu zitieren, hielten es noch 1881 für notwendig, die von ihnen „zur Sicherung der Stabilität, des gesellschaftlichen Friedens"[396] angestrebte Sozialreform notfalls auf gerichtlichem Wege vor einem so „gefährlichen Einfluß“ wie dem des Naturalismus zu bewahren. Dessen Vertreter, hieß es, hätten offensichtlich „völlig aus dem Blick verloren, daß es noch einige Gerechtigkeit und einige Tugend in der Welt gibt; statt auf die moralischen Anstrengungen einzugehen, durch die die Nationen leben, gefallen sie sich in dem verderblichen Gemälde der Laster, durch die sie stürzen“. Statt dessen sollten sie die „traditionellen Sitten stabiler und glücklicher Familien“ darstellen. Erbauungsfunktionen hatte die Kunst also wahrzunehmen, und wenn sie das nicht tat, dann galt: „Hier liegt eine Unordnung vor, die der Gesetzgeber unterdrücken, eine Gefahr, die der Familienvater bekämpfen muß.“[397] Eindeutig im Feuer stand das kritische Element von Realismus.

Wenige Wochen später jedoch wurde die Presse- und Buchzensur aufgehoben (nur die Theaterzensur blieb – der Gefährlichkeit versammelter Massen halber – bis 1906 bestehen). Der offizielle Salon wurde in die Verantwortung der neugegründeten „Gesellschaft der französischen Künstler“ entlassen. In den verallgemeinernden Worten der „Philosophie positive“: Der Staat wollte von nun an „unbewegt dem künstlerischen Wettbewerb präsidieren“[398]. Zweiundneunzig Jahre nach ihrer großen Revolution erst schien der französischen Bourgeoisie die Zeit gekommen, im Verhältnis von politisch-ideologischer Bevormundung und institutionell-ästhetischer Regulierung des Kunstbereichs der zweiten Seite das Prä zu geben und die Verantwortung auch für diesen Teil der Gesellschaft zumindest sehr weitgehend in die Hände der Spezialisten zu legen. Daß der Salon sein Gesicht auch nach 1881 nicht änderte, zeugt ebenso wie die trotz Zensuraufhebung nicht aufrührerischer wirkende Literatur von der richtig eingeschätzten Stabilität der Verhältnisse. Mit welchen Überlegungen und Handlungsweisen die neue Regulierung arbeitete, wird uns am Beispiel des Realismusbegriffs, Zolas und Courbets noch weiterführend zu beschäftigen haben.

Ein Irrtum wäre es allerdings, anzunehmen, von den alten Rezepten sei nach dem Dominanzwechsel von 1880 nichts mehr übriggeblieben. Moralische Konformität blieb, ja wurde erst eigentlich das oberste Gesetz der Literaturunterweisung in den Schulen und der Masse der produzierten Literatur; die auf diesem Wege weitgehend uniformierte gesellschaftliche Lektüreweise gab überhaupt erst die Basis für das selbstregulierte Funktionieren der Literatur –

sie begrenzte mögliche Erschütterungen.[399] Was die Kunst betrifft, so hat Francis Jourdain das Weiterleben einer offiziell geförderten Malerei des realitätsenthobenen Akademismus bis weit in unser Jahrhundert hinein mit schaurig-schönen Beispielen illustriert;[400] auch brave Bilder für des Bürgers gute Stube wurden in ausreichender Zahl produziert. Und noch im 20. Jahrhundert kamen die Lösungen der 1860/70er Jahre der herrschenden Klasse gerade recht, wo die soziale Stabilität bedroht schien. Der Umgang mit der Filmzensur bezeugt das ebenso wie die schlagenden Zitate, mit denen Horst F. Müller „die ideologische Mobilmachung der schönen Literatur"[401] während des ersten Weltkrieges belegen konnte. Das jedoch ist ein anderes Kapitel.

Festzuhalten ist an dieser Stelle, daß die Integration zweier zentraler Forderungen der Realisten der fünfziger Jahre – Darstellung zeitgenössischer sozialer Realität in der Kunst und deren Erziehungsauftrag – in das kunstpolitische Arsenal der Herrschenden wesentlich zum Zwecke ideologischer Stabilitätsproduktion erfolgte. Ein amputierter Realismus hielt damit seinen Einzug in das Kunstdenken: Ihm fehlte das kritische Element. Was hier unter Losungen des Realismus marschierte, war keine Oppositionsliteratur mehr: Konformismus war dem vereinnahmenden Bemühen entsprossen.

Hippolyte Taines „Philosophie der Kunst"

Ganz betont ideologisch und aktualistisch wurden in den kunstpolitischen Überlegungen Literatur und Malerei in Beziehung zu Gesellschaftlichem gesetzt. Wäre es dabei geblieben, wäre die Integration des Realismus nach der Schlacht überall, wo solche direkte Plumpheit nicht üblich, nur mehr für Anekdotensammler von Interesse. Hippolyte Taine ist es zu verdanken, daß der Blick weiter wurde. Mit seiner „Philosophie der Kunst" erarbeitete Taine in den sechziger Jahren als erster in Frankreich eine ausgebaute Widerspiegelungsästhetik. In ihr begriff er erstens Kunst als Produkt außerkünstlerischer determinierender Faktoren; und er wertete zweitens die Abbildung empirischer Wirklichkeit durch Kunst als deren wichtigste Leistung.[402] Das implizierte eine Aufwertung von Realismus.

Daß Kunst in Beziehung zu sozialen Prozessen und Institutionen stand, war natürlich kein neuer Gedanke. Ob ausschmückend bei Hofe, aufklärend in Salon und Pamphlet, protestierend im Elfenbeinturm oder avantgardistisch im Zirkel neuer sozialer Religionen – gesellschaftlicher Funktionszusammenhänge ihrer Tätigkeit waren sich Künstler wie Kunstbetrachter immer bewußt gewesen. Ebensowenig neu war der Hinweis auf die Empirie als Gegenstand der Kunstarbeit. Was Taine aber änderte, war in beiden Hinsichten die Dominanzbestimmung. Bisher hatte das künstlerische Subjekt die Funktionen seiner Tätigkeit selbstherrlich bestimmt und seine Gegenstände frei gewählt und bearbeitet, war es dem Nichtkünstlerischen gegenüber in Funktion und Abbild als Gesetzgeber aufgetreten. Nun wurden diese Beziehungen als objektive Determination jeglicher Kunstarbeit beschrieben, als deren die Subjekte übergreifendes Gesetz. Die „Philosophie der Kunst" umschloß die ermahnend moralisierende Geste, mit der dem selbstherrlichen Anspruch der Kunst bisher von den gesellschaftlichen Machtträgern begegnet worden war. Aber sie war mehr als deren Ausschreiben.

Die Geschichte des Buches bereits ist aufschlußreich für das Gewicht, das Taines Betrachtungsweise zunehmend gewann. 1864 (Taine war 36 Jahre alt) wurde er als Professor an die Ecole des Beaux-Arts berufen – die Veränderungen im Kunstdenken erreichten die Institutionen des Akademismus. In den folgenden Jahren hielt er fünf Vorlesungen zur Ästhetik und Kunstgeschichte, deren Extrakt umgehend veröffentlicht, vielfach rezensiert und schnell übersetzt wurde.[403] Der theoretisch grundlegende Teil erlebte in den siebziger Jahren zwei Neuauflagen, bevor Taine dann 1881 – im selben Jahr, in dem die Installierung der Dritten Republik im wesentlichen beendet wurde – alle Vorlesungen in zwei Bänden unverändert zusammenfaßte (nur eine kurze Vorbemerkung wurde hinzugefügt) und als 4. Auflage der „Philosophie der Kunst" publizierte. Ein Standardwerk lag damit vor, das keine weitere Bearbeitung mehr erfuhr und zwanzig Jahre später in für Ästhetiken beachtlicher 9. Auflage erschien. Der Vorgang erweist die fortschreitende Kodifizierung und Verbreitung der seit 1848 erfolgten Veränderungen im Kunstdenken.

Was auf so breites Interesse stieß, war zuerst Taines Anliegen, historische Gesetzmäßigkeiten der Kunstentwicklung zu bestimmen. Gleich auf den ersten Seiten des Werks sprach sich dieses Interesse klar aus. Die „moderne" Ästhetik unterscheide sich von der alten, erläuterte Taine seinen Hörern, „insofern sie historisch und nicht dogmatisch ist, d. h. nicht Vorschriften macht, sondern Gesetze konstatiert ... Meine einzige Aufgabe besteht darin, Ihnen Fakten auseinanderzulegen und Ihnen zu zeigen, wie diese Fakten produziert worden sind. Die moderne Methode ... hat Sympathien für alle Formen der Kunst und für alle Schulen ... Sie ist eine Art Botanik, angewandt nicht auf Pflanzen, sondern auf menschliche Werke. Damit folgt sie der allgemeinen Bewegung, die heute die moralischen Wissenschaften den Naturwissenschaften näherbringt und den ersteren mit den Prinzipien, Regeln und Richtungen der letzteren die gleiche Solidität vermittelt und den gleichen Fortschritt sichert."[404]

Taine stellte sich mit seinem Programm – dies ein erster Befund – nachdrücklich gegen jede normative Ästhetik. Vierzig Jahre nach der romantischen Literaturrevolution mag das dem heutigen Betrachter als Selbstverständlichkeit erscheinen. Er unterschätzt dann aber die Fristen, die zwischen Veränderungen im Kunstprozeß und deren theoretischer Verarbeitung liegen können – nicht erst in unseren Tagen. Die vielfach noch immer nicht aufgegebenen Hierarchisierungen der Genres in den Salonberichten sind eines der Beispiele für das Weiterwirken der alten Prinzipien. Taines Betonung der Gleichberechtigung aller Kunstrichtungen war – noch dazu an dem Ort, an dem er sprach – keineswegs überflüssig.[405]

Zum zweiten, und das ist allerdings wesentlicher, erhob Taine einen erneuerten allgemeinen Geltungsanspruch. Die erste Reaktion der Ästhetik auf den antiklassizistischen Umschlag war ja die bloße Freigabe subjektiver Genialität des Künstlers in einem außerhistorischen Raum des Guten, Wahren und Schönen gewesen. Victor Cousins eklektizistische Ästhetik war zu Zeiten der Taineschen Vorlesungen noch immer die meistaufgelegte. Ein neues ordnendes Prinzip der Kunstbetrachtung war dort nicht formuliert worden. Das versuchte erst Taine, und er tat es bewußt in jenen Zusammenhängen, die das auf die Kapitalismusentwicklung bezogene Gesellschaftsdenken inzwischen als wesentliche Erkenntnisse und Interessen formuliert hatte. Taine erhob keinen formalistischen Gesetzgebungsanspruch mehr; er entwickelte einen Erklärungsanspruch – einen Versuch, Prozesse in einem bestimmten Wirklichkeitsbereich durch Herausarbeitung ihrer Entwicklungsgesetze überschaubar und damit handhabbar zu machen.

Taine stand mitten in der Ideologie des bürgerlichen als des wissenschaftlichen Zeitalters, die der Positivismus gesellschaftsstabilisierend entworfen hatte und die mit ihrem evolutionären Grundgestus zunehmend die Einzelwissenschaften durchdrang. Seine ausdrückliche Anlehnung an die Naturwissenschaften spricht eine deutliche Sprache: Wie Darwin die Entwicklung der Tierarten suchte Taine die der Kunstarten auf ihr Gesetz hin zu begreifen. Hoch stieg der Erkenntnisoptimismus: Von den Fakten auf die zugrunde liegenden Gesetze zu kommen war bei Taine kein für die Studenten extra zu problematisierender Vorgang. Beflügelt von dem Bewußtsein, mit dem eigenen Tun teilzuhaben an der langandauernden Höherentwicklung menschlichen Vermögens, am Fortschritt, wandte sich Taine an seine Studenten: „Keinem von Ihnen entgeht, daß die Entdeckungen der positiven Wissenschaften sich von Tag zu Tag vermehren ...; daß der Fortschritt der Kenntnis [„expérience" hieß das Wort, und Zola sollte es in der zweiten Bedeutung „Experiment" zu einem der Fahnenworte seines Literaturdenkens machen – W. K.] unendlich ist; daß die Anwendungen der Entdeckungen unbegrenzt sind ... Jeder von Ihnen weiß auch, daß die politische Maschine sich in gleicher Richtung vervollkommnet, daß die Gesellschaften, vernünftiger und menschlicher geworden, über den inneren Frieden wachen, die Talente fördern, den Schwachen und den Armen helfen, kurz, daß überall und auf allen Wegen der Mensch seinen Verstand ausbildet und seine Lebensbedingungen erleichtert." (123) Hier wurden Bauelemente der bonapartistischen Staatsideologie zitiert, wobei die gesamte Anlage des Taineschen Gedankengebäudes ausschließt, daß Ironie im Spiel sein könnte. In dem Maße, in dem auch der Bonapartismus zur Gestaltung des entwickelten Kapitalismus beitrug, gingen Taines Bemerkungen aber über diese Zeit hinaus.

Schon der junge, nach kurzer Gymnasiallehrerverpflichtung freischaffende Privatgelehrte hatte die Fragen formuliert, auf die die „Philosophie der Kunst" zu antworten suchte. 1855 hatte Taine einen Preis der Académie française für die beste „kritische und oratorische Studie über das Genie des Titus Livius" erhalten – eine Aufgabe, die von der Akademie erläutert worden war mit der Forderung, „durch einige wesentliche Züge der römischen Gesellschaft im Augustäischen Zeitalter einsichtig zu machen, unter welchen Bedingungen von Bildung (lumières) und Freiheit Titus Livius schrieb". Das Genie und seine sozialen Bedingungen – eine widerspruchsreiche Fragestellung. Sie war Taine auf den Geist geschrieben. Mit dem „Essay über Titus Livius“ war den akademischen Preisrichtern ein Text eingereicht worden, in den bereits vom Positivismus geprägte methodische Bekundungen der Art eingeflochten waren, daß der Literaturhistoriker sich und seinem Leser umfassenden Überblick über die Fakten („ob schön oder häßlich“) zu verschaffen habe, um darin „Gesetze zu finden“. Zugleich erwies sich Taine gegenüber dem Hort des Konservativen als gewiefter Taktiker. Erst in dem Vorwort zur Buchausgabe, das der Akademie nicht unterbreitet worden war, ließ er die Katze aus dem Sack. Da sprang den Leser von zwei Seiten als Provokation an, was zehn Jahre später die methodische Grundlage der Taineschen Ästhetik bildete. Sich als „Naturwissenschaftler“ bezeichnend – „naturaliste“ hieß der im Französischen –, fragte Taine: „Kann man in der Kritik exakte Methoden anwenden? Ist ein Talent durch eine Formel auszudrücken? Hängen die Fähigkeiten eines Menschen voneinander ab wie die Organe einer Pflanze? Werden sie bemessen und erzeugt durch ein einziges Gesetz? Wenn dieses Gesetz existiert, kann man ihre Energie vorhersehen und im vorhinein ihre guten und ihre schlechten Wirkungen berechnen?“ Der lakonische Schlußsatz: „Ich versuche mit Ja zu antworten, und zwar durch ein Beispiel.“[406] Solange Taine sich auf dem Gebiet der Kunst bewegte (also bis zu der durch 1870/71 ausgelösten Wendung zur Geschichtsschreibung), ging es ihm darum, dieses Ja zu vertiefen. Für Frankreich rechnet er von daher zu den Begründern der Literaturwissenschaft.[407]

Gesetzeserkenntnis also. Sie war nicht nur treibendes Motiv der allgemeinen Wissenschaftsentwicklung und des Individuums Taine – Fragen in dieser Richtung mit dem Bezug auf Kunst nahmen in jenen Jahren immer breiteren Raum ein. Allgemeiner Zug jedes Gesetzesdenkens ist das Bemühen, die zu erklärenden Fakten in größere Zusammenhänge mit determinierender Qualität einzuordnen. Welche kamen damals zur Sprache?

Arsène Houssaye hatte noch 1846 die Klimatheorie zur Erklärung der holländischen Malerei bemüht – je schlechter das Wetter, um so gedrückter die Bilder; der strahlende Himmel Italiens dagegen öffnete dem Maler den Blick aufs Höchste. Ein Dutzend Jahre später stellte Théophile Thoré, wie schon erwähnt, dieselben Bilder in ihrer Geprägtheit durch „die religiöse und politische Befreiung“ Hollands am Ende des 16. Jahrhunderts dar.[408] Zur selben Zeit fragte ein anderer Zeitgenosse in London nach dem

Verhältnis „des ganzen Bereichs der Kunst zur allgemeinen Entwicklung der Gesellschaft“[409]. Seine Antwort lautete, daß Literatur und Kunst einem Überbau zuzurechnen seien, dessen verschiedene Formen „in den materiellen Lebensverhältnissen wurzeln“[410], wie Klassen sie historisch in bestimmten Weisen der Produktion formieren, und daß sie auf dieser Basis andererseits eine relative Eigengesetzlichkeit und besondere Produktivität entfalten. Hippolyte Taine erweiterte, was Houssaye und Thoré angeboten hatten, und gelangte zu anderen Schlüssen als sein zehn Jahre älterer Zeitgenosse Karl Marx; in dem Bemühen um die Erkenntnis von Gesetzen auch in der Geschichte so komplexer Bewußtseinsprodukte wie der Kunst aber standen alle zusammen.

„Um ein Kunstwerk, einen Künstler, eine Gruppe von Künstlern zu verstehen“, hieß es in der ersten Vorlesung der „Philosophie der Kunst“, „muß der allgemeine Geistes- und Sittenzustand der Zeit, der sie angehören, mit Genauigkeit dargestellt (représenter) werden. Da findet sich die letzte Erklärung; da liegt der Urgrund, der den Rest bestimmt.“ (7) Ein bezeichnender Ausgangspunkt. Der mit solchen Sätzen beginnende erste Teil des Werks trug den Titel „Über die Natur des Kunstwerks“. Nicht aber, wie man danach erwarten könnte, in der Nachfolge Hegels (dessen Ästhetik Taine gut kannte) setzte die Überlegung an. Dem deutschen Philosophen war es bei der Untersuchung des Kunstschönen selbstverständlich gewesen, mit „dem *Begriff* desselben den Anfang zu machen“[411]. Das entsprang einer Auffassung, der die Selbstbestimmtheit der Kunst das primäre Moment war. Sie hatte sich – so die logische Abfolge der Hegelschen Gedanken – der „Idee“ und danach der „besonderen Formen“ des Kunstschönen detailliert zu versichern. Die beiden Momente dagegen, in denen Kunst aus sich heraus in Soziales tritt – Produktion und Wirkung –, bedurften gesonderter Beachtung nicht. Ganz anders bei Taine. Seine „Philosophie der Kunst“ war keine Autonomieästhetik. Er sprach von den Zusammenhängen, in denen Kunst stand: „Ein Kunstwerk ist nicht isoliert“; daher ist „die Gesamtheit zu suchen, von der es abhängt und die es erklärt“ (2) – eben der zitierte „allgemeine Geistes- und Sittenzustand der Zeit“.

Seine Überlegungen zur Produktion des Kunstwerks zusammenfassend, spezifizierte Taine seine Eingangsfeststellung in einer Viererreihe. „Eine allgemeine Situation“ rufe „Neigungen und bestimmte Fähigkeiten“ hervor; daraus erwachse „ein herrschender

Mensch“ (was hieß, ein besonderes Menschenbild), und schließlich machten sich Künstler daran, diese Auffassung vom Menschen in „Tönen, Formen, Farben oder Worten“ zu seinem Wohlgefallen auszudrücken (118 f.). Um zu erklären, wie aus dieser Kette immerwirkender Faktoren die unterschiedlichen Kunstwerke und -richtungen erwuchsen, führte Taine „untergeordnete Gründe“ als Modifikatoren ein. Deren handliche Formel war bereits vor Beginn der Vorlesungen formuliert worden: In der Einleitung zu einer dreibändigen „Geschichte der englischen Literatur“, die der Mittdreißiger 1863 hatte erscheinen lassen, findet sich die berühmte Trias Rasse – Milieu – Moment. Rasse war dort definiert als „verinnerlichte, erbliche Dispositionen“ des Menschen, Milieu als die äußeren „physischen oder sozialen Bedingungen“, die ihn vom Klima bis zur Politik umgeben, Moment als Endpunkt der wirkenden Tradition, jenes „Werkes“, das Rasse und Milieu im Laufe der Geschichte „bereits gemeinsam vollbracht haben“.[412]

Alle drei tauchten nun in der „Philosophie der Kunst“ als Variable auf, mit deren Hilfe Taine überzeugt war, „nicht nur die großen Umwälzungen und die allgemeinen Formen der menschlichen Imagination, sondern weiter die Unterschiede der nationalen Entwicklungen, die unaufhörlichen Variationen der verschiedenen Stile und auch noch die eigenständigen Charakteristika des Werks jedes großen Menschen“ (120) erklären zu können. Mit diesem Methodenarsenal in der Hand, sei der Rest, meinte Taine schon in der Schrift über die englische Literatur, nur noch „ein Problem der Mechanik“[413]. Der Erkenntnisoptimismus ist unübersehbar, wenn auch nicht absolut: Die Spezifik des einzelnen Kunstwerks und seiner besonderen Form auf diesem Wege abzuleiten, beanspruchte Taine in seiner Ästhetik nicht (schon im „Titus Livius“ war, wie erwähnt, an diesem Punkt die unergründete Ganzheit der „Seele“ in die Argumentation eingetreten). Diese Einschränkung ist zu betonen, weil sie oft übersehen worden ist. Erst nach den Ästhetik-Vorlesungen gingen Taines Überlegungen auf den offengebliebenen Punkt: Mit dem 1870 veröffentlichten Zweibänder „Der Verstand“ legte er einen ersten großen Versuch vor, mittels mechanistischer Psychologie die dunkel gebliebenen Räume gliedernd zu durchleuchten. Logisch war dieser Anlauf notwendig; praktisch führte auch er über die Annahme psychologischer Grundkonstanten, einer faculté maîtresse, nicht wesentlich hinaus; biographisch stand er am Ende von Taines Beschäftigung mit Kunst.

Soweit reicht der eine der verallgemeinernden Gedanken Taines zum Verhältnis von Kunst und Gesellschaft: Die Produktion von Kunst galt als gesetzmäßiges und daher erkennbares Ergebnis des historisch je unterschiedlichen Zusammenwirkens von Faktoren aus nichtkünstlerischen Lebensbereichen. Sie war erklärbar, wo sie den Bereich des einzelnen überschritt. Dem Stand der Naturwissenschaften und deren philosophischer Verarbeitung entsprechend bestimmte die Mechanik das Determinationsmodell. Dessen Tendenz zur Linearität ist unübersehbar. Der Ansatz faßte sich in der lakonischen Losung zusammen: „Laster und Tugend sind Produkte wie Vitriol und Zucker."[414]

Zola meinte 1866 zwar, daß Taines Auffassungen „die einzig vernünftige Lehre"[415] in Kunstdingen seien. Von zwei Seiten aber geriet diese genetische Ableitung doch unter Feuer. Zum einen wurde danach gefragt, wo denn in dem Gefüge der Gesetze das künstlerische Subjekt seine Aktivität entfalten könne. Vielen schien der Determinismus durch Taine überzogen. Barbey d'Aurevilly sprach in seiner bündigen Art schon nach der „Geschichte der englischen Literatur" von „Enthauptung des Genies"[416], und ein anderer Zeitgenosse verneinte entschieden die Frage: „Kann man kalten Blutes ein Gesetz akzeptieren, demzufolge jede Individualität knechtisch abzudanken hätte, um einem Impuls zu folgen, der, vom Zufall ausgelöst, oft von ganz unten kommt und jede Initiative von vornherein verdammt und zurückweist?"[417] In solchem Urteil wurde auf eine Dominanzverschiebung mit unangemessener Absolutheit reagiert. Daß Taine das künstlerische Subjekt nicht mehr unbegrenzt den Thron besteigen ließ, bedeutete nicht, daß er es gefesselt in den Turm geworfen hätte. Gerade in bezug auf die Individualität ließ ihn sein Kunstverstand ja innehalten; das einzelne Werk aus den allgemeinen Zusammenhängen zu erklären schien ihm nicht möglich.[418] Nur die Tendenz, die Resultante, das allgemeine Ergebnis der einzelnen Vorgänge wurden erfaßt; dann allerdings walteten Entschiedenheit und kurze Koppelung in der Argumentation. Daß dieser Nachdruck einige Zeitgenossen verschreckte, denen der freie Flug des Gedankens oder der Phantasie über alles ging, kann man verstehen; daß noch hundert Jahre später Dirk Hoeges nachdrücklich gegen die Behauptung polemisieren mußte, „Taines Methode führe zu einer deterministisch bestimmten Gleichung von literarischem Werk und der Trias ‚race, milieu, moment', die die qualitative Singularität des Einzelwerks weder zulasse noch kenne"[419], zeugt dagegen von der Wirkungsmacht einer Tradition bürgerlichen Kunstdenkens, die noch zu Lebzeiten Taines die Ästhetisierung der Kunst ihrer Sozialisierung wieder vorzog. Nichts unangebrachter als die Kritik, auch Taine habe „die goldenen Tore" nicht zu sprengen vermocht, „hinter denen ein jedes Kunstwerk sein Eigentlichstes und Allerinnerstes verbirgt".[420] Aus subjektzentrierter Sicht hätte die Leerstelle, die Taine in seiner Gesetzeskonstruktion ließ, gerade positiv vermerkt werden können – als Freiraum der subjektiven Aktivität.

In anderer Weise kritisiert wurde Taine dort, wo zwar auch nach der Determination der Kunstentwicklungen gefragt, diese aber anders gefaßt wurde. Die wichtigste und ebenfalls folgenreiche dieser Kritiken war die von Plechanow. Sie bezog sich vor allem auf den Biologismus des Taineschen Denkens. Taines Stufenmodell samt seinen Vermittlungen wies Momenten des Gesellschaftlichen keinen gesonderten Platz zu: Als Teil des Milieus wirkten sie neben, zum Beispiel, dem Klima. Nicht absichtslos wurde oben davon gesprochen, daß Taine nichtkünstlerischen *Lebens*bereichen Determinationskraft für Kunst zuerkannte: Die Gesellschaft war für ihn einer der natürlichen Existenzzusammenhänge der Menschen. Besondere Qualität besaß sie nicht. Hier setzte die Kritik des historischen Materialismus an.

Plechanow rügte an den Taineschen Determinationen einen Zirkelschluß: daß nämlich die die Kunstentwicklung bestimmende „Psyche der Menschen, die durch ihre Lage bestimmt wird, im Sinne seiner Geschichtsauffassung sich selbst als die letzte Ursache dieser Lage erweist". Dem zu entgehen, so Plechanows Alternative, gestatte nur „die materialistische Geschichtsauffassung", und deren Gedankengang laute: „Die Kunst jedes Volkes wird bestimmt durch seine Psyche; seine Psyche ergibt sich aus seiner gesellschaftlichen Lage; aber seine Lage wird letztlich durch den Zustand der Produktivkräfte und durch die Produktionsverhältnisse bestimmt."[421] Den Taineschen Determinationsstufen ordnete Plechanow folglich drei weitere vor: Produktivkraftentwicklung, Produktionsverhältnisse, soziale Verhältnisse.[422] Dieser Ausbruch aus dem Kreis führte dazu, daß gerade der von den Verteidigern der Subjektivität wegen überzogenem Determinismus kritisierte Taine es war, der in Plechanows Konstruktion die subjektiven Momente einbrachte. Die an Plechanows Modell in der späteren marxistischen Theoriegeschichte oft gerühmte (weil von der Vulgärsoziologie dann vernachlässigte) Berücksichtigung subjektiver Faktoren war unwesentlich geändertes Tainesches Erbe.

Als gesellschaftlich handelnde, Praxis verändernde, in soziale Verhältnisse eingreifende aber haben beide Subjektivität nicht gesehen. Taines letzte Instanz war das Psychische, Plechanows das Ökonomische; Dialektik ging beiden Verläufen ab. Taine richtete sein Denken auf außerkünstlerische Determinationen von Kunst, ohne diese als spezifisch gesellschaftliche zu fassen. Gesellschaft, wie er sie verstand, war ein wechselnder äußerer Rahmen für die Bewegung von Individuen, Subjektivität ein unergründbar psychisches Phänomen. Dies kam in Plechanows Kritik an Taine sehr deutlich zum Ausdruck. Der absoluten Natürlichkeit hatte der jedoch nur die absolute ökonomische Determination des Geschichtsprozesses entgegenzusetzen. Das blieb – Klaus Städtke hat darauf hingewiesen[423] – unterhalb der Dialektik des Marxschen Denkens über die gesellschaftliche Existenzweise und die historischen Handlungsräume der Menschen. Plechanow und Taine verkannten von gegensätzlichen Polen „die Fähigkeit des Menschen, das Determinationsgefüge der Realität, in der er lebt, selbst determinieren zu können und insofern gegenüber dem Zwang der Realität frei zu sein“[424].

Taine löste das Determinationsproblem nicht, weil sein Denken mechanisch blieb. Daß er es sich aber stellte und es für lösbar hielt, zeigt, daß die Reihe der bürgerlichen Denker, denen „vernünftige Selbstbestimmung“ des Menschen „nicht allein in seinen geistigen Bekundungen, sondern auch in seinem sozialen Leben möglich“ schien, mit den französischen Materialisten des 18. Jahrhunderts nicht endete. Auch später noch streifte das „materialistische Alltagsbewußtsein“, als ursprüngliche Erfahrung einer real existierenden Außenwelt, die „idealistische Hemmung“ gegenüber einer nur im Geist überhaupt noch zu vermenschlichenden Empirie ab.[425]

Im Determinationsstreben Taines vollzog sich auf der Ebene des ästhetischen Denkens Ähnliches wie in der neuen Versöhnlichkeit der bonapartistischen Kunstpolitik: das Herausnehmen des kritischen Elements aus den Wirklichkeitsbezügen der Kunst. Nicht die Subjektivität fehlte; aber sie nahm ihren Platz als konformistische ein. Nur als konformistische, setzt der heutige Interpret hinzu; Taine selbst sah darin keine Einschränkung. Zugleich jedoch bedeuteten Taines Überlegungen zu den außerkünstlerischen

Determinationen der Kunstproduktion eine wesentliche Vertiefung des von den Realisten verkündeten Prinzips, daß Kunst und Gesellschaft verbunden seien. Erstmals waren Räume dieser Verbindung mit systematischem Ernst ausgeschritten und auf zwei Dritteln des Werks an Hand der italienischen Renaissancemalerei, der holländischen Malerei und der antiken griechischen Plastik konkret vor Augen geführt worden. Wer vom Gesellschaftsbezug von Kunst redete, besaß in Taines „Philosophie der Kunst" seitdem einen in diesem erkennenden Bemühen um die nichtkünstlerische Bestimmtheit von Kunstprozessen wichtigen Bezugspunkt.

Hinzu kam, daß Taine noch vor den Determinationen der Kunstentwicklung in seiner Ästhetik auf eine andere Klasse von Wirklichkeitsbeziehungen der Kunst eingegangen war. Als es ihm zu Beginn seiner Darstellung um die „Natur der Kunst" ging, kennzeichnete er diese als Abbildung realer Objekte. Stärker noch als in dem Gedanken der Gebundenheit künstlerischer Produktion an bestimmte Entstehungsbedingungen gelangten in dieser Aufwertung des Gegenstandsbezugs von Kunst Grundsätze des Realismus ins Zentrum ästhetischen Denkens.

Taine bestimmte Kunst als die Fähigkeit, „das beherrschende Merkmal von Objekten wahrzunehmen und auszudrücken" (122): „Das Ziel des Kunstwerkes ist es, einen wesentlichen oder auffallenden Charakterzug, mithin eine wichtige Idee klarer und vollständiger offenzulegen, als die realen Objekte das tun. Es erreicht das durch die Verwendung einer Gesamtheit untereinander verbundener Teile, deren Beziehungen es systematisch modifiziert." (47) Die Bindung der Idee an die Subjektivität war in diesen Sätzen zurückgenommen. Die Idee war konstitutiv gebunden an die realen Objekte. Kunst bildete keine Gegenwelt; sie war bündelnder Ausdruck eines in den Objekten selbst liegenden und aus ihnen herauszustellenden Wesens der Wirklichkeit. Der heteronome Grundzug der Taineschen Ästhetik wurde in dieser Bestimmung der Abbildbeziehungen von Kunst deutlich. Die Gegenstände der Anschauung bestimmten die Erkenntnistätigkeit auch des künstlerischen Subjekts.

Der Gedanke fand sich wieder in der Klassifikation der Künste. Taine unterschied die „nachahmenden" Künste von den „schwieriger" zu erfassenden, „die nicht nachahmen", sondern „mathematische Beziehungen" kombinieren (17, 47–49). Zu den ersteren – „imitation" hieß ihr Begriff – zählten Bildhauerei, Malerei und

Poesie (einmal wurden genannt Bildhauerei, Programmusik, Malerei, Literatur – letzterer Name für die Dichtkunst durchaus neu für eine Ästhetik); nicht nachahmend waren Musik und Architektur. Unterschieden wurden sie danach, ob sie mit „realen Objekten korrespondieren" (273, 47). Der Imitationsbegriff war hier von der Nachahmung antiker Meisterwerke auf die Abbildung von Wirklichkeit übergegangen.

Zur Einordnung dieser Unterscheidungen sei daran erinnert, daß Hegel seine Einteilung derselben Künste unter das Kriterium des „an sich selbst gemäß gestalteten Ideals" gestellt und demzufolge, „das Absolute als Geist, als Subjekt" fassend, dem „Objektiven" einen deutlich niedrigeren Platz zugewiesen und das „subjektive Innere" als die unabdingbare Möglichkeit für die Verwirklichung des Ideals hervorgehoben hatte. Unter dem Gesichtspunkt der „gestalteten Geistigkeit" war er zu einer Stufenfolge Architektur – Skulptur – Malerei – Musik – Poesie gelangt. Die Poesie als höchste Stufe galt als „die allgemeine Kunst des in sich freigewordenen, nicht an das äußerlich-sinnliche Material zur Realisation gebundenen Geistes, der nur im inneren Raum und der inneren Zeit der Vorstellungen und Empfindungen sich ergeht" – ihr eigentliches Element sei „die schöne Phantasie".[426] In diesem Gedankengebäude hatte „Realismus" keinen wesentlichen Platz. Die Ganzheit war geistig bestimmt; die Vernunft beherrschte ihre Gegenstände. Nur die Ordnung auf den Weltgeist hin bewahrte vor dem Idealismus der reinen Subjektivität. „Das Verhältnis von Wirklichkeit als Prosa und Kunst als erzeugter Schönheit" war, Wolfgang Heise zufolge, insofern konstitutiv für Hegels Kunstauffassung, als „die empirische Realität in ihrer sinnlichen Erscheinung nicht die ‚Idee' zu adäquater Erscheinung bringt" und folglich das „Verhältnis der endlichen Wirklichkeit" zu ihrem „Begriff" von Mangelerscheinungen gezeichnet war.[427] Kunst war bei Hegel gedankliche Bewältigung der Widersprüche des entstehenden Kapitalismus, die sich dem Widerspruch der Wirklichkeit nicht aussetzte.

Der Eklektizismus Victor Cousins hatte daraus in Frankreich eine Kunstauffassung gemacht, in der das von Hegel immerhin benannte „Objektive", Äußerlich-Sinnliche gar nicht mehr vorkam, Kunst „immer dasselbe" auszudrücken hatte – „die Idee, den Geist, die Seele, das Unsichtbare, das Unendliche" – und die Künste zu unterscheiden waren schlicht nach den zwei Sinnen, die

„die Idee und das Gefühl des Schönen in uns anreizen“: Den „Künsten des Gehörs“ (Musik, Poesie) wurden die des „Gesichts“ (Malerei, Bildhauerei, Architektur, Gartenbaukunst) an die Seite gestellt.[428]

Bei Taine nun – wo die Wirklichkeit nicht rettungslos Prosa war, wo die Schönheit im Fortschreiten der Menschheit durchaus Chancen hatte, empirische Realität zu werden, und die Idee in Erscheinung treten konnte – gebührte der wirklichen Welt das Primat. Daß das Subjekt sie sich erkennend aneignete, mußte nicht in Häßlichkeit oder Zerrissenheit enden, sondern konnte, ja sollte selbstbefreiende Tätigkeit werden. Mit Wörtern wie „Imitation“ oder „kopieren“ an die Empirie gebunden zu sein rief kein schauderndes Bedenken hervor. Denn diese Wirklichkeit trug ja in sich die Keime der Verheißung.

Die künstlerische Subjektivität agierte nicht gesetzgebend, wohl aber aneignend: Sie war es, die die Abbilder konstruierte, aus der Masse des Unmittelbaren das Wesentliche heraushob, die gestaltete. Ihr logischer Ort lag in der Differenz zwischen „realem Objekt“ und „wichtiger Idee“. Der Künstler war es, der die Dinge „nach seiner Vorstellung reproduziert oder modifiziert, und er modifiziert sie nach seiner Vorstellung, wenn er in ihnen einen bemerkenswerten Charakterzug aufspürt und freilegt und die natürlichen Beziehungen ihrer Teile systematisch verändert, um diesen Charakterzug sichtbarer und beherrschbarer zu machen“. Als Konstrukteur war der Künstler an das Wesen seiner Gegenstände gebunden. Dieses erkennend herauszustellen, bedurfte es jedoch arbeitender Suche. Und noch weiter – so schien es – vergrößerte Taine das Maß der künstlerischen Freiheit: Der Künstler wähle seinen Gegenstand und treffe damit die erste Entscheidung über das, was er auszudrücken beabsichtige. „Wenn das Objekt dadurch allein zum Ideal wird, daß es der Idee entspricht, so ist die Idee gleichgültig; sie unterliegt der Wahl des Künstlers; er wird je nach Geschmack die eine oder andere ergreifen; uns steht ein Einspruchsrecht nicht zu.“ (258–260) Erreichte die freie Konkurrenz den Hof des Ästhetischen, wäre jeder realistische Versuch so legitim wie irgendeiner.

Kein Wort hier war jedoch ernster gemeint als das einleitende „Wenn“. Denn so wie beschrieben, war es nach Taines Überzeugung nicht – sollte es zumindest nie werden. Im letzten Teil seiner Ästhetik, in dem er sich unter dem Titel „Das Ideal in der Kunst“

den sozialen Funktionen der in bestimmten Determinationen produzierten und bestimmte Wesenszüge von Objekten abbildenden Kunst zuwandte, kam die bisher nur indirekt erschließbare Bindung dieses Denkens an die bestehende Ordnung der sozialen Dinge plötzlich unverstellt zur Sprache. Wie zehn Jahre zuvor bei den Kritikern des Realismus gelangte nun bei dem Ästhetiker der wirklichkeitsgebundenen Kunst Subjektivität als Kapitalismusapologie zur Geltung. Selbst ein antirepublikanischer Reaktionär wie Brunetière fand noch am Jahrhundertende Taines diesbezügliche Ausführungen „diskutabel"[429]. Unter dem Stichwort „Ideal" war die Rede nicht von Emanzipation durch Kunst.

Gearbeitet wurde mit Naturkonstanten. „In der imaginären wie in der realen Welt gibt es verschiedene Ränge, weil es verschiedene Werte gibt", hieß die erste (269). Wie diese entstanden seien, wurde nicht zum Problem; kein geschichtlich-soziales Denken. Im zweiten Schritt kam die theoretisch recht differenzierte Abbildvorstellung nun, wo es ins Kulturpolitische ging, vulgarisiert, als mechanische Spiegelidee, ins Gespräch: „Die Charaktere bringen in das Kunstwerk den Wert mit sich, den sie schon in der Natur haben. Je nach dem größeren oder geringeren Wert, den sie selbst besitzen, verleihen sie dem Werk einen größeren oder geringeren Wert." (325) Zum dritten schließlich wurde eine Typologie der literarischen Werke verkündet: „Auf den untersten Stufen sind die Typen, die die realistische Literatur und das Boulevardtheater bevorzugen, will sagen, die beschränkten, flachen, dummen, egoistischen, schwachen und gemeinen Personen." (336) Einen Rang höher wurden mit den Namen Shakespeare und Balzac bezeichnete „dramatische oder philosophische Literaturen" angesiedelt, die „bedeutende Charaktere, elementare Kräfte, tiefe Schichten der menschlichen Natur" (344) darstellten. Ihr Mangel: Man sehe „zu viel Elend und zu viele Verbrechen" (341). Ganz oben thronten die „vollendeten Persönlichkeiten, wirklichen Helden" (342), die „idealen Geschöpfe" (344).

Mit aller wünschenswerten Deutlichkeit sprach sich am Ende der Taineschen Ästhetik das pure ideologische Interesse der Herrschenden aus. Historisches Denken war stillgelegt, jeder Realitätsbezug der Ideologievermittlung unterstellt. Die positive Idealität, das zum Nacheifern ermunternde Beispiel wurden höher geschätzt als Kunst, die Widersprüche in sich trägt: „Das Werk, das einen wohltätigen Charakter ausdrückt, steht höher als das Werk, das einen

Übles tuenden Charakter ausdrückt." (335) Damit waren starke Sicherungen gegen eine allzu große Ausweitung künstlerischer Realitätsergründung eingebaut. Nur so viel Realität wurde zugelassen, als ertragbar war, ohne die Natürlichkeit der kapitalistischen Gesellschaftsordnung in Frage zu stellen. Von dieser zusammenfassenden Werteskala aus betrachtet, erscheinen selbst die Hinweise auf den Arbeitscharakter von künstlerischer Tätigkeit, auf den Platz des Subjekts im Schaffensprozeß im Lichte der Restriktion: Nach den realen Grundlagen ideologischer Gebilde wurde nicht mehr gefragt; alles war ja Natur. Im Namen des Ästhetischen wurde die Realität des gesellschaftlichen Lebens weggebogen: Der wurde am höchsten geschätzt, der sich von dieser Realität am weitesten weggearbeitet hatte.

Daß der Realismus mit der Taineschen Konstruktion ausdrücklich als Möglichkeit von Kunst anerkannt wurde, gereichte ihm folglich nicht zum Heil. Nicht nur, weil ihm nur das unterste Treppchen zugewiesen worden war. Vor allem, weil nach wie vor eines seiner Konstruktionsprinzipien nicht in Ansehen stand – das kritische. Aus der „Philosophie der Kunst" des Hippolyte Taine folgte somit letztlich Integration durch Verstümmelung. Gebaut war diese Ästhetik auf dem Primat des Heteronomen – Kunst war Abbildung von Objekten und in ihren allgemeinen Wesenszügen außerkünstlerisch determiniert. Insoweit damit das Subjekt der Empirie folgte und nicht umgekehrt, war „Realismus" in Taines Entwurf eingeschrieben: Der Anspruch auf Welterfassung lag dem Determinismus zugrunde; die Kunstarbeit war gegenstandsbestimmt. Nicht kritisch aber, nicht problematisch war das Weltverhältnis jener Kunst, die als große gelten sollte. Linear waren Kunst und Wirklichkeit verbunden. Keine wesentlichen Widerstände waren zu überwinden: Kunst hatte idealisierend zu wirken. Der Generalbaß hämmerte Harmonie.

Für lange Zeit, in Wesentlichem bis heute, sollte die Tainesche Art, Wirklichkeitsbezüge von Kunst zu bestimmen – die nur eine der möglichen war, zumeist aber als die einzig mögliche verstanden wurde – das Schicksal des Realismus in Frankreich beeinflussen.

Was wurde in diesen Jahren nach 1860 außerhalb von Kunstpolitik und Ästhetik über Realismus gesagt?

Anlaß zu Streit gab es nicht mehr. Der Saft der Kritik war dem Realismus entzogen; kaum noch sichtbar waren die Blüten der Empörung; Früchte dagegen trug, was an Knospen der Verharmlosung seit den dreißiger Jahren vom Nachdenken über den Realismus hervorgetrieben worden war. Kein neuer Gedanke läßt sich mehr ausmachen, wo nun konkret von Realismus geredet wurde. Zu notieren bleibt der Abgesang der Kodifizierung. Sein Leitmotiv: Idealismus *und* Realismus. Jetzt erst übertönte es alles andere, wurde konsequent durch die Geschichte von Literatur und Malerei und durch deren Theorie gezogen.

Einer der letzten, der noch die polemischen Zusammenhänge benannte, aus denen der Integrationsprozeß herauswuchs, war Ernest Chesneau. „Der Realismus faßt mehr und mehr Fuß“, hieß der Ausgangspunkt einiger 1864 als Buch veröffentlichter Studien zur modernen Malerei. Solle man, folgte die entscheidende Frage, „angesichts eines solchen Fakts“ weiterhin „sterile Proteste“ erheben? „Ist es nicht vielmehr an der Zeit, den Feind mit anderen Mitteln zu bekämpfen?“ Angesichts der „Effektivität“ der neuen Lehre vollzog Chesneau eine entschlossene Wende, bei der er wesentliche Argumente des Antirealismus mitnahm: Realismus bedeute keinen Bruch in der Kunstgeschichte, er gehöre vielmehr seit Anbeginn dazu – aber in besonderer Weise. Von einer „legitimen Rückkehr zu den alten Tendenzen der französischen Kunst“ war die Rede, ja von engen Beziehungen „zum Genie des intellektuellen Frankreichs selbst“, für das Worte wie „Aufklärung“, „Logik“, „Wahrheit“, „exakte Beobachtung“, „präziser Fakt“ standen. Zumindest seit dem 16. Jahrhundert habe es Realismus in der französischen Malerei gegeben. Und auch heute sei „die Reproduktion der Schönheiten der modernen Aktivität“ durch die Kunst vonnöten. „Schönheiten“ wurde in diesem Satz mindestens so stark betont wie „Reproduktion“: „Die Lebenskraft des französischen Realismus ist nur mächtig, weil er mit dem Ideal kombiniert werden kann. Jede realistische Bemühung, die dieser Prüfung nicht glücklich standhält, ist von vornherein zum Scheitern verurteilt.“ Auf das „enge Bündnis von Idealem und Realem“ komme es folglich an.[430] Es war eine jener Umarmungen, die den

Geherzten zu ersticken drohen. Am Ende der Kämpfe hieß es 1869 kühl, Idealismus und Realismus seien „nicht zwei Arten, die Kunst zu verstehen; es sind zwei Pole, zwischen denen alle Kunst sich bewegt“[431].

Wir können es uns ersparen, dem Funktionieren des Konstrukts in den Zeitschriften dieser Jahre nachzugehen. Der nächste Schritt wurde in den Wörterbüchern vollzogen. Mitte der sechziger Jahre sprachen das „Neue Wörterbuch der französischen Sprache“ von Pierre Larousse und eine Ergänzung zum Wörterbuch der Académie française erstmals von modernen „Tendenzen“ oder „Systemen“, denen es darum gehe, „die Natur in ihrer realen und rein materiellen Seite“, „so, wie sie ist oder man sie zu sehen meint“,[432] wiederzugeben. Die Entgegensetzung zum Idealismus wurde kodifiziert von Emile Littré. Im 1872 erschienenen vierten Band seines großen historischen Wörterbuchs der französischen Sprache fand sich unter „Realismus“ nach dem Hinweis auf die Bedeutung der Scholastik die Eintragung: „2. Neologismus. Als Terminus von Kunst und Literatur, Bindung an die Reproduktion der Natur ohne Ideal. Der Realismus in der Poesie, in der Malerei.“[433] Der 1875 erschienene „Realismus“-Artikel in dem großen Universalwörterbuch von Pierre Larousse faßte diese Definitionen zusammen und ergänzte sie in einem ausführlichen Artikel um eine historische Darstellung. Diese begann bei Homer und integrierte Villon wie Shakespeare, Diderot wie Goethe („seine Charlotte mit den roten Händen, die so eifrig Butterstullen schmiert und Marmelade macht“, sei „der Triumph des Realismus“); in der Malerei war Raffael ebenso Realist wie Rembrandt („sie haben keine Figur gemalt, ohne die Natur zum Modell zu nehmen“). „Madame Bovary“ galt als der „unserem Geschmack und unseren Sitten angemessene Roman“; als „klassische“ Theorie jedoch wurde die von Cousin zitiert, weil sie „die Bedeutung anerkennt, die die Beobachtung der Wirklichkeit haben muß, sie aber völlig der Suche nach der Idee unterordnet“.[434] Direkte Polemik fand sich bei Larousse nicht mehr. Die 1878 publizierte 7. Auflage des Wörterbuchs der Académie française versagte es sich dagegen nicht, definierend von einer „minutiösen und sklavischen“ Reproduktion der Wirklichkeit zu sprechen.

Speziellere Wörterbücher zur Literatur und Kunst vollzogen ebenfalls diese Reduzierung des Begriffsinhalts auf Allgemein-Ästhetisches. Bereits 1862 faßte ein bis 1886 unverändert veröffentlichtes Wörterbuch zu Kunst, Literatur, Moral und Politik „Realismus" rein kunstimmanent im Gegensatz zu „Idealismus", akzeptierte ihn als „Reaktion des gesunden Menschenverstandes auf das Vergessen der wahren Natur"[435] und spielte nur am Schluß ganz kurz und ohne Namen auf die vergangenen Diskussionen an. Ähnlich war in einem „Wörterbuch der Literaturen" 1876 unter „Realismus" von zwei Systemen die Rede, „von denen keines eine befriedigende Lösung bietet, beide aber Elemente von Wahrheit enthalten, die in einer breiteren Theorie vereint und konzentriert werden müssen. Das eine reduziert die Kunst auf die Nachahmung der Realität, der Natur, und nimmt den Namen Realismus an; das andere macht die Schöpfung von Formen, die die Ideen des Geistes aussprechen, zu seinem Gegenstand und nennt sich Idealismus."[436] Jules Adeline schließlich, der es 1884 unternahm, Kunsttermini zum Zwecke „einer guten Allgemeinbildung" zu definieren, sah im Realismus die „Darstellung realer Dinge, wie sie wirklich sind, im Gegensatz zum Idealismus, der sich bemüht, den absoluten und vollkommenen Typus dieser selben Dinge zu rekonstruieren, wie der Geist ihn zu begreifen sich bemüht". Beides war nebeneinander gestellt, und nur ein „ins Extrem" getriebener Realismus, der sich jede „Interpretation" versage und, statt „die schöne Seite der Dinge" zu sehen, sich der „Häßlichkeit" zuwende, wurde milde gescholten.[437]

Was die Wörterbücher festschrieben, war ein Realismus, der keinem mehr weh tat. Der Begriff bezeichnete – ganz neutral – den Anteil gegenständlicher Wirklichkeit, den jedes Kunstwerk neben dem der schöpferischen Subjektivität enthält. Verabsolutierungen in beide Richtungen galten als kritikwürdig, ein goldener Mittelweg zwischen den Extremen – bei leichter Bevorzugung der idealistischen Seite – war anempfohlen. Man erinnere sich an den Streit der fünfziger Jahre. Kaum noch erkennbar schimmerte die Aufregung um die häßliche oder schöne Welt der Kunst durch die gegebenen Definitionen. Der Anschluß war hergestellt an die Gelassenheit der dreißiger und vierziger Jahre mit ihrer Duldung empirischer Detailwiedergabe. Ein bißchen an Boden gewonnen hatte der Realismus inzwischen allerdings: Das Genie des Künstlers löschte nicht mehr alle Anklänge an die Empirie aus. Es klang nach Aufwertung der Anschauung, was seit den siebziger Jahren über Idealismus und Realismus in den Wörterbüchern stand. Von der Stellungnahme zur zeitgenössischen sozialen Wirklichkeit, die die

Realismusschlacht wesentlich bestimmt hattc, war nicht mehr übriggeblieben als eine allgemeine ästhetische Konstellation, in der der subjektiven Seite, dem „Idealismus", etwas mehr Gewicht beigemessen war als ihrem Widerpart.

Realismus zu akzeptieren und zugleich kleinzuschreiben war damit in Frankreich zur fast unbestrittenen Regel geworden. Kurzzeitig hatte es im Kunstdenken allerdings auch Bemühungen gegeben, ihn zum Absolutum zu machen. Die aus ihnen erwachsenden Einseitigkeiten sind ebenso lehrreich wie ihr schließliches Schicksal.

Yves Guyot, ein künftiger Minister der Dritten Republik, hatte 1868 eine Bilanz der Debatten um den Realismus gezogen, die noch auf Vernichtung des Idealismus gestimmt war. Nichts als „die materialisierte Interpretation unserer Existenz" blieb da der Kunst zu erzeugen übrig. „Jetzt zeigt der Realismus sich als Herr", hieß es, und jetzt endlich hielten „unsere Künstler" sich sämtliche „idealistischen Darstellungen" fern, um „unsere Leidenschaften, unsere Wünsche, unsere Gefühle, unsere Gewohnheiten, unser Streben, unsere Verzweiflung, unser Elend, unsere Kämpfe gegen die Vergangenheit und gegen die Natur auszudrücken; um das Drama unseres Lebens auszudrücken". Als Krönung der Geschichte wurde diese Herrschaft dargestellt: Aus der Ferne grüßten Leonardo, Michelangelo und Raffael als „reine Naturalisten", deren Werke, „mit denen ihre Mauern und Altäre zu schmücken die Kirchen naiv genug waren, die Negation der christlichen Lehren bildeten". Nach einem weiten Umweg durch die Niederungen christlicher Kunst und über eine Romantik, die trotz ihrer „seltsamen Visionen" zumindest das Verdienst besaß, festzustellen, daß „das Häßliche in der Kunst schön sein kann", war die Kunst in der Gegenwart auf die höchsten Höhen zurückgekehrt, hatte der Realismus „sein Banner aufgepflanzt".[438]

Nicht nur der überschwengliche Triumphator Guyot schüttete solcherart das Kind der produktiven künstlerischen Subjektivität – das ja als wesentliches Moment neben den Verklärungsinteressen in der Idealismusverteidigung steckte – mit dem Bade idealisierender Wirklichkeitsferne aus. Ein Kritiker der „Philosophie positive" hatte kurz zuvor in ähnlicher Denkart dem Begriff der Imagination ein mechanisch-materialistisches Fundament zu geben versucht. In der Imagination, hieß es im Zentralorgan des Positivismus, würden Ideen assoziiert, die sich durch „Erfahrung und

Vererbung, durch Erziehung und die Kultur der Grundinstinkte und -fähigkeiten" gebildet hätten. Folglich gebe es „durch die Tatsache der Imagination weder Erfindung noch Schöpfung. Kein Künstler überschreitet in seinem Werk die Grenzen der menschlichen Fähigkeiten", alle Mannigfaltigkeit sei zurückzuführen auf die unterschiedliche „Kombination" der Erinnerungselemente.[439] Hier war jegliches Schöpfertum stillgelegt, alles nur noch variierende Reproduktion des Vorhandenen, kein ausbrechender Gedanke mehr möglich, die Treue gegenüber dem Gegebenen oberstes Prinzip.

Gut zehn Jahre lang ließen sich solche Stimmen im Kunstdenken deutlicher vernehmen. Da wurde Kunst als „treue Dienerin der Realitäten" ebenso gefeiert wie die „Eliminierung der Fiktion und des Absoluten". Ausgegeben wurde die Losung: „Mehr graphische Exaktheit und weniger Schönheit".[440] Wenn ein Betrachter von Gemälden deren „Wahrheit kontrollieren" konnte, war den Bildern ein hoher Rang sicher.[441] Beschränkte Vulgarisierung fand hier statt, denn andere als die eigenen Rezepte kamen gar nicht mehr in den Sinn. Die angestrengte Attitüde entwuchs nur der eigenen Übersteigerung.

Diese Wertungen gelten auch für die zweite Zeitschrift, die nach der Durantys den Realismus im Titel führte. Die „Revue réaliste" erschien in 12 Nummern von je 20 Seiten zwischen dem 5. April und dem 21. Juni 1879. Als Direktoren zeichneten Vast-Ricouard, der wichtigste Autor war Edouard Rod. Schon im ersten Satz nannte sie sich „ein Kampfblatt", in der vierten Zeile hieß es „Krieg dem Idealismus!", auf der zweiten Seite erinnerte sie, mit manchmal ungenauem Detailwissen, an „Réalisme", und in der vierten Nummer fragte der Direktor nach einem Anagramm des Wortes „Ideal". Gesucht war „laide", im Französischen die weibliche Form des Adjektivs „häßlich". Eine hübsche Idee, aber was sonst war dran an dem kurzlebigen Blatt?

Nicht mehr ist zu nennen als zwei Losungen. Sie hatten durchaus zu tun mit Realismus. Der aber präsentierte sich recht ausgezehrt dem Publikum. Theatralisches Keulenschwingen in zahlreichen Artikeln konnte darüber nicht hinwegtäuschen. Die erste Losung: „Rigorose Beobachtung der Fakten". Die zweite: „Die Massen belehren und moralisieren". Beider Verbindung schließlich: „Wenn man etwas für die Verbesserung der Gesellschaft tun kann, so unter der Bedingung, daß man ihr nicht schmeichelt, daß man ihr sagt, was sie wirklich ist."[442] Das alles klebte mit konformistischer Inbrunst am Gegebenen. Kein Schaden, daß die Zeitschrift so kurzlebig war. Kein Wunder, daß die Forschung sie bisher nicht erwähnte.

Man wird sich erinnern: Ähnlich hager war schon der Realismus der fünfziger Jahre von seinen Gegnern präsentiert worden. Dort aber war es möglich, unter der feindlichen Folie eine reichere Schicht eigener Substanz zu entdecken. Der Neuaufguß enthielt solche Körner nicht mehr. Die „Revue réaliste" gab den Realismus genau so, wie dessen Gegner ihn sich vorgestellt hatten. Nur daß sie die Beschränktheit zur Tugend verklärte. Hier war wirklich die Subjektivität des Künstlers entmachtet, war Entdeckung nicht möglich, Kopie gefragt. Ebensowenig wie in den Definitionen der Wörterbücher wehte der Wind des Protestes gegen soziale Wirklichkeit, war überhaupt die Rede von Problemen in der Weltsicht. Einäugige Adepten modellierten sich nach dem Bilde, das andere von ihnen entworfen hatten, und meinten damit den Forderungen des Tages zu entsprechen.

Daß der unwirsche Umgang mit dem Idealismus jegliches kunstspezifische Denken zu paralysieren drohte, war nicht das Hauptargument, mit dem solcherart Vorschläge für eine der Zeit entsprechende Literatur abgewiesen wurden. Zuerst der politischen Ideologie und erst weit danach der Ästhetik entsprossen die Argumente, die den Realismus lahmzulegen gestatteten. Realismus pur war aus ideologischen Gründen nicht gefragt. Dies zu erkennen, ist nun doch noch kurz in die Zeitschriften zu blicken. Anders als die Wörterbücher *sprachen* sie von den Gegenwartsinteressen, an denen die unumschränkten Herrschaftsansprüche des Realismus scheiterten.

Wie die Kunstpolitik der republikanischen Bourgeoisie zu Beginn ihrer Herrschaft auf die ungebremste Freiheit nicht zu bauen wagte, so war einem Kunstdenken, das auf nichts als die unmittelbare Abbildung des Wirklichen setzte, nach der Pariser Kommune das Urteil gesprochen, die „Revue réaliste" lange vor ihrem Erscheinen schon überlebt. Ohne Verklärung ging es nicht. Der Königsweg der neuen Kunstbetrachtung war in demselben Artikel des „Artiste" beschrieben, in dem Edouard L'Hote die erzieherische „Mission" der Kunst in der neuen Gesellschaft definiert hatte. „Kunst ist Nachahmung und Schöpfung zugleich: Nachahmung, wenn sie durch das Talent realisiert – Schöpfung, wenn sie durch das Genie idealisiert." In der Wortwahl deutete sich eine Rangfolge an: Genie rangierte vor Talent. Wie könne Kunst ihre soziale Mission erfüllen, fragte L'Hote weiter, „wenn sie unseren Blicken nur unschickliche oder vulgäre Gegenstände bietet, wenn sie sich darauf beschränkt, die Augen zu blenden, unseren sinnlichen Appetit zu reizen? Nicht allein der Kopie – der Interpretation, der Idealisierung der Natur muß der wahre Künstler sich widmen. Und wodurch gewinnt diese Interpretation Höhe? Durch die Schönheit der Typen, durch die Erhabenheit des Stils, durch Leuchtkraft und Harmonie der Farben."[443] Deutliche Anklänge an Argumente der Realismusschlacht – ohne Idealismus geht es nicht. Was da als Gefahr reinen Realismus beschrieben wurde, waren die Gründe, auf die die Bourgeoisie die Kommune zurückführen zu können glaubte: das ungezügelte sinnliche Begehren der Unwissenden, Unerzogenen.

Bezeichnend auch die Tatsache, daß sich Polemiken gegen künstlerische Erfindung und Schöpfertum, wie sie in der „Philosophie positive" am Ende des Zweiten Kaiserreiches ausgebreitet wurden, nach dem Umsturz nicht mehr fanden. Statt dessen predigte nun auch Pierre Petroz die Mäßigung des Realitätsbezuges durch Verständnis für das große Ganze. „Es reicht schließlich nicht, die Realität zu betrachten, sie zu lieben, sie zu bewundern, um eine gesunde, ernste und gehobene Vorstellung von ihr zu haben", schrieb er 1874. „Man muß auch, zumindest summarisch, die Gesetze kennen, die sie in physischer wie moralischer Hinsicht regieren." Jeder wahre Künstler müsse sich eine „systematische, positive allgemeine Doktrin" erarbeiten.[444] Das „Gefühl des Schönen" wurde an anderer Stelle charakterisiert als „eine Reaktion gegen die Natur, eine Art mehr oder weniger glücklicher Versuch der Korrektur ihres Werkes und immer ein Bestreben, sie zu verschönen".[445] Kurz: Die Ideologie der Herrschenden wurde mittels „Idealismus" ins Kunstdenken gebracht und bei den Künstlern angemahnt.

Das Verschönerungsbedürfnis auch führte die Feder, als 1880 in derselben Zeitschrift ein resümierender Artikel, „Realismus" überschrieben, nach beiläufiger Polemik gegen „die systematische Eliminierung des Ideals" das erstrebte Ziel des positivistischen Kunstdenkens nannte: die „große epische und dramatische Monumentalkunst . . ., die die Seele der modernen Menschheit ausdrückt". Der Gegenwartsbezug des Nachdenkens über Realismus kam an sein Ende in dem Satz, die Kunst müsse, „um wahr zu sein, mehr und mehr das Gute ausdrücken". „Idealismus" und „Realismus" waren in ein bürgerlich brauchbares Verhältnis gebracht, und so konnte verkündet werden, was über diesem Abschnitt steht: „Die Zeit der Polemiken ist beendet."[446]

Nun war es an der Zeit, daß einem entschärften Realismus Zutritt in die Schulen gewährt wurde. Roger Fayolle hat die ersten Belege für die – dann immer noch höchst distanzierte – Verwendung des Wortes „Realismus" in Lehrbüchern für den Literaturunterricht an französischen Gymnasien erst am Ende der achtziger Jahre ausmachen können.[447] Der ungefestigten Jugend, so scheint es, war jeglicher Kontakt mit der geistigen Bewegung der Zeit erst zuzumuten, wenn keiner sonst mehr sich darüber aufzuregen vermochte. Das Wiederkäuen der alten Antworten war wichtiger als die Beschäftigung mit den neuen Fragen. Gegen lackierte Wirklichkeit aber war nichts mehr einzuwenden.

Man kann es als ein weiteres Zeichen für die endgültige Lösung des Problems Realismus werten, daß die Akademie für moralische und politische Wissenschaften und (von ihr angeregt) die Académie française gegen Ende der achtziger Jahre gemeinsam einen Preis für eine „historische und kritische Studie über den Realismus in Poesie und Kunst" aussetzten. Ein Inspektor aus dem Ministerium für Volksbildung und Künste, Paul Lenoir, und ein Gymnasialprofessor, A. David-Sauvageot, veröffentlichten 1889 ihre Preisschriften; letztere war von den Akademien als die beste gewürdigt worden. Beide schrieben den konzeptionellen Vorschlag der Wörterbücher aus und legten damit die Bilanz der seit 1826 geführten Diskussionen vor. Von ihnen ging jahrzehntelang aus, was zum Realismus in Frankreich gesagt wurde.

David-Sauvageot und Lenoir studierten, der Aufgabenstellung entsprechend, die historischen Schicksale des Realismus von der Antike bis zur Gegenwart. Erinnert man sich an das Entsetzen, mit dem die Kritiker der fünfziger Jahre den ersten Bekundungen des programmatischen Realismus die ideale Schönheit der antiken Kunst als Streitbanner entgegengestreckt hatten, so ist allein schon diese Ausweitung bemerkenswert. Realismus war ein Phänomen aller Kunstgeschichte geworden. Das bedeutete eine entschiedene Mäßigung der Polemik gegen Tendenzen in der Gegenwartskunst. Mit dieser größeren Gelassenheit verbunden war aber, als deren Bedingung, die Beseitigung des weltanschaulichen Elements. Die Autoren machten aus „Realismus“ einen Begriff, der „der Ästhetik untersteht“[448]. Der Art dieser Unterstellung galt eine begrenzte systematisierende Anstrengung. Die historische Darstellung, die den Großteil beider Arbeiten ausmachte, diente nur dazu zu zeigen, in welcher Weise das realistische Prinzip durch die Jahrhunderte in Erscheinung getreten sei. Beschrieben wurde eine Langzeitstruktur; die sozialen Inhalte der Kämpfe der Gegenwart verblaßten hinter dem ewigen Gesetz. Die Feststellung, daß es Realismus schon immer gegeben habe, bedeutete wieder einmal nichts anderes, als daß künstlerische Tätigkeit äußerer Gegenstände bedarf, an denen sie sich abarbeitet. Beide Autoren legten Wert darauf, daß jede übermäßige Erhöhung der realistischen Seite in ästhetischer Hinsicht zu verdammen sei, und sahen in dem Paar Idealismus/Realismus eine in jeder Kunstepoche, -strömung und -äußerung prinzipiell notwendige Erscheinung.

Auf einen Unterschied ist hinzuweisen. Für Lenoir waltete – den Auffassungen der Wörterbücher folgend – eher Gleichberechtigung zwischen Idealismus und Realismus, er predigte ihr „inniges Bündnis“. Der „idealistischen Aktion“ des Genies wurde die Grenze der „fühlbaren, erlebten Dinge“ gezogen: „So wie jede menschliche Tat der äußeren Welt teilhaftig ist, aufgeht und sich verliert in der Natur, so müssen auch unser Streben, unsere Intelligenz, unser Denken ursprünglich sinnlichen, lebendigen Ideen entwachsen, um im Ideal aufzugehen. So ist der Realismus die Wahrheit der Kunst, der Idealismus ihr Ziel.“ Zum Vergleich diente die Architektur: die Baustoffe als Grundlage, der Architekt als Sinngeber des Materials – keine Seite kann ohne die andere etwas ausrichten. „Außerhalb der Wahrheit, der Natur findet das Genie keine Kraft, sich zu offenbaren.“ Das hörte sich akzeptabel an, zumal gelegentliche Bekenntnisse zur Macht der „Vorsehung“ in die Überlegungen eingestreut waren, Idealismus als Ziel zugleich auch „Krönung“ aller Kunst hieß, und die 760seitigen Überlegungen des Inspektors im Beschwören der „Idee Gottes“ verklangen.[449] Dennoch scheint die Vermutung nicht abwegig, daß die proklamierte Gleichberechtigung von Idealismus und Realismus die gestrengen Akademien bewog, ihre Palme anderweitig zu vergeben.

David-Sauvageot betonte weit stärker das Beschränkte eines zum Prinzip erhobenen Realismus. Von Kopie, Fragment, Instinkt und Unordnung war im Zusammenhang mit der Definition eines Systems die Rede, „das von der Wirklichkeit reproduziert, was am direktesten dem sinnlichen Eindruck (sensation) unterstellt ist, das heißt die äußere, materielle Seite der Menschen und Dinge". Dem Schulmeister war der Idealismus kein liebevoller Bruder des Realismus, sondern die Zuchtrute, die diesem seine Beschränktheit austreiben sollte. Dringender als Lenoir schien es ihm notwendig, „die Kategorien zwischen den Fakten und die Klassen unter den Menschen aufrechtzuerhalten", und zwar mittels eines Idealismus, dessen Definition die bürgerlichen Gesellschaftsinteressen mit ebenso schöner Deutlichkeit aussprach wie die eben zitierte Bemerkung die auf ewig gewünschten Klassenunterschiede: „Was ist Idealismus? Die Revanche des Menschen gegenüber dem Leben, der Vorschlag der Kunst, die Realität zu ändern, der Protest des schöpferischen und freien Geistes gegen die äußerlichen Fatalitäten." Kunst war Kompensation. Solches Kämpfertum muß den Akademikern besser geschmeckt haben als der reine Evolutionismus des Mitbewerbers aus dem Ministerium.

Insgesamt allerdings handelte es sich nur um Nuancen, und mit beiden Fassungen des Verhältnisses von Idealismus und Realismus konnte bürgerliches Kunstdenken hinfort operieren. Beide führten erstens zu einem gleichermaßen distanzierten Verhältnis zu den modernen programmatischen Realisten. „Schöne Katastrophen" wie der Fall von Troja, Karthago und Konstantinopel oder der Brand von Moskau waren David-Sauvageot in Kunstwerken erträglicher als die „Herzschmerzen" verursachende Offenheit großer Teile der Gegenwartskunst „für jedes Sujet", selbst die „Schändlichkeiten" des bürgerlichen Lebens.[450] Sein Mitstreiter Lenoir schloß die „oft widernatürlichen Perversionen" der „gegenwärtigen naturalistischen Schule" ausdrücklich aus jenem Begriff von Realismus aus, „den ich mich bemühe zu verteidigen", und orientierte auf die „Elemente eines gesunden, arbeitsamen und fruchtbaren Lebens".[451]

Beide hatten es zweitens in ihren Resümees des Zeitgeistes verstanden, das weltanschauliche Element aus dem Realismusbegriff endgültig herauszulösen und kaum etwas übrigzulassen, was nicht ästhetisiert werden konnte. „Realismus" bezeichnete jetzt nur noch das Moment des Gegenständlichen in jeder Kunst. Von dem grundsätzlichen Konflikt zwischen menschlichem Streben und alltäglichem Erleben war keine Rede mehr. Der Kritik von Literatur und Kunst in der ganzen Breite des französischen Verständnisses – von der Geschichtsschreibung über Literatur bis zur Rezension der

Gegenwartskunst, von der Detailstudie bis zur theoretischen Untersuchung – war ein universal einsetzbarer Begriff von Realismus zur Verfügung gestellt, dem der gesellschaftskritische Inhalt herausoperiert worden war. Integriert wurde, formalistisch sterilisiert, die Hülse. Man muß aus dem Umgang mit dem Realismus nicht unbedingt vernichtende Brüche in den Fundamenten des proklamierten Optimismus erkennen; zumindest aber war er regiert von der starken Sorge um Stabilität, die Evolutionisten angesichts großer Fristen von ihnen zu ihrem Ziel befallen kann.

Weniges bleibt anzufügen. Zuerst ein Hinweis darauf, daß David-Sauvageot sich Verdienste um die Rubrizierung des Realismus in der modernen Literatur erwarb. Er unterschied einen „indifferenten" Realismus „des l'art pour l'art", zu dem u. a. Gautier, Baudelaire, Leconte de Lisle und Flaubert gehörten, von einem „didaktischen" Realismus „der Erziehung", repräsentiert etwa von Diderot, Tolstoi, Dostojewski, Zola und Hugo. Festzuhalten ist diese positivistische Wissenschaftsbeflissenheit vor allem deshalb, weil die geprägten Begriffe nicht folgenlos blieben und in zahlreichen Geschichten der französischen Literatur im 20. Jahrhundert weiterlebten. Bei der Behandlung unterschiedlicher Formen des didaktischen Realismus fiel übrigens – wie es scheint, erstmals in Frankreich – auch der Begriff „sozialistischer Realismus". Die entsprechende Stelle lautet: „Hugo hat sich sehr oft die soziale Frage gestellt ... Wer von uns hat nicht zeitweise wie der Dichter gesprochen? Wer hat ‚Chatteron', aus dem schon ein Wind der Revolte weht, und jenem ‚Antony' den Beifall verweigert, der im Keim das Werk des sozialistischen Realismus enthält?"[452] Manche Zusammenhänge haben sich geändert, und keiner wird mehr romantische Dramen von Vigny und dem älteren Dumas unter die Werke des sozialistischen Realismus rechnen. Die Vorstellung allerdings, soziale Fragen zu erzieherischen Zwecken darzustellen, steht der Begriffsverwendung im 20. Jahrhundert nicht völlig fern.

Eine zweite Anmerkung betrifft die Person des Preisträgers. David-Sauvageot veröffentlichte 1894 einen Roman über einen Lehrer zu Beginn der Dritten Republik, „Monsieur Prévôt". Das Buch lag im Jahre 1921 in 19. Auflage vor. Sein Untertitel: „Bericht aus dem wirklichen Leben". Herr Prévôt erzählt seinen Schülern, wie er 1870 mit seiner Mitrailleuse die Deutschen in die Flucht schlägt und die Fahne rettet. „‚Ah! Bravo, Monsieur!' rief Yves Gloanec. ‚Bravo für Sie, bravo für die Mitrailleuse; wenn wir Soldaten sind, werden wir die Fahne auch verteidigen, bis zum Tod!' " Fünfzehn Seiten weiter, der Lehrer denkt laut: „Ich brauche euch nicht zu verhehlen, meine lieben Kinder, daß die Lehrer ihr Bestes dafür geben, Frankreich gute Diener heranzubilden. Das ist unsere Hauptaufgabe. Mit jedem Tag begreife ich sie besser, aber gefühlt habe ich sie seit dem Ende des Krieges von 1870."[453] Idealismus und Realismus, wie die Bourgeoisie sie wollte – hier ist die Form des Bündnisses noch etwas greifbarer als in der akademischen Umhüllung.

Letzte Anmerkung. Am Ende der achtziger Jahre antwortete Anatole France auf die Frage, ob der Naturalismus krank sei: „Er scheint mir unbestreitbar tot zu sein."[454] Es begann die Zeit der „Kultur des Ich" des Maurice Barrès mit ihrer Folgerung: „Es gibt keine äußere Welt."[455] Remy de Gourmont pries das „köstliche Chaos", „Freiheit" und „Anarchie", den „Symbolismus".[456] Gustave Kahn rezensierte die Poe-Nachdichtungen Stéphane Mallarmés im Blick nicht mehr auf dessen schmerzvolles Leben, sondern auf „das, was Poe unter Poesie verstand"[457]. Gustave Lanson begann die Arbeit an seiner epochemachenden Geschichte der französischen Literatur, in der er Literatur bei aller positivistischen Gelehrsamkeit als „Instrument innerer Kultur"[458] verstand. Louis-Xavier de Ricard würdigte die „wohltuende anarchische Freiheit"[459] des Parnaß. Bald sollte Proust Sainte-Beuve kritisieren, „weil er den Abgrund nicht gesehen hat, der den Schriftsteller vom Weltmann trennt, weil er nicht begriffen hat, daß sich das Ich des Schriftstellers nur in seinen Büchern zeigt"[460]. Wer Taine würdigen wollte, mußte von seinem „Idealismus"[461] sprechen. Albert Cassagne legte den Grund für eine Literaturgeschichtsschreibung, die die ganze zweite Jahrhunderthälfte unter das Zeichen des l'art pour l'art stellte,[462] und als um 1910 Schüler von Lanson die Geschichte des programmatischen Realismus zu schreiben begannen, hatten sie schon die Schürfarbeiten des Archäologen zu verrichten, bevor sie ihren Gegenstand klar vor Augen bekamen. Kurz: Eine neue Etappe des Kunstdenkens in Frankreich hatte eingesetzt, in der der künstlerischen Subjektivität gegenüber der Empirie ein wesentlich höherer Rang eingeräumt wurde.

Mit der Langzeitwirkung dieser neuen Konstellation ist in Vergessenheit geraten, was davor lag. Die Geschichte des Realismus in Frankreich nach 1848 bezeugt, daß bürgerliches Kunstdenken in Phasen besonderer sozialer Anstrengung die Heteronomie zum herrschenden Prinzip zu erheben vermag, wobei es zugleich bemüht ist, dem Aufscheinen der sozialen Widersprüche in Kunst Fesseln anzulegen – von der Repression über die Ideologisierung bis zum Verschleifen künstlerischer Kritik an sozialen Zuständen durch ästhetisierende Betrachtungsweise.

Soweit die Reaktionen der anderen. Was aber tat sich bei den Realisten selbst nach 1860?

„Ans Ende des Unendlichen“
Realisten als Apologeten der Bourgeoisie

Daß seit der idealistischen Wende um 1890 der Realismus in Frankreich nicht mehr zu Ehren kam, ist nicht nur Resultat des Meinungsmonopols der Späteren. Seine eigene Entwicklung hatte die Argumente für seine Geringschätzung schon bereitgestellt. An großen Teilen jener Kunstproduktion der sechziger bis achtziger Jahre, die zeitgenössische soziale Wirklichkeit abbildete, ließe sich das Versanden des kritischen Elements zeigen. Der Vorgang sei im folgenden an den Vätern des programmatischen Realismus illustriert.

Fast ausnahmslos wurden die ungebärdig attackierenden Realisten der fünfziger Jahre nicht allzuviel später gute Bourgeois. Der Frontalangriff wurde abgebrochen, bevor er recht begann. Genauer: Die meisten Realisten sahen ihre Realitätskritik mit der weiteren Ausgestaltung der bürgerlichen Gesellschaft in kurzen Fristen als erledigt an. Schnell zufriedener Evolutionismus statt Fundamentalkritik. Die früheren Distanzierungen des Realismus zeigten in der Reifezeit seiner Künder eine tagespolitische Begründung: Man war gegen den Bonapartismus als politische Form von Unvollkommenheiten des Kapitalismus; das Arrangement mit letzterem wurde leichter mit der fortschreitenden Ausbildung der politischen Herrschaftsformen der Bourgeoisie; die neue Republik schließlich trug alle Hoffnungen. Die so bewußt wirklichkeitsgebundene Kunstarbeit verlor damit ihren kritischen Zug. Kritik mit kurzem Atem, schnelle Zufriedenheit produzierten den Konformismusvorwurf mit, der diesem Realismus bis heute gemacht wird.

Über kleine Karrieren und manche Mühen von Bourgeois ist zu berichten – über evolutionäre Stabilisierung nicht in der Reflexion der großen Geister, sondern als Leben kleinerer Lichter.

Für Champfleury bildete die Wende zu den sechziger Jahren auch eine Wende in seiner Tätigkeit: Er nahm Abschied vom literarischen Schaffen. Sein bis heute wichtigster Biograph, Emile Bouvier, sah die denkerische Entwicklung und die Karriere Champfleurys zu diesem Zeitpunkt als „wahrscheinlich beendet“[463] an und begrenzte seine Darstellung entsprechend. Champfleury selbst schrieb rückblickend: „Eines Tages – angegriffen und verdächtigt wegen meiner Romane, die der Zensur des Kaiserreiches nicht mit ihrer Ästhetik übereinzustimmen schienen – ... stürzte ich mich auf die Forschung, um den Gefahren meiner Imagination zu entgehen ...; es war jedoch eine wenig akademische Forschung. Die Volkspoesie, das Museum der Armen, die Erzählungen der Bauern, ihre Witze, die Satiren und der Ärger der Städter nahmen mich fünfzehn Jahre in Anspruch.“[464]

Recht präzise benannte diese Selbstdarstellung die Punkte, um die es ging. Einige Versachlichung ist dennoch am Platze. Einige Romane Champfleurys konnten in den fünfziger Jahren tatsächlich nur im Ausland erscheinen. Ausgaben mit französischem Verlagsort folgten jedoch nach wenigen Jahren. „Gefährdet“ war Champfleury weder durch gerichtliche Verfolgung noch durch zusätzlichen Existenzdruck. „Die Bürger von Molinchart“ z. B. (vier Auflagen in vier Jahren mit insgesamt mehr als 100 000 Exemplaren)[465] war durchaus ein Verkaufserfolg. Die Kritik war allerdings weniger freundlich mit dem Meister des Realismus umgesprungen, und vermutlich hat auch Ärger über die immer neuen Bescheinigungen für sein mangelndes literarisches Talent den Entschluß zur Wende befördert. Aus der Sicht des heutigen Lesers ist der Verlust, den die französische Literatur dadurch erlitt, zu verschmerzen. Die im Kleinbürgermilieu und in der Boheme, manchmal auch in Adelskreisen spielenden Novellen und Romane waren bestimmt von äußerlicher Wiedergabe banaler Vorfälle. Die Personen wurden vorgeführt, entwickelten sich nicht; nach Charakteristika oder Motivationen wurde nicht gefragt, Bewegung, soweit überhaupt vorhanden, ging nur von den Umständen aus, in die sich die Figuren ohne eigenes Zutun gestellt sahen. Schwerfällig wurden Hauptsätze aneinandergereiht; Beschreibungen wie die des Treibens an der Porte de la Villette um fünf Uhr morgens müssen für diesen Autor bereits als Exzeß bezeichnet werden: „Die Ankommenden und Gehenden zeigen den Pariser Arbeiter in der ganzen Ärmlichkeit seines Aufzugs. Wenn Aktivität und Sorglosigkeit das Volk von Paris nicht etwas verschönten, bekäme ein Fremder, der eines Morgens an eine dieser Schranken käme, eine schlimme Vorstellung vom Pariser Leben; die Maurer laufen allerdings mit festem Schritt, ein dickes Brot unter dem Arm; die Straßenkehrer gehen schlafen; man sieht Arbeiterfrauen bei den Bäckern eintreten; die Kinder gehen mit ihrer Tasse zum Milchwagen; das Gas wird gelöscht; das Pflaster ist sauber; schon tönt von ferne der dumpfe Lärm der Wagen, der unter der Sinfonie der Rufe des Tages liegen wird. Paris erwacht."[466]

Man ist versucht, als Gegenbeispiel zu zitieren, was 1873 von Zola in Bewegung und Bild gesetzt wurde, als er im „Bauch von Paris" einen dieser Wagen in die Stadt geleitete. Die freundlichste Interpretation des Unterschieds wäre die, daß der Naturalist aufbauen konnte auf dem Grund, den sein Vorgänger erst einmal hatte legen müssen. Die lakonische Präsentationsart Champfleurys, die von heute aus nur banal anmutet, bot den Zeitgenossen tatsächlich Ungewohntes, bisher zumindest kaum Aufgeschriebenes; sie besaß insofern eine gewisse Spannung aus Neuheit. Der Anspruch war jedoch nur der des Vorzeigens. Daß die Spannung schon damals nicht allzu groß gewesen sein konnte, zeigt auch die Beschreibungsweise: Champfleury zitierte nur einzelnes aus einem Fonds allgemein Gewußten; seine Bilder tippten das Erinnerungsvermögen des Lesers an und vertrauten darauf, daß der genau wie der Autor eigentlich kannte, was da vorgeführt wurde – weshalb der Autor selbst nicht ausführlicher zu werden brauchte. Champfleurys Literatur war Selbstdarstellung einer historisch neu formierten Gesellschaft; sie basierte im wesentlichen auf Übereinstimmung in Wissen und Sichtweite von Autor und Leser und rechnete mit dem Bedürfnis der bürgerlichen wie jeder neuen herrschenden Klasse, das von ihr Geleistete und Beherrschte auch in der Literatur bestätigend in Augenschein zu nehmen. Wollte man dem Rückzug Champfleurys von der Literatur einen überpersönlichen Zusammenhang geben, müßte man wohl sagen: Um 1860 war die Funktion bloß registrierenden Vorzeigens beliebiger Wirklichkeitsfragmente für die Literatur des Bürgertums überholt. Dominant war sie ohnehin nie gewesen. „Gefahren" aus der Imagination à la Champfleury waren kaum je erwachsen; schnell war sie nun an ihre Grenzen gekommen.

Die gelehrten Studien, die sein Leben anschließend ausfüllten, bewahrten – das macht die Aufzählung ihrer Schwerpunkte deutlich – durchaus einen inneren Zusammenhang mit dem bisher Gewollten. Er erforschte Leben und Werk der aus seiner Heimatstadt Laon stammenden Brüder Le Nain, um Traditionen des Realismus in der Malerei bekannt zu machen (1862, 1865). Er regte an, die Tätigkeit der Société des gens de lettres in der Provinz zu verstärken und ihre Fürsorge für verarmte Künstler zu aktivieren (1864). In Büchern über die patriotischen Bilder auf Fayencen der 89er Revolution (1867) und über Motive aus der Bildwelt des Volkes (1869) brachte er Traditionen ans Licht, die die herrschende Kunstgeschichtsschreibung unbeachtet ließ. In zwei Bänden veröffentlichte er Dokumente zum Leben Balzacs (1875, 1878). Sein Hauptwerk wurde eine fünfbändige Geschichte der Karikatur von der Antike bis zur Gegenwart (1865–1880), geschrieben als fortgesetztes „Attentat gegen das Schöne"[467]. Deren Anreger dürfte übrigens, nochmals, Charles Baudelaire gewesen sein: In seinem Aufsatz „Vom Wesen des Lachens" hatte dieser 1855 von einer „allgemeinen Geschichte der Karikatur" als einem fehlenden, aber „ruhmvollen und wichtigen Werk" gesprochen. Champfleury kannte den Text schon vor dessen Erscheinen; in einer seiner Novellen von 1854 hatte er bereits daraus zitiert.[468]

Ohne in die Einzelheiten dieser Untersuchungen gehen zu können, seien ihr humanitärer Volksbegriff und ihre nichtelitäre Kunstauffassung hervorgehoben, die eine auf der ursprünglichen künstlerischen Naivität niederer Schichten basierende Traditionslinie der Auffassung von Erbe nur als Hochkunst entgegensetzte. In ihnen läßt sich der realistische Impuls noch ausmachen. Zugleich aber traten im Wirklichkeitsverhältnis alle Elemente von Distanz ins nicht mehr Wahrnehmbare zurück. Champfleury nahm um 1860 nicht nur Abschied von der Literatur; auch programmatisch trat er heraus aus dem Kreis des Realismus und ein in den der Apologie. Da dieser Schritt von einem der wichtigsten Propagandisten des Realismus vollzogen wurde, hat man ihn immer wieder dem Realismus selbst angekreidet. Er betraf jedoch die konkrete Person, nicht die Sache. Ausschließlich Versöhnliches bestimmte nunmehr Champfleurys Lebenshaltung wie Kunstdenken.

Für seine Beschäftigung mit volkskünstlerischen Traditionen galt, was er selbst über Max Buchon schrieb: „Er übermittelte die Arbeit, die Vergnügen, Freuden und Leiden des Volkes, er hoffte, der Spiegel des Volkes zu werden, ihm seine guten Gefühle zu zeigen und es so besser zu machen."[469] Dieses Wollen hatte fatale Konsequenzen.

„Im Jahre 1848", hieß es einleitend zu der „Geschichte der Bildwelt des Volkes", „als unter der Republik die Frage des Rechtes auf Arbeit von den Machthabern unklugerweise in den Vordergrund gestellt wurde, was zu der unseligen Juni-Insurrektion führte, habe ich mir gesagt . . ., wie notwendig Veröffentlichungen dieser Art wären, um das Volk zu beruhigen; aber das Übel war zu groß." Ein Satz über politische Haltungen, der für sich selbst spricht. Champfleury – so ist zumindest zu hoffen – stilisierte späterer Reputierlichkeit halber seine damalige Haltung; das rettet aber höchstens den jungen Mann, die Kritik an dem älteren kann solche Retusche nur verstärken. Eines seiner einschränkungslos positiven Wörter war nun „Naivität". Naiv waren das unverbildete Volk und die Naturwirklichkeit. Aber romantische oder aufklärerische (wenn schon nicht realistische) Sozialkritik, die aus einem solchen Schlagwort hätte entwickelt werden können, waren des müden Meisters Sache nicht mehr, waren es allzusehr ja nie gewesen. Im Gegenteil, seine Gesellschaft galt ihm nun schon als natürlich gegeben und, mehr noch, wohleingerichtet. In dem genannten Buch hieß es gegen Ende eindeutig: „Das höchste Ziel der Kunst ist die Versöhnung."[470] Auf Verbindlichkeit war alles gestimmt, und 1866 verfiel Champfleury plötzlich sogar auf l'art pour l'art in der apologetischsten Variante. „Kunst *oder* Politik, nicht Kunst *und* Politik", lautete die Formulierung für den Abschied von sozial verändernden Kunstfunktionen. „Mag der Geist des Künstlers erschauern, wenn er von all dem Elend erfährt, mag der Mensch vom Leid gerührt werden, mag die Tyrannei auf ihm lasten – nichts darf ihn davon abbringen, an die Kunst zu glauben."[471] Der ganze Realismus wurde jetzt heruntergeredet zu „Kneipenspäßen"[472] einer übermütigen Jugend, und als Zola dann auf eine neue Höhe führte, was die Realisten begonnen hatten, da fiel dem Vorläufer nichts Besseres ein als die banalste Neuauflage der antirealistischen Status-quo-Verherrlichung der fünfziger Jahre: „Die Sprache der Preziösen verträgt sich gut mit der Beschreibung des Schmutzes der Hauptstadt. Der bewegliche, hochstehende französische Geist wird mit Sicherheit über diese Tendenzen triumphieren. Preziöse und Schlammbewohner werden dann in der Kloake des Vergessens vergehen, zusammen mit jenen

Dirnen und deren Historiker, die ihren ‚Sadismus' unter der Maske einer angeblichen Physiologie verstecken, und an diesem Tage wird angesichts dieses Haufens Fäulnis ein rauher Satiriker erstehen, um Rechtschaffenheit, Wahrheit und Reinheit der Sitten zugleich zu verteidigen."[473] Brieflich hatte Champfleury gegenüber Camille Lemonnier schon 1877 im Zusammenhang mit dem Naturalismus vom „Kotzen Besoffener" geredet.[474] Die Sprache, die hier geführt wurde, entlarvte sich selbst. Champfleury, der in den ersten Jahren des Bonapartismus noch einiges Unbehagen empfunden und artikuliert hatte, war in den Gesellschaftsverhältnissen der bürgerlichen Republik zu Ruhe und Zufriedenheit gekommen.

Mitte der sechziger Jahre trennte sich Chamfleury von Courbet. 1867 ließ der Kaiser einen kleinen Orden an seine Brust heften. Seit 1872 bezog Champfleury als Konservator im Porzellanmuseum von Sèvres den Sold der Dritten Republik. Täglich hatte er nun mit dem „Meißener" der Franzosen zu tun. Wie fern lagen die Zeiten, als der bloße Anblick des Luxuserzeugnisses ihn geschüttelt hatte. „Das Sèvres ist widerwärtig, widerwärtig in der Farbe, widerwärtig schlechter Geschmack."[475] Das wurde 1848 veröffentlicht. Im Jahre 1885 gründete Edouard Dujardin im Umfeld des beginnenden Symbolismus die „Revue Wagnérienne". Da tauchte bei einem Essen für die in Aussicht genommenen Mitarbeiter auch Champfleury auf, der 1861 für Wagner eingetreten, „der der Freund Wagners gewesen und der jetzt sehr alt und sehr gebrochen war"[476].

Castagnary. Der Propagandist der bürgerlichen Parteilichkeit

Unter die „Idioten" wurde Castagnary in Baudelaires späten Aufzeichnungen gerechnet; „die Kunst ist eine zivilisatorisch wirkende Kraft", notierte der Dichter in kommentarlosem Grimm einen von dessen Hauptsätzen.[477] Das Zitat war nicht ganz exakt: Die Kunst zu einer „gesellschaftlich" wirkenden Kraft zu machen, hatte Castagnary in einem Artikel über Courbet Anfang der sechziger Jahre als „Werk der kommenden Generation" bezeichnet.[478] Das Anliegen aber war getroffen: In seinen bis zum Ende der siebziger Jahre regelmäßig erscheinenden Salonberichten vertrat Castagnary mit gleichbleibendem Nachdruck den Gedanken von der sozialen Gebundenheit jeder zeitgemäßen künstlerischen Tätigkeit: Gebundenheit an soziale Entstehungs- und Funktionsbedingungen und Gebundenheit durch die Abbildung zeitgenössischer Realität, Gebundenheit an Ausdruck und Funktionieren der kapitalistischen Gesellschaftsordnung. Er nannte das „Naturalismus"; gemeint war die Fortentwicklung des Realismus der fünfziger Jahre.

Der Aufruf zu abbildendem Realitätsbezug erschallte bruchlos seit dem Salonbericht 1857. „Das Universum erzählen", hieß die durchgehende Forderung. Alles wurde gefeiert, was ihr entsprach. „Der Ruhm der Kunst unserer Epoche ist es, in Inhalt und Form zeitgenössisch zu sein. Alle Kundgebungen des gegenwärtigen Lebens mit ihren Beziehungen zum Individuum, zur Gesellschaft, zur Natur sind zu ihrem Gebiet geworden."[479] Bündig wurde festgestellt: „Gegenstand der Malerei ist der Ausdruck ... der Gesellschaft, von der sie produziert wird."[480] Vom Spiegel war uneingeschränkt positiv die Rede. Gemeint war dessen wiedergebende Potenz; von jenen komplexen Spiegelungen, mit deren Möglichkeit Aragon hundert Jahre später das Zustandekommen nichtmechanischer Abbildungen von Realität einem dogmatisierten Denken materialistisch vor Augen zu führen suchte, war das weit entfernt. Kunst wurde als „eine der unmittelbaren Ausdrucksweisen der zeitgenössischen Gesellschaft"[481] gepriesen. Sie sollte vorführen, was war – soweit es dem Bürgertum wohlgefiel.

Neben diesem Grundgedanken entwickelte Castagnary in den sechziger Jahren einen historisch-sozialen Schönheitsbegriff, der gegen die Ideal-Vorstellungen der traditionellen Ästhetik gerichtet war. Er betonte, daß die Auffassungen von Schönheit vom Menschen produziert würden und folglich nicht absolut gegeben seien, sondern sich mit der Entwicklung der menschlichen Gesellschaft wandelten. Der Gedanke hatte bereits 1857 in der Überlegung eine Rolle gespielt, daß jeder Künstler sein Ich zum Ausdruck bringen, sich so aus den Fesseln der Tradition befreien und in seiner Gegenwart (die ihn präge) Fuß fassen solle. Nun aber war die Formulierung allgemeiner. „Das Schöne ist im Menschen", hieß es, übrigens auch polemisch gegen Courbets Betonung der *Natur* als des Ortes von Schönheit. Durch die Vereinigung der Sichtweisen der einzelnen werde das Schöne eine „soziale Konzeption". Kein Problem wurde in diesem Zusammenfließen gesehen. In der Selbsterkenntnis erreiche das Schöne sein Ziel: „Das Wahre ist die Substanz des Schönen."[482]

Weiter sprach Castagnary in klaren Sätzen von der sozialen

Funktion der getreuen Abbildung jener Schönheit, die in den Formen des Lebens selbst liege. „Die Gesellschaft ist ein moralisches Wesen, das sich selbst direkt nicht kennt und das, um sich seiner Realität bewußt zu werden, sich von außen betrachten muß. ... Folglich ist die Malerei keine abstrakte Vorstellung jenseits der Geschichte, den menschlichen Wechselfällen wie den Revolutionen von Ideen und Sitten enthoben; sie ist ein Teil des gesellschaftlichen Bewußtseins, ein Splitter des Spiegels, in dem die aufeinanderfolgenden Generationen sich betrachten, und als solcher muß sie der Gesellschaft Schritt für Schritt folgen und deren ständige Veränderungen notieren." Als weitere Teile dieses Spiegels wurden Philosophie, Moral und Politik genannt; insgesamt hieß er der „moderne Rationalismus".[483]

Kunst als Ausdrucksweise der zeitgenössischen Gesellschaft, Schönheit als ein sozial produzierter Begriff, Gesellschaftsbildung als Funktion künstlerischer Tätigkeit – das sind Gedanken, die auf eine historisch argumentierende Ästhetik zu weisen schienen. Ein Gedanke aber fehlt in ihnen: Was Kunst als eine *besondere* Form gesellschaftlichen Bewußtseins auszeichne, wurde nicht gefragt. Als „Teil" dieses Bewußtseins sollte sie ihren Beitrag zu jenen sozialen Entwicklungen leisten, die das Bürgertum anstrebte. Was davon abhalten, darüber hinausweisen oder sonst den klaren Kurs verwirren konnte, wurde keines Gedankens gewürdigt. Konzentration aller Kräfte hieß die Parole. Gefragt war der praktische Nutzen. Daß Kunst vielleicht mehr und anderes vermochte, als duplierend zu „notieren", was sich in der Gesellschaft vollzog, blieb außerhalb des Gesichtsfeldes. Die Momente der Unmittelbarkeit dominierten. Starb der Realismus bei Champfleury an Versöhnlichkeit, so ging er in Castagnarys Programm zugrunde an kurzatmiger Dienstverpflichtung in politischen Kämpfen. Eine Art Apologie des Bevorstehenden schwebte dem Kritiker für jene Kunst der Bourgeoisie vor, die er wollte. Das war nicht Champfleurys Apologie des Bestehenden; aber fundamental war der Unterschied nicht. Die schönen Sätze waren geschrieben in plattester Verbundenheit mit dem Bestehenden (wenn auch bis zum Ende des Bonapartismus noch nicht Herrschenden).

In bezug auf den institutionellen Bereich, in dem Kunst existierte, formulierte Castagnary einen ursprünglich durchaus gegen den Stachel löckenden Gedanken. Ebenso beharrlich wie eine naturalistische Malerei forderte er eine liberale Ausstellungspolitik. Es sei an der Zeit, hieß es 1864 nach einem Überblick über das Zustandekommen der Salon-Jurys seit der Achtundvierziger Revolution, daß die Regierung „sich vom modernen Liberalismus inspirieren läßt, auf einen Schlag offizielle Ausstellungen, Jurys und Auszeichnungen abschafft und es den Künstlern überläßt, sich untereinander zu organisieren, ihre Salons zu veranstalten und sich sogar mit Medaillen zu dekorieren, wenn sie in einer solchen Übung Vorteil und Gefallen finden“[484]. Zögernde Schritte in eine solche Richtung waren mit dem Salon 1863 getan worden. Dem eigens dafür erneuerten Statut zufolge konnten drei Viertel der Jury-Mitglieder von jenen Ausstellern selbst gewählt werden, die früher bereits ausgezeichnet worden waren, nur noch eine Klasse von Auszeichnungen wurde verliehen, und für die zurückgewiesenen Bilder entschloß sich der Kaiser kurzfristig, einen „Salon der Abgelehnten“ einrichten zu lassen. Der allerdings blieb einmalig, und weitere Schritte in die eingeschlagene Richtung zu gehen, war die kaiserliche Kunstpolitik nicht bereit.

Castagnary gehörte zu jenen Republikanern, die entsprechende Forderungen immer wieder vorbrachten. Je wackliger das Regime wurde, um so deutlicher geschah das. Das wichtigste Beispiel: Am Ende des Jahrzehnts stellte er seinen Salonbericht 1868 nach dessen Veröffentlichung in „Le Siècle“ für einen weiteren Abdruck zur Verfügung. In einer von ihm und drei weiteren Verfassern gezeichneten „Bilanz des Jahres 1868“ (die auch als Antwort auf den kaisertreuen „Bericht über den Fortschritt der Literatur“ zur Weltausstellung des Vorjahres gelesen werden kann) erschien der Salon in einem Kontext, der die politische Intention der Castagnaryschen Kunstbetrachtung mit aller wünschenswerten Deutlichkeit klarstellte. In puncto Politik wurden die „Vereinigten Staaten von Europa“ und die „Brüderlichkeit der Elite der Werktätigen“ gefordert, für die Wissenschaft eine „politische, soziale und philosophische Renaissance“ vorausgesagt. Unter den Dokumenten im Anhang fanden sich sogar die Protokolle des Prozesses, durch den das Pariser Büro der I. Internationale 1868 verboten worden war. Aber das Ziel blieb ein durchaus bürgerliches: „Glücklich“ dadurch zu werden, daß man „frei und reich“ wurde. Das Bindemittel der Bilanz: Die Republikaner bliesen zum Sturm gegen den Bonapartismus und sammelten alle dafür verfügbaren sozialen Kräfte. Castagnary: „Ich weiß nicht, ob die Ereignisse im Begriff sind, uns das öffentliche Leben vorzubereiten, von dem ich träume; aber ich bin sicher, daß es an dem Tag, an dem es kommen wird, die Malerei völlig vorbereitet finden wird." Das Wort „Revolution", zu der im politischen Text noch nicht aufgerufen werden konnte – in bezug auf die Malerei schrieb Castagnary es bereits nieder.[485] Deutlich entfernt war diese Haltung von der versöhnlerischen, die Champfleury in diesen Jahren bereits eingenommen hatte. Sie behielt einen verändernden Impuls – den antibonapartistischen der bürgerlichen Republikaner.

Veränderung sollte noch eine Weile die Losung bleiben. Nicht eine bürgerliche Revolution, sondern Kriegsniederlage und Kommune (die erste Revolution des Proletariats) standen bekanntlich an der Wiege der neuen Republik. An der stabilitätsbedachten Kunstpolitik der alten Machthaber – es war davon die Rede – mochten die neuen nach den gehabten Erschütterungen nichts ändern. Castagnary schickte sich darein nicht: Im Namen der Prinzipien der Republik zog er in seinen Salonberichten Jahr für Jahr gegen deren Regulierungspraktiken zu Felde. Dabei machte er seine Argumentation verbindlicher: Nicht mehr gleich die Abschaffung des Salonstatuts überhaupt forderte er, sondern nur noch „den Stimmzettel" zur Wahl der Jury durch die Künstler selbst als „allmächtige Waffe", mit deren Hilfe der Rest sich werde regeln lassen. Bedenkenlos griff er die nationalistische Redeweise des entstehenden Revanchismus auf und klagte die akademische Malerei an, „nicht französisch" und „Import aus dem Ausland" zu sein. Aus der ersten Impressionisten-Ausstellung entwickelte er die Mahnung an die offizielle Ausstellungspolitik, „die Gesamtheit der französischen Produktion" zu bewahren und keine Spaltungen zuzulassen. Regiert war dies alles von dem Bewußtsein, die eigentlichen Interessen der entstehenden Republik gegen deren kurzsichtige Diener zu vertreten. Das „Programm der ‚Staatsdoktrin in Kunstdingen'" sei nicht das der Republik, hieß es 1873. „Nützliche Diener" könne die Republik dann am ehesten gewinnen, wenn ihre politischen Prinzipien, „Demokratie und Freiheit", auch in Kunstdingen die herrschenden würden.

Jene Wende, die bei Champfleury zu Beginn der sechziger Jahre gelegen hatte, ereignete sich für Castagnary am Ende der siebziger. Mit dem Übergang zu den juryfreien Salons endete seine kunstkritische Tätigkeit. Seit 1874 bereits hatte er eine politische Karriere auf kommunaler Ebene durchlaufen, die ihn 1879 auf den Präsidentensessel des Pariser Stadtrates trug. Noch aber war er

Journalist geblieben, und der sich formierende staatstragende Impuls war nur gelegentlich in seinen Texten durchgedrungen – so als er seine Forderungen nach umfassender Abbildung der zeitgenössischen Realität 1874 plötzlich mit dem aus der „Philosophie positive" bekannten Hinweis nuancierte, die Künstler sollten sich nicht nur um die „materielle Wiedergabe von Objekten" bemühen, sondern „Seele und Größe" der neuen Zeit in ihren Werken spürbar werden lassen: „Angesichts des Schauspiels der Dinge scheint es, daß die Gehirnzellen untätig geworden sind." Man gehe am „menschlichen Leben" vorbei, „ohne es zu sehen, und läuft der Chronik, der Anekdote, der Mythologie, der Legende, dem Nichts hinterher". Bisher waren ihm solche Mahnungen überflüssig erschienen – da doch alles naturgesetzlich auf Größe hinauslief. Nun sollte der doch nachgeholfen werden – durch Propaganda. Festzuhalten hier auch der Angriff auf Zola im letzten seiner „Salons": Im Gegensatz zur Malerei habe die „Literatur keinen Grund, eher naturalistisch als idealistisch zu sein. Ihr notwendiges, unabdingbares Mittel ist nicht die Reproduktion sichtbarer Dinge . . . Imagination braucht sie ebenso wie Beobachtung."[486] Auch wenn hier die Verschiedenheit der Künste als Argument diente – man kann sich fragen, ob die plötzliche Aufwertung der Imagination nicht vielleicht doch auch von Verklärungsinteressen gegenüber der zeitgenössischen Realität getragen war.

Von Castagnary allerdings wird man darauf keine Antwort mehr bekommen. 1879 trat er als höherer Beamter in den Staatsdienst. Sein letzter Posten war ebenjener, dem bis weit in die siebziger Jahre ein Großteil seiner Kritik gegolten hatte – er starb 1888 als „Direktor der Schönen Künste" der Dritten Republik. Keine Ironie der Geschichte! Nicht als Bekehrter trat er in die Fußstapfen des Grafen Nieuwerkerke. Die Republik, die er am Ende seines Lebens repräsentierte, hatte seine liberalistischen Prinzipien zur Grundlage ihrer Kunstpolitik gemacht. Castagnary war kein Idiot, wie Baudelaire gemeint hatte; als Propagandist der bürgerlichen Parteilichkeit hätte er in die Geschichte eingehen können. Mit der Stabilisierung der bürgerlichen Gesellschaftsordnung aber wurden seine Dienste überflüssig. Das vorausgesagte Glück für alle zog nicht ein mit der Freiheit der Bourgeoisie. Die Autonomie der Kunst, das Ideal und die Erhebung über die zeitgenössische Realität gelangten zu neuen Ehren. Als 1892 die „Salons" gesammelt erschienen, flocht die Nachwelt ihrem Vorkämpfer keine

Kränze. „Ein Polemiker, kein Kritiker“[487], lautete der Spruch der „Revue des deux mondes“. Der Mohr hatte seine Schuldigkeit getan; man vergaß ihn.

Thulié. Arzt am Krankenbett des Kapitalismus

Die größte Karriere von den Realisten der fünfziger Jahre machte Henri Thulié. Sie führte allerdings auch am weitesten von der Kunst weg. Nach dem Scheitern von „Réalisme“ nahm Thulié sein Medizinstudium wieder auf und arbeitete dann als Sozialmediziner in Paris. Von 1871 bis 1883 war er Abgeordneter des Pariser Stadtrates, dreimal fungierte er (schon vor Castagnary) als dessen Präsident. Er war Freimaurer, gehörte seit 1885 zum Redaktionskollegium der „Revue d'anthropologie“ und veröffentlichte zahlreiche, zum Teil umfangreiche Bücher. Deren thematische Schwerpunkte lagen in der Armenfürsorge (auch hier bekleidete er hohe Funktionen im Apparat der Dritten Republik), in sozialen Problemen von Geisteskrankheiten und – am weitesten ins Politische reichend – im Kampf gegen den Einfluß der Kirche auf das öffentliche Leben. Mit alledem wurde Thulié eine fast klassisch zu nennende Personifizierung des bürgerlichen Evolutionismus in Aktion.

Sämtliche Felder seiner Arbeit waren solche, auf denen Differenzen zwischen den verkündeten Zielen und den alltäglichen Realitäten der kapitalistischen Gesellschaftsordnung zutage traten. Wenn sich eine besondere Kunstneigung nach der Zeit von „Réalisme“ nicht mehr vernehmbar machte, so zeugte Thuliés Tätigkeit doch von dem Weiterwirken des Interesses, das die Realisten an sozialen Erscheinungen genommen hatten, über die ein verklärender Blick allzu leicht hinwegzusehen geneigt war. Genauer als Thulié sah keiner seiner früheren Kameraden in Dunkelzonen ihrer Gesellschaft. Aber auch in puncto Bürgerlichkeit ließ er sich nicht so leicht übertreffen.

Im Politischen zeigten das seine antiklerikalen Propagandaschriften. Kein Gegner der modernen Wissenschaftsentwicklung und der „modernen Gesellschaft“ überhaupt schien ihm gefährlicher als die Kirche. Alle Kräfte der Nation rief er gegen sie zur Einheit auf – „Arbeiter, Bauern, Bourgeois, die ihr das Wohl des Vaterlandes wollt; ihr alle, die die Revolution der Sklaverei entrissen und dadurch zu freien, gleichen und denselben Gesetzen unterworfenen Bürgern gemacht hat“. Daß er zugleich die Jesuiten als „schwarze Kommunisten“[488] bezeichnete – in der Ableitung des Wortes dürfte der Stamm „Kommune“ eine Rolle gespielt haben –, machte allerdings auch die Grenzen deutlich, die der Einheit gezogen waren. Die Trennung von Staat und Kirche, die Thulié 1905 noch erlebte, muß er als ein wesentliches Ereignis empfunden haben, das seine Überzeugung vom naturgesetzlichen Fortschreiten seiner Gesellschaft stärkte.

Diese Überzeugung vor allem schlug sich in seiner Tätigkeit nieder. Thulié befaßte sich beruflich mit „Krankheiten“. Alle waren sie heilbar, die gesellschaftlichen mittels der „Sozialwissenschaft“: „Wie die Wissenschaft gezeigt hat, daß die Seele die physiologische Funktion des Nervensystems ist, so wird sie die Gesetze gesellschaftlichen Funktionierens aus der objektiven und genauen Kenntnis der Elemente entwickeln, die die Gesellschaften bilden, aus der Beobachtung ihrer Existenzbedingungen als Individuen wie als Kollektivität und schließlich aus der Analyse der Milieus, in denen die Rassen sich zu entwickeln haben.“ Diese physiologische Soziologie enthielt alle Elemente von mechanischem Determinismus und naivem Erkenntnisoptimismus, die bürgerliches Gesellschaftsdenken in seiner apologetischen Phase aus dem Positivismus zu beziehen vermochte. Dessen erkennender Elan wie der kritische Impuls des Realismus waren auf das jeweils Nächstliegende gelenkt und so verstümmelt.

Zwei Beispiele mögen genügen. Mitte der achtziger Jahre fiel Thulié auf: die Geburtenziffern in Frankreich gingen stark zurück, und die Gewaltkriminalität von Frauen nahm zu. In beidem sah er „Symptome eines schweren Leidens, an dem unsere französische Gesellschaft krankt“. Als Ursache der Krankheit diagnostizierte er „das Fehlen von Gesetzen“, die Frau und Kind schützten. Sein Heilungsvorschlag lautete, die „Freiheit der Frau“ in der Familie gesetzlich durchzusetzen. Nur wenn die Frau „Herrin ihrer selbst und ihres Besitzes in der Ehe ist und ihr Teil Autorität über ihr Kind besitzt“, könne sie ihrer „Bestimmung“, der „Mutterschaft“, umfassend nachkommen, jenen Pflichten, die „der Gesellschaftsvertrag, der auf den Naturgesetzen beruht“, ihr auferlege (auch so konnte Rousseau gelesen werden). Zusammenfassend nach über fünfhundertseitiger Untersuchung: „Die Frau ist die Hülle der Zukunft. Erhöht man ihre gesellschaftliche Stellung, garantiert ihr die Ausübung ihrer Rechte, gibt ihr eine umfassende und ihren menschlichen Funktionen angemessene Erziehung, versetzt sie durch die Ehe in die Lage, ihre gesellschaftlichen Aufgaben zu erfüllen und schützt sie bei deren Verwirklichung, so tut man nicht nur ein Werk der Gerechtigkeit, sondern arbeitet am Aufblühen der Nation und zugleich an der Erhöhung und am Glück des Individuums."[489] Dies der hegende Umgang mit Schwächen, die behebbar schienen. Thuliés Mittel: das Gesetz. Ein Vorkämpfer also für die Emanzipation, wenn auch mit paternalistischem Einschlag. Zweifellos ein wenn auch begrenzt fortschrittlicher Gedanke.

Das zweite Beispiel: 1912 machte sich Thulié Gedanken über die „schnelle Vermehrung von Rowdytum und Mord" und suchte nach Mitteln, dagegen anzukämpfen. Als Schuldige sah er allein Schwachsinnige und Kriminelle. Deshalb sei Armenfürsorge eine ständige „soziale Aufgabe". Dann aber folgte aus der Feder dieses achtzigjährigen bürgerlichen Republikaners ein legalistisch übertünchter, im Wesen aber faschistischer Gedankengang. Die Gesellschaft müsse sich „in ihrer Evolution schützen". Um nicht einer „Selektion in umgekehrter Richtung" zu unterliegen, müßten „Degenerierte" und Kriminelle „daran gehindert werden, sich zu reproduzieren. Es gibt nur ein Mittel: die Kastration" bzw. die Ovariotomie. Zwar könne es bei der Festlegung der Grenze zwischen gesund und krank Probleme geben; die aber seien durch Spezialistenkommissionen lösbar, in einigen Teilstaaten der USA gäbe es Beispiele dafür. „Die Kastration von Kriminellen und Degenerierten auf gesetzlicher Grundlage muß praktiziert werden, um die Entartung der Menschheit zu verhindern."[490] Der Fall zeigt, daß eine Ideologie, die nach sozialen Ursachen für soziale Probleme nicht fragt und ihre Gesellschaftsordnung für kerngesund hält, unmenschliche Methoden zur „Lösung" dieser Probleme ins Kalkül zieht, und er demonstriert, bis in welche gefährliche Regionen ein realistisches Evolutionsdenken sich versteigen kann.

Die beiden Gedanken des späten Thulié lassen einiges ahnen vom Doppelgesicht bürgerlichen Fortschrittsdenkens.

Assézat. Der mähliche Fortschritt der Vernunft

Jules Assézat starb ein Menschenalter vor Thulié. Was wir von seiner Tätigkeit nach „Réalisme" wissen, zeigt einen vom gleichen Ausgangspunkt „Realismus" in andere Richtung verlaufenden Entwicklungsweg.

Auch Assézat trennte sich im wesentlichen von Kunstangelegenheiten. Eine Rezension des „Unglücks der Henriette Gérard“, des ersten Romans des Jugendfreundes Duranty, in der er das Buch einen „realen, aufrichtigen Sittenroman von brutaler Objektivität“ nannte, „nicht Melodram oder Phantasie, keine forcierten Effekte“,[491] blieb die Ausnahme. Seinen Lebensunterhalt verdiente er sich als Journalist; von Karriere keine Spur.

Auch Assézat schaltete sich in den Kirchenkampf der bürgerlichen Republikaner ein. Den Anlaß bot ihm, noch in den fünfziger Jahren, die Mortara-Affäre: Ein jüdisches Kind im römischen Kirchenstaat war von einer Dienerin heimlich getauft worden und wurde deshalb im Alter von acht Jahren den Eltern weggenommen. Der Vorgang erregte einiges Aufsehen in Frankreich, dessen Einfluß auf die päpstliche Politik damals nicht gering war. „Kann man unter dem Vorwand des geschriebenen Gesetzes das Naturgesetz brechen?“ fragte Assézat. Die Antwort war scharf und entschieden: „Es ist kein Platz auf der Welt für die Irrtümer und die Barbarei des Surnaturalismus.“ Die Bezeichnung des Gegners ruft die Kunstdebatten in Erinnerung, in denen Assézat noch kurz zuvor gestanden hatte. Als direkter Angriff auf Baudelaire, der gerade den Begriff des Surnaturalismus zu seinem Kunstgesetz gemacht hatte, wäre sie völlig mißverstanden; doch enthält der Gedanke, daß man sich über Naturgesetze im Interesse des höchsten Geschöpfes der Natur, des Menschen, nicht wie die Kirche hinwegsetzen dürfe (diesem zugrunde liegend der andere Gedanke, daß es in dem Kampf um die bürgerliche Republik darum gehe, Naturgesetzen zu sozialer Wirklichkeit zu verhelfen), ein Motiv, das auch andernorts bereits begegnete: die Gedankenkette Wirklichkeitsabkehr – Jenseits – Kirche – Reaktion. Die Losung des Surnaturalismus stand im Verdacht der Religiosität.

Aufschlußreicher noch für Assézats Position sind die Argumente, die er für seine Antwort mobilisierte. Es waren die des 18. Jahrhunderts – der sozialen Veränderung durch Vernunft. „Philosophie ist der Blick des gesunden Menschenverstands auf die Welt, ist die Negation von oder zumindest das Mißtrauen gegenüber Erklärungen, die man übernatürlich nennt, ist die Gleichheit der Gründe vor der Vernunft, ist Toleranz, ist 89.“ Es gehe um den Beweis, „daß die Masse dem kräftigen Anstoß, den ihr 89 gegeben hat, weiter folgt“; es gehe um „eine Demonstration der naturalistischen Überzeugungen der Epoche“. Assézat zögerte nicht, den

Kaiser als „Sohn der Revolution“ zu apostrophieren, der „seinen Ursprung nicht verleugnen“ könne und der gerechten Sache zum Sieg verhelfen werde.[492]

Assézats aufklärerisches Interesse bekundete sich in jener Leistung, mit der sein Name vor allem verbunden blieb: der großen Diderot-Ausgabe des 19. Jahrhunderts. Schon 1865 hatte er La Mettries „Der Mensch eine Maschine“ herausgegeben. Mit der Diderot-Ausgabe beschäftigte er sich in seinen letzten Lebensjahren, die ersten Bände erschienen 1875. Er konnte die Ausgabe nicht ganz vollenden, insbesondere das Nachwort nicht mehr schreiben, in dem er seine Sicht auf den Aufklärer erläutern wollte. So hat man die Tatsache dieser Arbeit festzuhalten und damit das Interesse an dem Materialisten und Atheisten, dem im 19. Jahrhundert eher das Mißtrauen als der Enthusiasmus der Nachfahren galt. Im Vorwort sprach Assézat von der Ausgabe als von einem „Akt der Wiedergutmachung und Gerechtigkeit gegenüber einer unserer größten nationalen Zierden“. Man vernimmt erneut den nationalistischen Nebenklang der siebziger Nachkriegsjahre. Hinzuweisen ist zugleich darauf, daß das, was sich an Aufwertung Diderots in der zweiten Jahrhunderthälfte immerhin vollzog, insgesamt deutliche Zeichen des bürgerlichen Reformismus trug. Hätte man auf Diderot gehört und das Ancien régime vernünftig reformiert, wäre die Revolution vermeidbar gewesen, konnte man 1855 lesen; die Aktualität des Gedankens wurde ausdrücklich betont: „Wenn wir die Revolution beenden wollen, müssen wir reformieren.“[493] Diderot „war Materialist; es wäre kindisch, das zu leugnen“, hieß es in einem Vortrag Louis Asselines zehn Jahre später. Die folgende Erläuterung integrierte den Materialismus in die Zusammenhänge der bürgerlichen Weltanschauungsbildung, des Kirchenkampfes und der Wissenschaftseuphorie und schlug so Diderot bruchlos dem eigenen Streben zu: „Sein ganzes Leben hat er damit verbracht, nachdrücklich zu verkünden, was zu beweisen das Hauptwerk unseres Jahrhunderts ist: die absolute Unabhängigkeit der Moral von allen theologischen oder metaphysischen Auffassungen.“[494] Assézats Edition stand unter solchen Vorzeichen und schuf dennoch – da sie die Texte brachte – zumindest die Möglichkeit zu einem mehr als nur evolutionistischen Verhältnis zu diesem Erbe.

Auch Assézat schrieb den Satz nieder: „Jeder Kriminelle ist ein Kranker.“[495] Anders als Thulié aber sah er im Schlechten „eine soziale Tatsache". Das war wiederum gegen die Kirche und deren Sündenvorstellung gesagt. Der Hinweis aber, daß Verbrechen mit gesellschaftlichen Zuständen zu tun haben und nicht Produkt außergesellschaftlicher Wirkungen seien, zeugte zugleich von Distanz gegenüber den biologistischen Gedankengängen des ehemaligen Kameraden.

Die Methode des Fortschritts ergab sich für Assézat nach dem Gesagten fast von selbst: Es war die der Aufklärung. „Man muß lehren."[496] Der Gedanke vom Unvollkommenen als *sozialer* Tatsache offenbarte im Verein mit diesem pädagogischen Optimismus seine Begrenztheit. Gemeint war offensichtlich nicht, daß die Gesellschaft umzugestalten wäre, um ihren Schattenseiten beizukommen. Nach wesentlichen Fehlern in ihren Strukturen zu forschen, diese Strukturen gar umzuwälzen kam auch Assézat nicht in den Sinn. Das Vorhandene war wohlgefügt, nur die Menschen hatten sich zu seinem ganzen Verständnis erst noch emporzuarbeiten, um seine Möglichkeiten voll auszuschöpfen. Da sie das spontan offensichtlich nicht oder nur unzureichend vermochten, hatte Erziehung einzusetzen und durch Vermittlung angemessenen (angepaßten) Wissens und Verhaltens die Unzulänglichkeiten im subjektiven Faktor zu beheben.

Aus den wenigen bisher zugänglichen Texten Assézats ist kaum zu entnehmen, bis zu welchen Konsequenzen er sein Gesellschaftsdenken vorgetrieben und welche er nicht gezogen hat. Gesagt werden kann jedoch soviel, daß Assézat die fortschrittlichen Traditionen des Aufklärungsjahrhunderts in die Realität der bürgerlichen Stabilisierungsphase trug. Daß er damit dem marxistischen Leser näherkommt als seine bisher behandelten Jugendgefährten, steht außer Frage. Doch stärkte der Bezug auf die Aufklärung nur das evolutionäre Moment seines Gesellschaftsdenkens. Dem mählichen Fortschritt der Vernunft traute er alles zu. Daß er die sozialen Widerspruchsstrukturen, die der einfachen Aufeinanderfolge von Erkennen und Verändern entgegenstehen, auf die Dauer nicht einrechnete, erklärt, daß auch Assézat Realist nicht blieb.

Edmond Duranty unterstützte Assézat bei der Arbeit an den letzten Bänden der Diderot-Ausgabe und bemühte sich nach dessen Tod, deren Weiterführung zu sichern; der Verleger benannte jedoch einen anderen Herausgeber.[497] Gleichwohl verweist der Vorgang auf eine gedankliche Nähe: Diderot, dieser „außerordentliche Mann", steht an „der Schwelle all dessen, was die Kunst des 19. Jahrhunderts angestrebt haben wird".[498]

Der beiläufige Satz nennt das zentrale Stichwort für die Tätigkeit Durantys nach „Réalisme": die Kunst des 19. Jahrhunderts. Anders als seine Kameraden blieb er bei der Verbindung von Kunst und Zeitgenossenschaft; er hielt an seinen Kunstvorstellungen und an der Losung des Realismus fest, propagierte sie sein Leben lang und begann, nach dem vorher entwickelten Programm selbst als Prosaautor tätig zu werden. Ruhm erntete er damit nicht, oft langte der Ertrag seiner Arbeit kaum zum Lebensunterhalt. Die Literaturgeschichtsschreibung hat ihm als Vorläufer des Naturalismus einen Stehplatz im Theater der großen Namen zugewiesen, wofür die mehrfache ausdrückliche Anerkennung Zolas für den Älteren wohl den Ausschlag gab. Auch anderer Glanz aus vorderen Reihen fiel auf ihn. Von Baudelaire gibt es im Tagebuch eine freundliche Notiz über die ersten beiden Romane, die auf einen geplanten Artikel deutet. „Schwach" seien die männlichen Hauptpersonen als Charaktere, aber doch „zwei Empörer", hieß es darin.[499] Sogar bis in die Nähe von Karl Marx lassen sich Verbindungen ziehen – allerdings nur anekdotische. 1870 war es in einem Café zu einer handgreiflichen Auseinandersetzung zwischen Duranty und Manet gekommen; beide duellierten sich. Der bessere Fechter war Manet, aber Ernsthaftes passierte nicht. Man versöhnte sich bald darauf. Einer der Sekundanten Durantys war Marxens Schwiegersohn Paul Lafargue.[500]

Während alle bisher Behandelten sich in verschiedener Weise vom programmatischen Realismus abwandten, hielt ihm Duranty als einziger weiter die Treue. Die aufgeregten Reaktionen der fünfziger Jahre stellten sich dennoch nicht wieder ein. Zum einen war das sicher dem gelasseneren Umgang mit nichtkonformem Kunstdenken geschuldet, von dem bereits die Rede war. Zum anderen hing es mit Modifikationen zusammen, die das ursprüngliche Programm bei gleichbleibender Bezeichnung erfahren hatte.

Eliminiert oder zumindest nicht weitergeführt wurden die Überlegungen zur sozialen Funktion realistischer Kunst, die in „Réalisme" in der Losung von deren erzieherischen Aufgaben zusammengefaßt worden waren. Was blieb, war somit allein die Forderung nach aufrichtiger Wiedergabe der zeitgenössischen Gesellschaft. Mit diesen beiden Entscheidungen hielt sich Duranty einerseits fern von den Programmen zur ideologischen Stabilisierung der Bourgeoisherrschaft mittels Literatur, wie sie im Bonapartismus und der beginnenden Dritten Republik vorherrschten. Deren „Moral" zu propagieren, war er nicht bereit. Zum anderen formulierte er keine andere, insbesondere keine kritische Funktion literarischer Arbeit. Die Antwort auf die Frage, was Kunst denn solle, wenn sie bloß wiedergebe, was sei, fiel damit auch hier aus. Dem großen Zusammenhang der neuen Gesellschaft ging Duranty – anders als Zola – nicht nach. Außerhalb des Gegebenen sah er keinen Platz für sich. Innerhalb aber verlor sein Programm alles Provokative, sobald die Bourgeoisie bereit, ja begierig war, ihr Abbild in der Kunst zu sehen. Da Duranty kein neues kritisches Element programmatisch zu formulieren oder schreibend zu veranschaulichen wußte, wurde er vom Provokateur zum banalen Autor. Seine persönliche Tragik zeigt, daß dogmatisches Festhalten an einmal Verkündetem mit dem Wandel des Bezugsobjektes in Sterilität enden muß. Seine Anhänglichkeit an seinen Realismus war eine andere Form der Zerstörung des realistischen Grundprinzips der Distanz. So rechtfertigte im nachhinein auch er den Apologievorwurf – wenn auch, anders als Champfleury, wider Willen.

Wenige Beispiele müssen zur Veranschaulichung genügen. Zuerst zu den Romanen und Novellen. Marcel Crouzet hat in seiner grundlegenden Arbeit über Duranty darauf hingewiesen, daß in ihnen nur eine „mäßige Sorge um Exaktheit" festzustellen sei; anders als Zola baute Duranty seine Geschichten aus dem, was ein „ehrbarer Mann" damals aus Erleben und Hörensagen wußte, ohne sich auf besondere Recherchen zu stützen.[501] In einer nicht auf den Ausdruck des schriftstellerischen Subjekts gerichteten Literatur zeugt ein solches Verfahren – ein weiteres Mal – von der Überzeugung, der darzustellende Wirklichkeitsbereich sei dem Autor leicht zugänglich. Der griff deshalb nicht einfach nach dem erstbesten Detail, über das er stolperte, und gab den Anspruch auf Wesentlichkeit nicht auf – das Prinzip der Typisierung als konzentrierender Zusammenfassung von Wirklichkeitsbeobachtungen in repräsentativen Figuren und Vorgängen blieb in Kraft. Aber es erwies sich als eines bloßer Addition und Auswahl des nach Meinung des Autors Meistvertretenen, das gemäß dem Argument der Masse auch als Wichtigstes galt. Zwischen dem Einzelnen und dem Allgemeinen lag keine qualitative, erst durch Erkenntnisarbeit zu überwindende Schranke. Nicht der im programmatischen Realismus angelegte Konstruktionsaspekt wurde ausgebaut – es ging zurück zum Detail, das das Allgemeine gab.

Entsprechend diesem Prinzip entwickelte sich auch die Erzählweise. Die Handlung lief weithin im Dialog ab, der weiterer Erläuterung kaum bedurfte (die Figuren wußten und sagten meist selbst, wie es um sie stand). Eines geschah nach dem anderen (keine Zeit kam der anderen in die Quere). Gesprochen wurde in Hauptsätzen (die Sachverhalte waren klar und nicht verwickelt). Alles Wichtige wurde ausdrücklich mitgeteilt (Zwischentöne waren unwichtig, weil es Verdecktes nicht gab). Durantys erster Roman allerdings, „Das Unglück der Henriette Gérard“ (1856/57 geschrieben, als Feuilletonroman veröffentlicht 1858, als Buch 1861 und 1879), setzte noch nicht so ausschließlich auf das Offensichtliche. Was der allwissende Erzähler berichtet, schließt neben dem ausdrücklich Gesagten in bemerkenswertem Umfang auch die Erläuterung von Motiven und Hintergedanken der Personen ein, die nicht ohne weiteres auf der Hand liegen. Das Buch ist folglich – zu Recht – von der Literaturgeschichte unter dem Stichwort „Psychologie“ als Durantys bestes anerkannt worden. Die Vermutung, hier sei der Autor dem Realismus noch nicht völlig zum Opfer gefallen, ist allerdings nicht die einzig mögliche. Kommentiert werden kann auch, daß in diesem ersten Roman das realistische Prinzip der Distanz noch intakt war.

Figurenkonstellationen und Handlungsführung schließlich verwirklichen das Prinzip der Zeitgebundenheit im Kontext einer auf Natürlichkeit bauenden Argumentation. Die Konflikte entstehen aus dem Zusammenprall naturgegebener Bedürfnisse und Gefühle (zumeist der Liebe) mit sozialen Konventionen. In „Henriette Gérard“ liebt die reiche Titelheldin den fast mittellosen Emile Germain, wird von den Eltern aber an einen vermögenden Alten verkuppelt – Emile ertränkt sich, der Alte wird verrückt und gelähmt, Henriette trennt sich von ihrer Familie. „Verheiratet man denn ein Mädchen gegen seinen Willen?“ heißt die auf das menschliche Fühlen gerichtete Grundfrage.[502] Der zweite Roman, „Der

Fall des schönen Guillaume“ (geschrieben 1859/61, erschienen 1862 bei Hetzel), ist im ersten Teil die romantische Liebesgeschichte des reichen jungen Bourgeois Louis Leforgeur und der liebreizenden Bäuerin Lévise Hillegrin und öffnet sich dann in einer realistischen Wendung der Darstellung des Widerstands der Dorfbewohner gegen diese die Standesgrenzen verletzende Liaison. Louis peitscht den Widerstand hoch durch einen provozierenden, vor allem auf Selbstbestätigung gerichteten Kirchgang mit der Liebsten und büßt dafür mit deren Ermordung durch den Jugendgespielen Guillaume und eigener schwerer Verwundung. „Das Plädoyer des Staatsanwalts wies kurz auf den Haß der niederen Klassen gegen die gehobenen hin“, vermerkt der Erzähler.[503] Die Aussage dieses soziale Konflikte am stärksten aufgreifenden Romans wies eindeutig auf friedlichen Ausgleich als einziges Mittel, natürlichen Gefühlen die Erfüllung zu sichern. Der dritte Roman schließlich, „Die Kämpfe der Françoise du Quesnoy“ (erschienen 1872, als der Sieg der Republikaner über die Royalisten durchaus noch nicht entschieden war), stellt die Unnatürlichkeit aristokratischer Konventionen in den Mittelpunkt: Die mit einem Spieler und Frauenhelden verheiratete adlige Heldin verliebt sich in einen Bürgerlichen, wird von der Mutter verstoßen und vom Mann verfolgt, gewinnt aber schließlich doch ein stilles Glück mit ihrem Philippe – „fern der Welt“, wie die letzten Worte heißen.[504]

Die Romane waren, das zeigt selbst dieser flüchtige Blick, durchaus nicht tendenzlos. Indem sie ihr Anliegen aber nicht ausstellten, nicht zur Provokation steigerten, sondern ihm mit der natürlichkeitsbetonten Darstellung den Stachel zogen, verdammten sie sich selbst zur Wirkungslosigkeit. Wenn es nur einige Konventionen waren, die dem Sieg der menschlichen Gefühle noch im Wege standen, und wenn dieser Sieg durch friedliches Beharren auf dem Wahren zu erringen war, dann konnten von einer solchen Darstellung schwerlich irgendwelche Anstöße ausgehen.

Auch die nichtliterarischen Äußerungen Durantys weisen aus, wie sehr er der Gesellschaft vertraute, in der er lebte. Damit ist nicht deren bonapartistische Form gemeint: Duranty war – mit genau jener Selbstverständlichkeit, die seine Romane prägte und die ihm einen kämpferischen Gestus überflüssig erscheinen ließ – bürgerlicher Republikaner. Eine der wenigen direkt politischen Verlautbarungen tat 1865 so, als gäbe es das Kaiserreich schon kaum mehr: „Die Demokratie ist überall . . .; sie überzieht nach und nach das 19. Jahrhundert, in jedem Augenblick werden ihre Tendenzen zu Fakten. Nein, das Jahr 1848 war nicht fruchtlos, es hat eine Schleuse geöffnet, die man dann wieder schließen wollte, aber die Demokratie kam durch und hat den Kanal gefüllt."[505] Dahinter stand der ungetrübte, ja ungeheure Optimismus, mit dem Leute wie er damals die Entwicklung der wissenschaftlichen Erkenntnisse aufnahmen: „Die Unwissenheit oder Metaphysik, was das gleiche ist, geht immer weiter zurück; täglich entreißt man ihr eines der Geheimnisse, die ihr so teuer sind. Viele sind bald nicht mehr übrig. Man hält uns das Unendliche vor, man wird ans Ende des Unendlichen kommen. Es wird ausgemessen werden wie der Rest. Die Wissenschaft wird alles wissen. Sie wird den Ursprung und das Ende der Dinge kennen."[506] Eine nicht vorstellbare Idee, die der Künder des Konkreten da entwickelte. Widerspruchsentlastete reine Erfüllungserwartung. Das Wort vom Ende des Unendlichen spricht die Grundhaltung der bisher versammelten Realisten mit der Klarheit einer Losung aus und wurde diesem Abschnitt deshalb vorangestellt. Ans Ende kommen mußte damit tendenziell zugleich jeder Elan der Veränderung. Der Bannkreis von Apologie und Sterilität war erreicht.

Wo sich dem Erreichen des leuchtenden Ziels Barrieren in den Weg stellten, war die Ideologie des Trotzdem bei der Hand. „Es lebe Frankreich, trotzdem! Das ist heute seine Philosophie", hieß es in einem Zeitungsartikel Durantys vom September 1870, als sich die Niederlage im Krieg gegen Preußen deutlich abzeichnete. Schuld waren die „Unwissenheit" der Massen und die „Eitelkeit" der bisher Regierenden – beides durchaus behebbar (letzteres schien mit der Abdankung Napoleons III. gar schon behoben). Aus einem solchen Ereignis konnten sogar Argumente für die eigene Weltsicht bezogen werden: „Frankreich ist gescheitert, weil es sich romantisch in den Kampf gestürzt hat, während dieser doch Mathematik, Wissenschaft und Industrie erforderte", hieß es Ende 1871.[507]

Über die Kommune sind politische Äußerungen Durantys nicht bekannt (außer dem Hinweis, daß sie Bismarck in die Hände gearbeitet habe); Crouzet sieht ihn eindeutig auf der Seite der „Ordnungspartei"[508]. Noch bei dieser Gelegenheit jedoch bewährte sich die Gelassenheit der allgemeinen Weltsicht. Inmitten der Schmähreden der Sieger über die Kunstfeindlichkeit der Kommune veröffentlichte Duranty im September 1871 einen Zeitungsartikel über die während des Krieges und der Kommune entstandene Grafik, in dem er scharf mit jenen Karikaturisten ins Gericht ging, die sich zuerst „lächerlich großsprecherisch" in ihren Übertreibungen gegen Preußen und dann „von blutrünstiger oder unanständiger Dummheit" gegenüber der Kommune gezeigt hätten.[509] In dieser Mahnung zur Sachlichkeit mag ein Gefühl der Verbundenheit mit Courbet mitgespielt haben, der zur selben Zeit von der Presse in übelster Weise wegen seiner Beteiligung an der Kommune beschimpft wurde. Hervorzuheben ist aber zugleich, daß sich die Kritik Durantys auf *unnötige* Übertreibungen richtete, die die neue Republik seiner Überzeugung nach nicht nötig hatte.

Die gleiche Haltung findet sich in den Reaktionen auf die ersten Schritte der Kunstpolitik der Dritten Republik. Diese setzte, wie ausgeführt, nach Krieg und Kommune zunächst weiter, ja verstärkt auf die Regulierungspraktiken ihrer Vorgänger und die Stärkung der staatlichen Autorität im Kunstbereich. „Wenn Sie kämpferisches Feuer und Elan bei den Künstlern wollen", wandte sich Duranty nach dem Salon 1872 an die Regierenden, dann habe der Grundsatz zu gelten, „laisser faire, laisser passer, lassen Sie sie miteinander streiten, ohne die einen mit dem offiziellen Schild gegen die anderen zu decken". In dem Bericht über die Preisverleihung nach der Ausstellung erreichte Duranty noch einmal die provokatorische Höhe der frühen Attacken, gerichtet nun allerdings gegen in seinen Augen bereits vollständig Überholtes: „Also, offen gesagt, die künstlerische Kommune war mir lieber, sie hatte mehr Ideen und Feuer als all jene, die im Gelaber versunken und darüber, daß sie die Kunst nach ihren Vorstellungen leiten können, so glücklich sind, daß sie mit religiösem Respekt alle bereits ausgetretenen Wege beschreiten werden."[510] Das war der letzte Artikel, den das „Paris-Journal" von Duranty haben wollte.

Leider blieb er ein für den Autor folgenloser Aufschwung. Der Hauptteil seiner Äußerungen zur Kunst bezog sich danach wie davor auf die Forderung nach möglichst genauer Wiedergabe zeitgenössischer sozialer Realität. Nochmals sei es betont: Der kritische Einwand dagegen ist nicht zu gewinnen aus der Vermutung, hier werde künstlerische Abbildung als Kopie mißverstanden. Ein nicht einzulösender Totalitätsanspruch wurde nicht erhoben, die Idee der Typisierung war lebendig. Allerdings entstand das Typische nur aus der quantitativen Zusammenfassung von Einzelerscheinungen, es enthielt keine Bestimmung des Wesentlichen. Woher auch, wenn das Wesen in den Erscheinungen schon so greifbar war, wie die Idee vom Ende des Unendlichen das behauptete. Was galt, war die Reproduktion von Bestehendem und von der Gesellschaft in anderer Weise auch schon Gewußtem. Kunst hatte keine produktive Funktion mehr.

Wiederum wenige Beispiele. In dem bereits zitierten Artikel zur Grafik 1870/71 lautete die Hauptkritik, diese habe es nicht verstanden, die „präzisen Züge dieser Ereignisse" festzuhalten. „Von den romantischen Historikern verbreitete falsche Vorstellungen" von Massenbewegungen seien an die Stelle des „Gefühls für den speziellen, ganz modernen Krieg" getreten, den die Deutschen geführt hätten. Und in direkter Umkehrung des Fotografievorwurfs wurden den Grafikern die mit der neuen Technik erzielten „unbewegten und exakten Aufnahmen (enregistrements)" als Ziel vorgehalten, das sie verfehlt hätten.[511] Daß der Impressionismus „eine Epoche registriert" habe, war auch das Argument, mit dem Duranty als einer seiner ersten Verteidiger in die Geschichte der Malerei einging. „Die neue Malerei" – so der Titel seines 1876 erschienenen Buches – wolle sich „an das Leben, an die moderne Flamme halten", lobte Duranty die anderswo zumeist noch Geschmähten; ausgebaut wurde die Anerkennung mit dem wissenschaftsgläubigen Hinweis, daß ihre Behandlung des Lichts selbst „den gelehrtesten Physiker" zu keinem Einwand veranlassen könne. Die Impressionisten selbst, wird berichtet, nahmen das Lob eher kühl auf. Der bis in die Gegenwart anhaltende Erfolg der Richtung beim Publikum dürfte zu einem Teil tatsächlich mit ihren Sujets aus dem bürgerlichen Leben zu tun haben: der Darstellung einer auf den Menschen bezogenen Natur und dem Auftreten „des modernen Individuums, in seiner Kleidung, inmitten seiner sozialen Gewohnheiten, zu Hause oder auf der Straße". Vor zwanzig Jahren, so Duranty, habe er sich Bilderserien „über die Leute von Welt, die Priester, die Soldaten, Bauern, Arbeiter, Kaufleute" gewünscht – „vor allem Szenen, die sich oft ereignen und folglich das allgemeine Leben eines Landes gut ausdrücken".[512]

Unübersehbar die hier hergestellte Beziehung des Impressionismus zum Realismus in der eingeschränkten Bedeutung, die Duranty diesem inzwischen gab. – In der „Gazette des beaux-arts" veröffentlichte Duranty 1878 einen großen Artikel über Daumier. Die naheliegende Erwartung, daß die Behandlung dieses Gegenstandes ohne dessen soziale Streitbarkeit undenkbar sei, wird aber auch diesmal enttäuscht. Die Karikatur sei „keine untergeordnete Kunst“, hieß es, und Daumier sei ein „Künstler“ gewesen, kein „Historiker“. „Über Politik spreche ich hier nicht“, war ausdrücklich formuliert.[513] Duranty stand im übrigen mit dieser ästhetisierenden Annäherung voll auf der Linie der bürgerlichen Daumier-Rezeption der Zeit. – Als Berichterstatter derselben Zeitschrift über die nord-, mittel- und osteuropäische Malerei auf der Weltausstellung 1878 schließlich stellte Duranty als wesentliche Tendenz heraus: „Man will die moderne Welt, die jetzige Welt malen ... Endlich hält sich die moderne Welt für würdig, sich selbst zu feiern, und will ihr exaktes und vollständiges Bild der Nachwelt überliefern.“[514] Es entlarvt den selbstverursachten Funktionsverlust, daß plötzlich die Nachwelt einspringen mußte, um eine Nützlichkeit behaupten zu können, die diesem in den Gegenständen so gegenwartsverhafteten Kunstdenken für seine Zeit abhanden gekommen war.

Zufriedenheit und Gesellschaftslob also auch bei diesem letzten Ritter des programmatischen Realismus und damit auch hier das Wegrutschen von weltanschaulicher Distanz und ästhetischer Kritik und das Klebenbleiben am Gegebenen.

Es gehört zu den Merkwürdigkeiten in der Geschichte des programmatischen Realismus, daß Duranty seinen konformistischen Optimismus trotz des Umstandes vertrat, daß in seinem eigenen Leben das Ende des Tunnels kaum je in Sicht kam. Von seinen Büchern konnte er nicht leben. Der Versuch, ein Puppentheater im Tuileriengarten zu betreiben, überdauerte 1861 gerade einen Sommer.[515] Eine ständige Anstellung als Journalist zu finden gelang nicht. Daß Zola ihn in den siebziger Jahren protegierte, konnte an seiner bitteren Armut nichts ändern. Die alldem zum Trotz durchgehaltene allgemeine Zuversicht zeugt vielleicht deutlicher als jede ästhetische Spitzfindigkeit von der souveränen Hintansetzung des Subjektiven, die diesem Apostel des Realismus an so vielen Stellen fälschlich vorgeworfen wurde und die zumindest in seiner Existenz doch zu finden ist. In dem Vorwort zu der dank Zola zustande gekommenen 2. Auflage des „Unglücks der Henriette Gérard“ sprach sich 1879 eine Märtyrerhaltung aus: „Wir, die wir als erste zum Sturmangriff angetreten sind, wir wurden in den Graben geworfen und haben denen als Brücke gedient, die uns folgten. Unsere Nachfolger haben schließlich triumphiert, geführt von einem jener erstaunlichen Kapitäne, denen anscheinend niemals eine Niederlage beschieden ist. Wir haben vielleicht zu der allgemeinen Anstrengung des modernen Geistes etwas beigetragen."[516]

Mitleid ist am Platze, aber ihm ist auch zu steuern: Mit ihrer Entwicklung vom Realismus zur Apologie des Bestehenden waren Duranty und seine Kameraden selbst in den Graben gestiegen, in dem die Nachkommenden sie übersehen konnten.

„Ich glaube an mein Jahrhundert"
Die Parteilichkeit Emile Zolas

Der Kapitän, dessen Siege Duranty am Ende seines Lebens so erstaunten, war Emile Zola. In zwei Zusammenhängen, einem persönlichen und einem sachlichen, kann der Autor der „Rougon-Macquart" einen Platz in der Darstellung des realistischen Kunstdenkens nach 1848 beanspruchen.

Realismus und Naturalismus

In einigen Realisten der fünfziger Jahre sah Zola Vorläufer des eigenen Wirkens. Auf seine Sicht Courbets wird im letzten Abschnitt einzugehen sein, von Champfleury hielt er wenig, Castagnary blieb unbeachtet. Aber Duranty und seine Zeitschrift haben ihn in den siebziger Jahren mehrfach beschäftigt (auf die materielle Unterstützung für den sieben Jahre Älteren wurde bereits verwiesen). Zola rezensierte 1872 die „Kämpfe der Françoise du Quesnoy", veröffentlichte 1878 einen Artikel über „Réalisme", den er zwei Jahre später in den „Experimentalroman" aufnahm und in dem er den antiromantischen Furor der jungen Redakteure hervorhob, nannte Duranty 1878 in einem Artikel, der dann auch in den „Naturalistischen Romanciers" erschien, „einen der Pioniere des Naturalismus"[517] und schrieb ihm 1880 auch einen Nachruf.

Die Einreihung Durantys unter die Pioniere des Naturalismus war ein durchaus bedachtes Lob. Es stellte ihn in die große Reihe Balzac – Stendhal – Flaubert, gestand ihm aber nicht die an den drei Autoren gewürdigte Eigenständigkeit der Position zu. Balzac habe den naturalistischen Roman „geschaffen", hieß es immer wieder, weil er „als erster den entscheidenden Einfluß des Milieus auf die Person bestätigt" und „in den Roman die Methoden der Beobachtung und des Experiments" eingeführt habe (XI, 56, 65). Auch politisch belegte Zola den Autor der „Menschlichen Komödie" mit Beschlag: „Ein amüsantes Detail" nannte er dessen katholisch-legitimistische Überzeugungen; eigentlich habe Balzac überhaupt „keine Methode gehabt" und sei „zufällig" vorgegangen; da er dabei aber „die ganze alte Welt zerstörte" (XI, 64, 60), habe er letztlich „für die Republik gearbeitet" (X, 925). An einer Stelle fielen grobe Worte: „Nur ein pathologischer Fall und eine Kuriosität in unserer Literatur" wäre aus Balzac geworden, konnte man 1878 im „Voltaire" lesen, wenn er bei seinen Träumen und Phantasmagorien geblieben wäre. „Diese Imagination irritiert mich mehr, als sie mich anzieht." Gott sei Dank habe „der Sinn für das Reale" aber überwogen (X, 1288). Aus letzterem erwuchs für Zola Balzacs große Leistung, und das ist in unserem Zusammenhang festzuhalten (obwohl wir inzwischen genauer darüber unterrichtet sind, daß Zola der Leistung seines Vorgängers insgesamt nicht voll gerecht wurde[518]).

Auch Stendhal und Flaubert wurden von Zola mit dem Naturalismus in Verbindung gebracht, und auch von ihnen grenzte er sich in bestimmten Punkten deutlich ab. Stendhal trat er so gegenüber – unwillentlich prophetisch –, wie man ihm später selbst begegnete: indem er dessen Theorie des psychologischen Romans, die er mißbilligte, von einer sozusagen wider Willen erfolgreichen Praxis trennte: „Wenn er sich nicht in sein System verwickelt, erbringt er Dokumente, die alle eingefahrenen Vorstellungen in Bewegung setzen und plötzlich etwas klarmachen . . . Wenn er einer unserer Meister ist, wenn er an der Spitze der naturalistischen Entwicklung steht, so nicht, weil er allein ein Psychologe wäre, sondern weil der Psychologe in ihm Kraft genug besitzt, über seine Theorien hinaus zur Realität vorzudringen." (XI, 77) An Flaubert wurden die „exakte Reproduktion des Lebens", die „unbestreitbare Wahrheit des menschlichen Dokuments" und das Zurücktreten des Autors hinter die von ihm erzählte Handlung hervorgehoben und zugleich eine Meinungsverschiedenheit betont: dessen „Haß auf die moderne Welt" und der eigene „Glaube an das zwanzigste Jahrhundert" (XI, 97 f., 137).[519] In allen drei Fällen wurde nicht etwa ein Ungenügen konstatiert, sondern die Differenz zur eigenen Position festgehalten. Hochachtung und Verbundenheitsgefühl blieben davon unberührt.

Bei Duranty war das anders. „Einer der Pioniere des Naturalismus“ – das hieß: ihm nahestehend, aber kein Spitzenmann; weniger Eigenständigkeit, dafür aber größere gefühlsmäßige Verbundenheit; Mitleid und kein Recht auf Kritik. Seit Zola auf den Realismus zu sprechen kam (öffentlich erstmals 1865 in der Rezension von „Germinie Lacerteux“ der Brüder Goncourt, jenem Roman, in dem erstmals in Frankreich der Held aus dem vierten Stand kam), betonte er die Berechtigung des „geduldigen Studiums der Realität“ und die Möglichkeit, ein „Gesamtbild aus der Beobachtung von Details“ zu gewinnen – einschließlich der Auffassung, daß selbst vom „menschlichen Kadaver“ nichts verschleiert werden müsse (I, 69). Gleichzeitig hielt er es noch für notwendig hervorzuheben, daß er selbst „das Reale dem Temperament“ unterordne, weshalb „das Wort ‚realistisch‘ mir nichts bedeutet“ (XII, 796). Da schwang einiges mit von den ideologisierenden Verkürzungen im Realismusbegriff der Zeit, aber immer klarer trat in den nächsten Jahren die Übereinstimmung mit dem Anliegen der Realisten hervor, den zeitgenössischen Alltag bis in seine Niederungen im Roman darzustellen. Differenzen wurden weit zurückhaltender vorgebracht als etwa gegenüber Stendhal und Flaubert: Zu kurz käme möglicherweise die Bedeutung des „Milieus“ für die Erfassung der Personen in der fast beschreibungslosen Darstellung, hieß es anläßlich der „Françoise du Quesnoy“, die „Herbheit“ des Romans sei zu bedauern (I, 980 f.). Zu „ausschließlich bürgerlich“ sei der Realismus von 1856 gewesen, statt alle Klassen der Gesellschaft darzustellen, wurde im Nachdenken über „Réalisme“ zu bedenken gegeben (X, 1345). Gleich waren aber auch Erklärungen parat: das literarische Gewissen des Autors oder die Kampf erfordernde Situation des Beginners. Dies alles war nicht Analyse, sondern Bekenntnis zur Gemeinsamkeit aus der – weder hier noch sonst bei Zola hochnäsigen – Position des Überlegenen, da Späteren. Zola pflegte eine hegende Redeweise, wenn er auf Duranty zu sprechen kam.

Die literarische Fehde, die – noch unter dem Dritten Napoleon – am Beginn der öffentlichen Beziehungen beider stand, fand keine Fortsetzung. 1869 hatte Duranty gegen die Vorstellung polemisiert, den Roman als Mittel zu benutzen, um „Wissenschaft allgemeinverständlich zu machen“, und im selben Jahr hatte er Flauberts „Erziehung der Gefühle“ wegen eines Übermaßes an Beschreibung und Autorenrede verrissen. Im ersten Fall war Zola direkt angesprochen, im zweiten fühlte er sich zu jener Klarstellung der Leistung Flauberts veranlaßt, die die erwähnte Rezension des Romans der Achtundvierziger Generation leistete, ohne Duranty darin jedoch ausdrücklich anzugreifen. Auch eine nochmalige öffentliche Entgegnung Durantys vermochte ihn von dieser Haltung nicht abzubringen. Schon wenige Monate später fand Duranty als Rezensent freundliche Worte für eine Novelle Zolas.[520] Drei Jahre darauf dann, beim ersten möglichen Anlaß, die erwähnte öffentliche Bekundung der Übereinstimmung durch Zola. Dem ging, was ihm kaum je geschah, im Gefühl der Zusammengehörigkeit sogar die Rezensentenfeder durch. Die Aussage von Durantys drittem Roman brachte er in die Sprache eines „Rebellen" gegen „die reiche Welt" – wesentlich die der Aristokratie übrigens, nicht die bourgeoise (der Zusammenhang mit deren Kampf gegen eine monarchistische Restauration Anfang der siebziger Jahre ist in Zolas Ausbruch kaum zu übersehen): „Runter mit dem Anzug! Runter mit den Spitzenröcken! Bis aufs Hemd, alle! Und zeigt eure Geschwüre, eure behaarten Tierpfoten, eure blaue Hurenhaut. Ihr seid Vieh, trotz eurer Kleider aus Seide und feinem Tuch. Ihr habt den Brunstgeruch des Lasters. Wenn eure Maske von angelernter Höflichkeit und gewohnheitsmäßiger Lüge fällt und ihr nackt dasteht, erscheint ihr mehr von Verwesung durchzogen als die Elenden, die in Lumpen durch die Straßen gehen und die ihr mit dem Fuß beiseite stoßt. Ah! Die schönen Herren und die schönen Damen, nackt an einer Straßenecke, im vollen Licht der Sonne, wie rächt sich die Wahrheit!" (X, 983)

So forciert diese Sätze dem erscheinen mögen, der Durantys weniger expressive Ausdrucksweise kennt – der Romancier selbst empfand den Artikel als einen „der Stütze, der Hilfe, ich würde fast sagen, der Aufrichtung", und so war er sicher auch gemeint. „Die Sympathie hat hier alles kunstvoll erwogen, was das Werk und den Autor herausstreichen kann", schrieb Duranty an Zola.[521] Nicht zuletzt die Bescheidenheit der Selbsteinschätzung berührt.

Die Beziehung zwischen Duranty und Zola gäbe Stoff für eine Miniatur über die Freundschaft zweier Ungleicher und doch Verbundener. In der Geschichte des realistischen Kunstdenkens nach 1848 blieb sie dennoch eine Episode, die nicht ins Zentrum führt.

Der sachliche Zusammenhang, daß Zola in einer Geschichte des realistischen Kunstdenkens nicht fehlen darf, besteht darin, daß er mit seinem künstlerischen und seinem theoretisch-kritischen Werk den programmatischen Realismus in der Literatur sozusagen auf eine klassische Höhe hob. Der Naturalismus Zolas ist die ausgebildetste Form, die der programmatische Realismus in der französischen Literatur annahm. In ihm kam der Veränderungselan des bürgerlichen Evolutionismus nicht – wie bei den Realisten der ersten Stunde – zum Erliegen, sondern prägte Gesellschafts- und Kunstdenken so weit, wie grundsätzliches Bestehen auf dem Gegebenen das Durchhalten der kritischen Komponente überhaupt gestattet.

In Frankreich ist – mit strikt literaturhistorischer Begründung – der programmatische Realismus dem Naturalismus immer eng zugeordnet worden. Im 19. Jahrhundert gingen die Bezeichnungen noch munter durcheinander (es wurde schon erwähnt, daß z. B. Castagnary von Naturalismus sprach und Courbet meinte; selbst Zola hatte sich zumindest bis weit in die siebziger Jahre hinein noch nicht endgültig für „Naturalismus" entschieden, verwendete den Begriff seit 1865 sporadisch, seit 1868 mit Nachdruck, erst Ende der siebziger Jahre aber kampagnenhaft[522]). Die beschriebene Kodifizierung des Realismusbegriffs vor 1890 tendierte dazu, Realismus als ästhetisches Prinzip von Naturalismus als Kunstströmung im 19. Jahrhundert zu scheiden. Die literaturgeschichtliche Beziehung zwischen beiden war seit Emile Bouviers Wiederentdeckung des programmatischen Realismus 1913 klar: „Realismus" galt für die Künstler der fünfziger Jahre, „Naturalismus" für die späteren. Die Gemeinsamkeit lag in der abbildenden Zuwendung zur zeitgenössischen sozialen Realität. Das wichtigste Unterscheidungskriterium war das „entschieden wissenschaftliche Herangehen"[523] der Naturalisten. Die Vergleichsautoren hießen Champfleury und Zola. Im Grundsatz besteht diese Auffassung bis heute, auch wenn seit einigen Jahren die literaturimmanente Sicht erweitert und nachdrücklicher auf die Bindung Zolas und seiner Vorläufer an die „politisch-ökonomische Situation" ihrer Zeit und die Geprägtheit ihres Denkens durch deren „Literatur, Moral, Politik, Religion, Philosophie"[524] insgesamt hingewiesen wird.

Eine gänzlich andere Sicht auf das Verhältnis von Realismus und Naturalismus ist von Georg Lukács entwickelt worden. Sie wirkt in der marxistischen Literaturgeschichtsschreibung bis heute. Lukács vertrat die Auffassung, daß zwischen Realismus und Naturalismus eine wesentliche Differenz bestehe. Den Naturalismus rechnete er zu jener Literatur, in der „das Wesentliche des menschlichen Daseins und Schicksals im Unkraut der Fetisch gewordenen

Objekte seines Tuns, der Begebenheiten seines Lebens" verschwinde, da seine Autoren „den echt dichterischen, entfetischisierenden Blick über das ganze Leben verloren haben" und „unter die entscheidenden Ordnungsprinzipien ihrer Werkwelten Bestimmungen aufnehmen, die den fetischistischen Vorurteilen ihrer Zeit angehören – wie die Allmacht der pathologischen Vererbung bei Zola".[525] Grundlage dieser Bestimmungen war die Marxsche Analyse des Warenfetischismus in der kapitalistischen Gesellschaft, Ziel das aktivierende Erhellen von Entfremdungsmechanismen. Der Naturalismus wurde in solcher Sicht zu einer Verfallsstufe nach jenem großen Realismus, der es am ehesten vermocht hatte, den Kampf um „das echte Menschsein" aufzunehmen, und der Lukács als wichtigste Möglichkeit galt, durch die „Löcher" in der drohenden „Panmanipulation" hindurch zumindest als einzelner und innerlich „den Kampf des Menschen gegen seine Trollhaftigkeit, den Kampf des Menschseins, der Menschengattung gegen die bloß unmittelbare Partikularität"[526] zu führen.

Es ist deutlich, daß diese Überlegungen nicht zuerst literaturhistorisch bestimmt waren. Die Literaturgeschichte war vielmehr Teil eines sorgenvollen Epochendenkens. Von ihm aus wurde sie kategorisiert. Am Naturalismus wurde erwiesen, „daß die gesellschaftliche Entwicklung der Bourgeoisie die Schriftsteller von Miterlebenden der gesellschaftlichen Entwicklung, von Mitstreitern der großen epochalen Kämpfe zu bloßen Zuschauern und Chronisten des Alltaglebens degradiert hat"[527]. Bei Vulgarisatoren entstand aus diesem umfassenden Konzept in denunziatorischer Reduktion die Bestimmung: „Naturalismus als künstlerische Methode ist mit dem Realismus unvereinbar. Er bedeutet eine Kapitulation vor der Aufgabe einer künstlerisch-geistigen Durchdringung des Lebens, wie es wirklich ist, und birgt so in der Manier sklavischen Kopierens der Wirklichkeit die Tendenz zur Wirklichkeitsflucht, insbesondere des Ausweichens vor dem künstlerischen Aufdecken sozialer Zusammenhänge."[528] Auch wenn dem Naturalismus Dekadenzvorwürfe solcher Absolutheit kaum mehr gemacht werden, steht er bei uns bis heute an keiner Spitze. „Naturalismus" heißt, so der gängige Sprachgebrauch, daß jemand „über die Zustandsschilderung kaum hinauskommt"[529].

Gelegentlich finden sich allerdings Aufwertungsversuche. So wurde mit politischer Begründung nachzuweisen unternommen, daß sich im deutschen Naturalismus bürgerliche Schriftsteller „als potentielle oder reale Partner des gegen das Sozialistengesetz kämpfenden Proletariats" engagiert hätten, und es wurde eine Linie bis zur „Herausbildung der proletarisch-revolutionären Literatur" gezogen.[530] Zu erwähnen sind neuere Überlegungen, die verschiedentlich auf die erhellende, die Aktivität des Lesers mobilisierende Kraft auch des nur bloßgestellten Objekts, auch der aus der Banalität nicht verallgemeinerten Begebenheit verweisen. Bisweilen wurde der Spieß der Kritik schon umgedreht und etwa betont, daß die Polemik gegen den Naturalismus in der Geschichte der sozialistischen Literaturbewegung nicht selten „zur Rechtfertigung einer Kunst der Beschönigung herhalten"[531] mußte. Direkt auf unseren Gegenstand bezogen sind die von Rita Schober aus genauer Werklektüre und ästhetischer Überlegung gewonnenen, inzwischen nirgends mehr ernsthaft bestrittenen Erkenntnisse darüber, daß Bücher wie die Zolas zwar „den ‚gesellschaftlichen Kausalnexus' oft nicht bis ins letzte darzustellen", dennoch aber ihren Leser vielfach anzuregen vermochten, „Grundfragen des Menschwerdungsprozesses und damit seiner eigenen Lebenspraxis" zu erkennen.[532] Reich und gesellschaftlich umfassend genug seien die Bilder Zolas, um zumindest Lektüreweisen zu ermöglichen (wenn schon nicht immer Autorengedanken entsprungen zu sein), die den von Lukács benannten Gefahren nicht erlagen.

Es gibt also inzwischen nicht wenige Argumente für Naturalismus. Sollen sie weitergedacht werden, ist der historische Ort wieder stärker zu berücksichtigen, an dem das naturalistische Kunstdenken entstand. In den programmatischen Schriften Zolas werden Intentionen, Leistungskraft und Grenzen dieses Denkens deutlich. Ein Satz Erich Auerbachs zu Zola weist auf den Zusammenhang, dem nachgegangen werden muß: „Diese Wahrheit wirkt zugleich als Aufruf zum Handeln im Sinne einer sozialen Reform."[533]

Die Welt

Während Renan sein Lebensprogramm auf vielen hundert Seiten eines Manuskriptes formulierte, das er jahrzehntelang nicht veröffentlichte, kann man das Zolas in einem kleinen Artikel finden, den eine Provinzzeitung, das „Journal populaire de Lille", im April 1864 in der Spalte „Verschiedenes" brachte. Als er ihn schrieb, war er gerade 24 geworden. Der Entwurf galt ein Leben lang.

Unter der Voraussetzung, daß der „Dichter von morgen“ den „Bestrebungen der gegenwärtigen Zeit entsprechen“ sollte, suchte Zola zu erklären, „was ich machen würde, wenn ich die Kraft dazu hätte“. Der erste Satz: „Ich würde den schönen Lügen der Mythologie adieu sagen.“ Und: „Ich würde nur noch die Wahrheiten lieben.“ Weiter hieß es: „Im entvölkerten Himmel würde ich dann den Gott Unendlich und die unwandelbaren Gesetze zeigen, die seinem Wesen entspringen und die Welten lenken. Ihres schmukken Putzes entblößt, wäre die Erde nur noch ein harmonisches Ganzes für mich, in dem das Leben hin und her wogt, ohne je zu enden – einem geheimnisvollen Ziel zustrebend. Muß es gesagt werden? Ich wäre Gelehrter, ich entlehnte den Wissenschaften ihre weiten Horizonte, ihre Hypothesen, die so vortrefflich, daß sie vielleicht Wahrheiten sind. Ich würde ein neuer Lukrez sein und in schönen Versen die Philosophie unserer Kenntnisse schreiben wollen, die breiter und sicherer sind als die des alten Rom.“ Die Schlußsätze des Artikels hoben das persönliche Bekenntnis ins Allgemeine. Die „Wahrheit“, die „ruhige und genaue Größe der Realität“ abzubilden („refléter“) wurde dem Poeten der neuen Zeit zur Aufgabe gemacht, wenn er sein Teil zum „Fortschritt“ beitragen wolle. Fortschritt bedeute für die Poesie nicht Fortschritt ihrer selbst im Sinne wachsender künstlerisch-technischer Perfektion, sondern Teilnahme am Fortschreiten der Menschheit. Dem galt der letzte Gedanke: „Ja, die Menschheit steigt empor zum idealen Gemeinwesen. Die Wissenschaft öffnet ihr die Wege; die Poesie darf in den neuen Zeitaltern, die sich auftun werden, nicht die ewig Dumme aus der Vergangenheit sein. Die Himmel Dantes sind nicht mehr, die weiteren und erhabeneren Himmel von Laplace sind zu besingen.“ (X, 313 f.)

Das Abstoßen von antiker und romantischer Tradition ist in diesem Text mehr als deutlich. Die positiven Stichworte: Wahrheit, Gesetzmäßigkeit, Harmonie, Realität, Wissenschaft, Fortschritt. „Wahrheit, das ist der stets gleichbleibende leuchtende Hintergrund, auf dem Zolas langer und oft mühseliger Lebensweg verläuft.“[534] Völlig klar tritt das Weltbild des bürgerlichen Evolutionismus zutage: die Beherrschbarkeit einer im wesentlichen überschaubaren Welt durch den Menschen, der Akteur ihrer Höherentwicklung ist. Zwar finden auch andere Momente Erwähnung: Unendlichkeit, Geheimnis. Aber von den Faktoren der Vervollkommnung sind sie völlig eingekreist. Als Kraft, die diese Bewegung vorzeigend und zusammenfassend zu verdeutlichen vermag, ist Literatur in die Harmonie des Ganzen einbegriffen.

In Zolas Welt gab es keinen Bruch. Seine Weltsicht beruhte auf der grundsätzlichen Übereinstimmung von Mensch und Welt und ist ohne diese nicht zu verstehen. Die Ganzheit stand ihm letztlich nicht in Frage. Unter diesen Überzeugungen lag allerdings auch eine Schicht des Ungeklärten.

1866 verglich Zola den griechischen Roman mit dem des 19. Jahrhunderts. Die Betrachtung des letzteren wurde eingeleitet mit einer Beobachtung veränderter Lebensweisen. Im Gegensatz zu dem öffentlichen Gemeinwesen der Alten sei im modernen Paris jedes Haus „eine kleine Welt geworden, die Leidenschaften haben sich in die vier Wände zurückgezogen; der moderne Mensch lebt nicht frei und einfach in der Sonne, er hat sich in seine Leiden und seine Freuden eingeschlossen, sucht Schatten und Ruhe". Und sinnlich-konkret werdend: „Nehmen Sie einen der Passanten, die die Bürgersteige entlanghasten. Es wird nicht mehr gemeinsam gelebt, die Menge bildet nicht mehr ein und dieselbe Familie, er beeilt sich, sein wahres Vaterland, seine Wohnung, zu erreichen, wo er seine Frau und seine Kinder wiederfindet." Die Beschreibung des bürgerlichen Lebens zeugt davon, daß Zola durchaus kein blinder Apologet einer bruchlos ganzheitlichen Welt war. Vereinzelung im Alltag wurde nicht übersehen, mehr noch: Auch Hinweise auf den darunterliegenden Basisvorgang – daß der gesellschaftliche Arbeitsprozeß seine Einheitlichkeit eingebüßt hatte und vielfach gegliedert geworden war – lassen sich bei Zola finden. „Die Arbeit ist verteilt", die „Weltmaschine" sei demontiert (X, 280) worden, hieß es im Anschluß an die Beobachtung des vereinsamten Passanten.

Nicht jene Radikalkritik an den bestehenden gesellschaftlichen Zuständen aber entwickelte Zola weiter, zu der von ähnlichen Erfahrungen aus andere Schriftsteller bereits gelangt waren. Stendhal etwa hatte persönlichkeits-, ja existenzzerstörende Konsequenzen der Kapitalismusentwicklung in seinen Romanen vor Augen geführt; Baudelaire war an dem Versuch zerbrochen, der Zersplitterung als Individuum entgegenzutreten. Zola kleidete seinen Haupteinwand gegen ersteren in die Worte: „Das Leben ist einfacher." (XI, 95) Und bei allem Bedauern für den „armen" und „schwachen" Menschen Baudelaire konnte er sich die Frage nicht versagen: „Wozu ist es gut, so weit zu gehen?" (X, 897, 899, 795)

Aus diesen Sätzen könnte man den Schluß ziehen, daß der kritische Abstand Zolas zu den auch von ihm konstatierten humanitätsfeindlichen sozialen Prozessen zu gering war, um eine konsequente Gegenposition aufbauen zu können, daß er sich zu weit einließ mit dem Gegebenen. Genauer wäre die Feststellung, daß Zola Methoden wahrzunehmen glaubte, mit deren Hilfe die destruktiven Tendenzen eingedämmt werden könnten.

Totengräber der Entfremdung und Herrscher über die Vergesellschaftung war für Zola die Wissenschaft. Niemals kam ihm die Idee, die der Marxismus zur selben Zeit entwickelte: daß erst eine politische Umwälzung der herrschenden Produktionsverhältnisse durch das Proletariat den Durchbruch bringen könne. Das Bild, das er von der Produktion entwarf und in das er die beobachteten Erscheinungen der Zersplitterung einordnete, war eines strebender Solidarität. Die moderne Menschheit folge dem „heißen Wunsch", hieß es 1866 (und der Zusammenhang erst macht die oben zitierten Bruchstücke voll aussagekräftig), die „Weltmaschine zu demontieren, Stück für Stück, um ihr die Wahrheit zu entreißen. Nach und nach hat das universale Suchen sich eingestellt, die Arbeit ist verteilt worden, und heute ist die Menschheit nur mehr eine große Versammlung von Arbeitern, die geduldig Fragen an die Natur stellen und von denen jeder seinen Stein zum Gebäude der Wissenschaft beiträgt". Einer dieser Arbeiter wollte Zola selbst sein – durch die Entwicklung des „analytischen Romans, dessen Ziel es ist, die Natur zu malen, wie sie ist, und die Menschen, wie sie sind" (X, 280 f.).

Die Polemik, mit der zu schließen Zola für „nützlich und angebracht" hielt, bündelte in einem Detail die Schlüsse, die er aus seiner Weltsicht für die literarische Arbeit zog: Zola sprach sich gegen den Provinzroman aus und forderte die Darstellung des Lebens der Hauptstadt. „Die Dezentralisierung muß durch den Roman bekämpft werden" (X, 282), formulierte er als Aufruf an die jungen Schriftsteller. Man kann sich hier an die Realisten der fünfziger Jahre erinnern: Auch Champfleury und Duranty – ja, noch Flaubert mit „Madame Bovary" – hatten die Orte ihrer Prosa zumeist außerhalb von Paris gefunden; von Courbet gibt es kein Großstadtbild. Als die Impressionisten dann bürgerliches Leben an allen seinen Orten malten, war der Anspruch der Darstellung ein subjektiver – ein Eindruck wurde wiedergegeben. Als Hinweis darauf, daß der Wunsch nach der überschaubaren Welt in der modernen Industriegesellschaft nur „Fiktion" sein könne, sind diese Sachverhalte von heute aus gewertet worden.[535] Flaubert allerdings wandte sich noch der Darstellung des Lebens in der Großstadt zu, und liest man den Satz Zolas, so hieß er vor allem: Es ist möglich, und es ist die Aufgabe der Schriftsteller, auch einem so komplexen Gebilde wie Paris seine Wahrheit zu entreißen. Weil die Provinz überschaubarer ist, bildet sie einen zu kleinen Gegenstand für die umfassende Analyse, die vom modernen Schriftsteller zu fordern ist. Der muß ins Zentrum greifen, so leistet er den größten Beitrag zur Selbsterkenntnis und zum Fortschritt der Menschheit. Unter der Voraussetzung dieses Anspruchs gilt dann: „Der erste Mensch, der vorübergeht, ist ein ausreichender Held", der den Zugang zu dem „weiten Feld der menschlichen Realitäten" ermöglicht (X, 281). Wer die Probleme angeht, erhält die Möglichkeit, sie zu lösen.

In dem 1879 veröffentlichten titelgebenden Aufsatz der Programmschrift „Der Experimentalroman" fand sich die skizzierte antipartikularistische Denkweise wieder. „Man hat die Experimentalchemie und -physik; man wird die Experimentalphysiologie haben; noch später wird man den Experimentalroman haben. Das ist eine Stufenfolge, die sich aufdrängt und deren letzter Punkt schon heute leicht vorauszusehen ist. Alles hängt zusammen ... Ohne Furcht vor einem Irrtum kann man die Zeit ankündigen, in der die Gesetze des Denkens und der Leidenschaften ihrerseits formuliert sein werden. Ein gleicher Determinismus muß den Pflasterstein und das Gehirn des Menschen regieren." (X, 1182) Erneut wurde die Möglichkeit betont, vom „beobachteten Fakt" mittels des Romans zur „vollständigen Erkenntnis einer Wahrheit" zu gelangen (X, 1180). Erkenntnisoptimismus noch 1898: „Die Wahrheit ist unterwegs, und nichts wird sie aufhalten." (XIV, 912 f.) Zola suchte dem Prinzip, das die Welt im Innersten zusammenhält, auf die Spur zu kommen.

Die Gewißheit, daß es dieses Prinzip gebe, führte jedoch nirgends zu Schlaffheit und Passivität. Durchgehend zu konstatieren ist vielmehr der Gestus der Anspannung. 1879 lautete seine Formulierung: „Beim gegenwärtigen Zustand der Wissenschaft vom Menschen sind Durcheinander und Dunkel noch zu groß, als daß man eine Synthese überhaupt riskieren könnte. Alles, was man sagen kann, ist, daß es einen absoluten Determinismus für alle menschlichen Phänomene gibt. Von da an wird Forschen zur Aufgabe. Wir haben die Methode, wir müssen vorwärtsgehen, selbst wenn ein ganzes Leben von Anstrengungen nur zur Eroberung eines Stückchens Wahrheit führte." (X, 1183) „Der Experimentalroman" stellte eine Methodenschrift dar, die den Anstrengungen größtmögliche Wirksamkeit sichern wollte. „Wir beginnen vorwärtszuschreiten, nicht mehr; und unsere einzige wirkliche Kraft liegt in der Methode." (X, 1195) Mehrfach findet sich deshalb die Betonung, es gehe für den Roman um „das *Wie* der Dinge und nicht um das *Warum*" (X, 1195, 1176). Richtete sich diese Formel auf die Bestimmung eines konkreten Ziels, so drückte eine andere die einzuschlagende Richtung aus: „vom Bekannten zum Unbekannten" (X, 1225). Dahinter stand Unzufriedenheit mit dem erreichten Stand – dem der Erkenntnis, aber auch dem der Gesellschaft. „Alles leidet", hatte Zola schon 1865 nach der Lektüre der „Germinie Lacerteux" festgestellt (X, 71). All das bezeugt, daß sich Zola auch in seinen nichtliterarischen Texten nirgends mit der existierenden Wirklichkeit zufriedengab, daß er immer nach verändernder Aktion strebte, daß nichts bleiben sollte, wie es war. So fern war noch die Vollkommenheit, daß der Glaube an sie die Aktivität nicht tötete. Damit gelang es ihm, den ganzheitlichen Ansatz vor undifferenzierter Verklärung zu bewahren. Er nahm die zeitgenössische Realität als Gegenstand und Funktionsraum seiner Kunstarbeit ernst und ergab sich ihr doch nicht. Daß ihm bis ans Lebensende nicht alles erreicht schien, machte es ihm möglich, den gesellschaftskritischen Impuls der programmatischen Realisten der fünfziger Jahre in seinem Kunstdenken aufzuheben.

Mit dieser Grundsatzeinordnung kann sich eine Betrachtung der Position Zolas jedoch nicht zufriedengeben. Einige Weiterungen sind hervorzuheben, die erst die ganze Breite und innere Folgerichtigkeit seines Denkens verdeutlichen. Sie machen zugleich klar, daß Zolas kritische Distanz – als Distanz *innerhalb* seiner Welt – nicht bis an jene Grenze des Umsturzes reichte, die dem konsequenten Realismus erreichbar ist. Durch die Verkürzung auf Evolution stand Zolas Realismus bei den Programmen der fünfziger Jahre. Durch den grundsätzlichen Ekel ging Flaubert, durch das revoltierende Aufbegehren ging Courbet wesentlich darüber hinaus.

Die erste Besonderheit der Zolaschen Weltsicht ist die relative Stärke des ganzheitlichen Moments. So sind in seinen Texten definitorische Scheidungen zwischen Begriffen wie Leben, Realität,

Natur, Sein kaum auszumachen, und die Frequenz von „Gesellschaft“ als historisch verallgemeinerndem (nicht auf die konkrete Gesellschaft der eigenen Zeit bezogenem) Begriff tendiert gegen Null. Der im marxistischen Geschichtsdenken mit dem Gesellschaftsbegriff verbundene Sinn einer *historischen* Abfolge wesentlich *verschiedener* Ensembles menschlichen Seins ist bei Zola nicht auffindbar. Ihn interessierten seine Gesellschaft und deren Funktionieren – Gegenwarts- und kein Geschichtsdenken. Seine Zeit war alles Leben, die ganze Realität, das gegebene Sein, und so kamen absolute Sätze zustande wie: „Das reale Element, die Natur, ist fest, ist immer das gleiche; es bleibt gleich für alle Welt.“ (XII, 797) „Natur“ war alles Nichtindividuelle einschließlich der sozialen Umstände. Die in solcher Sprachverwendung sich manifestierende Überzeugung von der Natürlichkeit der gegebenen Gesellschaftsordnung ist als bürgerliches Denken leicht erkennbar. Platte Apologie folgt jedoch nicht notwendig daraus; Vervollkommnung als Evolution bleibt denkbar.

Als zweite Besonderheit ist Zolas durchgängiger Determinismus hervorzuheben. Im „Experimentalroman“ definierte er den Naturalismus – übrigens völlig unliterarisch – als „die breite analytische und experimentelle Bewegung, die vom achtzehnten Jahrhundert ausgegangen ist und sich in unserem so wunderbar verbreitert“ (X, 1315). Der zentrale Begriff ist der des Experiments. Gegenüber allem Praktizismus und aller metaphysischen Spekulation sei diese Methode zum systematischen Erkennen der Wahrheit „eine Revolution“. Seitdem gehe die Erhellung des Unbekannten aus „von einem beobachteten Fakt, man schritt so von Beobachtung zu Beobachtung fort und vermied jede Folgerung, bevor man nicht die notwendigen Elemente besaß. Mit einem Wort, statt mit der Synthese anzufangen, begann man mit der Analyse.“ Das lange, geduldige Studium der Natur führe „vom Einfachen zum Zusammengesetzten, bis man ihren Mechanismus“ schließlich kenne (X, 1234). Vergegenwärtigt man sich nochmals, was ein Jahrhundert zuvor Kant bereits über die an diese Vorgänge sich erst anschließende eigentliche Erkenntnistätigkeit des Verstandes ausgeführt hatte, so wird deutlich: Zolas Determinismus war dem 18. Jahrhundert verhaftet und trug unübersehbar Züge eines linearen Optimismus. Zugleich ist zu sehen: Die Anlehnung des „Experimentalromans“ an Claude Bernards „Einführung in das Studium der Experimentalmedizin“ und generell des Naturalismus an den Positivismus (vgl. X, 977), die tiefe Bindung Zolas an den naturwissenschaftlichen Erkenntnisfortschritt seiner Zeit, der das Prinzip der wechselseitigen und gesetzmäßigen Bedingtheit aller Objekte und Prozesse zunehmend nachwies,[536] vereinigten sich mit dem ernsten Bemühen um soziale Gegenwartserfassung durch Kunst. Durch seinen ausgeprägten Drang zur Empirie zerstörte Zola ständig selbst das Mechanische seines Determinismus.

Als dritte Besonderheit aller Überlegungen Zolas ist das evolutionäre Moment zu betonen. Auch wenn das Wort „Evolution" nur gelegentlich auftaucht (X, 1383; XIV, 619) – der Gedanke ist da, wenn von dem begonnenen „Marsch" gesprochen wird, auf dem man „Schritt für Schritt" vorankomme, und wenn in diesem Vorankommen das Wesentliche gesehen wird. Zolas Orientierung auf die Methode, der Verzicht auf Zielfestlegung – auch darin liegt ein starkes Moment von Evolutionismus. Die Bewegung ist alles. Manches muß zum Besseren noch verändert werden. Aber was nicht heute geschieht, kommt morgen. Auch hier wieder: Die Verhältnisse sind gut, sie müssen nur begriffen und ausgestaltet werden. Sozialdarwinistische Rechtfertigungen des Konkurrenzprinzips klingen an: „Die Schwachen ... verdienen kein Interesse. Warum wollen sie stark sein, wenn sie schwach sind? ... Die Starken erreichen das Ziel inmitten von Hindernissen; und die ganze Moral des Abenteuers ist da ... Arbeitet, darin liegt alles ... Das große Gesetz des Lebens ist der Kampf." (X, 1282) Das wurde 1880 gegen einen zu schonenden Umgang mit jungen Schriftstellern gesagt – sicher nicht ohne Genugtuung über die eigene Durchsetzungsfähigkeit und berechtigt im Hinweis auf notwendige subjektive Aktivität. Nicht immer ging Zola so rigoros über die Schicksale von Schwachen hinweg. Dennoch: Grundsätzliche Veränderungen hielt er nicht mehr für nötig. Seine Welt war in Ordnung. Anständige Arbeit – und alles ließ sich regeln. An dieser Stelle ging das Weltanschauliche ins Politische.

Die Politik

Ganzheitliches Denken, umfassender Determinismus, evolutionärer Fortschritt – welcher andere Ruf sollte aus so vielen Faktoren der Zuversicht erwachsen als der, der über diesem Abschnitt steht:

„Ich glaube an mein Jahrhundert.“ Von „zärtlicher Zuneigung für das Jahrhundert“ ist die Rede (XIV, 655, 650). „Mein liebes, mein großes Paris“ erschließt sich Zola, wenn er die Fenster öffnet (X, 977). „Man muß seine Zeit einzigartig lieben“, heißt es bewundernd, um sie malen zu können wie Monet (XII, 872). „Unsere Revolution“ wird beschworen; Robespierre und Marat gehören allerdings nicht dazu (X, 1230, 1386). „Unsere Republik“ aber gibt es, und „unsere Demokratie“ (X, 1236, 1259); „unser“ sind das „Unbehagen“ und der „Streit“, die gegenwärtig noch existieren, „unser“ ist vor allem aber die „Zukunftsgewißheit“ (XIV, 651). „Wir“ sind 1870 geschlagen worden und werden Elsaß-Lothringen zurückgewinnen. „Unsere Epoche ist groß.“ (X, 1226, 1230, 1280)[537]

Ein Artikel, aus dem wichtige der zitierten Stichworte stammen, heißt „Die Demokratie“ und wurde im September 1881 veröffentlicht. In ihm sind vielleicht am kompaktesten die Konsequenzen formuliert, die Zola aus seiner Weltauffassung für seine politische Parteinahme zog. Er ist ein Glaubensbekenntnis, in dem, wieder einmal, mit der Ideologie des „Trotzdem“ gearbeitet wird. „Es ist unmöglich, daß wir, nach der ungeheuren intellektuellen Aktivität, die unsere Zeit kennzeichnet, einer Agonie beiwohnen; es ist mit Sicherheit eine Niederkunft, der Beginn einer großen historischen Periode. Welches Zeitalter wird geboren werden? Man kann es nicht sagen. Aber warum nicht Vertrauen haben und nicht warten mit der heiteren Ruhe des Glaubens?“ (XIV, 651, 653) Wieder „wir“ und wieder „unser“. Der Fortschritt, den Zola meinte, trug die Farben der Bourgeoisie.

Es wurde schon mehrfach auf die Bedeutung hingewiesen, die die Zeit um 1880 für die Konstituierung der Dritten Republik hatte. In den politischen Kämpfen jener Jahre nahm auch Zola Partei. Nicht erst von der Dreyfus-Affäre datierte sein politisches Engagement. Der Publizistik der Affäre, die er unter dem Titel „Neue Kampagne“ herausbrachte, war 1882 „Eine Kampagne“ vorangegangen – Dokumente des journalistischen Einsatzes des großen Naturalisten für die Republik der Kommune-Schlächter und Ausbeuter. „Die Demokratie“ gehörte dazu. Die Artikel suchten fortzusetzen, was am Ende des Kaiserreiches die rigorose antibonapartistische Haltung[538] und 1871 das Urteil über Thiers bestimmt hatte, dessen Regierungserklärung im Februar „sehr weise“ genannt worden war: „Als guter Bürger muß man dieses Programm akzeptieren." (XIII, 366) Das war vor der Kommune geschrieben, und Zola gehörte danach zu denen, die sich für die Amnestie der Kommunarden einsetzten. Den Politikern der beginnenden Dritten Republik galt der Hohn des Parlamentsberichterstatters Zola. Taines Revolutionsgeschichte kritisierte er als kurzsichtig, weil sie „die Revolution durch die Brille der Befürchtungen eines französischen Bourgeois" nach 1848 und 1871 beurteile (XII, 558), statt ihre Leistung in der großen Perspektive von „Befreiung und Freiheit" Frankreichs und der Welt zu sehen (XII, 567). All das aber paßte nahtlos in Zolas evolutionäres Harmoniedenken, und übrig hatte auch er für die Kommune nichts gehabt, für die werdende Republik dagegen alles; die zahlreichen Pressebeiträge der Jahre 1871/72 zeugen davon. Nun, 1881, ging es noch immer darum, „das Land zu befrieden und zu reorganisieren" (XIII, 366). „Die Experimentalpolitik" hieß ein Grundsatzartikel der „Kampagne" über republikanische Politik, in dem sich mit klassischer Klarheit die Kapitalismuskonformität des Autors des „Experimentalromans" ausspricht. Experimentalpolitik sei jene, „die sich auf die Fakten stützt, Rasse, Milieu und Bedingungen berücksichtigt und so einer Nation die normale Entwicklung des Fortschritts sichert. Mit anderen Worten, sie beobachtet, und sie experimentiert; sie geht nicht von dogmatisierten Prinzipien aus, sondern von experimentell bewiesenen Gesetzen; sie unterstützt nur die natürliche Evolution der Gesellschaften, ohne diese gewaltsam zu irgendeinem Ideal bewegen zu wollen; ihr Ziel besteht darin, die größtmögliche Summe Leben – bezogen auf Reichtum, Kraft, Freiheit, auf alles, was Existenz und Expansion eines Volkes ausmacht – durch die methodische Kultur der sozialen Beziehungen zu erreichen. Zusammenfassend: Man findet in ihr die evolutionistische Wissenschaft und Philosophie, die das Jahrhundert charakterisieren." (XIII, 568)

Reichtum auf liberalistischer Grundlage, Kraft als Expansionsvermögen, Freiheit ohne Revolutionsgenehmigung: Wer Emile Zola unter die Streiter für gesellschaftlichen Fortschritt einreihen will, kann das – wenn er dessen eigene Bekundungen beachtet – nur in dem Maße, in dem die Gesellschaftsordnung, für die er sein Leben lang stritt, der vorimperialistische Kapitalismus, Teil dieses Fortschritts ist.

Zolas politische Bindung prägte auch seine kulturpolitischen Auffassungen. Der Blick fällt zuerst auf einen Artikel über das

„Geld in der Literatur“, den er 1880 in Petersburg und Paris veröffentlichte und auch in den „Experimentalroman“ aufnahm. In ihm kam ein wichtiger Bereich der Vermittlung sozialer und literarischer Faktoren zur Sprache. Es wurde nach den Folgen gefragt, die aus der immer umfassenderen Ersetzung persönlicher durch sachliche – mittels des Geldes realisierte – Bindungen für die Literatur entstehen können.

Dem zunehmenden Eindringen kapitalistischer Marktgesetze in den Bereich der Literatur hatten seit Jahrzehnten Kritik und Entsetzen selbstbewußter Literaten gegolten. In einem Artikel in der „Revue des deux mondes“ hatte Sainte-Beuve 1839 die allein nach dem Gesetz des Verkaufserfolgs gefertigte, zunehmend individualitätslose „industrielle Literatur“ verurteilt. Die Abwehr der Autoren hatte den Prozeß allerdings nicht aufhalten können. Zola nun polemisierte gegen solche Abwehr. Er liquidierte die „Illusion . . ., daß sich die Romanproduktion autonomistisch zu den heteronomen Bedingungen verhalten könne, die für die Literaturverhältnisse der Zeit charakteristisch waren“. Er tat das aber nicht etwa als Besiegter, in dem „der Objektivismus über die Subjektivität“ triumphiert hätte.[539] Die Einordnung in die „moderne Marktsituation“ war ihm „selbstverständlich“;[540] seine Beschreibung des Vorgangs war der Zustimmung voll.

Als „tränenreiche Anschuldigungen gegen unsere Demokratie“ charakterisierte Zola gleich eingangs mit ironischem Unterton die Kritik an der zunehmenden Vermarktung der Literatur. Er fahre „aus der Haut bei diesen Klageliedern“. Sicher gebe es einen Unterschied zwischen dem Literaturverständnis der Vergangenheit und dem „unseres“ 19. Jahrhunderts, aber der sei grundsätzlich anders zu werten. Nach dem vernichtend gemeinten Hinweis, daß der französischen Klassik „jede Vorstellung von wissenschaftlicher Untersuchung“ gefehlt habe, kam er zum Eigentlichen: der „materiellen und moralischen Lage“ der Schriftsteller in Vergangenheit und Gegenwart. An zahlreichen Beispielen wurde die Abhängigkeit der Schriftsteller von fürstlichen Mäzenaten unter dem Absolutismus erläutert und angeprangert. Wie anders dagegen sehe es in „unseren Tagen“ aus! „Ein Autor ist ein Arbeiter wie andere, der seinen Lebensunterhalt durch seine Arbeit verdient.“ (X, 1259, 1263 f., 1269) Auch an anderen Stellen hat sich Zola stolz als „Literaturarbeiter“ bezeichnet (X, 753). Kein proletarisches (schon gar kein klassenkämpferisches) Bewußtsein aber war mit dieser

Feststellung verbunden. Der Arbeiter galt ihm als Konstruktionselement in einem gutgebauten sozialen Gefüge, für das er etwas leistete und aus dem ihm entsprechender finanzieller „Lohn" zufloß. Nirgends eine Andeutung, daß daraus irgendwelche Probleme, gar Widersprüche erwachsen könnten. „Deklamationen gegen das Geld sind dumm, es ist eine beachtliche soziale Kraft." Man solle doch einmal die Lage eines Schriftstellers unter Ludwig XIV. mit der eines modernen Autors vergleichen: „Das Geld, der aus seinen Werken gezogene legitime Gewinn hat ihn von jeder erniedrigenden Protektion befreit, hat aus dem einstigen Hofnarren und Vorzimmerclown einen freien Bürger gemacht, einen Mann, der nur von sich selbst abhängt ... Das Geld hat den Schriftsteller emanzipiert, das Geld hat die moderne Literatur geschaffen ... Das Geld läßt schöne Werke sprießen." Keine Gefahr – und insbesondere nicht die so häufig beschworene einer Eingrenzung künstlerischer Freiheit – sah Zola aus den kapitalistischen Marktgesetzen für die Literatur erwachsen. Geld machte frei und sonst nichts. „Das Geschäft ist die eine Seite, die Literatur ist eine andere." (X, 1277 f.)

Was hier beschrieben wurde, war ein Aspekt der historischen Fortschrittlichkeit kapitalistischer Literaturverhältnisse gegenüber denen des Absolutismus. Zolas Gedankengang war in sich logisch und historisch unanfechtbar. Als wichtigstes Mittel zur Regulierung aller gesellschaftlichen Beziehungen im Kapitalismus schuf das Geld auch die Voraussetzung für die ökonomische Freiheit des Schriftstellers im Rahmen des kapitalistischen Marktes. Indem Zola in dieser ökonomischen Freiheit einerseits die Grundlage der Produktion von Literatur sah, sie andererseits aus dem literarischen Bereich selbst ausschließen zu können meinte, übersah er allerdings wesentliche soziale Aspekte des Geldes. „Das Geld gibt die gesellschaftliche Macht als Ding in die Hand der Privatperson, die als solche diese Macht übt."[541] Mit dem Marxschen Hinweis auf die gesellschaftliche Macht des Geldes läßt sich Zolas Konstruktion von dessen nur befreiender Potenz als Illusion entziffern – auch wenn die Linien zwischen Geld, Macht und Literatur nicht durch die Einbahnstraßen vulgärökonomischer Kausalitätsvorstellungen verlaufen und insgesamt die „materielle Seite" der Literaturgeschichte deren „relativ selbständige" Momente nicht aufhebt.[542] Die Vorstellung „Geschäft hie – Literatur da" blieb allzusehr an der Oberfläche. Sie bezeugt Zolas unproblematische Einordnung in seine sozialen Verhältnisse.[543] Gerade daß er auf die neue „Freiheit" des Schriftstellers setzte, zeigt seine Gebundenheit: Jene Gesellschaft, in der das Geld die entscheidende „soziale Kraft" war, besaß in seiner Sicht alle Voraussetzungen für eine neue Blüte der Literatur.

Eine wichtige Folgerung, die Zola aus dieser Überzeugung zog, war die des unbegrenzten Liberalismus auch auf kulturpolitischem Gebiet. Er propagierte sie mit voller Stimmkraft sowohl unter dem Dritten Napoleon als auch unter der Dritten Republik – auch hierin ein wahrer Fortsetzer des programmatischen Realismus. Künstler, die sich bewußt in ein wohlgeordnetes und stabiles Staatswesen zu dessen Unterstützung einfügten, wurden – so die Überzeugung – in ihrer Wirksamkeit durch staatliche Lenkung nur gehemmt. Wiederum die für den bürgerlichen Evolutionismus typische Wandlung nach 1870: Zolas Forderung nach Freiheit der Kunst, die im Kaiserreich eines der Argumente für die Notwendigkeit einer umfassenden politischen Veränderung war, wurde in der Republik zur Mahnung, endlich zu begreifen, daß nicht soziale Gefahr, sondern Stärkung des kapitalistischen Systems von jener Art Gesellschaftskritik auszugehen vermochte, wie Zola sie übte und als allgemeine Aufgabe von Literatur verstand. Die konkreten Forderungen dieser Kritik betrafen die bekannten Punkte: Organisation des Salons, Verleihung staatlicher Anerkennung an Künstler, Zensur.

Im Zweiten Kaiserreich hatte die Justiz Zola gestreift. „Claudes Geständnis" hatte 1865 zu einem Briefwechsel zwischen Justizminister und Generalstaatsanwalt geführt, in dem letzterer bestätigte, daß das Buch wegen des „Zynismus von Details" und der Analyse „schändlicher Leidenschaften" der „realistischen Schule" zuzurechnen sei, dann aber doch zu einer der inzwischen gängigen Toleranzargumentationen griff: Der Autor wolle bei der Jugend „Ekel erregen" vor dem Bohemeleben, und so könne von gerichtlicher Verfolgung abgesehen werden – zumal Zola „keine ausgeprägte politische Meinung hat und sein Streben vor allem literarisch zu sein scheint".[544]

Der Betroffene muß von dem Vorgang nicht gewußt haben. Seine Verallgemeinerung in einem 1869 veröffentlichten Artikel jedenfalls weist aus, daß es nicht persönliche Motive waren, die seine Überlegungen bestimmten: „Wenn ihr die Horizonte der modernen Kunst wirklich erweitern wollt, so fangt an, euch nicht mehr um sie zu kümmern; Verwaltungseinfluß ist unheilvoll, die Künstler brauchen nicht wie die Präfekten einen Minister an ihrer Spitze, um das Losungswort zu begreifen und geradeaus zu marschieren. Teilweise töten gerade die offiziellen Aufträge, die Vorzimmerintrigen, die Reglementierung des Schönen die Kunst. Und vor allem keine Staatsmusen mehr, keine offiziöse oder offizielle Zensur; die Menschen sollen wie die Bäume produzieren ... Es geht insgesamt darum, die Künstler sich selbst zurückzugeben, sie sich assoziieren zu lassen, sie als Staatsbürger zu behandeln und nicht als große Kinder, die Bevormundung durch die Regierung brauchen.“ (XIII, 237) Wie die Bäume – das Bild spricht die Vorstellung vom Aufstreben selbstregulierter Natürlichkeit mit aller Deutlichkeit aus. Eingriffe von außen behindern nur das nach bestimmten Gesetzen sich vollziehende Wachstum.

Es war schon davon die Rede, daß auch die Republik diesen anempfohlenen Weg nicht ohne weiteres einzuschlagen wagte. Zola gehörte zu denen, die sie immer wieder dazu aufriefen, der Literatur ihren Lauf zu lassen. Der den „Experimentalroman“ abschließende Artikel „Die Republik und die Literatur“ (zuerst veröffentlicht in Petersburg und in Paris im April 1879) endete mit einem solchen Appell. „Die Freiheit ist alles, was eine Regierung uns geben kann.“ Bisher habe die Republik das nicht begriffen, sondern sich aufgeführt wie alle Herrschenden: einen „Schleier“ über das bestehende Häßliche zu werfen gesucht und „vor dem geschriebenen Wort“ gezittert. Die Argumente für eine Änderung wurden im Ton des Zuspruchs vorgetragen. Bei allem Verständnis für „die historischen Notwendigkeiten“ – jetzt seien die Republikaner „Herren jeder Situation“; die Republik habe „die notwendige Stabilität“ erreicht und müsse endlich begreifen, daß ihre Haltung zur Gegenwartsliteratur die einer Macht zu sein habe, „die jede Staatsliteratur zurückweist, sich nicht zugunsten einer Richtung ausspricht und einfach darüber wacht, daß jedem Bürger die freie Entwicklung seiner Ideen gesichert wird. Sie sollte nicht beanspruchen zu leiten, zu ermutigen, auszuzeichnen, sondern einfach die genialen und schöpferischen Kräfte des Jahrhunderts ihre Arbeit tun lassen.“ (X, 1396, 1390, 1392, 1400 f., 1398) Was hier propagiert wurde, war ein bürgerliches Pluralismusideal, das trotz der Gesetze von 1880/81 so nie funktionierte. Die sozialen Differenzierungen und die politischen Widersprüche waren auch nach der erfolgten Stabilisierung zu groß, als daß die „Ideen“ der einzelnen Bürger so organisch hätten zusammenschießen können, wie Zola sich das vorstellte. Allerdings vermochte die Bourgeoisie wesentlich subtilere Formen geistiger Herrschaft zu entwickeln als Zensur und andere Maßnahmen eines staatlichen Dirigismus in Kunstdingen. Am Beispiel Courbets wird darauf zurückzukommen sein.

Die Kunst

Zolas Vorstellung vom Selbstlauf der Dinge erstreckte sich bis in sein Kunstdenken. Der Schriftsteller seinerseits habe keiner Tendenz das Wort zu reden. Das wurde schon 1866 gegen Proudhons Vorstellung von Kunst als einem moralbildenden Mittel zur Vervollkommnung der Menschen betont. Ansonsten würde es genügen, einige hundert Arbeiter anzuwerben und sie die Kunst zu lehren, „wie man auf dem Gymnasium Latein und Griechisch lehrt". Nach einigen Jahren hätten die „demokratischen Sozialisten" dann Leute, „die ihnen saubere Bilder machen, nach ihrem Geschmack angelegt und ausgeführt und einander alle gleich, was von einer berührenden Brüderlichkeit und einer lobenswerten Gleichheit zeugen wird. So wird die Malerei zu einem Gutteil zur Vervollkommnung der Gattung beitragen." Nur auf „Genies" dürfe man bei dieser Methode nicht rechnen (X, 45 f.). Ebenso deutlich wurde Zola zwei Jahre später, diesmal an die Adresse der anderen Seite. Gegen die bonapartismuskonforme Tendenz des jüngeren Dumas, „die Kunst in den Dienst der Moral zu stellen", hieß es: „Man nennt das die Massen mit Hilfe des Schönen belehren. Ich beglückwünsche ihn keineswegs dazu, daß er unter dem Schriftsteller einen kaiserlichen Staatsanwalt verbirgt." Das Werk des Romanciers beginne gerade dort, wo das des Moralisten aufhöre. Und sehr deutlich war die Überzeugung ausgesprochen, daß sich die Welt nach ihren eigenen Gesetzen entwickle, unabhängig von allen Katechisierungsbestrebungen der Schriftsteller: „Laßt die Welt sich nach dem Willen der Kräfte bewegen, die sie antreiben; gebt die undankbare Aufgabe des Moralisten auf; begnügt euch damit, den Mechanismus des Gehirns und des Herzens mit dem Skalpell in der Hand zu konstatieren." (X, 1040) Auch im „Experimentalroman" hieß es, der naturalistische Roman sei „unpersönlich", sein Autor nur „ein Registrator, der es sich versagt, zu urteilen und

Schlüsse zu ziehen". Statt dessen führe er „wahre Dokumente vor Augen", sage „alles", lehre „die bittere Wissenschaft des Lebens", erteile „die hohe Lektion des Realen". Darauf allein – also letztlich auf die läuternde Wirkungskraft der in ihrer vollen Wahrheit dargestellten Wirklichkeit selbst – gründete Zola eine mögliche „Moralität" seiner Werke. Der „Theorie der sympathischen Persönlichkeit", wie er Versuche einer Verschönerung der darzustellenden Realität durch Weglassen ihrer „schlechten" Seiten und Hervorkehren der erhebenden nannte, galt eisiger Hohn (X, 1240 bis 1242).[545] Die „Werke der Wahrheit" dagegen übermittelten „zwangsläufig" eine „deutliche und nützliche (profitable) Lehre" (XII, 512).

Zwei Aspekte des Zolaschen Prinzips der Tendenzlosigkeit sind hervorzuheben. Zum ersten das starke Vertrauen in die Selbstbewegung der Gesellschaft: die Wahrheit bedarf zu ihrem Sieg nicht der besonderen Sorge des Romanciers; im naturhaften Gang der Dinge tritt sie zutage, nichts kann sie aufhalten, nichts braucht sie zusätzlich voranzutreiben; zusätzliche Kommentare sind, falls sie nicht Verwirrung stiften, bestenfalls überflüssig. Zolas Polemik gegen das Moralisieren in Kunstwerken scheint so ein weiteres Argument für das Urteil zu liefern, daß der Naturalismus zumindest in seiner Theorie die Subjektivität sträflich vernachlässigte.

Es bei dieser Feststellung bewenden zu lassen zeugte von blindem Eifer. Erinnert sei an eine Autorität, die in so enger Nachbarschaft mit Zola gewöhnlich nicht vermutet wird. Von ihr stammt der Satz: „Keine ‚Tendenz' kann und muß dieser objektiven Wirklichkeit als ‚Forderung' gegenübergestellt werden, denn die Forderungen, die der Schriftsteller vertritt, sind integrale Teile der Selbstbewegung dieser Wirklichkeit selbst, zugleich Folgen und Voraussetzungen ihrer Selbstbewegung."[546] Die Aussage unterscheidet sich im Strukturell-Methodischen nicht von den obenzitierten Zolas. Ihr Urheber war der große Streiter für kommunistische Parteilichkeit und große Kritiker Zolas Georg Lukács. Deutlich wird: Von Lukács wie von Zola wurde die richtunggebende Macht der von objektiven Gesetzen bestimmten Wirklichkeit gegenüber der Subjektivität des Schriftstellers betont; dieser hatte nur dem wesentlichen Inhalt der objektiven Realität Ausdruck zu geben. In solchem Anspruch auf Ganzheitlichkeit standen beide zusammen. Zugleich aber tritt die Differenz zwischen ihnen deutlicher ans Licht. Der bereits zitierte Einwand des Marxisten, Zola habe die

Vorurteile seiner Zeit zu Ordnungsprinzipien seiner Werkwelten gemacht, ist die Kritik des Antikapitalisten an dem bürgerlichen Autor und dessen spezifischer Parteilichkeit. Lukács' gelegentlich getroffene und in ihrem Grundgehalt immer wieder reproduzierte Äußerung über den Naturalismus als „mechanische Reproduktion eines zufällig herausgebrochenen Stückes"[547] Wirklichkeit war nicht der Kernpunkt seiner Kritik. Sein wesentlicher Einwand betraf ein nach seinem Wissen *falsches* ganzheitliches Prinzip. Worin das Wesen der Wirklichkeit bestand, nach welchen Gesetzen sie existierte, darüber urteilte der marxistische Revolutionär grundsätzlich anders als der bürgerliche Evolutionist. Hier reicht auch der Hinweis auf zeitbedingte Grenzen nicht aus, mit dem Zolas physiologische Vererbungsauffassungen gelegentlich entschuldigt werden. In dessen Ablehnung des Moralisierens manifestierte sich bürgerliche Parteilichkeit – so wie sozialistische in der Polemik Lukács' gegen die Tendenz.[548] Jenseits dieser grundlegenden politischen Verschiedenheiten lag die gemeinsame Überzeugung von der Objektivität sozialer Entwicklungsgesetze, die der Künstler in seinen Darstellungen herauszuarbeiten, nicht aber in tendenziöser Forcierung zu propagieren habe.

Der zweite wichtige Aspekt des Zolaschen Prinzips der Tendenzlosigkeit ist seine Verachtung der tagespolitisch beschränkten Bindung, sein an Grundprinzipien orientiertes Denken (auch darin läßt sich einige Nachbarschaft zu Lukács durchaus konstatieren). Wenn bisher der bürgerliche Republikanismus als Grundmotiv in Zolas politischen Äußerungen betont wurde, so ist daraus keineswegs auf ein im engeren Sinne parteipolitisches Engagement zu schließen. Zola trat ein für bürgerlichen Fortschritt – die Leute und Gruppierungen, die ihn praktisch verwirklichten, entgingen seiner scharfen Kritik deshalb nicht. Das galt für die Herrschenden im Bonapartismus, aber auch die Dritte Republik stand im Feuer. Gegenüber den konkreten politischen Formen beharrte der Schriftsteller kraft seines die Ganzheit erfassenden Bewußtseins auf dem Recht des Einspruchs. (Umgekehrt behagte sein Naturalismus – zumindest als Programm, die Bücher wurden seit dem „Totschläger" 1877 reißend gekauft – den Bürgern durchaus nicht immer. „Die Republikaner weisen den Naturalismus zurück" [X, 1389], konstatierte Zola im „Experimentalroman" – weshalb die Streitschrift ja überhaupt entstand.) Nicht der Gegenwart galt Zolas Engagement, sondern der in ihr angelegten Zukunft. Die

Republik sei „die einzig gerechte und mögliche Regierung". So 1881. Aber gleich anschließend hieß es: „Was mein Herz immer aufgebracht hat, sind Niedrigkeit und Dummheit der Leute", gemeint waren die Politiker. „Deshalb fordere ich so nachdrücklich die Priorität der Literatur. Sie allein regiert ewig . . . Ihr seid nichts, wir sind alles." (XII, 664) Obwohl Zola immer wieder über politische Vorgänge schrieb und nachdachte – in die alltäglichen Niederungen der Politik begab er sich nicht. Die ihm angemessene Form aktiver Mitgestaltung sah er im Vermitteln von Überblick und Perspektive. Dafür gebrauchte er Literatur. Das Prinzip war sein Arbeitsfeld, nicht dessen Alltag. Noch in der Dreyfus-Affäre suchte er in diesem Sinne auf die Herrschenden einzuwirken: von den vorgestellten Zielen der bestehenden Gesellschaftsordnung aus deren Praxis kritisierend. Nichts gab ihm Anlaß, diese Grundhaltung in Frage zu stellen. Als ihm Mitte der neunziger Jahre „das Mittelmaß unserer politischen Welt" – wieder „unserer", und „Mittelmaß" ist auch nicht die härteste der denkbaren Kritiken – stärker ins Blickfeld trat, warnte er vor dem „Graben, der sich zwischen der Elite der Nation und denen auftut, die sie regieren". Sein Ausweg war nicht der elitäre Renans; Zola hielt weiter auf Demokratie: „keine allzu geniale Elite, kein allzu unwissendes niederes Volk". Ausgleich war gefragt: „eine breitere Verteilung der gemeinsamen Intelligenz, immer höheres Durchschnittsniveau". Die Mittel waren die klassischen der bürgerlichen Aufstiegszeit: „Bildung und Erziehung". In *diesem* Zusammenhang meinte Zola 1896, daß er schließlich „Sozialist" sein werde (XIV, 774, 778) – gemeint war die Position des an das soziale Ganze denkenden, Extreme verurteilenden demokratischen Reformers.

Damit sind wir bei den Charakteristika der literarischen Arbeit. Nach dem bisher Gesagten deutet sich schon an, daß sie sich primär literarisch kaum bestimmen lassen. Wie jede Literatur ist auch die Zolas Teil der Literaturgeschichte und in ihrer ästhetischen Eigenart im Verhältnis zu anderen literarischen Darstellungsweisen zu erfassen. Das gilt auch dann, wenn sich der Autor über diese Zusammenhänge seiner Arbeit eher in Schweigen hüllte, literarische Traditionen vor Stendhal und Balzac nicht diskutierte und seinen Traum von Kunst dort als erfüllt ansah, wo sie – wie es 1875 hieß – „unsere Zivilisation ausdrückt und ihre Kraft aus unserer Gesellschaft schöpft"[549]. Auch nachdrücklicher Gegenwartsbezug von Literatur bildet eine Traditionslinie; in ihr nimmt

Zola einen bestimmten Platz ein, und sie manifestiert sich in besonderen Aufbauweisen der Werke. Wesentlich für das Gesetz gerade solcher Literatur sind aber nicht allein ästhetische Zusammenhänge, sondern die außerliterarischen Funktionssetzungen der Autoren. Für Zola war Literatur Mittel zu Zwecken. Wer das nicht bloß verdammt und damit die Augen vor einem wesentlichen Teil der Literaturgeschichte verschließt, muß es in seinem Herangehen berücksichtigen.[550]

Zola schloß an den zitierten Gedanken über den Ausdruck seiner Zivilisation den Satz an: „Es reicht aus, daß der Maler morgens die Augen öffnet und das Leben, so wie es sich im vollen Licht vor seinen Augen auf der Straße abspielt, in seiner ganzen Wahrheit wiedergibt." (XII, 934) Wer sich dieser Aussage mit dem Maß des Ästhetikers nähert, muß Wichtiges vermissen. Wie kann ein Künstler ernsthaft annehmen, durch zufällige Momentaufnahmen die Wahrheit des Lebens aufzuspüren? Wo bleibt in einem solchen Satz das spezifisch Künstlerische: konstruierende Entdeckung, Spiel mit dem Möglichen, Entwurf über das Gegebene hinaus? Abklatsch statt Anregung. Der Fotografievorwurf.

Nicht selten ist Zola nach solchen Überlegungen aus dem Kreis der Kunst ausgeschlossen, ihm höchstens eine Randexistenz zugebilligt worden. Allenfalls die Werke schienen rettbar und wurden gewürdigt: als Verrat am Programm und gerade dadurch als große Leistung, z. B. „den Bilderschatz einer modernen Mythologie"[551] geschaffen zu haben. Tatsächlich weisen der zitierte und ähnliche Sätze Zolas die Prozesse der Transformation von Wirklichkeit nicht aus, die erst zu deren künstlerischer Abbildung führen. Um sie ging es Zola an solchen Stellen jedoch gar nicht. Daß „Lügen" eine Bedingung künstlerischen Schaffens sei, hat er früh betont. Es galt ihm als nicht weiter diskutierenswerte Banalität.[552]

Der Satz vom Blick auf die Straße richtete sich gegen jene, die den Elfenbeinturm von innen verschlossen hatten, statt die Augen zur Straße hin zu öffnen. Daß bereits ein solcher Blick Einsichten in Wesentliches gestatten konnte, folgte aus Zolas letztlich ganzheitlicher Weltauffassung. Was nun die Wirkung betraf, die er mit seiner Literatur anstrebte, so war es unerläßlich, das an erster Stelle ernst zu nehmen, was er „reales Leben" nannte: die zeitgenössische soziale Wirklichkeit. Das vor allem sagt der zitierte Satz. Er ist nicht aus sich selbst zu erklären, sondern in einem größeren Zusammenhang zu sehen, den Zola so benannte: „Wir betreiben praktische Soziologie, und unsere Arbeit hilft den politischen und ökonomischen Wissenschaften." (X, 1188) Als Soziologe – als Gesellschaftswissenschaftler, um den gemeinten Umfang des Wortes zu verdeutlichen – mußte sich Zola seines Untersuchungsobjektes versichern. Das und nichts anderes tat er mit dem Blick auf die Straße, der ja hinsichtlich der Recherchen für seine Romane bekanntlich von beträchtlicher Intensität war.

Zola war somit kein ästhetischer Banause, sondern bürgerlicher Sozialreformer mit literarischen Mitteln. Der „Experimentalroman" spricht das ganz klar aus. Ziel jeder Wissenschaft sei es, „sich zum Herrn des Lebens zu machen, um es zu lenken". Das eigene Ziel sei kein anderes. Als „experimentierende Moralisten" wirkten Romanciers wie er „für das Glück und die Lebenskraft der Gattung". Nichts Edleres, nichts Nützlicheres gebe es, als „Herr über Gut und Böse zu sein, das Leben zu regeln, die Gesellschaft zu regeln, auf lange Sicht alle Probleme des Sozialismus zu lösen" (X, 1186, 1188). Hier war „Sozialismus" jene umwälzende Potenz der Arbeiterklasse, der entgegengewirkt werden mußte, um zu erhalten, was im Grundsatz als gut und entwicklungsfähig galt. Thuliés soziales Kurprogramm stand dicht bei solchen Vorstellungen. Das gewachsene Selbstbewußtsein der nun stabil herrschenden Bourgeoisie führte zu den Sätzen: „Wir sagen alles, wir wählen nicht aus, wir idealisieren nicht ... Die Idealisten behaupten, es sei notwendig zu lügen, um moralisch zu sein; die Naturalisten bekräftigen, daß man moralisch nicht außerhalb des Wahren sein kann ... Wir lehren die bittere Wissenschaft des Lebens, wir erteilen die hohe Lektion des Realen. Seht, was existiert, und kommt damit zu Rande." (X, 1241 f.) Blickt man von der Realismusschlacht der fünfziger Jahre aus auf diese Sätze, so ist die neue Qualität unverkennbar, die die soziale Herrschaftspotenz der Bourgeoisie zumindest in der Sicht Zolas erreicht hatte: Alles zu sagen, weil alles lösbar war, erschien ihm so selbstverständlich, daß die vormals vielbewegte Frage, welche Folgen es denn haben könnte, wenn man die Schwächen schonungslos aufdeckte, gar nicht mehr gestellt wurde. In charakteristischer Umkehrung sah er die Gefahren ausschließlich auf der anderen Seite: „Gefährlich" für die Moral sei es, sich idealisierend zu belügen (X, 1242). Einer durch die Wissenschaften und durch die Literatur aufgeklärten Gesellschaft traute Zola das Überwinden jeder Schwierigkeit zu.

Im Dezember 1885 schrieb Zola einen Brief an einen Zeitungsdirektor. Es ging um „Germinal", jenen gerade erschienenen Roman, der mit bis dahin ungekannter Konsequenz den Kampf der Arbeiterklasse zum literarischen Gegenstand gemacht und dadurch in der Bürgerwelt beträchtliche Aufregung verursacht hatte. Zolas Brief versuchte die entstandene Aufregung zu beschwichtigen; in diesem Sinne trug er taktische Züge. Die Tatsache der Beschwichtigung aber sowie die Art der Argumentation waren Ausdruck seiner Weltsicht und insofern ernst zu nehmen. „‚Germinal' ist ein Werk des Mitleids und nicht ein Werk der Revolution", hieß es in dem Brief. „Ich wollte den Glücklichen dieser Welt, denen, die die Herren sind, zurufen: ‚Gebt acht, schaut unter die Erde, seht auf diese Elenden, die arbeiten und die leiden. Noch ist es vielleicht Zeit, die letzten Katastrophen zu vermeiden. Aber eilt euch, gerecht zu sein, sonst droht Gefahr: Die Erde wird sich öffnen, und die Nationen werden in einer der schrecklichsten Umwälzungen der Geschichte versinken.' ... Ein Schrei des Mitleids, ein Schrei nach Gerechtigkeit, mehr will ich nicht. Wenn der Boden weiter bebt, wenn das angekündigte Unheil die Welt morgen in Schrecken versetzt, so, weil man nicht auf mich gehört hat." (XIV, 1449) Der kritische Blick für die Unvollkommenheit des Gegebenen. Der Schrei nach Gerechtigkeit gegen Revolutionen, die Katastrophen sind. Und der Schriftsteller als wissender Rufer. In erregender Kürze ist hier eine Lebenshaltung gebündelt – die eines Autors, der seiner Gesellschaft durch wohlmeinende und eben daher scharfe Kritik parteilich verbunden ist. Literatur als Mahnerin zu sozialer Reform. Der Veränderungselan des Evolutionismus. Mit ihm brachte Zola den Realismus der fünfziger Jahre auf die innerhalb des Bestehenden mögliche Höhe. Er begegnete seiner Zeit kritisch; aber nirgends stellte er sie prinzipiell in Frage. Bürgerlicher Realismus.

Eine resümierende Nachbemerkung noch zu der so oft vermißten Subjektivität im Naturalismus. Von Zola aus kann geantwortet werden: Autorsubjektivität war ungeschmälert in Aktion, war keine erst vom Leser freizulegende Subjektivität wider Willen, sondern vom programmatischen Denken bis ins Schreiben am Werk. Am Werk allerdings immer im engagierten Bezug auf jene Gesellschaft, der sie sich verbunden fühlte.[553] Insofern stimmt es, wenn am Naturalismus Begrenztheit auf den Horizont der geschilderten Zustände konstatiert wird. Aber auch nur insofern: Die Begrenztheit liegt primär im Gesellschaftsdenken. Als ästhetische dagegen ist eine solche Naturalismuskritik nicht ausreichend. Die antikapitalistische Hochschätzung der Werke Zolas zuungunsten seiner nichtliterarischen Äußerungen sucht dieser Differenz unter der Voraussetzung gerecht zu werden, daß Bindung des Gesellschaftsdenkens an den Kapitalismus nur zur apologetischen Reproduktion vorgegebenen Sinns im Kunstwerk führen könne. Werden soziale Zustände – auch der des Kapitalismus – jedoch in evolutionistischer Weise als stabil und veränderlich zugleich gesehen, muß die Bindung des Kunstwerks an bestehende außerliterarische Determinationen keinen Verzicht auf die Neuproduktion von Sinn bedeuten, ja kann eine solche enge Bindung sogar von bemerkenswerter entdeckender Intensität sein. Der bürgerliche Realismus wird als bürgerlicher kritisch. Die soziale Gebundenheit eines Autors, z. B. Zolas, kann dann ideologisch kritisiert werden, ohne seine Persönlichkeit als vermißt oder gespalten melden zu müssen.

Zola polemisierte im Sommer 1865 gegen die Courbet-Sicht Proudhons mit dem Hinweis auf die „Persönlichkeit" und die „Originalität" des Malers; er formulierte in diesem Zusammenhang seine berühmte Definition des Kunstwerks als einer „Ecke der Schöpfung in der Sicht eines Temperaments" (X, 38) und schrieb im Frühjahr darauf: „Es geht darum, man selbst zu sein, sein bloßes Herz zu zeigen, energisch eine Individualität zu formulieren." (XII, 796) Später ist Zola auf das Individualitätsproblem nicht mehr so deutlich zu sprechen gekommen. Weiterhin aber wuchs sein Grundanliegen parteilicher bürgerlicher Kritik aus *individueller* Verantwortung. Das Bild des bloßgelegten Herzens steht auch über einer Fragment gebliebenen Spätschrift Baudelaires. Das Prinzip war als ästhetisches beiden gemeinsam. Nur schlug das Herz Zolas für seine Zeit, das Baudelaires versagte sich ihr.

„Ich unterwerfe die Männer und Frauen den Dingen", hieß es am Schluß von Zolas Selbstverständigungstext über die „Differenzen zwischen Balzac und mir", der 1868/69 in Vorbereitung der „Rougon-Macquart" entstand.[554] In solcher Unterwerfung kommen die Menschen dann nicht zu Schaden, wenn die Dinge menschenfreundlich geordnet sind. Genau daran glaubte Zola. Seine Kritik war auf die Vervollkommnung des Bestehenden gerichtet. Sie weist nur den über dies Bestehende hinaus, der ihm die Fähigkeit zur Lösung von Grundfragen nicht zuerkennt. Bei Zola selbst war das nicht der Fall. In reinen Zustandsschilderungen ist er deshalb nicht steckengeblieben.

„Ein guter Maler und ein Dummkopf“
Gustave Courbet und seine Verklärung

Müßte die Musterung des realistischen Kunstdenkens an dieser Stelle beendet werden, so wäre bei aller im einzelnen vorgenommenen Differenzierung festzuhalten: Die in Frankreich mit „Realismus“ verbundene allgemeine Vorstellung von einer wesentlich an die Gegenstände der Darstellung und die Funktionszusammenhänge der gegebenen Gesellschaft gefesselten Kunst ist historisch angemessen. Letztlich lief alles wenn nicht auf Apologie, bestenfalls auf kritischen Reformismus im Rahmen einer als Ganzes akzeptierten Sozialordnung hinaus. Ausbrechender Realismus kam nicht in Sicht. Einem emanzipatorischen Gesamtinteresse, das den Kapitalismus übersteigt, kann das kaum genügen. Baudelaire scheint recht zu behalten: Nur das Zerbrechen der gegebenen Strukturen – für das eigene Leben wie im künstlerischen Werk – vermag umwälzende Produktivität freizusetzen; alles Eingehen auf Vorhandenes ist Aufgeben oder zumindest unerträgliches Aufschieben des Eigentlichen; nur im Anderssein liegt die Garantie wirklichen Seins. Der Zeit gemäße, moderne Kunst wäre dann nichtrealistisch, vielleicht antirealistisch.

Gustave Courbet steht dafür, daß dieser Schluß nicht zwingend ist. Die Gefahr ist vorhanden, daß der Wille zum Wirken in der Gesellschaft über diese nicht hinausführt, daß die Abbildung des Zeitgenössischen dieses – gerade durch Vervollkommnung – nur in seinem So-Sein stützt. Aber ihr kann auch realistisch begegnet werden: wenn die Einheit von Welterfassung, kritischem Weltverhältnis und gegenstandsbestimmter Kunstarbeit, die der Realismusbegriff in sich birgt, bis an die Grenzen der sie bildenden Widersprüche getrieben, dabei aber nicht aufgegeben wird. Zorniger Realismus ist möglich, der abbildet und der sich engagiert, um zu verändern – „schreckliche Genauigkeit“ hat Jules Vallès das einmal genannt.[555] Er gehörte selbst zu jenen, die einem solchen vollen Realismus Gestalt zu geben suchten. Ein anderer war Gustave Flaubert, auch wenn der die herrschenden Strukturen in ganz anderer Weise negierte als der Kommunarde Vallès und sich den Realismus, wie die Zeit ihn verstand, immer vom Leibe hielt. Schreckliche Genauigkeit, das forderte, der Zeit aufmerksam ins Gesicht zu schauen und sich immer wieder mit ihr anzulegen, sie darzustellen und mit ihr doch zutiefst unzufrieden zu sein, die Defizite zusammen mit dem eigenen Wollen ins Bild zu zwingen und keine Chance zur Versöhnung zu sehen. In Courbet erwies der Realismus seine revolutionäre Potenz; bei ihm war er unverstümmelt. Das Schicksal Courbets zeigt, was konsequenter Realismus für Denken, Werk und Existenz eines Künstlers bedeuten kann. Realist zu sein ist dornenreich. Deshalb vor allem steht der Maler des programmatischen Realismus am Ende dieser Darstellung.

Ein zweites Interesse kommt hinzu. Die Reaktionen auf Courbet zeigen, wie eine herrschende Klasse es lernte, mit konsequentem Realismus umzugehen: von der Beschimpfung zur Duldung, dann die Verfolgung und schließlich die Verklärung – die Eingliederung des Realisten und Kommunarden Courbet in die Reihe der großen französischen Maler ist ein klassisches Beispiel dafür, wie die Bourgeoisie ihre Techniken des Umgangs mit nichtkonformer Kunst entwickelte. Das zu studieren lohnt, weil es einige vereinfachende Vorstellungen von bürgerlicher Freiheit in Kunstdingen und von bürgerlichem Kunstdenken als selbstverständlich autonomem in Frage stellt. Es gibt zu denken auch darüber hinaus.

Der Realist

In den letzten zehn Jahren des Zweiten Kaiserreiches war Courbet ein anerkannter Künstler. Er malte viel, stellte im In- und Ausland aus, bekam annehmbare Kritiken und verkaufte genug, um davon anständig leben zu können – Porträts und Stilleben, Jagdszenen und Landschaften. Eine Broschüre über ihn aus dem Jahre 1862 enthielt anläßlich der „Badenden“ die Worte „Verdienst“, „bemerkenswert“, „energisch und geschlossen“, „Ehre“, „brillant“ und „Louvre“. Sie stimmte das Realismus/Idealismus-Thema an und endete mit dem Satz: „Schütteln wir uns herzlich die Hand.“[556] Ähnlich freundlich fiel 1869 auch der umfangreiche Artikel aus, den Pierre Larousse in seinem Wörterbuch dem großen Realisten widmete. Die Polemiken um seine Bilder ausführlich zitierend, tadelte Larousse, daß Courbet noch keinen Orden bekommen habe, und würdigte ihn als Maler in der Nachfolge von Caravaggio, Rembrandt und Velázquez. „Die Steinklopfer“ galten nun als „Genrebild“.[557] Das war Verharmlosung. Aber der Maler schien saturiert, die Mitwelt ausgesöhnt. In manchem Buch zur Kunstgeschichte wird dieser Eindruck bis heute erweckt.

Es liegen aber Flecken auf diesem Bild der Eintracht. 1863 wurde die „Rückkehr von der Disputation" nicht einmal für den Salon der Zurückgewiesenen zugelassen: Die dargestellten Priester sind mehr als angeheitert. 1864 entstand ein Bild zweier Frauen, das schließlich „Venus verfolgt Psyche mit ihrer Eifersucht" genannt wird. Wie wenig Courbet mit der Mythologie im Sinn hatte, verrät die Orthographie: Brieflich sprach der Meister von Venus und Pésichée.[558] Das Schockbild zeigt die gleichgeschlechtliche Liebe; es wurde ebenfalls vom Salon ausgeschlossen. 1866 machten Courbet und Castagnary eine neue Auseinandersetzung zwischen dem Maler und dem noch immer amtierenden Grafen Nieuwerkerke publik, in der es um den gescheiterten Ankauf der „Frau mit Papagei" für das Luxembourg-Museum ging: Er könne auch ohne das Luxembourg leben, schrieb der Maler dem Grafen, und der antwortete: „Gewöhnlich gehört die Natur Ihrer Kompositionen nicht zu denen, die die Regierung ermutigen soll", sowie: „Künftig wünsche ich keinerlei Beziehungen mit Ihnen mehr zu haben."[559] 1867 stellte Courbet während der Weltausstellung, für die er vier weniger wichtige Bilder einreichte, wieder privat aus: Der Katalog enthält 115 Nummern, fast alle großen Werke sind darunter (es fehlt das „Atelier").[560] 1868 gab „Das Almosen des Bettlers" Castagnary einen weiteren Anlaß, den Freund aus Ornans als bedeutendsten französischen Maler zu feiern; andere Kritiker aber spuckten wieder einmal Gift und Galle: „Courbet hat niemals in seinem Leben eine einzige, wenn auch noch so kleine Idee gehabt und wird niemals eine haben."[561] Die hier dargestellte: Ein Bettler gibt dem noch Bedürftigeren, einem zerlumpten kleinen Kind. 1870 schließlich wies Courbet in einem offenen Brief den ihm für seine Salonbilder verliehenen Orden der Ehrenlegion zurück.

Die ununterbrochene Reihe von Eklats läßt sich mit dem gängigen Bild vom bezähmten Maler nicht vereinbaren. Courbet hielt die Empörung durch und wandte den Blick nicht vom Bestehenden. In seinen Bildern und mit seinem Auftreten forderte er die große Veränderung. Er blieb Realist.

Das gilt im Alltagssinn des Wortes: Courbet wollte und mußte von seiner Kunst leben; deshalb verkaufte er so teuer wie möglich, führte auch mit schneller Hand Aufträge aus, inszenierte sich selbst oft werbewirksam. „Was tun angesichts eines Jahrhunderts, das seine Genüsse ausschließlich im Materialismus sieht? ... Der

Künstler ist auch Kaufmann." Zugleich wies er auf die Gefahr hin, daß „der Künstler im Kontakt mit dieser Geldwelt degeneriert und seine Mission nicht mehr erfüllt".[562] Courbet war überzeugt, sich gegen die Geldwelt, ja ihre Gesetze ausnutzend, behaupten zu können. Realist blieb Courbet aber vor allem als enthüllender Künstler: Seine Bilder legten Mißstände bloß und erkundeten ungenutzte Möglichkeiten, und sein Verhalten in der Kunstszene entschleierte deren Funktionieren. „Ich wollte den Grad von Freiheit wissen, den unsere Zeit uns einräumt"[563], kommentierte er brieflich das Ausstellungsverbot für die „Rückkehr von der Disputation". Die Debatten aus Anlaß dieses Bildes sowie des zurückgewiesenen Ordens der Ehrenlegion seien etwas genauer betrachtet.

Daß die betrunkenen Priester alles in Rage brachten, was an der Kirche und deren staatstragender Rolle hing, lohnt die Darstellung nicht. Interessanter sind die Differenzierungen unter den Freunden. Scharfe Töne kamen von der Seite apologetischer Realisten. Für Champfleury war das Bild ein weiterer Schritt auf dem falschen Weg. Die Empörung wurde 1863 brieflich, also noch intern geäußert, aber sie war groß. „Courbet sollte Landschaften seiner Provinz und häusliche Sujets malen, das ist seine wirkliche Rolle: Aber, großer Gott!, er muß sich hüten vor Symbolismus und Satire, für die sein Geist nicht gemacht ist."[564] Ganz gewiß nicht für solche Trautes übersteigenden Dinge gemacht war vor allem der Geist des Verfassers dieser Zeilen. Der offene Bruch folgte wenig später. Der weitere Abstieg des gescheiterten Gottes des Realismus ist auch in seinem Verhältnis zu dem langjährigen Freund auszumachen. „Wohl wahr, daß Courbet ein Opfer ist", hieß es 1882 in einer Tagebuchnotiz mit Bezug auf die Kommune, „aber ein Opfer seiner eigenen Schwäche, seiner Winkelzüge, seiner Charakterlosigkeit."[565] 1886 weigerte sich Champfleury, die in seinem Besitz befindlichen Briefe Courbets veröffentlichen zu lassen, mit der fadenscheinigen Begründung, sie enthielten „unvollendete und barocke Sätze" sowie orthographische Fehler und könnten „braven Leuten Kummer bereiten".[566] 1892 schließlich veröffentlichte der „Figaro" aus dem Nachlaß Champfleurys Teile einer unveröffentlichten Studie zu Courbet, in denen Kneipen- und Ateliergeschichten Sätze begründen sollten wie: „Er war letztlich wenig gefährlich", oder: „All das war amüsant, obwohl realitätsfern." Vom Tod des Malers im Exil wissend, behauptete Champfleury: „Courbet führte ein leichtes Leben, ohne von den materiellen Schwierigkeiten behindert zu werden, die gewöhnlich das Schicksal aller Neuerer sind.“ Die Tendenz des Ganzen wird schlagend deutlich, vergleicht man das, was im „Figaro“ zu dem 1850/51 gemalten „Ausrücken der Feuerwehr zu einem Brand“ stand, mit einer Bemerkung, die demselben Bild 1861 gegolten hatte. „Die Bewegung fehlte in dieser Komposition, die sie doch so sehr brauchte. Auf Grund seiner Natur mangelte es Courbet an physischer Lebendigkeit ... Courbet hatte sich getäuscht, als er sich eine solche Konzeption zutraute“[567], hieß das Urteil des befriedeten Realisten. „Courbet ist der Mann für solche großen Volksszenen, und er hatte eine glückliche Idee, als er ein Sujet voller Effekte malte, das einen kraftvollen Künstler fordert“[568], hatte derselbe Autor vor seinem Sinneswandel geschrieben. Nicht nur, daß hier ein Mensch wetterwendisch beurteilt wurde: Als Bekundungen authentischen Realismus wirkten diese Sätze eines Mannes nach, der aus den fünfziger Jahren den Ruf „des“ Realisten um so eher bewahrt hatte, als seine Variante von Realismus die verträglichste war. Mit Courbet machte Champfleury den Realismus klein.

Die ausführlichste und wichtigste Reaktion auf die „Rückkehr“ stammte von einem Mann, den Courbet seit Jahren kannte, den er mehrfach malte und noch sechs Jahre nach dessen Tod „meinen Kameraden“ (auch „Genossen“ kann hier übersetzt werden) nannte.[569] Die „Rückkehr von der Disputation“ war für Pierre-Joseph Proudhon der Anstoß, ein Buch „Von den Grundlagen und der sozialen Bestimmung der Kunst“ zu schreiben – sein letztes, erst postum 1865 veröffentlichtes Werk. Es entwickelte eine betont gesellschaftsbezogene Kunstauffassung.

In der auf dem Begriff der Gerechtigkeit basierenden, das Eigentum mit dem moralischen Argument notwendiger Gleichheit ablehnenden Gesellschaftslehre Proudhons[570] war die Kunst nicht vergessen. Wenn durch gerechteres Denken und entsprechendes Handeln der Menschen eine menschlichere Gesellschaft herbeigeführt werden sollte, so folgte daraus eine bestimmte Blickrichtung auch auf die Kunst. Schon laut der 1851 im Gefängnis verfaßten „Philosophie des Fortschritts“ sollte sie – Platon wurde als Autorität benannt – „an der Vergöttlichung der Menschen arbeiten“. Durch das „Preisen ihrer Tugenden und ihrer Schönheiten wie auch durch das Erregen von Abscheu vor ihren Häßlichkeiten und ihren

Verbrechen" – ein Ansatz, der Momente realistischer Abbildung und Kritik einschloß, aber auch Erziehung durch Verklärung ermöglichte – sollte die Kunst „an der Bewegung der Gesellschaft teilnehmen" und die Menschen „lehren, ihre Ideen zu läutern, ihre Sitten zu korrigieren und ihre Institution zu vervollkommnen".[571] In seinem 1858 erschienenen Hauptwerk „Über die Gerechtigkeit in der Revolution und in der Kirche" hatte Proudhon diese Sicht bekräftigt und dahin gehend akzentuiert, daß es Aufgabe der Literatur vor allem sei, „aus der sozialen Realität ... das entsprechende Ideal freizulegen"[572]. Dieser Einbau von Kunst in ein Programm umfassender sozialer Besserung (Revolution kann nicht gesagt werden, weil der Umbau in seinen politischen Abläufen zu unklar blieb) wurde in Proudhons Schrift zur Kunst ausführlich dargestellt.

Proudhon würdigte in dem Buch die wichtigsten Gemälde Courbets, so das „Begräbnis", die „Badenden" und die „Rückkehr von der Disputation". An letzterem wurde gelobt, daß die Figuren „so sind, daß man glaubt, ihnen überall begegnet zu sein", daß hier aber dennoch kein „Daguerrotyp" geliefert werde, sondern „Tiefe der Beobachtung" am Werke sei. Proudhon hielt etwas von Courbets Realismus, weil er in diesem nicht nur die mechanische Abspiegelung von Gegenständen der Realität erblickte, sondern ein sozialkritisches Bewußtsein am Werke sah, das aus dem Glücksanspruch des Menschen heraus das Gegebene im Namen eines erst zu Schaffenden kritisierte. In der Empörung über die gegenwärtige Lage des Volkes und in dem Willen zur Arbeit für eine gerechtere Zukunft stimmten die Gesellschaftsvorstellungen von Proudhon und Courbet überein; hierin gründete die Hochschätzung des Künstlers durch den Sozialtheoretiker. Courbets Bildsatire auf die Priester konnte als Entlarvung beitragen zu dem „Ziel der allgemeinen Erziehung" und diente der „modernen Vernunft". Nochmals wurde betont: „Realitäten zu reproduzieren ist nichts: Man muß denken machen."

Man wird Proudhon mit seinem Courbet-Lob nicht zu einem Verkünder des Realismus machen können – weit eher stand er in der Tradition des art social: Die Abbildung der Realität wurde aus den Zwecken der Umgestaltung dieser Realität begründet. Proudhon interessierte die Tendenz bei Courbet. Deshalb wurde sein Buch die erste große Würdigung Courbets überhaupt – wichtig nicht zuletzt, weil die kritische Potenz in dessen Realismus (von

Proudhon „Idealismus“ oder „Denken“ genannt) offensichtlich ein wichtiges Motiv der hohen Wertschätzung war und der Fotografievorwurf als unbegründet zurückgewiesen wurde.

Fast zweihundert Seiten waren allerdings schon geschrieben, als Proudhon auf das Gemälde zu sprechen kam, das der Anlaß zu seinem Buch gewesen war. Auf ihnen hatte der Autor, mit dem Beispiel Courbet vor Augen, *die* Definition der Kunst und *die* Funktion des Künstlers entwickelt. Eine auf sozialen Nutzen durch Abbildung und Erziehung gestimmte Kunstauffassung war zum absoluten Gesetz erhoben worden. „Ich definiere also die Kunst: eine idealistische Darstellung (représentation) der Natur und unserer selbst im Hinblick auf die physische und moralische Vervollkommnung unserer Art.“ „Der Künstler ist ein Mensch, der in hervorragendem Maße mit der Fähigkeit begabt ist, das Ideal zu fühlen und den anderen mitzuteilen.“ Als „Magnetiseur“, „Vorsänger“ und „Trommler“ wurde er bezeichnet. Die Kunst solle „rationaler“ werden, hieß es mit distanziertem Blick auf die Kunstentwicklung in Frankreich seit der Revolution. Die Romantik galt als Rückschritt: „Die Phantasie in der Kunst hat ausgedient: von nun an kann sie nur noch der modernen Vernunft als Quelle dienen.“ Es war logische Konsequenz dieses utilitären Kunstkonzepts, wenn auf den letzten zwei Seiten des Buches den Künstlern der Zukunft die Aufgabe gestellt wurde, erstens an dem Wohnungsbauprogramm der neuen Gesellschaft mitzuwirken – „Die wahren Denkmäler der Republik . . . werden bequeme, gesunde und billige Behausungen sein“ – und zweitens „das Volk zu erziehen“.[573]

Der Dienst, in den Kunst hier gestellt wurde, war inhaltlich geprägt durch Proudhons „humanitäres Ethos und seinen Kampf gegen die Übermacht des Staates und der Bürokratie, auch seinen . . . Kampf gegen den französischen Zentralismus“[574]. Deshalb war die entschiedenste und politischste Würdigung Courbets, die zu dessen Lebzeiten erschien, nicht dazu angetan, seine Stellung im Kunstleben der Zeit zu befestigen. Als Beleg für Nonkonformismus wurden die Darstellung und ihr Gegenstand gleichermaßen abgelehnt, und daß das ganz überwiegend mit dem Argument des mangelnden Kunstverstandes Proudhons geschah, zeugt nur ein weiteres Mal von der vielschneidigen Brauchbarkeit ästhetisierenden Denkens.

Zugleich ist nicht zu übersehen, daß alle differenzierenden Momente im Kunstdenken Proudhons durch die erwähnten Verabsolutierungen in Frage gestellt wurden. Es war weder seine Absicht, das künstlerische Subjekt auszulöschen, noch waren nur Preislieder auf das Wünschenswerte gefordert. War in Proudhons gesamtem Gesellschaftsdenken der Platz des einzelnen eher überbelichtet, so wurde auch der Künstler für ihn nie zum bloßen Sprachrohr für andere. Die angestrebte „idealistische Darstellung" schloß nie den Blick auf die klägliche Gegenwart aus. In Proudhons Sicht bildete nachdrückliche Fremdbestimmtheit der Kunst keine Gefahr für sie: Sein Ziel einer großen Harmonie schloß zumindest für die Zukunft Konflikte zwischen den einzelnen Menschen und ihrer Lebenswelt aus. Wie illusorisch eine solche Vorstellung in der umkämpften Praxis der Zeit jedoch war und wie klein sie Kunstarten entschiedener Distanz schrieb, bleibt zu bedenken. In Zolas Reaktion auf die Schrift Proudhons deutete sich das zumindest an.

Emile Zola akzeptierte in seiner Rezension (von der schon die Rede war) nachdrücklich den Anspruch Proudhons, „das Wohl aller" zu erstreben, „im Namen der Wahrheit und des Rechts". Dennoch nannte er das Buch „einen kolossalen Irrtum": „Alle Definitionen, alle Axiome sind falsch." (X, 37) Was Zola vermißte, hieß „individuelles Gefühl, freier Ausdruck einer Persönlichkeit", „Originalität". Zolas Definition der Kunst als Sicht eines Temperaments auf einen Teil der Schöpfung und sein Gedanke, daß der Künstler sein Herz im Werk bloßlege, wurden gegen Proudhons Courbet-Verständnis geäußert: „Mein Courbet ist einfach eine Persönlichkeit." (X, 42 f.)

Mit seinen Vorstellungen über Gesellschaftsorganisation, die den unabhängigen Kleinproduzenten in den Mittelpunkt rückten, war Proudhon einer der Stammväter des Anarchismus. Es kann verwundern, daß einem solchen Mann gegenüber Subjektivität eingeklagt wird. Aber das Prinzip selbstverantwortlicher Produktivität galt eben nicht für Kunst. Die unterlag der Forderung direkter Nützlichkeit. Die sozialen Inhalte, für die die Kunst laut Proudhon wirken sollte, hatte Zola, wie zitiert, bejaht. Strukturell jedoch war dieses Modell für Legitimationskunst jeglicher Art verwendbar. Worte wie „Idealismus", „Vernunft" und „Erziehung" klangen den Zeitgenossen nach bonapartistischem Kunstprogramm. Im Gedanken an solche Folgerungen stellte Zola die im Realismus Courbets wirkende Subjektivität heraus. Das war die Forderung, auch den Künstlern die Bestimmung ihrer gesellschaftlichen Funktionen und ihrer Darstellungsweisen eigenverantwortlich zuzutrauen.

Courbet selbst, der stolz darauf war, daß eines seiner Bilder den Anstoß gegeben hatte für ein so umfangreiches Buch, hat sich im einzelnen nicht dazu geäußert. Die Konstanz seiner Auffassungen über gesellschaftliche Bindung und gesellschaftliche Freiheit des Künstlers läßt sich aber aus jenem Brief an den Minister Maurice Richard erkennen, mit dem er im Juni 1870 den Orden der Ehrenlegion zurückwies. „Ich habe immer frei gelebt; lassen Sie mich mein Dasein frei beenden", hieß es darin. Nur die eigenen Taten und keine Ordensbänder könnten Ehrung sein. Ausdrücklich verwahrte er sich gegen staatliche Kunstpolitik. „Der Staat ist nicht zuständig in Kunstdingen. Wenn er es unternimmt auszuzeichnen, greift er in die Rechte des Geschmacks der Öffentlichkeit ein. Seine Einmischung verdirbt völlig die Sitten, ist verderblich für den Künstler, den sie über seinen eigenen Wert täuscht, verderblich für die Kunst, die sie in offizielle Schicklichkeit einschließt und zu sterilster Mittelmäßigkeit verdammt; es wäre weise von ihm, sich zu enthalten. Seine Aufgaben uns gegenüber wird er an dem Tag erfüllt haben, an dem er uns in die Freiheit entläßt." Das war eindeutig, obwohl der Brief die Form wahrte und eingangs sogar die Bemühungen des Herrn Ministers um eine Liberalisierung der Kunstszene würdigte. Der Entwurf war da weit drastischer gewesen: Er erinnerte an den Viehmarkt von Ornans, wo die besten Hammel mit roter Kreide gezeichnet wurden. Manche Naivlinge meinten, „damit werde ihre Schönheit gewürdigt, während sie doch nur vom Schlächter gekauft worden sind, um getötet zu werden".[575] Auch das Band der Ehrenlegion war rot.

Daß die Zurückweisung fragwürdiger Bindungen Courbet nicht bindungslos machte, sollten die historischen Ereignisse binnen kurzem erweisen. Zehn Wochen nach dem Brief an Richard wurde Courbet durch die Künstler von Paris zum Vorsitzenden der Kunstkommission der Stadt gewählt, die seit dem 4. September 1870 Hauptstadt der Dritten Republik war.

Der Kommunarde

„Wir brauchen eine Revolution von 89 auf neuen Grundlagen, eine Verfassung, die von freien Menschen gemacht ist", hatte Courbet schon im Februar 1870 an Castagnary geschrieben.[576] Die ersten Monate nach dem Sturz Napoleons III. waren für ihn ausgefüllt von dem praktischen Kampf um diese neue Gesellschaft. Er hatte ihn teuer zu bezahlen.

Überblickt man die Tätigkeit Courbets bis Ende Mai 1871 – als Vorsitzender der Kunstkommission, die sich während der Kommune zur Föderation der Künstler umbildete; als gewählter Gemeindevertreter (nach mehreren vergeblichen Kandidaturen) seit dem 16. April und damit Teilnehmer an den Sitzungen des Rates der Kommune, der ihn zum Delegierten für Kunstfragen machte –, so springt vor allem die Unmittelbarkeit hervor, mit der er die große Umwälzung erwartete und betrieb. Courbet sorgte dafür, daß die Museen geschützt und geöffnet wurden. Er forderte im Oktober in offenen Briefen die „Banden Bismarcks" auf, Frankreich zu verlassen: „Ihr habt uns bis Sedan einen Dienst erwiesen"; nach dem Sturz des Kaisers aber dürfe nicht gegen die Republik gekämpft werden, müßten Grenzen und Armeen verschwinden, die „Brüderlichkeit" der „Vereinigten Staaten von Europa" einziehen.[577] Courbet initiierte während der Kommune eine Neuordnung des Salons, den die ausstellenden Künstler selbst organisieren sollten. Er wandte sich mit Aufrufen an die Pariser Künstler: „Der Mensch wird sich selbst regieren."[578] In einem an Vallès adressierten Glaubensbekenntnis schrieb er: „Ich habe alle autoritären und auf göttliches Recht gegründeten Regierungsformen bekämpft, weil ich wollte, daß der Mensch sich selbst regiert, nach seinen Bedürfnissen, zu seinem direkten Nutzen und nach seinen eigenen Vorstellungen."[579] Die Prinzipien der Kommune, hieß es in einem nochmaligen resümierenden Vergleich mit der höchsten Stufe der großen bürgerlichen Revolution, seien denen von 1793 „weit überlegen durch ihre Großzügigkeit, ihre Menschlichkeit, ihre Allgemeinheit. 1793 kannte nicht die Vereinigten Staaten von Europa, nicht die allgemeine Dezentralisierung, nicht die völlige Abschaffung der Klassen der Gesellschaft zugunsten einer einzigen, der des Bürgers mit dem Recht auf Arbeit; es umfaßte auch nicht die Assoziation von Arbeit und Kapital und die Abschaffung der Armut durch die Assoziation der Arbeiter."[580]

Dies die zentralen Formulierungen des Gesellschaftsdenkens Courbets. Sie zielten sämtlich auf unmittelbare Volksherrschaft (waren damit nicht etwa ein proletarisches Klassenkampfprogramm wie das Marxsche). Betrachtet man das unmittelbare Glücksverlangen, das sich in ihnen ausspricht, im Zusammenhang der weltanschaulichen Dimension des Realismusproblems, so wird deutlich: Auch der Realist Courbet kam in seinem Denken nicht aus ohne eine erreichbare, erkämpfbare Zukunft, in der das Abgelehnte beseitigt, das Spaltende niedergezwungen waren. Auch er suchte – und noch zu seinen Lebzeiten – die Erwartung auf Beherrschung der „Gegenstände" durch die „Vernunft", auf den großen Frieden einzulösen. Für den setzte er sich rückhaltlos ein, als er ihm praktisch möglich zu werden schien. Ohne eine solche Art von Optimismus ist Realismus als programmatische Lebenshaltung der Veränderung wohl kaum durchzuhalten. Wer hier „Illusion" sagt, hat sich zu fragen, ob er – wenn nicht ausbrechend wie der zugrunde gehende Baudelaire – sich zu bescheiden vermag mit der Zufriedenheit eines Champfleury in seiner Zeit, ob das distanziert-ironische Kunst- und Lebensprogramm eines Flaubert ihn befriedigt oder ob er den kommunistischen Zug in Courbet (einrechnend alle mögliche politische Distanz zu überzogenem Anarchismus) für unverzichtbar hält. Die Antworten auf Vermutungen zur Unmöglichkeit von Realismus in Zeiten hochgradiger sozialer Vermitteltheit (die jede aufs Ganze gehende Bestrebung des Umbruchs zum Scheitern zu verurteilen scheint und die Courbet so offensichtlich mißachtete) sind ebenfalls vorerst Fragen: Ist der Anspruch wirklich aufzugeben, die Welt menschlich einzurichten? Welche Veranlassung und welche Rechtfertigung gibt, welche Folgen hat es, das Vermögen der Menschheit grundsätzlich zu bezweifeln, im umgestaltenden Zugriff ihre Geschichte selbst und ihre Produktion wie ihre Gesellschaft zu ihrem „direkten Nutzen", nach den Bedürfnissen ihrer Produktivitätsentfaltung zu gestalten? Müssen Prozesse der Vergesellschaftung Prozesse von Entfremdung sein? Wohl nur dann nicht, wenn der Aufstand nicht auf den einzelnen Menschen oder die kleine Kommune begrenzt bleibt. Höchstens eine ganze Gesellschaft mit entwickelter, produktivitätsbetonter innerer Kommunikation könnte vielleicht jenes Kollektivsubjekt bilden, das auf Realismus nicht verzichten kann, weil es die Utopie in die Wirklichkeit bringen will.

Als Courbet die Kommune mit 1793 verglich, war die kurze Hoffnung schon zerschlagen. „Wie groß ist das Unglück, das auf dem Menschen lastet! Wie mächtig es ist und wie schwer zu besiegen!"[581] „Die Revolution war friedlich und Propaganda, was meine Beteiligung erklärt. Aber uns zum Trotz fand das Massaker statt."[582] Courbet hatte, wie 1848, nicht zur Waffe gegriffen. Wegen seines politischen Engagements für die Kommune wurde er dennoch am 7. Juni verhaftet und im Spätsommer zu einem halben Jahr Gefängnis und 500 Francs Geldstrafe verurteilt. Das war im Vergleich zu der blutigen Repression gegen viele Kommunarden ein mildes Urteil. Es war aber nicht das letzte Wort der Mächtigen.

Es kam der Rufmord. Jener weitverbreitete Artikel des jüngeren Dumas, der gleich nach der Kommune den nationalistischen Aufbauwillen der neuen Machthaber verkündete, rechnete auch mit Courbet ab: „Aus welcher phantastischen Paarung einer Schnecke und eines Pfaus, aus welchen gegensätzlichen Samen, welcher talgartigen Ausschwitzung mag zum Beispiel jenes Ding entstanden sein, das man Herr Courbet nennt? In welcher Blase, mittels welchen Mistes, als Folge welcher Mischung aus Wein, Bier, ätzendem Rotz und spritzendem Eiter vermochte dieser tönende, haarige Kürbis, dieser ästhetische Bauch, Inkarnation des blöden, impotenten Ich, zu wachsen? Man könnte ihn einen Streich Gottes nennen, wenn Gott, den dieses Nicht-Wesen vernichten wollte, Streiche machen würde und sich mit so etwas befassen könnte."[583] Diese Bildwelt machte schnell Schule. Théophile Silvestre sprach von „jenem berühmten, aus dem Aas des Herostratos geborenen und, obwohl lebend, für Frankreich und die Welt gestorbenen Ungeheuer"[584]. Emile Bergerat veröffentlichte Anfang Juli ein zwanzigstrophiges Gedicht „Retten wir Courbet!", in dem er vorschlug, von der Anwendung der Todesstrafe in diesem Fall abzusehen. Denn: „Lavater will, daß er lebt – und vor allem heiratet! Der Typ ist selten! Bevor ein Cuvier ihn aufschlitzt, fordere ich eine Frucht seiner Paarung. Er interessiert mich wie ein zweiköpfiger Hammel."[585]

Es kam die Verfolgung der Bilder. Ein Leconte de Lisle schrieb am 29. Mai in einem Brief an Hérédia: „Nicht nur er verdiente erschossen zu werden . . ., auch die schmutzigen Gemälde müßten zerstört werden, die er früher an den Staat verkauft hat."[586] Unmittelbar nach der Kommune verschwanden unter unklaren Umständen etliche Bilder aus Courbets Privatbesitz. Als man den Salon 1872 vorbereitete, setzte sein Kollege Meissonier gegen nicht allzu großen Widerstand durch, daß Courbet von der Ausstellung ausgeschlossen wurde. „Der die Sache der Ehre verraten hat" hieß Courbet nun – nicht einmal der Name wurde vom „Correspondant" mehr genannt. „Er muß von nun an tot für uns sein."[587] Denn, so auch die „Philosophie positive", er „schoß über das Ziel hinaus“[588]. Zu seinen Lebzeiten wurden Bilder von Courbet in staatlich beeinflußten Ausstellungen in Frankreich nicht mehr gezeigt.

Es kam das Exil. Bereits kurz nach seiner Haftentlassung war Courbet nach Ornans zurückgekehrt. Als dann der erzreaktionäre ehemalige Marschall Napoleons III. Mac-Mahon Präsident der Republik wurde, ging Courbet Ende Juli 1873 von seiner Heimatstadt aus über die nahe Grenze in die Schweiz. Erst im Jahre 1919 konnte sein Grab von dort nach Ornans verlegt werden.

Es kam schließlich der zweite Prozeß. Am 26. Juni 1874 wurde Courbet dazu verurteilt, die Kosten zur Wiederaufrichtung der Vendôme-Säule zu tragen, die auf Dekret der Kommune im Mai 1871 als Symbol vergangener Kriegspolitik gestürzt worden war. Nochmals drei Jahre später – die Säule stand wieder auf dem Vendôme-Platz – wurde von den Siegern die genaue Rechnung präsentiert: Sie belief sich auf 323091,68 Francs und konnte in Raten bezahlt werden. Courbet hatte selbst und durch Freunde mehrfach versucht, gegen dieses Urteil anzugehen; u. a. hatte er sich 1876 an die Parlamentsabgeordneten mit dem Aufruf gewandt, „eine Politik der Wut und Rachsucht durch eine Politik der Gerechtigkeit und Großherzigkeit“ zu ersetzen. Vergeblich. Noch in dem letzten Brief an Castagnary, drei Wochen vor seinem Tode am 31. Dezember 1877, sprach Courbet von seiner „glühenden Überzeugung, daß das letzte Wort Recht und Gerechtigkeit gehören wird“.[589] Aber bevor er starb, war er gewillt gewesen, die erste Rate des Vendôme-Urteils, die Anfang 1878 fällig wurde, zu bezahlen.

Wer bereit ist, den Stein auf solche Kompromißbereitschaft zu werfen, sollte sich vergegenwärtigen, daß es in den Jahren nach der Kommune eine Leistung war, in Frankreich auch nur den Namen Courbet anders als hetzend zu nennen. Der Kommunarde wurde totgeschwiegen. Zwar boten noch unmittelbar nach der Haftentlassung Courbets im Frühjahr 1872 mehrere private Pariser Galerien Bilder von ihm zum Verkauf an, zwar konnte Castagnary noch öffentlich eines davon „das beste Bild“ des für Courbet gesperrten Salons 1872 nennen[590] und in der Zeitung „Le Siècle“ die nationalistische Welle zu der Frage nutzen, ob die Salon-Jury nach dem verlorenen Krieg, „wo alle Welt bemerkt, daß das Heil Frankreichs an die universale Befriedung gebunden ist“, nichts Klügeres und nichts Patriotischeres zu tun habe, „als Zwietracht zu säen, das Gespenst unseres Haders zu beschwören, den Zorn anzustacheln"[591] – danach aber existierte Courbet für die künstlerische Öffentlichkeit Frankreichs auf Jahre nicht mehr. Daß Castagnary ihn 1875 in eine Aufzählung „großer" Künstler einreihte,[592] war eine Großtat der Freundschaft. Emile Zola berichtete nach dem fernen Sankt Petersburg: „Die großen Maler unserer Epoche sind nicht mehr." Ingres und Delacroix seien tot. „Courbet, der die unverzeihliche Dummheit begangen hat, sich in einem Aufstand zu kompromittieren, in den sich hineinzuhängen er überhaupt keinen Grund hatte, existiert sozusagen nicht mehr; er lebt irgendwo in der Schweiz und hat seit drei Jahren nichts Neues produziert." (XII, 923) Das letzte war falsch, das übrige zeugte zumindest nicht von allzu großer Solidarität. Im übrigen prägten nicht solche Briefe in die Ferne die Lage in Frankreich, sondern Tatsachen wie die Beschlagnahme einer 1868 in Brüssel mit sechs Zeichnungen von Courbet erschienenen Broschüre in einer Pariser Buchhandlung am 29. Februar 1876.[593]

Man muß es unter solchen Umständen ein Ereignis nennen, daß der Kunsthändler Binant im April/Mai 1876 zusammen mit einer Landschaft des anerkannten Corot die „Steinklopfer" ausstellte und dazu einen kurzen Katalogtext von Philippe Burty verfassen ließ. Der hielt sich an Kunstgeschichtliches und Technisches, ließ das Wort „Realismus" nicht fallen und enthielt keine Anspielung auf die Kommune. Dennoch: Daß man nach dem Gekeife des Alexandre Dumas nun wieder einen sachlich würdigenden Satz lesen konnte wie: „Der Salon 1850/51 war für Monsieur Courbet Gelegenheit des glänzendsten und gerechtfertigtsten Erfolges"[594], verdient Hervorhebung. Es war der erste schüchterne Versuch der Wiedergewinnung Courbets für das künstlerische Leben in Frankreich.

Einen nächsten Schritt in diese Richtung – den letzten, den Courbet noch erlebte – bedeutete im Juli 1877 die nach einigem Ringen getroffene Entscheidung der Vorbereitungskommission für die Weltausstellung des kommenden Jahres, eine Beteiligung des ehemaligen Kommunarden zuzulassen. Als die Ausstellung eröffnet wurde (als einziges Bild Courbets wurde „Die Woge" gezeigt), war der Maler bereits gestorben. Sein Tod am 31. Dezember 1877 brach den Bann des Schweigens. Es setzte die Verklärung ein.

In die dreieinhalb Jahre, die dem Tod Courbets folgten, fielen die Amnestie für die Kommunarden und der Beginn der liberalen Kunstpolitik. Der tote Kommunarde und Maler wurde zum ersten Bewährungsobjekt für die neue Linie. Mit schneller Souveränität wurde sie Praxis. Was damals entwickelt wurde, galt auf Jahrzehnte.

Eine Woche nach Courbets Tod veröffentlichte der „Figaro" mehrere Dokumente zu dessen Leben: von Courbet selbst den antibonapartistisch deutbaren Brief an Minister Richard, in dem er die Ehrenlegion ablehnte, sowie Texte von Silvestre und Champfleury, Proudhon und Dumas d. J. Daß unter dem Vorwand des Gedenkens „an den schmerzlichen Tod des großen Malers Courbet" Dumas' unsäglicher Brief gegen den Kommunarden wieder gedruckt wurde, veranlaßte drei Tage später einen anonymen Autor im „Républicain", mit gleicher Münze eine „Schändlichkeit" zurückzuzahlen, „von der man glauben könnte, sie sei von einem Betrunkenen auf den Nachttisch einer öffentlichen Hure gespuckt worden", und übel über den unehelichen Mulattensohn und Juden herzuziehen.[595] Die Leidenschaften schwiegen also keineswegs im Angesicht des Todes. Die kurze redaktionelle Vorbemerkung aber, mit der der „Figaro" seine Veröffentlichung begleitete, hatte den Weg schon gewiesen, der den Sturm der ungezügelten Gedanken zu bändigen versprach: „Courbet hinterläßt einen quasi-politischen Namen, den der französische Patriotismus verabscheuen muß, und den Namen eines großen Künstlers, den zu verkennen absurd wäre."[596] Dies war eine Weiterentwicklung der alten These von den zwei Courbets. War zum Ende der Realismusschlacht der Landschafter gegen den Tendenzmaler gestellt worden, so wurde nun dem ganzen Maler ein schlechter Politiker herausoperiert. Übrig blieb ein großer französischer Maler.[597]

Zwar gab es Widerstände. Im „Artiste" erschien bis zum Juni 1878 nicht einmal eine Notiz über den Tod Courbets. Der „Correspondant" erteilte im Januar 1878 Charles Timbal das Wort, um auf fünfzehn Seiten einen „Kranken", „Flegel" und „Scharlatan" zu zerfetzen, dem die Grundlagenbildung und schon gar jede Imagination fehlten; der allerdings nicht so dumm war, daß er unschuldig gewesen wäre; dessen politische „Irrtümer und Verbrechen" im „Schatten seines Grabes" belassen werden könnten; dem jedoch in der Kunsthochschule eine große Ausstellung eingerichtet werden sollte, um seinen Ruf als Maler endgültig zu zerstören.[598] Andere aber argumentierten anders.

Der vorsichtige, lieber im Hintergrund taktierende Freund Castagnary wagte in seinem Salon 1878 die beiläufige Bemerkung, daß Namen wie Courbet „die allgemeine Bewunderung“[599] besäßen. Duranty brachte in seinem Artikel für die „Gazette des beaux-arts“ über ausländische Beiträge zur Weltausstellung 1878 den Hinweis unter, daß die Deutschen Courbet „bewunderten“ und er in Belgien „Spuren in den Ateliers“ hinterlassen habe.[600] Die Berichte von den französischen Beiträgen zur Weltausstellung vermerkten im allgemeinen kommentarlos die Beteiligung Courbets. Zola gebrauchte im Juni 1878, wenn auch wieder nur in einem Bericht für die russische Hauptstadt, das Wort „Schande“ für die Tatsache, daß nur ein Gemälde und nicht ein ganzer Saal von Courbet auf der Weltausstellung zu sehen sei. Er würdigte sein „Streben nach Wahrheit“ und das „Martyrium“ seiner letzten Lebensjahre, er sagte klar: „Courbet hat 1871 an der Kommune teilgenommen“, und tröstete ihn und alle verkannten Künstler mit dem Optimismus des Langzeitdenkers über die erlittene Unbill hinweg: „Die Ereignisse mögen sie tangieren, aber sie können sie vom Antlitz der Erde nicht auslöschen. Man erstickt ihre Stimme, solange sie leben, man verfolgt sie, man mißachtet sie und feiert die Mächtigen des Tages; aber sie sehen all das lächelnd und zucken mit den Schultern, denn die Jahrhunderte sind für sie.“[601]

Vier größere Arbeiten über Courbet erblickten noch 1878 das Licht der Öffentlichkeit. Der Jugendfreund Max Claudet veröffentlichte eine Broschüre mit Erinnerungen voller Sympathie, in denen Courbet „das unbekümmertste Wesen, das man finden kann“, und einer „unserer großen französischen Künstler“ genannt wurde.[602] Die Streitfragen wurden kaum berührt.

Von dem Künstler sprach ein von einem Belgier verfaßtes Buch (in Brüssel hatten bereits 1877 in einer Ausstellung vierzehn Gemälde Courbets gezeigt werden können). Die Kommune kam auch bei Camille Lemonnier nicht vor. Versucht wurde eine Gesamteinschätzung des Malers. „Mit dem Menschen beschäftige ich mich nur, wenn ich ihn brauche, um den Künstler zu erklären.“ Das war nicht oft der Fall, und der politische Mensch blieb ganz draußen. Bei Lemonnier war Courbet „ein Mann des Instinkts, ohne Kultur, aber wunderbar fähig, mit der Natur zu kommunizieren“. Damit entsprach er genau dem Begriff des Realismus, wie Lemonnier ihn verstand: „die fühlbare und sichtbare Welt ganz dicht zu erfassen". (Als naturalistischer Autor folgte Lemonnier später selbst diesem Ziel.) Das galt zwar nicht als „die höchste" der Künste, aber Courbet war „ein Landschafter der Menschlichkeit" und „der stärkste Tiermaler" seiner Zeit geworden. Mit diesen Argumenten arbeitend, betrachtete Lemonnier seine Aufgabe – Courbets „Andenken von Flecken zu reinigen, die sein Leben haben verdunkeln können"[603] – als erfüllt.

Waren dies beides beschränkte, aber eindeutige Integrationsversuche, so quälte sich Paul Mantz im Sommer 1878 in einem dreiteiligen Artikel in der „Gazette des beaux-arts" – allein daß er ihn geschrieben und zur Veröffentlichung gebracht hat, verdient Hervorhebung: es war der erste große Zeitschriftenbeitrag freundlicherer Art – redlich, die „ganz realen Verdienste" des Meisters und das große Aber, das der Bourgeois dazu sagen mußte, gegeneinander abzuwägen. Er zitierte Courbet ausführlich und stellte besonders das „Begräbnis" vor. Ganz am Schluß und recht verkniffen hieß es, daß der Maler nach dem Salon 1870 (das Wort Kommune fiel nicht) „den Begriff für die moralischen Realitäten merkwürdig verloren" habe. Und dann auch noch, als wäre es ein Verdienst: „Man wird uns die Gerechtigkeit widerfahren lassen, daß wir versucht haben, über die schmerzlichen Punkte leicht hinwegzugleiten." Was den Maler betraf, „dessen Werk von Bedeutung für die moderne Schule" sei, so gab es ebenfalls Einschränkungen. Von „ganz unvollständiger intellektueller Kultur", einem „wenig verfeinerten Künstler", „unvollständigen Realisten" mit „jeder Art von ungenauen Ansichten" über Kunst und Leben war die Rede. Mit seiner „Eliminierung des Ideals" habe er „uns ins Herz getroffen".[604] Viel Aufmerksamkeit also für Courbet, zugleich aber ein Hantieren mit Wenn und Aber, das die Ungeübtheit beim Umgang mit solcher Kunst deutlich verrät.

Vom Grafen Ideville schließlich erschien ein luxuriös ausgestattetes Buch in einer Auflage von 300 numerierten Exemplaren. Es behandelte die Biographie des „größten Meisters" der „modernen realistischen Schule" vorwiegend anekdotisch und mit aristokratischer Grandezza: „Wiewohl der Bürger Courbet in einer Stunde gänzlichen Wahnwitzes den Befehl zum Sturz der Säule der Großen Armee unterzeichnet hat, werden wir nicht ablassen, tiefe Bewunderung für den Künstler zu bekennen und ihn kühn in die erste

Reihe unserer größten Maler zu stellen." „Wir gestehen mit nicht geringerer Aufrichtigkeit, daß der Philosoph, Moralist und Politiker Courbet uns ein schlichter Idiot zu sein scheint." Es sei an der Zeit gewesen, die Kunst nach der „mythologischen, religiösen, historischen Allegorie" zu „demokratisieren", zu „humanisieren". Diese notwendige „Reform" habe Courbet vollbracht, und dafür sei er zu preisen. Im übrigen: „Lassen wir die Zeit vergehen, die Zeit, die alles wieder an ihren Platz stellt, indem sie das Werk vom Menschen trennt, den Künstler von den menschlichen Leidenschaften isoliert, die sein Leben verwirrt haben."[605] In diesem für den kleinen Kreis der Kenner verfaßten Buch war die Methode des „Figaro" schon mit einiger Souveränität gehandhabt.

Nicht nur in Büchern und Artikeln begann die neue Freundlichkeit sich zu manifestieren. Die Pariser Galerie Durand-Ruel zeigte im Frühsommer 1878 in einer Ausstellung moderner französischer Maler auch einige Landschaften und Porträts Courbets, wenn auch keines seiner großen Gemälde.[606] Im März des folgenden Jahres wurde Courbets Schwester Juliette, die er als Erbin eingesetzt hatte, im Rahmen einer Amnestie von der Verpflichtung befreit, die Vendôme-Säule zu bezahlen. Interventionen von Castagnary bei dem damaligen Präsidenten der Nationalversammlung Jules Grévy und bei Gambetta hatten dazu beigetragen.[607] Dies waren deutliche Zeichen einer neuen Sinnesart in den Institutionen.

Dennoch dauerte es noch ein wenig mit der Integration. Ein Nachruf, der Anfang 1879 in einem Jahrbuch erschien, hielt die Stunde für „ein endgültiges Urteil" noch nicht für gekommen, obwohl die Meinungen über Courbet „ausgeglichener" geworden seien „und man sich schon in den notwendigen Bedingungen der Unparteilichkeit" befinde. Der Verfasser arbeitete mit überlieferten Vokabeln wie „provokatorisch", „bizarr", „Aufmerksamkeit erregen", „striktes Kopieren", „emotionslos" und schätzte sich (nach einem beliebten Aufwertungsmuster greifend) glücklich, daß Courbet „seinen Lehren längst nicht immer treu geblieben" sei. Waren dies die alten Schemata, so ließen sich am Schluß schon die neuen ausmachen. Der Nekrolog endete mit dem Gedanken: „Wir werten Courbet nur als Künstler ... Wir gehen folglich schnell über die politische Haltung hinweg, die er einzunehmen beliebte, und über die sozialen Theorien, zu deren Apostel er sich zu machen beanspruchte."[608] Dokumente dieser Übergangsphase der Jahre 1879–1881 sind in ähnlicher Weise Castagnarys Salonbericht 1879 (sein letzter) und eine Artikelserie in der „Revue réaliste“. Bei Castagnary trat Courbet als Maler „riesiger Tannenwälder“ auf, „wo am Ufer murmelnder Bäche verliebte Hirsche kämpfen und flinke Rehböcke sich tummeln“.[609] Gros-Kost, dessen Artikel im April/Mai 1879 in der Zeitschrift und im Jahr darauf auch als Buch erschienen, betrieb die Verharmlosung ähnlich Claudet über eine Reihung von Anekdoten, die den freundlichen Pfeifenraucher, geselligen Biertrinker und warmherzigen Kameraden präsentierten. Zum Sturz der Vendôme-Säule bemerkte er: „Seine Rolle in dieser verwünschten Affäre war gleich Null.“[610] Idyllisierung und Privatisierung sollten den Rebellen annehmbarer machen. Merkwürdige Freundschaftsdienste.

Am Abschluß dieser Rezeptionsphase stand im Sommer 1881 eine Ausstellung von etwa dreißig Gemälden Courbets im Foyer des Théâtre de la gaîté. Es war Sauregurkenzeit in Paris, und die Ausstellung wurde kein Publikumserfolg. Die Gemälde waren „schlecht gereinigt, mit Staub bedeckt, an einem dunklen Ort ausgestellt“[611]. Aber es waren zum ersten Mal seit langer Zeit viele der wichtigen Gemälde Courbets wieder in Paris zu sehen – das „Begräbnis in Ornans“, das „Atelier“, der „Kampf der Hirsche“, die „Rückkehr von der Disputation“. Ihr schlechter Zustand hatte damit zu tun, daß sie lange eingerollt oder versteckt werden mußten. Bemerkenswert der Kommentar des katholischen „Correspondant“. „Der Mensch ist weniger als nichts in Courbet“, hieß es einleitend und nochmals gegen Schluß: „Der Mensch war niedrig und verächtlich.“ Aber der Maler! lautete an beiden Stellen die Fortsetzung. Nochmals war bei der Besichtigung der Bilder etwas auszuklammern: „Ich lasse die Grobheit der Konzeption beiseite.“ Nun aber, befreit von Mensch und Inhalt, konnte selbst angesichts der Priestersatire geschwärmt werden: „Was es in Courbet an Höchstem gibt, der Kolorist, der Tiermaler, der Landschafter und der Bauer, findet sich in diesem Bild, Solidität und Qualität des Tons, luftige Perspektive und Durchwirktheit, instinktive Ausgewogenheit der Massen, alles ist da.“ Ähnlich zum „Hallali des Hirsches“: „Die Analyse dieses Bildes ist eine fast unerschöpfliche Freude für die Wißbegier eines Koloristen.“ Schließlich der höchste Jubel beim „Kampf der Hirsche“: „Man muß sagen: in den Louvre. Aber man verstehe richtig, in den großen Louvre, in den Salon carré der französischen Malerei, die nichts Besseres oder auch nur Gleichrangiges in dieser Richtung hervorgebracht hat.“[612]

Wenn nun schon von dieser Seite solch hohes Lob erscholl, brauchten die bürgerlichen Republikaner nicht mehr zu zögern, zumal der Vorschlag, den Techniker statt des Menschen ins Allerheiligste der großen Kunst einzulassen, allgemein annehmbar sein mußte. Castagnary gelangte mit seinen Bemühungen um die Rehabilitierung des toten Freundes ans Ziel.

Der vorletzte Schritt dorthin war die Versteigerung von 33 Gemälden und Skizzen Courbets im Hôtel Drouot, dem Pariser Kunstauktionshaus, am 9. Dezember 1881. Sie kam zustande, weil die Erbin Geld sehen wollte, und sie wurde zu einem Ereignis, weil der Staat und die Stadt Paris fünf Gemälde des Meisters kauften und das sechste und bedeutendste kurz zuvor von Juliette Courbet geschenkt bekommen hatten – das „Begräbnis in Ornans". Castagnary hatte die geizige und eigensinnige Schwester zu diesem Schritt überreden können, und er hatte richtig kalkuliert: Das großzügige Geschenk hatte vom Staat nicht zurückgewiesen werden können und so den Weg für Courbet in die staatlichen Sammlungen frei gemacht. Hinzu kam, daß Gambetta, einer der entschiedensten bürgerlichen Republikaner, Anfang November Ministerpräsident geworden war.[613] Er hatte erstmals einen Kunstminister berufen (die Trennung von der Volksbildung war ein Programm), und der wiederum hatte, um seine neue liberalistische Kunstpolitik zu akzentuieren, neben der Ehrenlegion für den (ähnlich Courbet) lange geschmähten Vater des Impressionismus, Edouard Manet, und einer Rede in der Kunsthochschule gegen die Institutionen der akademischen Malerei auch dem Ankauf einiger Courbets für den Louvre zugestimmt. Paul Mantz, der in dem neugeschaffenen Ministerium für die Museen zuständig war, soll an der Auswahl der Bilder wesentlich beteiligt gewesen sein.[614] Wozu er riet, folgte nochmals der Linie seines 1878er Artikels: Das „Atelier" und die „Rückkehr von der Disputation" – die beiden umstrittenen unter den angebotenen Bildern – gingen an Privatpersonen; der Staat kaufte (über einen Mittelsmann, um, wie es hieß, die Preise nicht hochzutreiben und weil die benötigten 120 000 Francs noch nicht zur Verfügung standen) zwei der drei berühmten Jugend-Selbstporträts des Malers, den „Mann mit Kupfergürtel" und den „Verwundeten Mann", sowie die Jagdbilder aus den sechziger Jahren „Kampf der Hirsche" und „Hallali des Hirschs". Auf dem von der Stadt Paris gekauften Bild vereinen sich wiederkäuende Rinder und ruhende Hirten zur „Siesta". Auffällig die Umsicht, mit der

Anstößiges umgangen worden war. Allem die Tore zu öffnen, wagte die Republik noch immer nicht.

Dennoch: Courbet gehörte mit diesen Käufen zum Besitz der Nation, war kein Außenseiter mehr, dessen Bilder nur von Privatpersonen gekauft wurden (die umfangreichste Sammlung von Courbet-Gemälden, insgesamt zwölf, besaß seit 1868 das Museum von Montpellier – ein Geschenk des Bürgers der Stadt und Mäzens des Malers Alfred Bruyas; darunter waren auch die „Badenden"). Seit März 1882 hing das „Begräbnis in Ornans" im Louvre. Am 25. März 1882 bewilligte die Deputiertenkammer mit 331 gegen 59, am 15. Mai der Senat mit 162 gegen 16 Stimmen die zum Ankauf der ersteigerten Bilder benötigten Mittel. Debatten wie Stimmverhältnisse zeigten insgesamt die Gelassenheit, mit der die Herrschenden Courbet zu begegnen gelernt hatten.

Der letzte Schritt zur Anerkennung war die Ausstellung der Werke, die Ende April 1882 in der Kunsthochschule eröffnet wurde – der Hort des Akademismus war an sich schon ein pikanter Ort für die Heiligsprechung des großen Realisten. Der Katalog enthielt einen einführenden Artikel von Castagnary und verzeichnete 193 Exponate. Die Presse berichtete ausführlich. Als einer der ersten beehrte Jules Grévy, inzwischen Präsident der Republik, die Ausstellung mit seinem Besuch. „Wie seltsam sich doch die vereisten Fronten auf einmal verändern", notierte Champfleury in seinem Tagebuch.[615] So war es. Courbet war dort, wo Timbal ihn 1878 hin haben wollte. Aber nicht als Gekreuzigter – als großer Maler.

Jean-Pierre Sanchez, der die Aufnahme der Ausstellung durch die zeitgenössische Presse im einzelnen studiert hat, fand in der „Einmütigkeit" des positiven Urteils deren Grundzug.[616] Halten wir uns nur an alte Bekannte unserer Darstellung, so steht der „Artiste" – „Unsere Zeit behält den großen Verkannten der ewigen Kunst bisweilen verspätete, immer aber sichere Rehabilitierung vor"[617] – neben Ernest Chesneau, der sich über „den seltsamen Wandel der Dinge hienieden" einigermaßen wunderte, da Courbet doch „ein wirklicher großer Künstler nur im Angesicht des Himmels, des Wassers, der Felsen, der Vegetation war, die die Hütte unseres Planeten bilden"; des weiteren grüßt Emile Bergerat, der seinen poetisierten Erguß gegen den Kommunarden völlig verdrängt zu haben scheint: „Als Maler steht Gustave Courbet auf gleicher Höhe mit den besten Malern aller Schulen, durch eine

Ausführung, die im Louvre die gefährlichsten Nachbarschaften erträgt." Vergessen und keiner Erwähnung mehr wert sind die Auseinandersetzungen nach 1850, ist der Realismus, ist die Kommune. Die „sachbezogene" Begründung: „Das Werk Courbets ist objektiv, äußerlich, hat keine Intimität; es ist unpersönlich, parnassisch ... Es drückt nichts oder fast nichts von ihm selbst aus, seinen Leidenschaften, Vorlieben, seinem Haß; es ist Unphilosophie."[618]

Die „Badenden", die so oft schon repräsentative Reaktionen hervorgerufen hatten, fanden im März 1882 folgenden Kommentar: Die Nackte auf dem Bild „ist weit davon entfernt, der Venus von Milo zu gleichen; aber alles in allem hatte sie nicht viel plumpere Formen als eine Figur von Jordaens oder eine Susanne von Rembrandt. Allerdings waren Rembrandt und Jordaens tot, was sie in den Genuß gewisser Vorrechte brachte. Heute genießt Courbet diese seinerseits, und alle Welt ist sich einig, daß diese plumpe Badende von superbem Ton ist, wie auch das dunkle Grün, das ihr als Hintergrund dient."[619] Die künstlerische Tradition adelt im Abstand weniger Jahrzehnte jede herausfordernde Darstellung – um den Preis allerdings des Lebens.

Mit der Ausstellung in der Kunsthochschule, der am 28. Juni 1882 eine zweite Versteigerung bei Drouot folgte, hatte die Strategie Castagnarys einen glänzenden Erfolg errungen. Mit beträchtlichem persönlichem Engagement hatte er sich während der siebziger Jahre für die Eingliederung Courbets in die anerkannte Malerei Frankreichs eingesetzt. Dies war gelungen. Was dabei jedoch verlorenging, davon gibt der Aufsatz Kunde, den Castagnary dem Katalog voranstellte. Die Linie der Argumentation war abgesteckt durch einen doppelten Verzicht. „Die Existenz des Künstlers! Man wird mir gestatten, darauf nicht einmal anzuspielen. Trotz der Beruhigung der Gemüter scheint der Moment für eine wahrheitsgetreue und unparteiische Biographie noch nicht gekommen." Dies war der Verzicht auf jede Darlegung der politischen Schicksale und Ansichten des Malers; wenn am Schluß des Textes der kalkulierte Zufall dem Schreiber dann doch das Wort Kommune in die Feder kommen ließ, dann nur, um das völlige Fehlen jeglicher Verbindung zwischen Courbet und dem Sturz der Vendôme-Säule eloquent zu unterstreichen. Der zweite Verzicht betraf den Realismus. „Ohne hier eine Theorie errichten zu wollen, die ganz unpassend wäre, kann man sagen, daß es dem Maler nicht verboten ist, um sich zu schauen und der Gesellschaft, die ihn umgibt, seine Sujets und seine Modelle zu entlehnen." Die gewundene Formulierung raubte dem Realismus seinen Namen und seinen Pfiff.

Was blieb, war politisch die Zuordnung Courbets zu der Zweiten, der Achtundvierziger Republik (unausgesprochen: der folgte die jetzige). Sein ganzer Ärger hätte von der bonapartistischen „politischen Reaktion von 1850" hergerührt. Künstlerisch wurde Courbet erklärt zu einem, der „insgesamt vulgären Szenen ein poetisches Interesse zu geben verstand, das sie auf die Ebene der größten Kunst erhebt; er malte Personen auf den unteren Stufen der Gesellschaftsleiter mit dem Ernst, der Kraft und dem Charakter, die man gewöhnlich Göttern, Helden und Königen vorbehält". Ein Idealist des Niederen also, akzeptabel, ja lobenswert. Erzählt wurde dann die Rezeptionsgeschichte einiger Werke, hinzugemischt noch etwas Mitleid mit einem „armen gehetzten Künstler", und fertig war ein Courbet, mit dem auch die Bourgeoisie leben konnte. Denn schließlich: „Der Tod ist der oberste Friedensstifter."[620] Den Preis der Entmannung, den er für die Anerkennung des Freundes zahlte, dürfte Castagnary als solchen nicht einmal empfunden haben.

Was nun noch kam, war schon Nachspiel (obwohl auch die Stimmen von Gegnern sich gelegentlich noch vernehmen ließen).[621] Castagnary machte sich nach dem so glorreichen Gelingen des Hauptteils seiner Unternehmung daran, auch den dunklen Rest noch aufzuhellen. „Während der Kommune war er der gemäßigtste seiner Kollegen", heißt es auf einem Zettel in den hinterlassenen Arbeitspapieren. „Vor allem wies er alle Maßnahmen zurück, die an den alten Jakobinismus erinnerten ... Am Schluß nahm Courbet an den Überlegungen der Kommune nicht mehr teil." Auf dieser Linie der Distanzierung marschierte eine Broschüre, in der der Bourgeois 1883 die Sache mit der Säule seiner Klasse annehmbar zu machen suchte und die im Untertitel „Plädoyer für einen toten Freund" hieß. Castagnary hätte sie sich sparen können – man tendierte bereits so stark dazu, alles zu vergessen, daß der versuchte Unschuldsbeweis nur wieder von dem Übereifer des Propagandisten zeugte. Erläutert wurde, welche Funktion die 1806 errichtete Säule für den Napoleonkult gehabt hatte, wie Courbet im Herbst 1870 bloß die Umsetzung der Säule aus der Friedensstraße in den militärischen Dunstkreis des Hôtel des Invalides vorgeschlagen hatte, wie während der Kommune Félix Pyat nach eigenem Geständnis die Initiative zum Sturz der Säule ergriff und diese Tat während des Ordre moral, der kurzen Zeit der politischen Vorherrschaft der Gegner der Dritten Republik Mitte der siebziger Jahre, Courbet angehängt wurde. Vieles an den Fakten stimmte und war geeignet, Legenden zu korrigieren. Eindeutig ist es bis heute nicht, ob Courbet an dem Beschluß zum Sturz der Säule beteiligt und auf dem Vendôme-Platz anwesend war oder nicht. Wie schief die Argumentation insgesamt war, zeigte vor allem der Schluß. „Das Schicksal unserer Republik – die ihm gegenüber so streng war – ist ihm niemals gleichgültig gewesen“, wurde dort behauptet; mit dem Rücktritt Mac-Mahons 1877 „hatte Courbet vor seinem Tod noch die höchste Freude, jenen ‚Triumph des Rechts‘ zu begrüßen, der ihn so stark beschäftigte, und der Niederlage des Ordre moral beizuwohnen, durch den er starb“.[622] Die Anführungszeichen um den Triumph des Rechts sollten auf den letzten Brief verweisen, den Castagnary von Courbet erhalten hatte; die entsprechende Passage wurde bereits zitiert. Man braucht nur den Wortlaut mit dem daraus gezogenen „Zitat“ zu vergleichen, um zu sehen, wie Castagnary aus einer künftige Gerechtigkeit ersehnenden Empörung eine konforme Denkweise machte. Die Biographie Courbets, an der er bis zu seinem Tod arbeitete, dürfte – wäre sie vollendet worden – keiner anderen Linie gefolgt sein.[623]

In den Jahren 1885 bis 1887 ging es den Freunden Courbets darum, eine Straße in Paris (am liebsten die Rue Hautefeuille, in der er lange gelebt hatte) nach Courbet benennen zu lassen – ein unverzichtbarer Akt in Integrationsprozessen. Auch dies gelang: Seit dem 13. April 1887 heißt eine damals neue Straße im 16. Arrondissement „Rue Gustave Courbet“. Sie liegt im Viertel der Reichen.

Paul Lenoir fand 1889 in seiner Preisschrift über den Realismus die Sätze: „Wenn man den Schwulst des exaltierten Apostels unterdrückt . . ., bleibt in Courbet ein wirklicher Maler, seiner sicher, offen demokratisch, berührt von populärem Realismus, von der Wahrheit der lebenden und belebten Natur. Sein ‚Begräbnis in Ornans‘ ist jetzt im Louvre, und wir können es in Unabhängigkeit beurteilen.“[624] Die neugewonnene Souveränität im Umgang mit dem Widerstrebenden kam hier treffend zur Sprache. Das Urteil fiel freundlich aus; die Kommune wurde, trotz der Castagnaryschen Bemühungen, lieber nicht erwähnt. Was nicht gefiel, wurde

„unterdrückt". Kaum einer wunderte sich noch, als im Herbst 1890 bei einer Umgestaltung des entsprechenden Saales im Louvre der erstmals ausgestellte „Kampf der Hirsche" ausgerechnet über die „Apotheose des Homer" von Ingres gehängt wurde.[625] Längst hatte die Nachwelt über die Gegensätze der Geschichte gesiegt. Längst war man sich einig: Courbet war „ein guter Maler und ein Dummkopf"[626].

Nun konnte der Realist 1896 von Lokalpatrioten als Maler aus der Franche-Comté gewürdigt werden, der – obwohl seine Bilder „des Ideals ermangelten" – als „Landschafter, Tier- und Marinemaler wirklich ein Meister bleibt", der sich zwar „in die schlechte Gesellschaft des 18. März" begeben habe, für den aber gelte: „Nach und nach wird man den Menschen über seinem Werk vergessen, und Gerechtigkeit ihm gegenüber wird sich einstellen."[627]

Nun war die Zeit für die erste wissenschaftliche Biographie gekommen. Georges Riat veröffentlichte sie 1906 und stützte sich dabei auf die reiche Dokumentation im Nachlaß Castagnarys wie auf dessen Konzept vom republikanischen Künstler. Hinzu kam mit dem historischen Abstand die pluralistisch nivellierende Einordnung des Realismus in die Reihe der großen Zeitstile: Klassizismus, Romantik, Realismus, Impressionismus – „keine Theorie kann sich schmeicheln, die letzte zu sein"[628].

Nun wurden die Gemälde Courbets zum Gegenstand nationalistischen Stolzes. Als 1919 das „Atelier", das der Staat 1881 nicht hatte kaufen wollen (damals brachte die Versteigerung 21 000 Francs), aus Privathand angeboten wurde und die Möglichkeit sich andeutete, daß es ins Ausland gehen könnte, erbrachte eine öffentliche Sammlung binnen weniger Wochen die für den Ankauf nötigen 900 000 Francs, und so hängt das Bild heute an zentraler Stelle im Pariser Orsay-Museum, das die wichtigsten Werke des 19. Jahrhunderts versammelt.

Nun fügten sich die Urteile in einer Collage voll kontrastloser, aber kunstreicher Harmonie zusammen. „Exzessiver Stolz", „kindischer Antiklerikalismus" und „Fleischesliebe" Courbets hätten gerade durch ihre Übersteigerung die darunterliegende „sehr wertvolle Naivität" freigebeizt, „die jeder wahre Künstler, wie ausgedehnt seine Kultur oder seine Unwissenheit seien, durch eine Gunst der Vorsehung besitzt".[629] „Heute sind wir erstaunt, daß er als Revolutionär gegolten hat, während seine Fülle, seine Verschiedenheit, seine Kraft, seine Einfachheit aus ihm den authentischsten Erben der spanischen, holländischen oder venezianischen Meister machen."[630] „Courbet ist einer der größten Illusionisten der Malerei ... Wenig kümmert uns, daß er am 10. Juni 1819 in Ornans geboren sein soll."[631] In „Courbet, der immer größer wird, je mehr man sich von der Zeit entfernt, in der er sein Werk künstlerischer Sinnlichkeit und plebejischer Derbheit vollbrachte, ... enden der Rembrandt der Bathseba und Tintoretto; und Manet beginnt in ihm".[632] „Er war Maler ... Was tun da noch das Thema oder der Gegenstand zur Sache! ... Was bedeuten da noch die turbulenten Ereignisse in seinem Leben."[633] „Man entferne aus dem Werk Courbets alles, was ideologische Absicht ist – was bleibt? Dinge in ihrer machtvollen Materialität ... In Courbet ist Seele, aber man kann sie nur auf dem Weg durch Animalität und Materie erreichen."[634] Man soll „den Mann, der mit vollem Recht behauptet, die moderne Kunst erfunden oder zumindest begründet zu haben, ganz objektiv beurteilen"[635].

In all diesen Sätzen funktionierte die gesellschaftliche Rezeptionsweise, die zwischen 1878 und 1882 entwickelt worden war. Indem der wichtigste realistische Maler in dieser Weise kalt unter die Großen seiner Zunft gestellt wurde, war zugleich die Entschärfung des Realismus durch Ästhetisierung in Frankreich vollendet. Kaum jemand sah mehr in Realismus die Möglichkeit einer anderen Welt. „Nicht versuchen, auf die äußere Welt einzuwirken, sie akzeptieren, wie sie ist, selbst akzeptieren, zu werden, wie sie ist, aus Heuchelei, Opportunismus, Feigheit, sich tarnen mit den Farben der Umgebung, das ist Realismus", schrieb René Crevel 1932.[636] „Der Realist erniedrigt das Leben, um uns die Mühe zu ersparen, es zu übersteigen", hieß es bei Georges Bernanos, und ganz ähnlich verurteilte André Breton die „realistische Haltung" als nicht „moralisch".[637]

Courbet dagegen war herübergerettet: als einer der großen Maler. Natürlich war er das, und es wäre dumm, die Bezüge zur malerischen Tradition, die kultivierte Bürger in ihm entdeckten, als unwesentlich abzutun. Aber in Courbet war eben nicht nur große Kunst, bzw. große Kunst war eben nicht nur das. Die Kraft Courbets, die Kraft des Realismus war, zeigte sich darin, daß der Manipulation voller Erfolg nicht beschieden war. Avantgardistische Künstler zuerst machten auf die soziale Brisanz dieser Kunst aufmerksam. 1923 widmete Aragon dem „verdammten" (oder auch „geheiligten" – sacré war das Wort) „Steinklopfer" ein Gedicht. „Auf deinen Weg hab ich den Fuß gesetzt", hieß es darin, und Hans Joachim Neyer hat „die Verzahnung von ästhetischem Engagement und politischer Aktion" genau analysiert, die dabei zur Wirkung kam.[638] 1925 veröffentlichte Giorgio de Chirico in Rom eine Broschüre über Courbet, in der er ihn „unseren Vater" und „einen Romantiker" nannte, der „den Sinn der Realität" empfunden und erlitten und daher in seiner Kunst immer „etwas darüber hinaus" gegeben habe. „Selbst Baudelaire hat sich getäuscht, und in seinen besten Sachen ist er Courbet viel näher als Delacroix."[639] In Picassos Privatsammlung war unter den wenigen Bildern von Nicht-Zeitgenossen auch ein Courbet. André Breton schließlich, als er im April 1935 in Prag vor den kommunistischen Surrealisten um Nezval und Teige über die „Politische Position der Kunst von heute" sprach, beschwor das Bild des Kommunarden Courbet, der zum Sturz der Vendôme-Säule angestiftet hatte und nun „dasteht, in Hemdsärmeln, herrlich derb und lebendig, um sie in ihr Mistbeet stürzen zu sehen" – ein „Mensch, der auch ein sehr großer Künstler ist" und allein durch seine „Technik" ein „Leuchten" in seine Bilder brachte, „daß die ganze moderne Malerei anders geworden wäre, wenn dieses Werk nicht existiert hätte". Hier wurde Courbet zur Verkörperung des „Widerspruchs, der uns noch immer beherrscht, uns westliche Schriftsteller und Künstler der Linken, wenn es darum geht, unserem Werk den Sinn zu geben, von dem wir wollen, daß ihn, gestützt auf gewisse äußere Bedingungen, unsere Taten annehmen".[640] Die Einheit von Kunst und Leben, die für sich und alle herzustellen die Surrealisten sich verzweifelt mühten (und von der dann bei Breton selbst doch nur die Kunstrevolution blieb) – daß der Realist Courbet zu solchem Beispiel wurde, bezeugt den Scharfblick des Avantgardisten wie die Schärfe der Kunst des Kommunarden.

Nicht gleich setzte die Sicht Bretons auf Courbet sich durch. Zu stark wirkte das bürgerliche Bild, das den Realismus auf ein Kunstprinzip zurückschnitt und ihm seinen Weltbezug und seine Weltanschauung nahm. Noch dort machte sich diese Wirkung bemerkbar, wo man ihr mit besonderem revolutionärem Eifer begegnen wollte, statt dessen aber nur in die entgegengesetzte Einseitigkeit verfiel – die rein politische Sicht. Da wurde an Courbet entweder bemäkelt, daß er, da Nichtmarxist, „das Wesen der sozialistischen Weltauffassung nicht verstand"[641], oder es wurde gelobt, daß er, da Materialist, das „Erwachen des Riesen Arbeiter"[642] dargestellt habe. Beides war kurzatmig, was die Polemik betraf, und kurzsichtig in bezug auf Courbet selbst.

Auf die *ganze* Person Courbets hatte dagegen im Volksfrontjahr 1936 die Gewerkschaftszeitung „La Vie ouvrière" verwiesen. Sie riet in einem der ganz wenigen Artikel, die sie überhaupt zu Kunstfragen veröffentlichte, den Arbeitern, die „wahrhaft demokratische und soziale Kunst" Courbets im Louvre zu betrachten: „Courbet war nicht damit zufrieden, ein großer Künstler zu sein, er war ein Kämpfer."[643] Seit wenigen Jahren erst hat die Wissenschaft eine Auffassung von Courbet gewonnen, die schnelle politische Zuweisungen oder Aburteilungen wie andererseits die brutale Entsozialisierung des großen Realisten überwunden hat, seine Lebensprinzipien ernst nimmt und sie in den Strukturen seiner Werke aufzeigt. Den Zusammenhang von Farbe und Weltbild analysierend, hat Klaus Herding gezeigt, daß es Courbet darum ging, „einer bereits durch Verwaltungsapparaturen und Industrialisierung geprägten (das Naturverhältnis des Individuums störenden) Wirklichkeit strukturell Rechnung zu tragen und zugleich trotz dieser Abstraktheit die Naivität der Anschauung zu wahren, die Ressourcen auch einer mechanisierten Gesellschaft zu zeigen und ihr einen unverstellten Zugang zu einer noch formbaren Wirklichkeit zu demonstrieren"[644]. Wovon hier gesprochen wird, ist das kritische und ganzheitliche Potential des Realismus.

In der „Ästhetik des Widerstands" hat Peter Weiss seine proletarischen Helden vor Bilder des 19. Jahrhunderts geführt und nach Repins „Wolgatreidlern" – „In der Öde, der Entwertung ihres Lebens hatten sie nie was erfahren von den Revolutionen in Frankreich, von der Commune, für sie waren mittelalterliche Zeiten noch gegenwärtig" – Courbet angeordnet. „Auch den Steinklopfern von Courbet war keine Erleichterung beschieden, doch ihre Arbeit im Geröll war nicht mehr geprägt von Ausweglosigkeit. Ihre Kleidung war ärmlich, zerfetzt, ihre Bewegungen aber vermittelten etwas von der Kraft der Aufstände im Februar und Juni Achtundvierzig, und waren die Revolten auch niedergeschlagen worden, so glichen der Ruck, mit dem der junge Arbeiter den mit Steinen gefüllten Korb anhob, und der harte Griff des Älteren um den Hammerschaft schon wieder den Gesten beim Barrikadenbau, beim wütenden Widerstreit."[645]

Evolution der Kunst und Kraft der Aufstände stehen hier zusammen.

Realismus/Naturalismus war in Frankreich nach 1848 eine Kunst ausdrücklichen und impliziten, funktionalen und abbildenden Gesellschaftsbezugs, in den besten Fällen mit dem Anspruch umfassender Veränderung. Gegner dieser Gesellschaft glaubten und glauben an anderen Kunstarten häufig eine größere Macht des Widerstandes wahrzunehmen. An solchen vor allem, die mittels der besonderen konstruktiven Möglichkeiten der Kunst andere Welten der bestehenden schlechten entgegensetzen. Den Gedanken trägt die Erwartung, daß ästhetische Produktion und Rezeption – von unmittelbaren Zwecken frei und auf Wertsetzungen allgemeinerer Gültigkeit gerichtet – sehr starke Impulse emanzipatorischer Kritik freizusetzen vermöge. Dem Gedanken ist nicht zu widersprechen. Wohl aber seiner Verabsolutierung. Nicht nur durch das Sowohl-als-auch: daß nämlich anderen Kunstarten als den „modern(istisch)en" ebenfalls befreiende Potenz zuzusprechen sei. Es ist auch zu berücksichtigen, was aus dem Fall Courbet (oder Baudelaire) über historische Funktionen ästhetisch bestimmten Denkens gelernt werden kann. Ästhetisierung ist von der Bourgeoisie als Mittel *ideologischer* Herrschaft bewußt eingesetzt worden und hat ihre Eignung erwiesen, künstlerische Kritik an sozialen Zuständen zu entschärfen. Daß etwas Kunst sei, hat als Argument für dessen Unverbindlichkeit immer wieder funktioniert. Jedes Kunstwerk hat Dimensionen der spezifisch künstlerischen Wirklichkeitsverarbeitung und des Bezuges auf Kunsttraditionen. Jedes hat zugleich solche gegenwärtiger Weltanschauung und -beziehung, und es muß nicht Vertiefung, es kann auch Ablenkung sein, alle differenzierende Anstrengung auf die Spezifik zu konzentrieren und wenig nur übrigzubehalten für den Abdruck aktueller sozialer Erfahrung. Realismus als bewußt gesellschaftsbezogene Kunst gibt diese Gefahr mit besonderer Deutlichkeit zu erkennen. Sie besteht aber für alle Kunst. Was ausgeführt wurde, war insofern ein Plädoyer dafür, Kunst nicht abzuwerten, sondern ernst zu nehmen, wo sie vorrangig als Beleg für Wirklichkeit funktioniert, und zum anderen nach Weltanschaulichem auch dort zu fragen, wo es bloß sekundär zu sein scheint.

Andererseits: Nicht nur die Ambivalenz von Ästhetisierung gibt die Geschichte des realistischen Kunstdenkens in Frankreich zu erkennen. Auch seine eigene Ambivalenz ist ernst zu nehmen: daß so häufig Apologie oder Reform und so selten Aufbegehren am Ende von Realismus stand. Der Zwiespalt, der sich darin ausdrückt, ist der der Nüchternheit. Marx und Engels feiern sie im „Kommunistischen Manifest" – im Zusammenhang der revolutionären Rolle der Bourgeoisie – als Nüchternheit der Bewegung. Sie kann, die Geschichte hat es gezeigt, zur Nüchternheit der Ergebung werden, wo umwälzender Elan versiegt, sich befriedigt glaubt oder die Erfüllung nicht mehr für möglich hält. Zuverlässig angezeigt wurde dieser Punkt in der Geschichte des realistischen Kunstdenkens dadurch, daß die kritische weltanschauliche Komponente nicht mehr auffindbar war. In der Sicht der Kunstgeschichte spiegelte sich das häufig verkehrt wider: als Verlust ästhetischer Spezifik. Gefährdet scheint demnach auch die realistische Blickart: wenn Nüchternheit mit perspektivloser Gegenwartsverwaltung verwechselt oder auf ein Ende historischen Sinns überhaupt gestimmt wird. Das ist aber nicht eigentlich Realismus – er kann nur dazu gemacht werden. Und dagegen ist nicht nur Ästhetik zu mobilisieren, sondern wieder zugleich Weltanschauung.

Hätte sie das gemeint, ließe sich doch noch ein rationaler Kern aus der Konstruktion schälen, mit der die französische Bourgeoisie das realistische Kunstdenken vereinnahmte: Ohne tätigen Idealismus – es wäre der der Marxschen Feuerbach-Thesen – ist Realismus nichts.

Anmerkungen

1 Karl Marx/Friedrich Engels, Manifest der Kommunistischen Partei. In: Karl Marx/Friedrich Engels, Werke. Berlin 1956–1968, Band 4, S. 465.

2 Der Gedanke, „daß die Geschichte von Kunst und Literatur im 19. Jahrhundert sich nicht unabhängig von den Prozessen der kapitalistischen Vergesellschaftung darstellen läßt“, ist von Klaus Städtke, Karlheinz Barck und Dieter Kliche 1982/83 in konzeptionellen Entwürfen für die Arbeit der Forschungsgruppe am Zentralinstitut für Literaturgeschichte der Akademie der Wissenschaften, in der die vorliegende Arbeit konzipiert wurde, entwickelt und ausführlich erläutert worden. Ohne diesen Rahmen und die daraus erwachsenen Anregungen, das sei dankbar hervorgehoben, hätte die Arbeit so nicht geschrieben werden können. Dankbar verpflichtet fühle ich mich außerdem besonders Manfred Naumann, Rita Schober, Dieter Schlenstedt und Magdalena Frank.

3 René Wellek, Der Realismusbegriff in der Literaturwissenschaft. In: Wellek, Grundbegriffe der Literaturkritik, Stuttgart 1965, S. 182. – Mit kapitalismuskritischer Intention argumentieren in dieser Richtung: Hans Robert Jauß, Ästhetische Erfahrung und literarische Hermeneutik. 2. Aufl., Frankfurt a. M. 1984; Karlheinz Stierle, Die Absolutheit des Ästhetischen und seine Geschichtlichkeit. In: Kolloquium Kunst und Philosophie 3. Das Kunstwerk. Hrsg. von W. Oelmüller. Paderborn 1983; Littérature et réalité. Hrsg. von Gérard Genette und Tzvetan Todorov. Paris 1982.

4 Vgl.: Erich Auerbach, Mimesis. Dargestellte Wirklichkeit in der abendländischen Literatur. 5. Aufl., Bern – München 1971; Wolfgang Preisendanz, Das Problem der Realität in der Dichtung. In: Preisendanz, Wege des Realismus. München 1977.

5 Vgl.: Wolfgang Heise, Zur Grundlegung der Realismustheorie durch Marx und Engels. In: Weimarer Beiträge, 2 und 3/1976; Manfred Naumann, Prosa in Frankreich. Studien zum Roman im 19. und 20. Jahrhundert. Berlin 1978; Rita Schober, Abbild – Sinnbild – Wertung. Aufsätze zur Theorie und Praxis literarischer Kommunikation. Berlin und Weimar 1982; Robert Weimann, Realität und Realismus. In: Sinn und Form, 5/1984; Realismustheorien in Literatur, Malerei, Musik und Politik. Hrsg. von Reinhold Grimm und Jost Hermand. Stuttgart 1975.

6 Weimann, Realität und Realismus. In: Sinn und Form, 5/1984, S. 949; zur Ausführung dieser These vgl.: Weimann, Text und Tätigkeit in „Hamlet“. Realismus als Spiegel und Ereignis. In: Shakespeare-Jahrbuch, Band 121, Weimar 1985, S. 30–43.

7 Weimann, Realität und Realismus. In: Sinn und Form, 5/1984, S. 933.

8 Joseph Peter Stern, Über literarischen Realismus. München 1983, S. 191. – Zu den damit aufgerufenen Problemen vgl.: Karin Hirdina, Realismus in der Diskussion. In: Weimarer Beiträge, 3/1984.

9 Manfred Naumann, Literatur im Kapitalismus. Manuskript, 1982. Auch von Marxisten ist die „praktische Herauslösung aus dem Produktions- und Reproduktionsprozeß dieser Gesellschaft“ auf Grund der „Enttäuschung über die reale Entwicklung der bürgerlichen Verhältnisse“ lange zum wichtigsten Muster der Erklärung der Kunstproduktion im 19. Jahr-

hundert gemacht worden (Ästhetik heute. Berlin 1978, S. 494, 367). Erst jüngst gibt es Hinweise auf die widersprüchliche Bewegung zwischen bourgeoiser „Desillusionierung und Wirklichkeitsentdeckung“, die in ideologischen und Kunstprozessen des 19. Jahrhunderts beobachtet werden könne (Wolfgang Heise, Zum Kontext der Frage nach der Antike. In: Weimarer Beiträge, 1/1985, S. 37), und wird die Frage nach einer Epochenkonstellation gestellt, in der „autonome und nicht-autonome Kunstkonzepte“ als eine in sich gespaltene Gesamtheit existierten (Karlheinz Barck, Geschichtlichkeit der Künste. In: Weimarer Beiträge, 4/1986, S. 640).

10 Georg Lukács, Die Eigenart des Ästhetischen. Band 2, Berlin und Weimar 1981, S. 803.

11 Bertolt Brecht, Ergebnisse der Realismusdebatte in der Literatur. In: Zur Tradition der deutschen sozialistischen Literatur. Band 2: 1935–1941. Auswahl und wissenschaftliche Gesamtredaktion Friedrich Albrecht. Berlin und Weimar 1979, S. 676.

12 Georg Lukács, Lob des neunzehnten Jahrhunderts (1967). In: Lukács, Essays über den Realismus. Neuwied – Berlin 1971, S. 663 (Werke, Band 4); vgl.: Dieter Schlenstedt, Veto gegen die Trollwelt. Georg Lukács zur Kunstfeindlichkeit des Kapitalismus. In: Weimarer Beiträge, 2/1986, S. 275–286.

13 Bertolt Brecht, Die Essays von Georg Lukács. In: Zur Tradition der deutschen sozialistischen Literatur, Band 2, S. 674.

14 Lukács, Die Eigenart des Ästhetischen, Band 2, S. 286.

15 Bertolt Brecht, Arbeitsjournal. Hrsg. von Werner Hecht. Berlin und Weimar 1977, S. 178 (31. Januar 1941) und S. 407 (17. Oktober 1943).

16 Brecht, Die Essays von Georg Lukács. In: Zur Tradition der deutschen sozialistischen Literatur, Band 2, S. 674.

17 Werner Mittenzwei, Das Leben des Bertolt Brecht oder Der Umgang mit den Welträtseln. 2 Bände, Berlin und Weimar 1986, Band 1, S. 616.

18 Ebenda, Band 2, S. 667.

19 Walter Benjamin, Charles Baudelaire. Ein Lyriker im Zeitalter des Hochkapitalismus. Frankfurt a. M. 1974, S. 178 und 173.

20 Walter Benjamin, Gesammelte Schriften. Band 1, Frankfurt a. M. 1972, S. 1161; Band 5.2: Das Passagen-Werk, Frankfurt a. M. 1982, S. 1257.

21 Jean Guéhenno in: Paris 1935. Erster Internationaler Schriftstellerkongreß zur Verteidigung der Kultur. Reden und Dokumente. Berlin 1982, S. 372.

22 Heinrich Mann, Die Legende vom 19. Jahrhundert. Die Werte des 19. Jahrhunderts. Fragmentarisches Manuskript in: Heinrich-Mann-Archiv der Akademie der Künste der DDR, Berlin, Nr. 322. – Ähnlich hieß es in einem Rundfunkvortrag des Franzosen Jean-Richard Bloch 1938, das 19. Jahrhundert sei „eine der fruchtbarsten Perioden“ der Geschichte gewesen: „Es hat uns den Humanismus hinterlassen.“ (Le message du XIXe siècle. Typoskript in: Bibliothèque Nationale, Paris, papiers Jean-Richard Bloch, articles 1936–1946.)

23 Jean-Paul Sartre, Mallarmés Engagement. Hrsg. von Traugott König. Reinbek bei Hamburg 1983, S. 8.

24 Reinhard Koselleck, Fortschritt. In: Geschichtliche Grundbegriffe. Band 2, Stuttgart 1975, S. 410.

25 John Pinkerton/Louis Sébastien Mercier/Carl Friedrich Cramer, Ansichten der Hauptstadt des französischen Kaiserreichs vom Jahre 1806 an. Erstmals erschienen im Jahre 1807, neu hrsg. und ausgewählt von Klaus Linke. Leipzig 1980, S. 158. – Als neueste Stellungnahme zum Problem folgte ein 1984 in Siegen (BRD) veranstaltetes Kolloquium dem Leitgedanken, daß entgegen „der allzu simplen These von der Gleichzeitigkeit moralischer Integrität und wirtschaftlicher Blüte" in der Zeit der Entfaltung des Kapitalismus der Einsicht Raum zu schaffen sei, daß sich die Menschheit damals „unfähig zeigte, die technische Revolution in den Dienst ideeller Werte zu stellen". Zu diesem Zwecke sei nachzuweisen, „daß das Dekadenzbewußtsein bis tief in die Anfänge des 19. Jahrhunderts zurückreicht" (Wolfgang Drost in: Fortschrittsglaube und Dekadenzbewußtsein im Europa des 19. Jahrhunderts. Hrsg. von Wolfgang Drost. Heidelberg 1986, S. 15, 13, 22). Im folgenden wird davon ausgegangen, daß diese Antwort auf die tatsächlich vereinfachende genannte These nicht ausreicht, um dem Geschichtsverlauf gerecht zu werden.

26 Eugène Sue, Réalités sociales. Etudes sur le prolétariat dans les campagnes. Première étude. Jean-Louis le journalier, Teil 3. In: La Liberté de penser, 39/1851, S. 268.

27 Karl Marx, Kritik des Gothaer Programms. In: Marx/Engels, Werke, Band 19, S. 17.

28 Karl Marx, Das Kapital. Band 3. In: Marx/Engels, Werke, Band 25, S. 826, 827, 828.

29 Formationstheorie und Geschichte. Studien zur historischen Untersuchung von Gesellschaftsformationen im Werk von Marx, Engels und Lenin. Hrsg. von Ernst Engelberg und Wolfgang Küttler. Berlin 1978, S. 116, 298.

30 Wolfgang Küttler in: Formationstheorie und Geschichte, S. 269, 311, 342.

31 Ebenda, S. 299.

32 Friedrich Engels, Einleitung zur Einzelausgabe von Karl Marx' „Klassenkämpfe in Frankreich 1848 bis 1850". In: Marx/Engels, Werke, Band 22, S. 515, 523.

33 La Philosophie positive, Nov.-Dez. 1868, S. 507–509; weitere Äußerungen zum „Kapital" vgl.: Ebenda, Sept.-Okt. 1869, S. 234–244.

34 Keith Gore, L'idée de progrès dans la pensée de Renan. Paris 1970, S. 296, 292, 297.

35 Ernest Renan, Œuvres complètes. Hrsg. von Henriette Psichari. 10 Bände, Paris 1947–1961, Band 3, S. 849, 912, 732. – Weitere Zitate aus dieser Ausgabe werden mit Band- und Seitenzahl im Text nachgewiesen.

36 Emile Barrault, Aux artistes. Du passé et de l'avenir des beaux-arts. (Doctrine de Saint-Simon). Paris 1830, S. 78.

37 Karlheinz Barck, „Poetischer Materialismus" und „Kult der Kunst". Perspektiven der Ablösung vom klassisch-humanistischen Poesiebegriff bei Pierre Leroux und Emile Barrault. In: Beiträge zur Romanischen Philologie, 2/1984, S. 190.

38 Naumann, Prosa in Frankreich, S. 157.

39 Klaus Städtke, Das Werk in der Geschichte. Zu Fragen einer Theorie der Literaturgeschichte. In: Weimarer Beiträge, 7/1985, S. 1121.

40 Etwas entschiedener warnend, prinzipiell aber in den gleichen Zusammenhängen, kritisierte Adrien Delondre 1857 die zunehmende propagandistische Verflachung der Fortschrittsdoktrin. Gegen die „wahnwitzigen Bemühungen von Saint-Simon und seiner Schule" und unter Hinweis auf Rousseau formulierte er: „Die Fortschritte der Intelligenz können sich zu unserem Guten oder zu unserem Verderben wenden, je nach der Richtung, die wir unseren Fähigkeiten geben. Nur eines ist wirklich an sich gut für den Menschen, der Fortschritt seiner moralischen Natur . . . Die Entwicklung all unserer Fähigkeiten muß der Entwicklung unserer Moralität untergeordnet werden: Wirklichen Fortschritt gibt es um diesen Preis." (L'école du progrès, sa philosophie et ses dogmes. In: Revue contemporaine et Athénaeum français, 1. August 1857, S. 16 f.)

41 Karl Marx, Die Junirevolution. In: Marx/Engels, Werke, Band 5, S. 134.

42 Auguste Blanqui, Warnung an das Volk. In: Joachim Höppner/Waltraud Seidel-Höppner, Von Babeuf bis Blanqui. Französischer Sozialismus und Kommunismus vor Marx. Band 2: Texte, Leipzig 1975, S. 525.

43 Karl Marx/Friedrich Engels, Ansprache der Zentralbehörde an den Bund vom März 1850. In: Marx/Engels, Werke, Band 7, S. 254, 245, 253.

44 Louis Blanc, Le nouveau monde. In: Le nouveau monde, 1/1849, S. 9, 6.

45 Linke Ungeduld hat daran Kritik geübt, daß diese Programme, und speziell das von Marx, auch positive Ziele setzten. Eine „negative Theodizee" (Wolfgang Fietkau, Schwanengesang auf 1848. Reinbek bei Hamburg 1978, S. 413) von Baudelaire und Proudhon kann aber nur konstruieren und gegen ein einheitliches Fortschrittsdenken von Hegel – Marx – Hugo stellen, wer Gesellschaftsgestaltung eigentlich für unmöglich hält.

46 Karl Marx, Die Klassenkämpfe in Frankreich 1848 bis 1850. In: Marx/Engels, Werke, Band 7, S. 33.

47 Kurt Holzapfel, Bürgerliche Revolution und historischer Fortschritt: Frankreich 1830–1848. In: Zeitschrift für Geschichtswissenschaft, 6/1984, S. 500.

48 Helmut Neef, Vier Tage rote Fahnen in den Straßen von Paris. Die Kämpfe des Pariser Proletariats im Spiegel deutschsprachiger Presse. Berlin 1983, S. 141, 120, 110, 127, 132, 158, 129.

49 Maxime Du Camp, Souvenirs de l'année 1848. Paris – Genf 1979, S. 251 (Reprint der Ausgabe von 1876).

50 Tocqueville und das Zeitalter der Revolution. Hrsg. von Imanuel Geiss. München 1972, S. 256.

51 Friedrich Engels, Der Niedergang und der nahende Sturz von Guizot – Die Stellung der französischen Bourgeoisie. In: Marx/Engels, Werke, Band 4, S. 189.

52 Tocqueville und das Zeitalter der Revolution, S. 242 f., 294.

53 Fritz Mende, Heinrich Heine und das historische Lehrbeispiel eines „Bürgerkönigs". In: Weimarer Beiträge, 3/1984, S. 372.

54 V. Karl, De la philosophie positive. In: Le Progrès, 6/1850, S. 384.

55 Victor Hugos Rede gegen den Einfluß der Geistlichkeit auf die Schule. Riga 1885, S. 8.

56 Amédée Jacques, La liberté de penser. In: La Liberté de penser, 1/1847, S. 4.

57 La Liberté de penser, 4/1848, S. 335 f. – Wesentliche Elemente dieses Programms finden sich auch in einem Wahlaufruf Victor Hugos vom Mai

1848, der – ausdrücklich gegen eine Neubelebung des „Terrors“ der Jakobinerzeit – eine auf „Eigentum“, „Ordnung“ und „Frieden“ gebaute „Zivilisation“ propagierte (vgl. das Faksimile in: Fietkau, Schwanengesang auf 1848, S. 308).

58 Vgl. Paul Nizan, Les chiens de garde (dt. Die Wachhunde. Leipzig – Weimar 1981).

59 Emile Littré, Conservation, révolution et positivisme. 2e édition augmentée de remarques courantes. Paris 1879, S. 336 f., 409, 148 f., 151 f.

60 Werner Krauss, Literaturgeschichte als geschichtlicher Auftrag. In: Krauss, Literaturtheorie, Philosophie und Politik. Hrsg. von Manfred Naumann. Berlin – Weimar 1984, S. 23 (Das wissenschaftliche Werk, Band 1).

61 Auguste Comte, Cours de philosophie positive. In: Comte, Œuvres. Band 6, Paris 1969, S. 8 f., 48, 42 f., 281, 144, 138, 158, 515 f.

62 Auguste Comte, Discours sur l'esprit positif. In: Comte, Textes choisis. Hrsg. von Pierre Arnaud. Paris 1968, S. 7.

63 L.-P. Riche-Gardon, Le napoléonisme et le bonapartisme comparés dans leurs doctrines et dans leurs œuvres. In: La Liberté de penser, 45/1851, S. 399.

64 Vgl. Wolfgang Klein, Ein zweitrangiger Imperialismus? Zur Herausbildung des französischen Imperialismus vor 1914. In: Neue Studien zum Imperialismus vor 1914. Hrsg. von Fritz Klein. Berlin 1980, S. 165 bis 195.

65 Zitiert nach: Benjamin, Gesammelte Schriften, Band 5.1, Frankfurt a. M. 1982, S. 207 (vgl. ebenda, S. 506, und Band 5.2, S. 1016).

66 Die These Karlheinrich Biermanns (Literarisch-politische Avantgarde in Frankreich 1830–1870. Stuttgart – Berlin – Köln – Mainz 1982, S. 137), die „entpolitisierte Öffentlichkeit“ des Zweiten Kaiserreichs zeuge vom „Bruch des Bürgertums mit seinen Idealen“, ist deshalb so absolut nicht zu bejahen. Die teilweise Entpolitisierung zeugte m. E. eher von einer Verlagerung der Arbeit an diesen Idealen auf ein anderes Feld – bevor sich die Bourgeoisie „Öffentlichkeit“ unbegrenzt leisten konnte.

67 „Die sechs Millionen Stimmen kühlten Pécuchets Neigung zum Volk wieder ab“, schrieb Flaubert mit Bezug auf die Wahl Louis Bonapartes zum Präsidenten 1848 in seinem letzten Werk (Bouvard et Pécuchet. Paris 1983, S. 242).

68 Georg Maag, Kunst und Industrie im Zeitalter der ersten Weltausstellungen. Phil. Diss. Konstanz 1982, S. 125.

69 Flaubert schrieb Renan im Mai 1876 einen Brief, in dem es heißt: „Die Unmöglichkeit des Wunders, die Notwendigkeit des Opfers (des Helden, des großen Mannes), der Machiavellismus der Natur und die Zukunft der Wissenschaft – das sind Punkte, die von niemandem wie von Ihnen behandelt worden sind und die mir künftig unangreifbar scheinen! – Ich danke Ihnen, daß Sie sich gegen die ‚demokratische Gleichheit‘ ausgesprochen haben, die mir in der Welt ein tödliches Element zu sein scheint.“ (Gustave Flaubert. Exposition du Centenaire. Paris 1980, S. 113.)

70 Romain Rolland, Gefährten meines Weges. Zürich 1937, S. 198 f.

71 Romain Rolland, Die Reise nach Innen. Berlin 1962, S. 410 f., 352.

72 Joris-Karl Huysmans, Gegen den Strich. Leipzig – Weimar 1981, S. 176 f.

73 Benjamin, Gesammelte Schriften, Band 5.1, S. 88.

74 L'Artiste, 1. August 1852, S. 12.

75 Maxime Du Camp, Les chants modernes. Paris 1855, S. 28, 39.

76 Louis-Xavier de Ricard, La poésie scientifique. In: Revue du progrès moral, littéraire, scientifique et artistique, 1/1863, S. 59 f.

77 Arsène Houssaye, Paris futur. In: Paris et les parisiens au XIXe siècle. Mœurs, arts et monuments. Paris 1856, S. 460 f. – Vgl. Léo Clareties 1886 formulierte Hoffnung auf ein Regenschutzdach über Paris in hundert Jahren (Benjamin, Gesammelte Schriften, Band 5.1, S. 166).

78 Edmond About, Le progrès. Paris 1864, S. 31 f., 53, 77.

79 Jules Guesde, Ausgewählte Texte (1867–1887). Hrsg. von Claude Willard. Berlin 1962, S. 245 f.

80 Alfred Fouillée, Le mouvement idéaliste et la réaction contre la science positive. 2. Aufl., Paris 1896, S. 328.

81 Alfred Fouillée, L'enseignement au point de vue national. Paris 1891, S. 309 f.

82 Pierre-F. Pécaut, Petit traité de morale sociale (rédigé conformément au Programm du 30 mai 1902). 2. Aufl., Paris o. J., S. 35, 139.

83 La Revue politique, unpag. Seite vor Nr. 1/1868, unterzeichnet „Pour le comité de rédaction: P. Challemel-Lacour".

84 Siegfried Kracauer, Jacques Offenbach und das Paris seiner Zeit. Frankfurt a. M. 1976, S. 306.

85 Emile Littré, De la situation que les derniers événements ont faite à l'Europe. In: La Philosophie positive, Sept.-Okt. 1871, S. 189, 199.

86 Une lettre d'Alexandre Dumas fils. In: Le Figaro, 12. Juni 1871, S. 2.

87 Vgl. Georges Lafargue, Des programmes de l'instruction publique et de l'enseignement intégral en France. In: La Philosophie positive, Jan.-Febr. 1873, S. 96.

88 Discours de M. Gambetta. In: La Philosophie positive, Mai–Juni 1881, S. 448.

89 Lettre de M. F. Le Play aux membres des Unions de la paix sociale. In: La Réforme sociale, 1/1881, S. 4. – Le Plays Werk „Les ouvriers européens" (1855) wurde von Benjamin (Gesammelte Schriften, Band 5.1, S. 58) als „Monumentalwerk" der philanthropischen Richtung bezeichnet, die neben der des offenen Klassenkampfes die Politik der Bourgeoisie im 19. Jahrhundert geprägt habe.

90 Yves Guyot, La république et le progrès. In: La Réforme politique, littéraire, philosophique, scientifique et économique, 15. November 1879, S. 110.

91 Hans Schleier, Zur Revolutionsinterpretation in der deutschen Geschichtsschreibung zwischen 1848 und 1933. In: Zeitschrift für Geschichtswissenschaft, 6/1984, S. 525.

92 Wladimir Iljitsch Lenin, Die Aufgaben des Proletariats in unserer Revolution. In: Lenin, Werke. Band 24, Berlin 1959, S. 52.

93 Maurice Agulhon, Marianne au combat. L'imagerie et la symbolique républicaines de 1789 à 1880. Paris 1979, S. 222. – Vgl. auch Winfried Schröders Feststellung, „daß sich die Dritte Republik letztlich zur Aufklärung und Revolution bekennt" (Französische Aufklärung. Bürgerliche Emanzipation, Literatur und Bewußtseinsbildung. Kollektivarbeit unter Leitung von Winfried Schröder. Leipzig 1974, S. 683).

94 Zitiert nach: Agulhon, Marianne au combat, S. 218.

95 Zitiert nach: J.-H. Bornecque/Pierre Cogny, Réalisme et naturalisme. Paris 1958, S. 104.

96 Krauss, Literaturgeschichte als geschichtlicher Auftrag. In: Krauss, Literaturtheorie, Philosophie und Politik, S. 23. – In gleichem Zusammenhang ist auf die Inkonsequenz einer ökonomischen Argumentation hinzuweisen, die zur Begründung der These, daß die Bourgeoisie 1848 nicht „Verrat" begangen, sondern als „mieser Hegemon" des Fortschritts gewirkt habe, anführt: „Die Geschichte ist keine moralische Anstalt, sondern mißt ihren Fortschritt nüchtern an der Produktivität der Arbeit", zugleich aber apodiktisch verkündet: „1870/71 endete die revolutionäre, fortschrittliche Rolle der westeuropäischen Bourgeoisie", und alles weitere sei bestenfalls „progressive Lüge" (Jürgen Kuczynski, Geschichte des Alltags des deutschen Volkes. Studien 3: 1810–1870, Berlin 1981, S. 68, 7). Das Problem steckt in der Gleichordnung von „revolutionär" und „fortschrittlich", die das Evolutionsproblem einzig in Kategorien des politischen Klassenkampfes angeht.

97 Heinz Thoma, Aufklärung und nachrevolutionäres Bürgertum in Frankreich. Zur Aufklärungsrezeption in der französischen Literaturgeschichte des 19. Jahrhunderts (1794–1914). Heidelberg 1976, S. 299 f.

98 Dirk Hoeges, Literatur und Evolution. Studien zur französischen Literaturkritik im 19. Jahrhundert. Heidelberg 1980, S. 55, 196.

99 Friedrich Engels, Das Begräbnis von Karl Marx. In: Marx/Engels, Werke, Band 19, S. 335.

100 Dolf Sternberger, Panorama oder Ansichten vom 19. Jahrhundert. Frankfurt a. M. 1974, S. 105, 91, 87.

101 Paul Lenoir, Histoire du réalisme et du naturalisme dans la poésie et dans l'art depuis l'Antiquité jusqu'à nos jours. Paris 1889, S. 759. – Benjamin notierte: „Der Begriff des Fortschritts dürfte im 19ten Jahrhundert, als das Bürgertum seine Machtpositionen erobert hatte, die kritischen Funktionen, die ihm ursprünglich eigneten, mehr und mehr eingebüßt haben. (Die Lehre von der natürlichen Zuchtwahl hat in diesem Prozeß eine entscheidende Bedeutung gehabt; an ihr ist die Meinung groß geworden, der Fortschritt vollziehe sich automatisch ...)" (Gesammelte Schriften, Band 5.1, S. 596.) Noch kritischer Georg Lukács. Er sprach in bezug auf den Kapitalismus nach 1848 konsequent von der „reaktionären" Bourgeoisie und entwickelte seine Sicht auf den Sozialdarwinismus in der „Zerstörung der Vernunft" (1954) von einem rein revolutionären Fortschrittsbegriff aus. Biologismus in Gesellschaftswissenschaften, lautete der Ausgangspunkt, sei stets „die Basis von reaktionären Weltanschauungstendenzen" gewesen und zu einem „Instrument des Kampfes gegen die Konzeption des Fortschritts" gemacht worden. Den Weg der „feudaladligen" – von Renan so geschätzten – Rassentheorie Gobineaus zu einer „Kampfideologie der reaktionären Bourgeoisie" mit ihrem furchtbaren Gipfelpunkt im deutschen Faschismus analysierte er unter der Voraussetzung, daß „der Verteidigungskampf der Bourgeoisie gegen das aufstrebende Proletariat in den Mittelpunkt gerückt ist (Junischlacht 1848)". Folglich war ihm der Sozialdarwinismus nur als Bestreben interessant, „jede soziale Differenzierung, Klassenschichtung und Klassenkampf bio-

logisch zu begreifen und damit aus der Welt zu schaffen"; der Entwicklungsgedanke schrumpft zu „Apologetik" und „Phrase", nur noch darauf gerichtet, die schlechten Seiten des Kapitalismus als notwendigen „Kampf ums Dasein" annehmbar zu machen. Daß aber die zeitgenössische Darwin-Rezeption nicht zuerst davon sprach, sich mit einem „angeblich unabänderlichen, naturgegebenen, ‚ewigen'" Zustand abzufinden, sondern die Veränderung dieses Zustandes auf ein menschliches Ideal hin unter Berufung auf Darwin ohne grundlegende Umwälzung für möglich erklärte – es also einen Unterschied gibt zwischen Apologie und Reformismus –, wurde von Lukács nicht diskutiert (Georg Lukács, Die Zerstörung der Vernunft. Neuwied 1962, S. 14, 577, 580 f., 600 f., 594).

102 Hippolyte Taine, Les origines de la France contemporaine. 33. Aufl., Paris o. J., Band 1, S. VII f. – Vgl. die Darstellung von Taines Position und Entwicklung in: Horst Heintze, Hippolyte Taines Entwicklung. Eine Untersuchung über die naturwissenschaftliche Theorie der Geschichte und Literatur bei H. Taine. Phil. Diss. Halle/Wittenberg 1951; die Konstatierung von Agnostizismus und Apologie bei Taine scheint mir allerdings davon zu zeugen, daß hier wiederum nur von Klassenkampfpositionen der Arbeiterklasse aus gewertet wird.

103 Jan O. Fischer, „Epoque romantique" et réalisme. Problèmes méthodologiques. Prag 1977, S. 256 f.

104 Michel Foucault, Les mots et les choses. Une archéologie des sciences humaines. Paris 1984, S. 313, 397 f. – Zur Darstellung und Kritik eines wichtigen jüngeren Versuchs, von „Ideen" zu einer nicht repräsentierenden Spracharbeit überzugehen, vgl.: Brigitte Burmeister, „Produktion", nicht „Abbildung". Zur Literaturkonzeption der Gruppe Tel Quel. In: Literarische Widerspiegelung. Geschichtliche und theoretische Dimensionen eines Problems. Von Dieter Schlenstedt (Leitung und Gesamtredaktion) u. a. Berlin und Weimar 1981, S. 557–601.

105 Martin Fontius, Das Ende einer Denkform. Zur Ablösung des Nachahmungsprinzips im 18. Jahrhundert. In: Literarische Widerspiegelung, S. 196.

106 Martin Fontius, Produktivkraftentfaltung und Autonomie der Kunst. Zur Ablösung ständischer Voraussetzungen in der Literaturtheorie. In: Literatur im Epochenumbruch. Funktionen europäischer Literaturen im 18. und beginnenden 19. Jahrhundert. Hrsg. von Günther Klotz, Winfried Schröder und Peter Weber. Berlin und Weimar 1977, S. 432.

107 Camille de Chaucel in: Revue de Paris, 1. März 1856; zitiert nach: Bernard Weinberg, French realism. The Critical Reaction 1830–1870. New York – London 1937, S. 129.

108 Champfleury, Le réalisme. Paris 1857, S. 5, 272, 3.

109 Vgl. Jules-Antoine Castagnary, Salons. Paris 1892, Band 1, S. 29.

110 Gustave Courbet. Brief an das „Journal des faits", 19. November 1851. In: Realismus als Widerspruch. Die Wirklichkeit in Courbets Malerei. Hrsg. von Klaus Herding. Frankfurt a. M. 1978, S. 23.

111 Courbet raconté par lui-même et par ses amis. Hrsg. von Pierre Courthion. Band 2, Paris 1950, S. 27, 78, 74. – Vgl. auch: Timothy J. Clark, Image of the People. Gustave Courbet and the 1848 Revolution. London 1973.

112 Exhibition et vente de 38 tableaux et 4 dessins de l'œuvre de M. Gustave Courbet. Paris o. J. (1855), S. 2.
113 Gustave Courbet, Textes choisis. Paris 1959, S. 26, 28.
114 Clark, Image of the People, S. 149, 140. – Vgl. die detaillierte Beweisführung (einschließlich der Benennung von 37 der auf dem Bild dargestellten Personen) durch Jean-Luc Mayand in: Ornans à l'Enterrement. Katalog. Ornans 1981.
115 Louis Enault, Exposition universelle III. Beaux-Arts. In: Figaro, 27. Mai 1855, S. 6.
116 Max Buchon, L'exposition Courbet à Dijon (Le Peuple, 7. Juni 1850). In: Jean-Louis Ferrier, Courbet. Un enterrement à Ornans. Paris 1980, S. 59–61. – Vgl. auch: Timothy J. Clark, Ein bürgerlicher Totentanz. Max Buchon über Courbet. In: Realismus als Widerspruch, S. 194–211.
117 Courbet raconté par lui-même et par ses amis, Band 2, S. 75 f.
118 Le réalisme. Discussions esthétiques, recueillies et commentées par Max Buchon. Neuchâtel 1856, S. 81, 90, 7, 102, 6, 8, 9, 99.
119 Ebenda, S. 92, 101, 9 f., 95, 104, 92, 82 f.
120 Edmond Duranty, La multiplication des poètes. In: Réalisme, 10. Juli 1856, S. 4.
121 Henri Thulié, Relation des arts. In: Réalisme, 2/1856, S. 21.
122 Edmond Duranty, Réalisme et réalistes. In: Réalisme, 5/1857, S. 68.
123 Edmond Duranty, Max Buchon et le réalisme. In: Réalisme, 2/1856, S. 20.
124 Edmond Duranty, Réalisme. In: Réalisme, 1/1856, S. 1.
125 Edmond Duranty, Esquisse de la méthode des travaux. In: Réalisme, 1/1856, S. 2.
126 Henri Thulié, Du roman. In: Réalisme, 1/1856, S. 6.
127 Henri Thulié, Du roman. Le caractère. In: Réalisme, 2/1856, S. 23.
128 Thulié, Relation des arts. In: Réalisme, 2/1856, S. 21.
129 Edmond Duranty, Contre un certain mauvais vouloir qu'il y a contre les romanciers. In: Réalisme, 1/1856, S. 6.
130 Edmond Duranty, Défense du public contre les littérateurs. In: Réalisme, 1/1856, S. 5.
131 Henri Terrans (d. i. Duranty), Les préfaces littéraires des hommes nouveaux. In: Réalisme, 2/1856, S. 27.
132 Henri Thulié, Du roman. L'action. In: Réalisme, 5/1857, S. 70.
133 Jules Assézat, Les marchands de romans-joujoux. In: Réalisme, 1/1856, S. 7.
134 Edmond Duranty, Les jeunes. In: Figaro, 15. November 1856, S. 4 f.
135 Terrans, Les préfaces littéraires des hommes nouveaux. In: Réalisme, 2/1856, S. 27 f.
136 Edmond Duranty, Nouvelles diverses. In: Réalisme, 5/1857, S. 79.
137 Edmond Duranty, Le remarquable article de M. de Pontmartin sur Balzac. In: Réalisme, 2/1856, S. 29.
138 Henri Thulié, Les écoles et les idées. In: Réalisme, 1/1856, S. 8.
139 Friedrich Schiller, Über Kunst und Wirklichkeit. Hrsg. von Claus Träger. Leipzig 1975, S. 533, 436.
140 Max Buchon, Vorbemerkung zu: Schiller, Les réalistes et les idéalistes. In: Réalisme, 5/1857, S. 74.

141 Henri Thulié, Du roman. Description. In: Réalisme, 3/1857, S. 39. – Zu Lamartines Roman vgl.: Biermann, Literarisch-politische Avantgarde in Frankreich 1830–1870, S. 106–108, der auf „normenkonforme Sozialisation der Niederen" als Autorenabsicht verweist.

142 Thulié, Du roman. In: Réalisme, 1/1856, S. 6.

143 Vgl. Réalisme. Reprint, Paris 1970 (Faksimile einer handschriftlichen Notiz Durantys vom März 1878).

144 Henri Thulié, Champfleury. In: Réalisme, 4/1857, S. 56.

145 Die gründlichste Arbeit über Champfleury ist noch immer: Emile Bouvier, La bataille réaliste (1844–1857). Paris 1913.

146 Champfleury, Le réalisme, S. 232 f., 2, 4, 189.

147 Champfleury, De la littérature populaire en France. In: Revue fantaisiste, 11/1861, S. 310.

148 Champfleury, Le réalisme, S. 226.

149 Champfleury, Le réalisme. Textes choisis et présentés par Geneviève et Jean Lacambre. Paris 1973, S. 117, 120 (nicht identisch mit Champfleurys eigener Sammlung von 1857).

150 Champfleury, Le réalisme. Paris 1857, S. 263, 230 f.

151 Champfleury, Encore quelques mots à propos de M. Boisdhyer. In: Figaro, 7. August 1856, S. 4.

152 Le Messager de l'assemblée, 26. Februar 1851; zitiert nach: Realismus als Widerspruch, S. 48.

153 Champfleury, Le réalisme (1857). S. 279 f., 5, 6, 272.

154 Bouvier, La bataille réaliste, S. 237.

155 Le réalisme (vgl. Anm. 118), S. 32, 34 f.

156 Champfleury, Le réalisme (1857), S. 234, 281.

157 Castagnary, Salons, Band 1, S. 3–5.

158 Dieter Schlenstedt, Problemfeld Widerspiegelung. In: Literarische Widerspiegelung, S. 75.

159 Vgl. ebenda, S. 227–230.

160 Castagnary, Salons, Band 1, S. 9–11, 15, 29.

161 Zum folgenden vgl.: E. B. O. Borgerhoff, Réalisme and Kindred Words. Their Use as Terms of Literary Criticism in the First Half of the Nineteenth Century. In: PMLA, September 1938; Hans-Joachim Lotz, Die Genese des Realismus in der französischen Literaturästhetik. Zur Kritik des nichthistorischen Epochenbegriffs. Heidelberg 1984; Winfried Nerlinger, Zur Entstehung des Realismus-Begriffs in Frankreich und zu seiner Anwendung im Bereich der ungegenständlichen Kunst. In: Städel-Jahrbuch (München), N. F., 5/1975, S. 227–246; Weinberg, French Realism; René Wellek, Der Realismusbegriff in der Literaturwissenschaft. In: Wellek, Grundbegriffe der Literaturkritik. Stuttgart – Berlin – Köln – Mainz 1965.

162 Charles de Villers, Philosophie de Kant ou Principes fondamentaux de la philosophie transcendentale. Metz 1801, S. 80 f., 105 f. – Der Hinweis auf diese Quelle wie auch weitere Aufschlüsse zur Begriffsgeschichte sind Resultat der Kooperation mit dem Institut National de la Langue Française, Nancy. Besonders danke ich Hiltrud Gerner und Marc Papin.

163 Ebenda, S. 192.

164 Ebenda, S. 166 f.

165 P. C. V. Boiste, Dictionnaire universel de la langue françoise, avec le latin, et Manuel d'orthographie et de néologie. 2. Aufl., Paris 1803. – Erstmals hat Hans-Joachim Lotz, Die Genese des Realismus in der französischen Literaturästhetik, auf diese Quelle hingewiesen. Vgl. P. C. V. Boiste/J. F. Bastien, Dictionnaire universel de la langue françoise, extrait comparé des dictionnaires anciens et modernes, ou Manuel d'orthographie et de néologie. Paris 1800.

166 Immanuel Kant, Kritik der reinen Vernunft. Leipzig 1971, S. 22, 149. – „Sythesis" hat bei Kant den Sinn eines äußerlichen In-Bezug-Setzens zweier an sich getrennter Begriffe.

167 Martina Thom, Zum Freiheitsproblem bei Kant. In: Revolution der Denkart oder Denkart der Revolution. Hrsg. von Manfred Buhr und T. I. Oiserman. Berlin 1976, S. 115.

168 Kant, Kritik der reinen Vernunft, S. 451–453.

169 Immanuel Kant, Kritik der Urteilskraft. Leipzig 1968, S. 258 f., 324.

170 Gerd Irrlitz, Versuch über Descartes. In: René Descartes, Ausgewählte Schriften. Leipzig 1980, S. 429.

171 Martina Thom, Welt- und Methodenverständnis in Immanuel Kants „Kritik der reinen Vernunft". In: Kants „Kritik der reinen Vernunft" im philosophischen Meinungsstreit der Gegenwart. Hrsg. von Hans-Martin Gerlach und Sabine Mocek. Halle 1982, S. 31.

172 Irrlitz, Versuch über Descartes. In: Descartes, Ausgewählte Schriften, S. 372.

173 Fontius, Das Ende einer Denkform. In: Literarische Widerspiegelung, S. 230.

174 Karl Marx, Grundrisse der Kritik der Politischen Ökonomie. (Rohentwurf). 1857–1858. Berlin 1974, S. 389.

175 Fontius, Das Ende einer Denkform. In: Literarische Widerspiegelung, S. 228.

176 Irrlitz, Versuch über Descartes. In: Descartes, Ausgewählte Schriften, S. 386.

177 Antoine-Louis-Claude Destutt de Tracy, Eléments d'idéologie. Band 3, Paris 1805, S. 299.

178 Friedrich Heinrich Jacobi, David Hume über den Glauben oder Idealismus und Realismus. Ein Gespräch. In: Jacobi, Werke. Band 2, Leipzig 1815 (Reprint Darmstadt 1968), S. 142, 310.

179 Germaine de Staël-Holstein, De la littérature considérée dans ses rapports avec les institutions sociales. Paris – London 1812, Band 1, S. 28.

180 Germaine de Staël-Holstein, Versuch über die Dichtungen. In: Rolf Geißler, Romantheorie in der Aufklärung. Berlin 1984, S. 270.

181 Staël-Holstein, De la littérature, Band 1, S. 54 f., 59; Band 2, S. 58; Band 1, S. 96, 104. – Ist es unhistorisch, hier an Johannes R. Becher zu erinnern und sein Streben, nach 1945 die „Neunte" und alles, „was damit harmonisiert und darüber hinausweist", gegen „die menschenunwürdige Assonanz der Bourgeoisie" neu zu mobilisieren (Becher, Auf andere Art so große Hoffnung. Tagebuch 1950. Berlin und Weimar 1969, S. 200)?

182 Staël-Holstein, De la littérature, Band 2, S. 109; Band 1, S. 57 f.; Band 2, S. 117.

183 Staël-Holstein, Versuch über die Dichtungen, S. 273.

184 Germaine de Staël-Holstein, De l'Allemagne (1810). Paris 1814, Band 3, S. 85, 105 f. – Vgl. den die Übereinstimmung mit Kant und das politische Interesse der Madame de Staël betonenden Aufsatz von: Heinz Hamm, Frau von Staël und die geistige Kultur in Deutschland. In: Weimarer Beiträge, 12/1985 (danach auch das letzte Zitat, aus einem Brief Madame de Staëls an Jacobi, 31. März 1804). Nach dem Gesagten kann nur verwundern, daß in Madame de Staëls romantheoretischen Ansätzen der „Geburtsakt des literarischen Realismus" ausgemacht worden ist (Winfried Engler, Die Vorbereitung der französischen Realismusdiskussion im 19. Jahrhundert. In: Zeitschrift für französische Sprache und Literatur, 3/1971, S. 196).

185 Aubin-Louis Millin, Dictionnaire des beaux-arts. 3 Bände, Paris 1806, Band 2, S. 131, 161. – Zur ästhetischen Debatte in diesen Jahren vgl.: Annie Becq, Esthétique et politique sous le Consulat et l'Empire. La notion du beau idéal. In: Romantisme, Paris, 51/1986, S. 23–37.

186 Ingres d'après une correspondance inédite. Hrsg. von Boyer d'Agen. Paris 1909, S. 289, 282.

187 Jean-Auguste-Dominique Ingres, Gedanken über Kunst. Landschlacht – Konstanz 1927, S. 31, 74, 79 f.

188 Victor Cousin, Du vrai, du beau et du bien. 19. Aufl., Paris 1875, S. 168, 190.

189 Germaine de Staël-Holstein, Préface à „Delphine" (1802). In: Anthologie des préfaces de romans français du XIXe siècle. Hrsg. von Herbert S. Gershman und Kerman B. Whitworth jr. Paris 1971, S. 93. – Zu denen, die sie drängten, in einer solchen Richtung auch selbst voranzugehen, gehörte Charles de Villers. Nach der Veröffentlichung von „Delphine" schrieb er ihr im Juni 1803 mit leisem Vorwurf, sie vermenge in dem Buch „die unerbittliche Notwendigkeit der materiellen Dinge, das Blei der Realität, mit dem Äther der Idealität", so daß ihre Personen auf ein Feld gerieten, „wo alles festgelegt, determiniert und überall unpoetisch ist". In ihrer Antwort bescheinigte sie ihm „Scharfsinn" und meinte, darüber müsse man noch reden (Madame de Staël, Correspondance générale. Hrsg. von B. W. Jasinski. Band 4.2, Paris 1978, S. 648).

190 François-René de Chateaubriand, Préface à „Atala" et à „René" (1805) und Préface à la première édition de „Atala" (1801). In: Anthologie des préfaces . . ., S. 76 f., 64.

191 Alfred de Vigny, Réflexions sur la vérité dans l'art. Préface à „Cinq-Mars" (1827). In: Anthologie des préfaces . . ., S. 109, 116.

192 Jules Janin, Eine Schauspielerin namens Rachel (Journal des débats, 20. August 1838). In: Klassischer Journalismus. Die Meisterwerke der Zeitung. Hrsg. von Egon Erwin Kisch. Berlin und Weimar 1982, S. 431.

193 Jules Janin, Etre artiste! In: L'Artiste, 1/1831.

194 Théophile Gautier, Préface à „Mademoiselle de Maupin" (1835). In: Anthologie des préfaces . . ., S. 197, 200, 203, 218. – Zum oppositionellen Moment bei Gautier vgl.: Naumann, Prosa in Frankreich, S. 153–158.

195 Victor Hugo, La préface de „Cromwell" (1827). Hrsg. von Roger Pons. Paris 1957, S. 38, 51.

196 Le Globe, 24. Oktober 1824, S. 79.

197 Le Globe, 6. Dezember 1827, S. 29.

198 Hans Robert Jauß, Das Ende der Kunstperiode. Aspekte der literarischen Revolution bei Heine, Hugo und Stendhal. In: Jauß, Literaturgeschichte als Provokation, S. 142.

199 Zitiert nach: Lotz, Die Genese des Realismus, S. 232.

200 Hugo, La préface de „Cromwell", S. 66–68. – Jauß sah in der „Theorie der modernen Dichtung jenseits der Ästhetik des Schönen" die „progressive Spitze", in der „nicht abgebauten Vorstellung einer Harmonie der gottgeschaffenen Welt" die „Grenze und Rückversicherung" der Theorie Hugos (Das Ende der Kunstperiode. In: Jauß, Literaturgeschichte als Provokation, S. 123).

201 Ebenda, S. 119.

202 Vgl.: lendemains, 37/1985 (Kunst und Literatur in frühsozialistischer Sicht. Hrsg. von Wolfgang Drost); Art social und art industriel. Funktionen der Kunst im Zeitalter des Industrialismus. Hrsg. von Helmut Pfeiffer, Hans Robert Jauß und Françoise Gaillard. München 1987. Zur Begriffsgeschichte vgl.: Georg Maag, Kunst und Industrie im Zeitalter der ersten Weltausstellungen. Synchrone Analyse einer Epochenschwelle. Diss. Konstanz 1982, S. 64–72.

203 Barrault, Aux artistes, S. 76, 78. – Vgl. Barck, „Poetischer Materialismus" und „Kult der Kunst". In: Beiträge zur Romanischen Philologie, 2/1984.

204 Comte, Cours de philosophie positive. In: Comte, Œuvres, Band 4, Paris 1968, S. 520; Band 6, S. 142, 144, 833.

205 G. Laviron/B. Galbacio, Le salon de 1833. Paris 1833, S. 30, 135, 141.

206 Zitiert nach: Marguerite Iknayan, The Idea of the Novel in France. The Critical Reaction 1815–1848. Genf – Paris 1961, S. 97.

207 Wolfgang Drost, Revolutionäre Ideale im frühsozialistischen Kunstverständnis. In: lendemains, 37/1985, S. 6.

208 Barrault, Aux artistes, S. 83.

209 Désiré Laverdant in: La Phalange, 14. April 1843; zitiert nach: Léon Rosenthal, Du romantisme au réalisme. Paris 1914, S. 376.

210 Reinhold R. Grimm, Der romantische Sozialroman als Paradigma des „art social". In: Art social und art industriel, S. 190. – Udo Schöning fand bei seiner Untersuchung der Verwendung der Spiegelmetapher im Zeitraum 1800–1820 „keine mimetischen Aussagen" und ordnete den Satz von der „Literatur als Ausdruck der Gesellschaft" trotz zunehmenden Interesses für „inhaltlich-abbildende Momente" auch für die folgenden zwanzig Jahre noch vorrangig „literatursoziologischen Betrachtungsweisen" zu (Literatur als Spiegel. Zur Geschichte eines kunsttheoretischen Topos in Frankreich von 1800 bis 1860. Heidelberg 1984, S. 51, 124, 141 f.).

211 Vgl. La liberté guidant le peuple, de Delacroix. Katalog. Hrsg. von Hélène Toussaint. Paris 1982.

212 Stendhal, Racine et Shakspeare. Hrsg. von Georges Eudes. In: Stendhal, Œuvres complètes. Band 16, Paris 1954, S. 30, 63, 217, 55, 108, 218.

213 Stendhal, D'un nouveau complot contre les industriels (1825). In: Stendhal, Œuvres complètes, Band 16, S. 247.

214 Erich Auerbach, Mimesis. Dargestellte Wirklichkeit in der abendländischen Literatur. 5. Aufl., Bern – München 1971, S. 431. – Auerbachs Begründung: Hier handle es sich um eine Literatur, die „alltäglich-wirkliche

Vorgänge aus einer niederen sozialen Schicht" sehr ernst nehme und sie „genau und tief in eine bestimmte zeitgenössisch-geschichtliche Epoche" hineinsenke (ebenda, S. 452). Vielleicht kann man dieser Aufwertung des Empirischen hinzufügen, daß Stendhal als erster die Konsequenzen der Vergesellschaftungsprozesse – daß nämlich Kunst unmöglich wurde, die allein vom Erlebnis her Wirklichkeit zu geben versuchte – in ein Kunst- und Lebensprogramm umsetzte. Dieter Schlenstedt hat am Beispiel Egon Erwin Kischs erläutert, welche Probleme sich mit dem Problematischwerden des Empirischen für die ästhetische Konstruktion von Wirklichkeit zur Organisation von Empörung und gegen Idealisierung stellen (Schlenstedt, Egon Erwin Kisch. Leben und Werk. Berlin 1985, S. 87–98, 203 bis 216, 265–276, 370–387).

215 Naumann, Prosa in Frankreich, S. 74–78.

216 So in Jules Janins Rezension von „Rot und Schwarz" (Journal des débats, 26. Dezember 1830); vgl. Weinberg, French Realism, S. 10 f.

217 Zitiert nach: Wilbur H. Oda, The Subject of Realism in the „Revue de Paris" (1829–1858). Phil. Diss., Philadelphia 1943, S. 32.

218 Francis Girault in: Le Bibliographe, 25. April 1841; zitiert nach: David Bellos, Balzac Criticism in France 1850–1900. The Making of a Reputation. Oxford 1976, S. 12.

219 Jules Janin in: Journal des débats, 12. Januar 1835, und Hains in: Echo de la jeune France, 1. Februar 1836; zitiert nach: Weinberg, French Realism, S. 43 f.

220 Naumann, Prosa in Frankreich, S. 127. – In eindringlichen Sätzen haben Forscher in der BRD denselben Sachverhalt der einheitlichen Wirklichkeitsauffassung herausgestellt, die „Menschliche Komödie" aber aus ihrem eigenen Realitätsbild heraus wesentlich kritischer, als „gigantisches Kompensationsunternehmen", gewertet: „Wenn die ‚Comédie humaine' auch heute noch zu faszinieren vermag, so als torsohaft monumentaler Versuch, ästhetisch eine Totalität zu restituieren, die lebensweltlich längst und unwiederbringlich vergangen war." (Rainer Warning, Chaos und Kosmos. Kontingenzbewältigung in der „Comédie humaine". In: Honoré de Balzac. Hrsg. von Hans-Ulrich Gumbrecht, Karlheinz Stierle, Rainer Warning. München 1980, S. 52.) „Balzacs Welt ist nicht mehr die Welt der großen Unmittelbarkeit und bedingungslosen Entfesselung der Leidenschaft und noch nicht die Welt eines triumphierenden Systems, das alle großen Leidenschaften zunichte gemacht hätte. Seine Helden sind jene Napoleone partikularer Wirklichkeitsbereiche, in denen diese sich schließlich gegen ihre Helden durchsetzen." (Karlheinz Stierle, Epische Naivität und bürgerliche Welt. Zur narrativen Struktur im Erzählwerk Balzacs. In: Honoré de Balzac, S. 184.)

221 Honoré de Balzac, Avant-propos à „La comédie humaine" (1842). In: Anthologie des préfaces . . ., S. 227, 226, 231–233; zur Situierung Balzacs vgl.: Grimm, Der romantische Sozialroman als Paradigma des „art social".

222 Hippolyte Castille in: La Semaine, 4. Oktober 1846; zitiert nach: Weinberg, French Realism, S. 70.

223 Le Messager du dix-neuvième siècle, 1. April 1826, S. 5–7.

224 Gustave Planche in: La Revue des deux mondes, 1/1835, S. 259; zitiert nach: Borgerhoff, Réalisme and Kindred Words, S. 842.

225 Gustave Planche in: La Revue des deux mondes, 1. Februar 1835; zitiert nach: Weinberg, French Realism, S. 118.
226 Gustave Planche in: La Revue des deux mondes, 10/1837; zitiert nach: Borgerhoff, Réalisme and Kindred Words, S. 841.
227 Arsène Houssaye, Histoire de la peinture flamande et hollandaise. Band 2, Paris 1846, S. 152. – Vgl. H. van der Tuin, Les vieux peintres des Pays-Bas et la critique artistique en France de la première moitié du XIXe siècle. Paris 1948.
228 Théophile Gautier, Voyage en Espagne. 2. Aufl., Paris 1845, S. 55.
229 Arsène Houssaye, La couronne de bluets. In: Chronique de Paris, 5. Juni 1836, S. 299; zitiert nach: Iknayan, The Idea of the Novel in France, S. 98.
230 Houssaye, Histoire de la peinture flamande et hollandaise, Band 1, S. 1 f.
231 Théophile Gautier in: Revue de Paris, Oktober 1851; zitiert nach: Oda, The Subject of Realism, S. IX.
232 Henry Trianon, Coup d'œil sur la formation de l'école française pour servir d'introduction à l'histoire de la peinture en France au XIXe siècle. In: La Liberté de penser, 31/1850, S. 105; vgl. Théodore Pelloquet, Salon de 1850–1851. In: La Liberté de penser, 39/1851.
233 Etienne-Jean Delécluze 1852 im „Journal des débats"; zitiert nach: Le livre du centenaire du „Journal des débats" 1789–1889. Paris 1889, S. 475.
234 Stendhal, Briefe. Hrsg. von Manfred Naumann. Berlin 1983, S. 239.
235 Vgl. Heinz Thoma („L'industrie pénètre dans le rêve et le fait à son image..." Überlegungen zur Trivialliteraturproblematik in Frankreich im XIX. Jahrhundert. In: lendemains, 38–39/1985, S. 87–96), der zeigt, wie der Feuilletonroman in ähnlicher Weise bald nach 1848 in primär politisch-sozialen Kontexten als Trivialliteratur abqualifiziert wurde.
236 Arsène Houssaye, Les grands siècles. In: L'Artiste, 15. Januar 1852, S. 178.
237 In: Théophile Gautier, Salon de 1851. Distribution des récompenses aux artistes. In: L'Artiste, 15. Mai 1851, S. 116.
238 Zitiert nach: Bouvier, La bataille réaliste, S. 291.
239 Le Moniteur universel, 5. Juni 1853; zitiert nach: Courbet, Textes choisis, S. 47.
240 Journal des débats, 22. Mai 1853; zitiert nach: Realismus als Widerspruch, S. 235.
241 Zitiert nach: Clark, Image of the People, S. 190.
242 L. Clément de Ris, Salon de 1851. In: L'Artiste, 1. März 1851, S. 35.
243 Henri Delaborde, Salon de 1853. In: La Revue des deux mondes, 2/1853, S. 1144.
244 Charles Perrier, Du réalisme. In: L'Artiste, 14. Oktober 1855, S. 88, 86.
245 J. E. Alaux, De quelques récents écrits sur la philosophie du beau. In: Revue contemporaine et Athénaeum français, 15. August 1859, S. 700.
246 Achille Fould, Exposition de 1853, Distribution des récompenses. In: L'Artiste, 1. August 1853, S. 4.
247 Charles Perrier, Exposition universelle des beaux-arts III. In: L'Artiste, 3. Juni 1855, S. 60.
248 Paul de Saint-Victor, La Vénus de Milo. In: L'Artiste, 1. Dezember 1860, S. 246.

249 Charles de Mazade in: La Revue des deux mondes, 1/1853, S. 1207.
250 Justin Liénard, Le réalisme. In: L'Art et l'industrie au XIXe siècle, 7/1861, S. 98.
251 J. du Pays in: L'Illustration, 18. Juni 1853; zitiert nach: Bouvier, La bataille réaliste, S. 251.
252 Edouard L'Hote, De l'idéalisme et du réalisme. In: L'Artiste, 15. Juli 1854, S. 184 f.
253 Louis Goudall, L'école réaliste. In: Figaro, 7. Oktober 1855, S. 4. – Zur zeitgenössischen Bestimmung des Verhältnisses von Fotografie und Kunst vgl. Henri Delaborde, La photographie et la gravure. In: La Revue des deux mondes, 1. April 1856.
254 Perrier, Du réalisme. In: L'Artiste, 14. Oktober 1855, S. 86.
255 Ulf Eisele, Realismus und Ideologie. Stuttgart 1976, S. 127.
256 Hermann Wiegmann, Utopie als Kategorie der Ästhetik. Stuttgart 1980, S. 1.
257 Perrier, Du réalisme. In: L'Artiste, 14. Oktober 1855, S. 86 f.
258 Vgl. Ingeborg Münz-Koenen, Abbild mittels Phantasie und Konstruktion. Probleme der Widerspiegelung im kunsttheoretischen Denken Hanns Eislers. In: Literarische Widerspiegelung, S. 610 f.
259 Louis Enault, Peintres et sculpteurs II. M. Courbet. In: Figaro, 22. April 1855, S. 2.
260 Théophile Gautier (La Presse, 21. Juli 1853), in: Realismus als Widerspruch, S. 88.
261 Liénard, Le réalisme. In: L'Art et l'industrie au XIXe siècle, 7/1861, S. 97.
262 H. de Viel Castel, Salon de 1853. In: L'Athénaeum français, 4. Juni 1853, S. 535.
263 Théophile Gautier (La Presse, 15. Februar 1851) in: Realismus als Widerspruch, S. 85.
264 L. Clément de Ris, Salon de 1853 I. In: L'Artiste, 1. Juni 1853, S. 131. – Anläßlich von Flauberts „Madame Bovary" vertrat Clément de Ris denselben Gedanken, fügte der Kanalisation aber noch die Müllhalden hinzu (Critiques d'art et de littérature. Paris 1862, S. 310).
265 Xavier Aubryet, Revue parisienne. M. Champfleury. In: L'Artiste, 9. November 1856, S. 282 f.
266 Pérignon, Les peintres du laid. In: L'Artiste, 15. November 1859, S. 122.
267 Graf Montalembert, 1857; zitiert nach: Claude Pichois, Baudelaire. Neuchâtel 1967, S. 136.
268 Charles de Mazade in: La Revue des deux mondes, 1. August 1852; zitiert nach: Der Untergang der romantischen Sonne. Ästhetische Texte von Baudelaire bis Mallarmé. Hrsg. von Manfred Starke. Leipzig – Weimar 1980, S. 79.
269 Clément de Ris, Critiques d'art, S. 311.
270 Alfred-Auguste Cuvillier-Fleury, Dernières études historiques et littéraires. Band 1, Paris 1859, S. 363.
271 Louis Goudall, Revue littéraire. „Les Fleurs du Mal", par M. Charles Baudelaire. In: Figaro, 4. November 1855, S. 4.
272 Gustave Merlet, Le réalisme et la fantaisie dans la littérature. Paris 1861, S. 41, 100 f.

273 Armand de Pontmartin, Le roman bourgeois et le roman démocrate. MM. Edmond About et Gustave Flaubert. In: Le Correspondant, Juni 1857, S. 301.

274 Edouard L'Hote, De l'influence de la littérature et du théâtre sur l'esprit public et les mœurs depuis vingt ans. In: L'Artiste, 15. Februar 1853, S. 28. – Ein Gefängnisdirektor soll Jules Janin gesagt haben: „Ich lese Ihre Feuilletons, aber das ist nicht nötig, um zu wissen, was für Stücke man spielt; hat man ein schlechtes Drama gespielt, merke ich das ganz schnell an der Zahl der jungen Häftlinge, die hier eintreffen." (Victor Hallays-Dabot, Histoire de la censure théâtrale en France. Paris 1862, S. 331.)

275 Louis Ulbach, Du roman moderne (Préface à „Suzanne Duchemin"). In: L'Artiste, 3. Juni 1855, S. 61.

276 Auguste de Vaucelle, Du rôle actuel de la poésie. In: L'Artiste, 12. Oktober 1856, S. 216.

277 Emile Cantrel, La monnaie de l'art. Les bronzes de Barbedienne. In: L'Artiste, 15. Dezember 1859, S. 183.

278 Cousin, Du vrai, du beau et du bien, S. IX f.

279 Dazu mögen Erfahrungen mit der Wirkung von Kunstkritik beigetragen haben, wie sie Siegfried Kracauer (Jacques Offenbach und das Paris seiner Zeit [1937]. Frankfurt a. M. 1976, S. 177) am Beispiel von Offenbachs „Orpheus in der Unterwelt" beschrieb: Die Operette war zurückhaltend aufgenommen worden. Da aber bezeichnete sie Jules Janin in seiner Kritik als „eine einzige Schändung des ‚heiligen und glorreichen Altertums', eine Freveltat, die geahndet werden mußte. Vernichtete Janins Blitz die Frevler? Er erfüllte viel eher die Funktion des Blitzlichts, da er eine Operette, die bisher als harmloses Vergnügen gegolten hatte, mit einem Mal grell beleuchtete." Das Ergebnis des Verrisses war ein rauschender Erfolg.

280 Charles Nisard, Essai sur le colportage de librairie. In: Journal de la Société de la morale chrétienne, 3/1855, S. 2; zitiert nach: Lise Andries, „Vrai comme l'enfance". L'école réaliste et la littérature populaire. In: Revue des sciences humaines, 190/1983, S. 54.

281 Le livre du centenaire du „Journal des débats" 1789–1889, S. 239.

282 Zitiert nach: Pierre Martino, Le roman réaliste sous le second Empire. Paris 1913, S. 104.

283 Merlet, Le réalisme et la fantaisie, S. 264.

284 Vgl. Marcel Crouzet, Un méconnu du réalisme. Duranty (1833–1880). L'homme, le critique, le romancier. Paris 1964, S. 79.

285 Zur Geschichte der Theaterzensur im 19. Jahrhundert vgl.: Odile Krakovitch, Hugo censuré. La liberté au théâtre au XIXe siècle. Paris 1985.

286 Hallays-Dabot, Histoire de la censure théâtrale, S. VIII.

287 La censure sous Napoléon III. Rapports inédits et in extenso (1852 bis 1866). Paris 1892, S. 95, 97–99, 40–43.

288 Maxime Du Camp, Lettres inédites à Gustave Flaubert. Messina 1978, S. 205.

289 Martino, Le roman réaliste sous le second Empire, S. 102 f.

290 Georges Brosset, Claude Schmidt, Le procès des „Fleurs du Mal" ou l'affaire Charles Baudelaire. Genf 1947, S. 80, 82 f., 122, 153 f.

291 Alexandre Zévaès, Les procès littéraires au XIXe siècle. Paris 1924, S. 162–164.
292 Alphonse de Calonne, Exposition des beaux-arts de 1857. In: Revue contemporaine et Athénaeum français, 1. Juli 1857, S. 593.
293 Charles de Mazade in: La Revue des deux mondes, 1/1853, S. 1207.
294 Le réalisme (vgl. Anm. 118), S. 28–30.
295 Emile Montégut, Types modernes en littérature. Hamlet. In: La Revue des deux mondes, 1. April 1856, S. 660, 673.
296 Gustave Planche, L'art grec et la sculpture réaliste. In: La Revue des deux mondes, 1. Oktober 1856, S. 533.
297 Louis de Loménie, La littérature romanesque I. Du roman en France jusqu'à l'„Astrée". In: La Revue des deux mondes, 1. Dezember 1857, S. 597 f.
298 Albert de La Fizelière, Tableaux de l'école moderne tirés des collections d'amateurs. In: L'Artiste, 1. April 1860, S. 126.
299 Vgl.: Regards sur la photographie française au XIXe siècle. Katalog. Paris 1980; Gisèle Freund, Photographie et société. Paris 1976.
300 Hans-Jörg Neuschäfer, Die Mythenparodie in „La Belle Hélène". Zum 100. Todestag von Jacques Offenbach. In: Romanistische Zeitschrift für Literaturgeschichte, 1/1981, S. 72.
301 Théophile Gautier, Honoré de Balzac. In: Gautier, Œuvres complètes. Band 9, Genf 1978, S. 95 f., 110, 130.
302 Maxime Du Camp, Les chants modernes. Paris 1855, S. 5.
303 Liénard, Le réalisme. In: L'Art et l'industrie au XIXe siècle, 7/1861, S. 97.
304 Théophile Gautier, La poésie dans l'art. Ary Scheffer. In: L'Artiste, 3. Februar 1856, S. 309.
305 Charles Perrier, L'art à l'Exposition universelle. In: L'Artiste, 13. Mai 1855, S. 16.
306 Hippolyte Rigault, Histoire de la querelle des anciens et des modernes. Paris 1856, S. 464 f.
307 Antonio Watripon in: Le Présent, 16. August 1857; zitiert nach: Weinberg, French Realism, S. 125.
308 Saint-René Taillandier, Le roman de la vie domestique en Allemagne. MM. Gustave Freytag et Otto Ludwig. In: La Revue des deux mondes, 1. März 1857, S. 63.
309 Fernand Desnoyers, Du réalisme. In: L'Artiste, 9. Dezember 1855, S. 200.
310 W. Burger (d. i. Théophile Thoré), Musées de la Hollande. Band 2, Paris 1860, S. XIII.
311 Vgl. Albert Schug, Gustave Courbet. Hamburg – Berlin 1967.
312 Louis Goudall, Les femmes laides. In: Figaro, 20. März 1856, S. 3.
313 Calonne, Exposition des beaux-arts de 1857, S. 621.
314 Théophile Gautier, Salon de 1857, XV. In: L'Artiste, 20. September 1857, S. 34.
315 F. Van den Berghen, Exposition d'Anvers. In: L'Artiste, 5. September 1858, S. 4 f.
316 Hector de Callias, Salon de 1861. La lettre A. In: L'Artiste, 15. Mai 1861, S. 218.
317 Francis Aubert, De la beauté dans les œuvres d'art. In: L'Artiste, 1. Mai 1861, S. 202.

318 Armand de Pontmartin; zitiert nach: Thaddeus Ernest Du Val jr., The Subject of Realism in the „Revue des deux mondes“ (1831–1865). Diss. Philadelphia 1936, S. 148.

319 Hector de Callias, Salon de 1861. Les lettres B, C, D, E. In: L'Artiste, 1. Juni 1861, S. 250.

320 Auguste de Vaucelle, Souvenir du Salon de 1861. In: L'Artiste, 15. August 1861, S. 73.

321 Henry Fouquier, L'art officiel et la liberté. Salon de 1861. Paris 1861, S. 16–18. – Nicht nur den Realisten übrigens nutzte die größere Gelassenheit. Auch auf die Geschichte von Delacroix' „Freiheit auf der Barrikade“ kann hier nochmals verwiesen werden. Nachdem es mit 51 anderen Revolutionsgemälden im Salon 1831 ausgestellt und dann vom Luxembourg-Museum für zeitgenössische Kunst angekauft worden war (der neue König hatte angewiesen, daß die Ausstellungsjury kein Bild von jenem Ereignis zurückzuweisen hatte, dem er die Krone verdankte), verschwand es auf Jahrzehnte im Magazin. Als Delacroix, neben Ingres der Star des französischen Beitrags zur Weltausstellung 1855, den Kaiser um die Möglichkeit bat, auch dieses Gemälde zu zeigen, wurde das nach einigem Hin und Her genehmigt; man vergaß dann nur, es aus dem Magazin zu holen. Erst seit 1863, nach dem Tod des Künstlers und scheinbar weit genug entfernt von dem revolutionären Elan der Julitage, war das Bild ständig ausgestellt – nun im Louvre, der den großen Meistern der Vergangenheit vorbehalten war und es so ins Erbe entrückte.

322 Catulle Mendès, A Monsieur Jules Noriac. In: Revue fantaisiste, 2/1861, S. 68.

323 Vgl. z. B. die von Peter Bürger in mehreren Arbeiten entwickelte These, „daß in der entfalteten bürgerlichen Gesellschaft die Autonomieästhetik das normative Zentrum der Institution Kunst ausmacht“ (Zum Funktionswandel der Literatur. Hrsg. von Peter Bürger. Frankfurt a. M. 1983, S. 27), sowie, mit anderen Begründungen und Folgerungen, die Arbeiten von Hans Robert Jauß und Karlheinrich Biermann.

324 Jules-Amédée Barbey d'Aurevilly, Le XIXe siècle. Des œuvres et des hommes. Hrsg. von Jacques Petit. Band 1, Paris 1964, S. 147 f., 150, 162.

325 Thalès Bernard, The Poetical Works of Edgar Allan Poe. In: L'Athénaeum français, 37/1853, S. 857.

326 Thalès Bernard, Edgar Poe, Histoires extraordinaires, traduites par Charles Baudelaire. In: L'Athénaeum français, 19/1856, S. 387.

327 Bernard, The Poetical Works of Edgar Allan Poe. In: L'Athénaeum français, 37/1853, S. 857.

328 Legendre, Le livre d'Edgar Poe. In: Figaro, 10. April 1856, S. 6.

329 Louis Goudall, Les fleurs du mal, par M. Charles Baudelaire. In: Figaro, 4. November 1855, S. 4.

330 Zitiert nach: Charles Baudelaire, Œuvres complètes. Hrsg. von Claude Pichois. Band 2, Paris 1976, S. 1200; von dort auch einige weitere, auf W. T. Bandy sich berufende Angaben zur französischen Poe-Rezeption.

331 Bernard, Edgar Poe, Histoires extraordinaires. In: L'Athénaeum français, 19/1856, S. 387.

332 Baudelaire an Thoré, um den 20. Juni 1864. In: Charles Baudelaire, Correspondance. Hrsg. von Claude Pichois. Band 2, Paris 1973, S. 386.
333 Charles Baudelaire, Edgar Allan Poe, sa vie et ses ouvrages. In: Charles Baudelaire, Œuvres complètes. Hrsg. von Marcel A. Ruff. Paris 1968, S. 320, 327 f., 330, 336 (im folgenden: OC).
334 Charles Baudelaire, Pierre Dupont; OC, S. 295, 292.
335 Baudelaire, Edgar Allan Poe, sa vie et ses ouvrages; OC, S. 330, 325, 333, 329.
336 Charles Baudelaire, Exposition universelle 1855. Beaux-Arts; OC, S. 363.
337 Charles Baudelaire, Edgar Poe, sa vie et ses œuvres; ders., Notes nouvelles sur Edgar Poe; OC, S. 337, 347 f.
338 Charles Baudelaire, Théophile Gautier; OC, S. 468. – Nur unvollkommen gab Gautier dem Kollegen seine Wertschätzung zurück. Zwar lobte er ihn in seinem Nachruf 1867 als bedeutenden Dichter; die Begründung aber ging nicht über die halbherzige Argumentation hinaus, mit der 1857 vor Gericht für die soziale Verträglichkeit der „Blumen des Bösen" plädiert worden war: „Wenn Baudelaire das Häßliche der Menschheit und der Zivilisation malt, so nur mit geheimem Abscheu." (Théophile Gautier, Œuvres complètes. Band 9, Genf 1978, S. 163.) Baudelaire muß solches vorausgesehen haben. In seinem Gautier-Artikel schon hatte er bedauernd angemerkt, daß dieser in letzter Zeit für „Monseigneur Fortschritt und die großmächtige Dame Industrie" bisweilen einige Lobesworte gefunden habe (OC, S. 468).
339 Baudelaire, Notes nouvelles sur Edgar Poe; OC, S. 349.
340 Charles Baudelaire, Mon cœur mis à nu; OC, S. 634. – Walter Benjamin notierte: „Der Müßiggang des Flaneurs ist eine Demonstration gegen die Arbeitsteilung." (Gesammelte Schriften, Band 5.1, S. 538.)
341 Man solle „jene Aristokratie, die Einsamkeit um sich verbreitet, mit allem Respekt und aller Begeisterung, die sie verdient", begrüßen, hieß es z. B. im Gautier-Aufsatz 1859 (OC, S. 459).
342 Baudelaire, Notes nouvelles sur Edgar Poe; OC, S. 349.
343 Vgl. Dolf Oehler, Pariser Bilder I. 1830–1848. Antibourgeoise Ästhetik bei Baudelaire, Daumier und Heine. Frankfurt a. M. 1979. Oehler politisiert die Antibürgerlichkeit Baudelaires allerdings in m. E. überzogenem Maße.
344 Charles Baudelaire, Salon de 1859; OC, S. 396 f.
345 Baudelaire, Mon cœur mis à nu; OC, S. 642.
346 Baudelaire, Notes nouvelles sur Edgar Poe; ders., Edgar Poe, sa vie et ses œuvres; OC, S. 347 f., 344 f.
347 Charles Baudelaire, Réflexions sur quelques-uns de mes contemporains. Victor Hugo; OC, S. 473.
348 Baudelaire, Notes nouvelles sur Edgar Poe; OC, S. 350.
349 Baudelaire, Mon cœur mis à nu; OC, S. 638; vgl. Roger Fayolle. La littérature dans l'enseignement: Le cas Baudelaire. In: Littérature, 7/1972.
350 Charles Baudelaire, Les paradis artificiels (1858/60); OC, S. 568.
351 Charles Baudelaire, Le peintre du la vie moderne (1865); OC, S. 562. – Vgl. Karlheinz Barck, Baudelaires Ästhetik der Modernität. Widerspiegelung und Vergegenständlichung als Probleme einer Poetik. In: Literarische Widerspiegelung, S. 291–358. – „Der Begriff des Fortschritts

ist in der Idee der Katastrophe zu fundieren", pointierte Walter Benjamin diesen Gedanken in sozialer Hinsicht und fügte hinzu: „Es ist sehr wichtig, daß das ‚Neue' bei Baudelaire keinerlei Beitrag zum Fortschritt leistet." (Benjamin, Charles Baudelaire. Frankfurt a. M. 1974, S. 179, 183.) Dies war nicht identisch mit der Fortschrittskritik von Marx, der 1853 von Fortschritt als jenem Götzen gesprochen hatte, „der den Nektar nur aus den Schädeln Erschlagener trinken wollte". Marx verwies im selben Satz auf die „große soziale Revolution", die es gestatten werde, „die Ergebnisse der bürgerlichen Epoche, den Weltmarkt und die modernen Produktivkräfte", zu meistern (Karl Marx, Die künftigen Ergebnisse der britischen Herrschaft in Indien. In: Marx/Engels, Werke, Band 9, S. 226).

352 Vgl. Charles Baudelaire, Salon de 1846; OC, S. 230.

353 Vgl. Baudelaire, Salon de 1859; OC, S. 400.

354 Charles Baudelaire, Puisque réalisme il y a; OC, S. 448.

355 Baudelaire, Salon de 1859; OC, S. 399.

356 Baudelaire, Les paradis artificiels; OC, S. 567.

357 Baudelaire, Notes nouvelles sur Edgar Poe; OC, S. 352.

358 Paul Verlaine, Charles Baudelaire. In: L'Art, 5/1865, S. 4.

359 Charles Baudelaire, Peintres et aquafortistes (1862); OC, S. 543. – Das wird hier auch im Gedanken an Auffassungen betont, die Baudelaire zum „Anti-Courbet" und zum „armseligen stammelnden Herold einer verlorenen Sache" erklärten, der „die ganze Hölle falscher Argumente aufbaut, um den sicheren Sieg des Realismus aufzuhalten" (Aragon, Das Beispiel Courbet. Dresden 1956, S. 28, 26). Nachwirkungen dieser Vereinfachungen Aragons sind noch spürbar.

360 Charles Baudelaire, Charles Asselineau (1859); OC, S. 456. – Werke „des inneren Exils" nannte Oehler Baudelaires Dichtungen nach 1848, die vom „Gefühl des unwiederbringlich Verlorenen", der aufgegebenen Hoffnung auf den neuen Volksaufstand geprägt seien (Dolf Oehler, Über einige Paris-Motive im Arbeiterlied nach dem Juni 1848. In: lendemains, 35/1984, S. 41).

361 Zitiert nach: Baudelaire, Œuvres complètes (Pichois), Band 2, S. 1223.

362 Edmond Duranty, Le remarquable article de M. de Pontmartin sur Balzac. In: Réalisme, 2/1856, S. 28.

363 Taine an Baudelaire, 30. März 1865. In: Eugène und Jacques Crépet, Baudelaire. Paris 1928, S. 432.

364 Emile Hennequin, Edgar Allan Poe. In: La Revue contemporaine, 1/1885, S. 55.

365 Pierre-Jules Hetzel, Avertissement de l'éditeur. In: Christian Robin, Un monde connu et inconnu: Jules Verne. Nantes 1978, S. 124 f.; zu Hetzel vgl. die Sondernummer von: Europe, 619–620/1980.

366 Bathild Bouniol, Les livres illustrés. In: Le Mois artistique, 3/1866, S. 146.

367 Yves Guyot, L'anarchie du XIXe siècle. In: La Réforme politique, littéraire, philosophique, scientifique et économique, 1/1878, S. 49.

368 Hans-Jörg Neuschäfer, Populärromane im 19. Jahrhundert. München 1976, S. 153.

369 Vgl.: Pierre Macherey, Jules Verne: Erzähltes und Nichterzähltes. In: Macherey, Zur Theorie der literarischen Produktion. Darmstadt – Neu-

wied 1974; Jean Chesneaux, Une lecture politique de Jules Verne. Paris 1971; Neuschäfer, Populärromane im 19. Jahrhundert; Jules Verne et les sciences humaines. Paris 1979; Jacques Noiray, Le romancier et la machine. 2 Bände, Paris 1981/82.

370 Jules Verne, Textes oubliés (1849–1903). Hrsg. von Francis Lacassin. Paris 1979, S. 301 f.; Seitenangaben aus dieser Ausgabe im folgenden im Text.

371 Vgl. Volker Dehs, Der Kampf gegen das Unmögliche. In: lendemains, 33/1984.

372 Anna Seghers in: Paris 1935 (vgl. Anm. 21), S. 281.

373 Vgl.: Von Courbet bis Cézanne. Französische Malerei 1848–1886. Katalog. Berlin 1982; Helmut Pfeiffer, Roman und historischer Kontext. Strukturen und Funktionen des französischen Romans um 1857. München 1984; Gabriel P. Weisberg, The Realist Tradition. French Painting and Drawing 1830–1900. Katalog. Cleveland 1980 (kritisch dazu: Charles Rosen/Henri Zerner, Romantisme et réalisme. Paris 1986, S. 141–192).

374 Charles de Rémusat, De la mission des écrivains. In: La Revue des deux mondes, 1. Januar 1863, S. 62.

375 Ernest Chesneau, L'art et les artistes modernes en France et en Angleterre. Paris 1864, S. 40, 175 f.

376 Arsène Houssaye, Merveilles de l'art flamand. Paris 1867, S. 5 f.

377 W. Burger, Salons 1861 à 1868. Avec une préface par T. Thoré. Band 1, Paris 1870, S. 20 f.

378 Vgl. Georg Maag, Über ästhetischen Fortschritt und die Vorbildfunktion der Antike bei der Konstituierung einer „poésie industrielle". In: Zum Problem der Geschichtlichkeit ästhetischer Normen. Die Antike im Wandel des Urteils des 19. Jahrhunderts. Berlin 1986, S. 189.

379 Sylvestre de Sacy, Variétés littéraires, morales et historiques. Paris 1858, S. XIX f.

380 Sylvestre de Sacy/Paul Feval/Théophile Gautier/Edmond Thierry, Rapport sur le progrès des lettres. Paris 1868, S. 15 – Seitenzahlen im folgenden im Text.

381 Emile Zola, M. Duruy et le „Rapport sur le progrès des lettres" (La Tribune, 14. Juni 1868). In: Zola, Œuvres complètes. Hrsg. von Henri Mitterand. Band 10, Paris 1968, S. 751–753.

382 Vgl. Marie-Joseph Chénier, Tableau historique de l'état et des progrès de la littérature française depuis 1789. 3. Aufl., Paris 1818, S. XIV f. – Mit Jules Sandeau wurde 1859 erstmals ein Schriftsteller auf Grund seiner Romane in die Académie française aufgenommen; 1863 folgte Octave Feuillet. Das Romankonzept, das damit legitimiert wurde, war ein nichtrealistisches, der bloßen Reproduktion bürgerlicher Moralvorstellungen verpflichtetes; vgl. Wilfried Grauert, Ästhetische Erkenntnis gegen bürgerliche Moral. Zur Funktionsbestimmung des Romans im Second Empire. In: Zum Funktionswandel der Literatur. Hrsg. von Peter Bürger. Frankfurt a. M. 1983; zu den beiden Romanciers vgl.: Pfeiffer, Roman und historischer Kontext, S. 41–99.

383 Chénier, Tableau historique . . ., S. 250–252, XIX.

384 Vgl. Christophe Charle, La crise littéraire à l'époque du naturalisme. Essai d'histoire sociale des groupes et des genres littéraires. Paris 1979.

385 Nach den Ergebnissen der Volkszählung von 1866 konnten von den 38 067 064 Einwohnern Frankreichs 3,8 Mill. Männer (24,1 %) und 5,2 Mill. Frauen (32,9 %) nicht lesen und 5,5 Mill. Männer (34,5 %) und 7,5 Mill. Frauen (46,9 %) nicht schreiben (Revue de l'instruction publique, de la littérature et des sciences en France et dans les pays étrangers, 33/1868, S. 531).

386 Amédée Jullien, Les beaux-arts et leur administration. Paris 1868, S. 45, 44, 52, 54, 45, 61 f., 69 f., 65.

387 In: X. de Villarceaux, Salon de 1870. In: L'Artiste, Juli 1870, S. 92 f.

388 X. de Villarceaux, Chronique. In: L'Artiste, Juni 1871, S. 229.

389 Charles Blanc, L'art dans les républiques. In: La Revue politique, 17/1868, S. 362.

390 Louis-Xavier de Ricard, Lettres philosophiques à une femme. In: Revue du progrès, 6/1863, S. 567 f.

391 Victor Hallays-Dabot, La censure dramatique et le théâtre. Histoire des vingt dernières années. Paris 1871, S. 1.

392 Edouard L'Hote, De l'enseignement supérieur des beaux-arts. In: L'Artiste, September 1871, S. 319.

393 Gallait, La liberté dans l'art. In: L'Artiste, Dezember 1871, S. 96.

394 Alexandre Zévaès, Les procès littéraires au XIXe siècle. Paris 1924, S. 215.

395 Charles Grivel, Production de l'intérêt romanesque. Un état du texte (1870–1880), un essai de constitution de sa théorie. Band 1, Den Haag – Paris 1973, S. 328, 336, 344, 357, 371.

396 Edouard Demolins, L'école de la réforme sociale. Son programme. In: La Réforme sociale, 1/1881, S. 4.

397 Antonin Rondelet, Le roman naturaliste contemporain. In: La Réforme sociale, 1/1881, S. 25 f.

398 Pierre Pétroz, L'art et l'Etat. In: La Philosophie positive, Mai–Juni 1881, S. 425.

399 Vgl. Roger Fayolle, Über die Herkunft unserer literarischen Ansichten. Zur Problematik des Literaturunterrichts in Frankreich. In: Ideologie – Literatur – Kritik. Französische Beiträge zur marxistischen Literaturtheorie. Hrsg. von Karlheinz Barck und Brigitte Burmeister. Berlin 1977. Repräsentative Ausschnitte aus der Trivialliteratur der Zeit bietet die von Michel Nathan herausgegebene „Anthologie du roman populaire 1836 bis 1918" (Paris 1985).

400 Vgl. Francis Jourdain, L'art officiel de Jules Grévy à Albert Lebrun. Mulhouse 1949 (Le Point, 37).

401 Horst F. Müller, Der „cornélianisme" als literarische Norm. In: Beiträge zur Romanischen Philologie, 1/1985, S. 89.

402 Vgl. Dieter Schlenstedt, Problemfeld Widerspiegelung. In: Literarische Widerspiegelung, S. 20–27, 133–143.

403 Hippolyte Taine, Philosophie de l'art. Paris 1865 (russ. 1865, dt. 1866); Philosophie de l'art en Italie. Paris 1866; De l'idéal dans l'art. Paris 1867; Philosophie de l'art en Grèce. Paris 1869; Philosophie de l'art dans les Pays-Bas. Paris 1869. Zur Rezeption in Rußland vgl.: P. R. Zaborov, Ippolit Ten v Rossii. In: Ėpocha realizma. Iz istorii meždunarodnych svjazej russkoj literatury. Leningrad 1982, S. 227–271.

404 Hippolyte Taine, Philosophie de l'art. Paris 1898, S. 13–15 – im folgenden Seitenzahlen im Text.

405 Taines Postulat einer Vielfalt der Stile enthalte „die Entdeckung der Historizität des Stils", schreibt Ulrich Schulz-Buschhaus (Taine und die Historizität des Stils. In: Stil. Geschichten und Funktionen eines kulturwissenschaftlichen Diskurselements. Hrsg. von Hans Ulrich Gumbrecht und K. Ludwig Pfeiffer. Frankfurt a. M. 1986, S. 196).

406 Hippolyte Taine, Essai sur Tite Live. Paris 1856, S. 30, 119, 34, VII.

407 Vgl.: Gérard Delfau/Anne Roche, Histoire – Littérature. Histoire et interprétation du fait littéraire. Paris 1977; Dirk Hoeges, Literatur und Evolution. Studien zur französischen Literaturkritik im 19. Jahrhundert. Heidelberg 1980.

408 Vgl.: Arsène Houssaye, Histoire de la peinture flamande et hollandaise. 2 Bände, Paris 1848; W. Burger (d. i. Théophile Thoré), Musées de la Hollande. 2 Bände, Paris 1858–1860, Band 1, S. X.

409 Marx, Grundrisse der Kritik der Politischen Ökonomie, S. 30.

410 Karl Marx, Zur Kritik der Politischen Ökonomie. Vorwort (Januar 1859). In: Marx/Engels, Werke, Band 13, S. 8.

411 Georg Wilhelm Friedrich Hegel, Ästhetik. Hrsg. von Friedrich Bassenge. Band 1, Berlin und Weimar 1976, S. 33.

412 Hippolyte Taine, Histoire de la littérature anglaise (1863). Band 1, Paris 1873, S. XXIII, XXVI, XXIX.

413 Ebenda, S. XXXII–XXXIV.

414 Ebenda, S. XV. – Der Satz diente Emile Zola 1867 als Motto seines Romans „Thérèse Raquin".

415 Emile Zola, M. H. Taine, artiste. In: Œuvres complètes, Band 10, S. 146.

416 Jules Barbey d'Aurevilly, Le XIXe siècle. Des œuvres et des hommes. Hrsg. von Jacques Petit. Band 2, Paris 1966, S. 44.

417 Louis de Laincel, Le matérialisme dans l'art. In: Le Mois artistique, 2/1866, S. 73.

418 „Die Chancen der Verfahren, die nach der Widerspiegelung gesellschaftlicher Praxis in Literatur fragen, (liegen) weniger in der Einzelwerkanalyse als in der Erkundung werkübergreifender Strukturen und Literaturfunktionen einer bestimmten Zeit." (Schlenstedt, Problemfeld Widerspiegelung. In: Literarische Widerspiegelung, S. 60.)

419 Hoeges, Literatur und Evolution, S. 48.

420 Ernst Hardt, Vorwort des Übersetzers (1901). In: Hippolyte Taine, Philosophie der Kunst. Jena 1922, S. 2.

421 Georgi Plechanow, Briefe ohne Adresse (1899). In: Plechanow, Kunst und gesellschaftliches Leben. Hrsg. von Alexander Uschakow und Pjotr Nikolajew. Berlin 1975, S. 70 f.

422 Vgl.: Klaus Städtke, Ästhetisches Denken in Rußland. Berlin und Weimar 1978, S. 292 f.; Schlenstedt, Problemfeld Widerspiegelung. In: Literarische Widerspiegelung, S. 52–59.

423 Städtke, Ästhetisches Denken in Rußland, S. 294 f.

424 Friedrich Tomberg, Begreifendes Denken. Studien zur Entwicklung von Materialismus und Dialektik. Berlin 1986, S. 180.

425 Ebenda, S. 207. – Damit ist auch gesagt, daß die noch immer verbreitete Ansicht, daß die positivistische Ästhetik, wie Taine sie entwickelte,

„nur Fakten sammelte und es verneinte, sie bewerten und einordnen zu können" (Französische Literatur im Überblick. Leipzig 1970, S. 256), unhaltbar ist. Die Differenz zwischen Taine und Marx hieß nicht Fakten- oder Gesetzesorientierung, sondern lag in den Inhalten und den Wirkungsstrukturen der formulierten Gesetzmäßigkeiten.

426 Hegel, Ästhetik, Band 2, S. 14–20; Band 1, S. 88–95.

427 Wolfgang Heise, Über die Geschichtlichkeit der Wahrheit der Poesie (Überlegungen zu Hegel). In: Jürgen Kuczynski/Wolfgang Heise, Bild und Begriff. Berlin und Weimar 1975, S. 184, 186.

428 Cousin, Du vrai, du beau et du bien, S. 190–192.

429 Ferdinand Brunetière, Manuel de l'histoire de la littérature française. 3. Aufl., Paris o. J., S. 509.

430 Ernest Chesneau, L'art et les artistes modernes en France et en Angleterre. Paris 1864, S. 4 f., 40 f. – Der offiziöse Charakter dieser Äußerungen wird dadurch unterstrichen, daß Chesneau längere Zeit als Sekretär Nieuwerkerkes tätig war.

431 Edmond Scherer, zitiert nach: Fayolle, La critique littéraire, S. 124. – Selbst die Katholiken ließen sich nun herbei einzuräumen: „Der Mensch ist wirklich doppelt: er ist Seele und Leben, aber er ist auch rohe Kraft und Materie. Er ist ein Zentrum von Aktion und Spontaneität, Freiheit und Unabhängigkeit gegenüber der physischen Welt; aber er lebt inmitten dieser Welt." (Chauffard, La science et l'ordre social. In: Le Correspondant, 10. Juni 1872, S. 798.) Und für direkter politisch Denkende konnte darauf hingewiesen werden, daß die Versöhnung beider Pole praktisch möglich sei, wenn in der Kunst gezeigt werde, „durch welche Kraft das in unserem Denken vorhandene Ideal sich in der Natur selbst verwirklicht" (Alfred Fouillée, La science sociale contemporaine. Paris 1880, S. XII) – wobei „Natur" für die kapitalistische Gesellschaft stand.

432 Zitiert nach: Weinberg, French Realism, S. 142.

433 Emile Littré, Dictionnaire de la langue française. 2. Aufl., Band 4, Paris 1874, S. 1496.

434 Pierre Larousse, Grand dictionnaire universel du XIXe siècle français. 16 Bände, Paris 1866–1878, Band 13, Paris 1875, S. 755, 757.

435 Théodore Bachelet/Charles Dezobry, Dictionnaire général des lettres, des beaux-arts et des sciences morales et politiques. 2 Bände, Paris 1862, S. 1537.

436 Vapereau, zitiert nach: Roger Fayolle, La notion de réalisme dans l'histoire de l'enseignement de la littérature. Beitrag zu einem Kolloquium in Liblice, 1979, Manuskript, S. 8.

437 Jules Adeline, Lexique des termes d'art. Paris 1884, S. 2, 356.

438 Yves Guyot, Réalisme. In: La Pensée nouvelle, 1/1868, S. 7 f. – Ähnliche Gedanken äußerte Guyot noch zehn Jahre später: L'anarchie du XIXe siècle. In: La Réforme politique, littéraire, philosophique, scientifique et économique, 1/1878.

439 E. Bourdet, De l'idéal dans la philosophie positive. In: La Philosophie positive, 2/1867, S. 246 f.

440 Louis Gonse in: L'art moderne à l'Exposition de 1878. Paris 1879, S. 38, 52.

441 Harry Alis, L'art en 1880. In: Revue moderne et naturaliste, 1880, S. 274. – Vgl. auch Notate Walter Benjamins über Maler, die in diesen Jahren „selbst die Benutzung der Lupe zur Erreichung vollständig naturgetreuer Wiedergabe" nicht scheuten (Benjamin, Gesammelte Schriften, Band 5.2: Das Passagenwerk, S. 687; vgl. ebenda, S. 657).

442 Vast-Ricouard bzw. Edouard Rod in: La Revue réaliste, 1/1879, S. 1; 5/1879, S. 10; 6/1879, S. 8.

443 L'Hote, De l'enseignement supérieur des beaux-arts, S. 314, 320.

444 Pierre Petroz, Etudes sur l'art moderne. In: La Philosophie positive, März–April 1874, S. 252.

445 Clémence Royer, De la nature du beau. In: La Philosophie positive, März–April 1879, S. 208.

446 C. S., Réalisme. In: La Philosophie positive, März–April 1880, S. 248, 254 f.

447 Vgl. Fayolle, La notion de réalisme.

448 A. David-Sauvageot, Le réalisme et le naturalisme dans la littérature et dans l'art. Paris 1890, S. 5.

449 Paul Lenoir, Histoire du réalisme et du naturalisme dans la poésie et dans l'art depuis l'Antiquité jusqu'à nos jours. Paris 1889, S. II–IV, VIII, V, 760.

450 David-Sauvageot, Le réalisme et le naturalisme..., S. 11, 242, 267, 264 f., 247.

451 Lenoir, Histoire du réalisme et du naturalisme..., S. 710 f.

452 David-Sauvageot, Le réalisme et le naturalisme..., S. 11 f., 181 f.

453 Faksimile des Titelblatts und der Seiten 30 und 45 des Buches in: Aimé Dupuy, „Sedan" et l'enseignement de la „Revanche". Paris 1975, S. 41, 43 f.

454 Jules Huret, Enquête sur l'évolution littéraire. Paris 1891, S. 2.

455 Maurice Barrès, Lettre à un lecteur familier. In: La Revue blanche, Februar 1892, S. 66.

456 Remy de Gourmont, Le symbolisme. In: La Revue blanche, Juni 1892, S. 322 f.

457 Gustave Kahn, Les poèmes de Poe traduits par Stéphane Mallarmé. In: La Revue indépendante, September 1888, S. 441.

458 Gustave Lanson, Histoire de la littérature française. 12. Aufl., Paris 1912, S. VIII (Vorwort von 1894).

459 Louis-Xavier de Ricard, Le Parnasse et les parnassiens. Notes d'un témoin. In: La Revue indépendante, Juni 1892, S. 328.

460 Marcel Proust, Gegen Sainte-Beuve (1908–1910). Frankfurt a. M. 1962, S. 22.

461 Raymond Lenoir, L'idéalisme de Taine. In: Revue de métaphysique et de morale, 1916, S. 859–878.

462 Albert Cassagne, La théorie de l'art pour l'art en France chez les derniers romantiques et les premiers réalistes. Paris 1906.

463 Emile Bouvier, La bataille réaliste (1844–1857). Paris 1913, S. 24.

464 Vorwort von Champfleury in: Max Buchon, Poésies. Paris 1877, S. XIV.

465 Vgl. Bouvier, La bataille réaliste, S. 319.

466 Champfleury, Les aventures de Mademoiselle Mariette. Paris 1853, S. 121 f.

467 Champfleury, Histoire de la caricature au moyen âge. Paris 1870, S. VII.
468 Vgl. Charles Baudelaire, De l'essence du rire; OC, S. 370.
469 Buchon, Poésies, S. X.
470 Champfleury, Histoire de l'imagerie populaire. Paris 1869, S. XLV, XLVIII, 298.
471 Champfleury, Nebel und Rosen: Chintreuil (1866); zitiert nach: Realismus als Widerspruch, S. 44.
472 Buchon, Poésies, S. V.
473 Champfleury, Préface. In: J. Grand-Carteret, Les mœurs et la caricature en Allemagne, en Autriche, en Suisse. Paris 1885, S. XIII.
474 Zitiert nach: Crouzet, Un méconnu du réalisme, S. 370.
475 Champfleury, Le Sèvres (Le Pamphlet, 13. September 1848). In: Champfleury, Le réalisme (vgl. Anm. 149), S. 146.
476 Edouard Dujardin, Mallarmé par un des siens. Paris 1949, S. 203.
477 Baudelaire, Mon cœur mis à nu; OC, S. 633 f.
478 Jules-Antoine Castagnary, Les libres propos. Paris 1864, S. 201.
479 Jules-Antoine Castagnary, L'art. In: Castagnary/Paschal Grousset/A. Ranc/Francisque Sarcey, Le bilan de l'année 1868 politique, littéraire, dramatique, artistique et scientifique. Paris 1869, S. 316, 327.
480 Jules-Antoine Castagnary, Salon de 1863. In: Castagnary, Salons. Band 1, Paris 1892, S. 102.
481 Castagnary, L'art. In: Castagnary u. a., Le bilan de l'année 1868 . . ., S. 312.
482 Castagnary, Les libres propos, S. 195, 197 f.
483 Castagnary, Salon de 1863, S. 102 f., 140. – Wie wichtig der Gedanke Castagnary war, zeigt, daß er ihn an anderer Stelle wörtlich wiederholte – auslaufend dort in jener Formulierung, die Baudelaire auf seine Ideen so abfällig blicken ließ (vgl. Castagnary, Les libres propos, S. 199 bis 201).
484 Castagnary, Les libres propos, S. 259.
485 Castagnary u. a., Le bilan de l'année 1868 . . ., S. 134, 224, 551–566, 130, 355, 298.
486 Castagnary, Salons, Band 2, Paris 1892, S. 140, 51, 213, 48, 207, 317, 108, 362.
487 Gustave Larroumet, L'art réaliste et la critique II. J.-A. Castagnary. In: La Revue des deux mondes, 116/1893, S. 116, 123, 134.
488 Henri Thulié, La coalition cléricale. Paris 1875, S. 14 f. – Vgl. Henri Thulié, La dernière croisade. In: La Pensée nouvelle, 27. Dezember 1868.
489 Henri Thulié, La femme. Essai de sociologie physiologique. Paris 1885, S. IV, I, III, 514 f., 516.
490 Henri Thulié, La lutte contre la dégénérescence et la criminalité. 2. Aufl., Paris 1912, S. 8, 1, 3 f., 7, 10.
491 Zitiert nach: Louis-Edouard Tabary, Duranty. Paris 1954, S. 95.
492 Jules Assézat, Affaire Mortara. Le droit du père. Paris 1858, S. 2, 23, 10, 20 f.
493 Zitiert nach: Heinz Thoma, Aufklärung und nachrevolutionäres Bürgertum in Frankreich. Zur Aufklärungsrezeption in der französischen Literaturgeschichte des 19. Jahrhunderts (1794–1914). Heidelberg 1976, S. 318, 215.

494 Zitiert nach: Massol, Diderot et le XIXe siècle (conférence de M. L. Asseline). In: La Morale indépendante, 38/1866, S. 302.
495 Jules Assézat, L'expiation. In: La Pensée nouvelle, 11. April 1869, S. 374.
496 Jules Assézat, L'absolution. In: La Pensée nouvelle, 14. März 1869, S. 349.
497 Vgl. Crouzet, Un méconnu du réalisme, S. 348–351.
498 Edmond Duranty, La nouvelle peinture (1876). Paris 1946, S. 42.
499 Charles Baudelaire, Œuvres complètes. Hrsg. von Yves-Gérard Le Dantec und Claude Pichois. Band 1, Paris 1971, S. 1304. – Duranty soll seinerseits Anfang der sechziger Jahre einen Artikel über Baudelaire geplant haben, für den dieser ihm biographische Details zur Verfügung gestellt habe (vgl. ebenda, S. 1733).
500 Vgl. Crouzet, Un méconnu du réalisme, S. 291.
501 Ebenda, S. 605, 607.
502 Edmond Duranty, Le malheur d'Henriette Gérard. Paris 1861, S. 338.
503 Edmond Duranty, La cause du beau Guillaume. Paris 1862, S. 339.
504 Edmond Duranty, Les combats de Françoise du Quesnoy. Paris 1873, S. 349.
505 In: Progrès de Lyon, 13. März 1865; zitiert nach: Crouzet, Un méconnu du réalisme, S. 209.
506 Edmond Duranty, La science vulgarisée. In: Nouvelle revue de Paris, 31. Dezember 1864; zitiert nach: Crouzet, Un méconnu du réalisme, S. 30.
507 Ebenda, S. 301, 305.
508 Ebenda, S. 303.
509 Edmond Duranty, L'art pendant la guerre et la Commune. In: Paris-Journal, 30. September 1871, S. 2.
510 Paris-Journal, 3. Juli 1872; zitiert nach: Crouzet, Un méconnu du réalisme, S. 312.
511 Duranty, L'art pendant la guerre. In: Paris-Journal, 30. September 1871, S. 2.
512 Duranty, La nouvelle peinture, S. 30, 28, 39, 42, 49. – Vgl. Enzo Caramaschi, Duranty entre peinture et littérature. In: Caramaschi, Arts visuels et littérature. Fasano – Paris 1985.
513 Edmond Duranty, Daumier. In: Gazette des beaux-arts, 1. Mai und 1. Juni 1878, S. 430, 532, 530.
514 Duranty in: L'art moderne à l'Exposition de 1878, S. 172 f. – Ein wichtiges Argument für diese Feststellung war Adolph Menzels „Eisenwalzwerk"; dem Deutschen war 1880 der letzte große Artikel Durantys in der „Gazette des beaux-arts" gewidmet.
515 Vgl. Théâtre des marionnettes. Texte et composition des dessins par Duranty. Paris 1862.
516 Zitiert nach: Duranty, La nouvelle peinture, S. 12 f.
517 Emile Zola, Les romanciers contemporains. In: Zola, Œuvres complètes, Band 11, S. 225 – Band- und Seitenangaben im folgenden im Text.
518 Vgl. Rita Schober, Zolas ästhetische Auseinandersetzung mit Balzac. In: Schober, Von der wirklichen Welt in der Dichtung. Aufsätze zur Theorie und Praxis des Realismus in der französischen Literatur. Berlin und Weimar 1970, S. 185–213.

519 Vgl. auch Zolas frühes Lob für einen Mann, der „die Augen vor dem Wahren öffnet" (X, 208), sowie die auf Wesentliches eingehende Würdigung der „Erziehung der Gefühle" als eines Buches, in dem ein „Titan" den Widerspruch zwischen dem „Willen des exakten Analytikers" und dem „lyrischen Elan" des Dichters aushalte (X, 917).

520 Vgl. Crouzet, Un méconnu du réalisme, S. 283–285.

521 Duranty an Zola, Dezember 1872. In: La Nef, Juli 1946, S. 47.

522 Vgl. Yves Chevrel, Le naturalisme. Paris 1982, S. 22.

523 Bouvier, La bataille réaliste, S. 345.

524 Colette Becker bzw. Pierre Cogny in: Le naturalisme. Colloque de Cérisy. Direction Pierre Cogny. Paris 1978, S. 10, 29.

525 Lukács, Die Eigenart des Ästhetischen, Band 1, S. 686, 691.

526 Georg Lukács, Lob des neunzehnten Jahrhunderts (1967). In: Lukács, Essays über Realismus, S. 659. – Vgl. Schlenstedt, Veto gegen die Trollwelt. In: Weimarer Beiträge, 2/1986, S. 275–286.

527 Georg Lukács, Balzac und der französische Realismus. Berlin 1952, S. 92.

528 Kulturpolitisches Wörterbuch. Berlin 1978, S. 527 f.

529 Günther Cwojdrak, Ein Mensch namens Meier. In: Die Weltbühne, 18/1986, S. 561.

530 Rüdiger Bernhardt, Die Programmschriften des frühen deutschen Naturalismus. In: Weimarer Beiträge, 7/1982, S. 6.

531 Hans Kaufmann, Versuch über das Erbe. Leipzig 1980, S. 21.

532 Rita Schober, Für oder wider Zola. Rezeption – Kritik – Bewertung. In: Schober, Abbild – Sinnbild – Wertung. Aufsätze zur Theorie und Praxis literarischer Kommunikation. Berlin und Weimar 1982, S. 301, 303.

533 Auerbach, Mimesis, S. 476.

534 Schober, Von der wirklichen Welt in der Dichtung, S. 191.

535 Pfeiffer, Roman und historischer Kontext, S. 139.

536 Zu dem intellektuellen Kontext, in dem Zola seit den sechziger Jahren stand, vgl.: Colette Becker, Emile Zola 1862–1867. Elaboration d'une esthétique „moderne", und Roger Ripoll, Zola et le modèle positiviste, beide in: Romantisme, 21–22/1978, sowie Hans-Joachim Müller, Zola und die Epistemologie seiner Zeit. In: Romanistische Zeitschrift für Literaturgeschichte, 1/1981.

537 Mehr als fraglich ist mit dem Blick auf diese Zitate die Feststellung, die Romane Zolas verwiesen vor allem auf „die tiefe Trennung, die in der zweiten Hälfte des 19. Jahrhunderts zwischen dem Künstler und seiner Zeit bestand" (Colette Becker in: Manuel d'histoire littéraire de la France. Band 5: 1848–1913. Hrsg. von Claude Duchet. Paris 1977, S. 260).

538 So hieß es in einer Ansprache an das siebzehnjährige Frankreich des Zweiten Empire zu Neujahr 1869, es sei für Frankreich an der Zeit zu heiraten. Der Ehemann, den Zola gewählt hatte, „liebt wie Du Freiheit und Gerechtigkeit, er arbeitet von früh bis spät und singt Deine Lieder. Ihr beide werdet ein mächtiges Paar bilden, und Eurer fruchtbringenden Umarmung wird eine Nation von Riesen entsprießen." Dieser Ehemann hieß „Volk" (XIII, 217).

539 Naumann, Prosa in Frankreich, S. 191.

540 Schober, Abbild – Sinnbild – Wertung, S. 182.

541 Marx, Grundrisse der Kritik der Politischen Ökonomie, S. 874.

542 Manfred Naumann, Blickpunkt Leser. Literaturtheoretische Aufsätze. Leipzig 1984, S. 42, 39.

543 Daß ihm darin selbst naturalismusfreundliche Literaten nicht ganz folgten, zeigt ein Artikel von Harry Alis in der „Revue moderne et naturaliste", in dem er Zola in aller Freundschaft, aber skeptisch fragte, ob „die jungen Schriftsteller" sich wirklich „glücklich schätzen sollten, in dieser Schlaraffenzeit geboren zu s in", und empfahl, „lieber die Finger vom Journalismus zu lassen" (1880, S. 337). – In seiner Arbeit über „Populärromane im 19. Jahrhundert" (München 1976, S. 12, 16–22) hat Hans-Jörg Neuschäfer mit Blick auf Adorno/Horckheimers „Dialektik der Aufklärung" darauf hingewiesen, daß Zola bei allem demokratischen Anliegen „die Probleme der sich bildenden ‚Kulturindustrie' insgesamt" deutlich „unterschätzt" habe.

544 Alexandre Zévaès, Emile Zola et le parquet impérial. In: Les Nouvelles littéraires. 3. März 1934, S. 1.

545 Aus der konservativen Ecke kam damals scharfe Kritik am Verzicht auf unmittelbare Idealisierungsfunktionen von Kunst durch den Naturalismus. Gerade wenn man annehme, daß die Welt schlecht sei, hieß es bei Brunetière, bestehe das Ziel der Kunst in der „Errichtung einer idealen Ordnung, wo jedes Ding an seinem Platz ist". Man schlage einen Roman nicht auf, „um Gründe zu suchen, das Leben ganz traurig zu finden". Vielmehr ständen „die Freuden der Sympathie" ganz oben in der Hierarchie der sozialen Werte und bildeten folglich auch „das innere Prinzip der Kunst" (Ferdinand Brunetière, Le personnage sympathique dans la littérature [1882]. In: Brunetière, Histoire et littérature. Paris 1898. Band 1, S. 254 f., 257, 260). Bilder aufzurufen, „die die Augen der Menschen erfreuen und reinigen", bezeichnete Brunetière an anderer Stelle als die Macht der Poesie, „Frieden in die Herzen" zu senken als ihre zentrale Aufgabe (Ferdinand Brunetière, La renaissance de l'idéalisme. Paris 1896, S. 61–63). Der machterhaltende Impuls ist in solchen Sätzen ebenso deutlich wie die Blindheit gegenüber den tatsächlichen Verhältnissen.

546 Georg Lukács, Tendenz oder Parteilichkeit? (1932). In: Zur Tradition der deutschen sozialistischen Literatur. Eine Auswahl von Dokumenten. Band 1: 1926–1935. Hrsg. von Alfred Klein und Thomas Rietzschel. Berlin und Weimar 1979, S. 484. – Vgl. Dieter Kliche, Objektivität der Form und „naturwüchsiger Realismus". Realistische Abbildung bei Lukács, Becher, Brecht. In: Literarische Widerspiegelung, S. 469–475.

547 Georg Lukács, Kunst und objektive Wahrheit (1934). In: Lukács, Kunst und objektive Wahrheit. Essays zur Literaturtheorie und -geschichte. Hrsg. von Werner Mittenzwei. Leipzig 1977, S. 71.

548 Polemisch gegen Lukács gewandt, schrieb Yves Chevrel (Le naturalisme, S. 62): „Das Universum des Naturalismus ist wirklich sehr weitgehend der Industrialisierungsentwicklung der westlichen Länder und dem Durchbruch der Bourgeoisie verpflichtet, aber deren Aufstieg ist am Ende des 19. Jahrhunderts keineswegs beendet. Zola und seine Kameraden ergreifen in dem Maße nicht die Partei einer mehr oder weniger ‚herabgewürdigten Welt', in dem sie ihre Epoche lieben und in ihr eine Rolle

zu spielen hoffen." Zeitgenössische Sozialisten wie Paul Lafargue sahen Zola eindeutig als bürgerlichen Schriftsteller. Daß sie damit „die Kluft zwischen Naturalismus und Arbeiterbewegung vertieften" (Norbert Rothe, Einleitung zu: Naturalismus-Debatte 1891–1896. Hrsg. von Norbert Rothe. Berlin 1986, S. XXIV), lag nicht nur an ihnen. Daß ein Roman wie „Das Geld" nach Lafargues Beobachtung „eine bestimmte Auffassung der Gesellschaft" – nämlich die marxistische – nicht bot, ist mit dem Blick auf die Autorintention unbestreitbar (Paul Lafargue, „Das Geld" von Zola. In: Naturalismus-Debatte 1891–1896, S. 110; vgl. Roger Fayolle, Paul Lafargue [1842–1911]. In: Positionsbestimmungen. Zur Geschichte marxistischer Theorie von Literatur und Kultur am Ausgang des 19. und Beginn des 20. Jahrhunderts. Hrsg. von Dieter Schlenstedt und Klaus Städtke. Leipzig 1977, S. 147–149). Das Urteil über Zolas Bücher als solche mit „ausgeprägt sozialkritisch-antibourgeoisen Gehalten", die „sozialistische Einstellungen bestätigen oder differenzieren" können (Leseerfahrung – Lebenserfahrung. Literatursoziologische Untersuchungen. Hrsg. von Dietrich Sommer u. a. Berlin und Weimar 1983, S. 142), erweist sich als eine mögliche Lektüreweise, die nicht von der Seite der Produktion her determiniert ist. Auch die nicht auf den Klassenkampf zielende Formulierung Hans-Jörg Neuschäfers (Populärromane im 19. Jahrhundert, S. 164), Zolas Romane seien „der erste ernsthafte Versuch, den Geltungsanspruch der ‚basses classes' gegenüber dem inzwischen selbst zur Herrschaft gekommenen Bürgertum zur Sprache zu bringen", ist nur als Hinweis auf ein bürgerliches Reformprogramm richtig verstanden (vgl. ebenda, S. 183–188). Den „Experimentalroman" in die Nähe des „Kommunistischen Manifests" zu rücken (Jutta Kolkenbrock-Netz, Fabrikation – Experiment – Schöpfung. Strategien ästhetischer Legitimation im Naturalismus. Heidelberg 1981, S. 327) ergibt dagegen keinen historischen Sinn.

549 Emile Zola, Mon Salon, Manet, Ecrits sur l'art. Hrsg. von Antoinette Ehrard. Paris 1970, S. 231.

550 Jutta Kolkenbrock-Netz (Fabrikation – Experiment – Schöpfung, S. 209, 214) tat das nicht, als sie Zolas Denken als Versuch wertete, „den modernen Literaturbegriff" – der bestand für sie undiskutiert im „Insistieren auf einer strikten Autonomie" – „mit dem modernen Wissenschaftsbegriff zu verbinden", und bei allem konzedierten Gewinn letztlich doch beklagte, daß Literatur – beim frühen Zola noch „mythisches Gegenbild zur Geschichte" – später der Geschichte „vollständig unterworfen" werde. Maarten van Buuren (La métaphore filée chez Zola. In: Poétique, 57/1984, S. 63) sah die Einheit von „realistischem" und „mythischem" Diskurs dagegen auch in den „Rougon-Macquart" gewahrt und gerade in deren „irrationalen Tendenzen" die Garantie für die „Einheit" des Zolaschen Werks.

551 Neuschäfer, Populärromane im 19. Jahrhundert, S. 197.

552 Vgl. Pierre Martino, Le roman réaliste sous le Second Empire. Paris 1913, S. 265.

553 Deshalb stimmt Peter Bürgers Diktum von der „Unfähigkeit" des Naturalismus, „subjektive Erfahrung zur Darstellung zu bringen", nicht. Bürger benennt selbst an anderer Stelle jene Subjektivität, die er vermißt:

Innerhalb des Zolaschen Konzepts habe „das Subjekt nur als Funktionsträger eine Stelle, nicht als problematisches" (Naturalismus/Ästhetizismus. Hrsg. von Christa Bürger, Peter Bürger, Jochen Schulte-Sasse. Frankfurt a. M. 1979, S. 21, 39). Gilt nur Entfremdungserfahrung als dem Subjekt angemessen, muß die Subjektivität Zolas wirklich als bedenklich reduziert erscheinen. Geht man davon aus, daß ein historisch „außerordentlich widersprüchlicher Prozeß" zu dem eindeutigen Ergebnis geführt habe, daß „in der entfalteten bürgerlichen Gesellschaft die Autonomieästhetik das normative Zentrum der Institution Kunst ausmacht", was heißt, daß diese Ästhetik „die Kunst allen theoretischen und moralisch-praktischen Rationalitätsforderungen entzieht und für das Kunstwerk einen Freiraum innerhalb der Gesellschaft vindiziert" (Zum Funktionswandel der Literatur, S. 13, 27, 20), muß eine instrumentale Ästhetik wie die naturalistische allerdings als unkünstlerisch oder (da bezogen auf Funktionssetzungen der Aufklärung) antiquiert erscheinen. – Zeitgenossen, die das Verhältnis von Subjektivität und Gesellschaft bei Zola diskutierten, sahen bei aller Differenz zwischen beiden Seiten keine Kluft. Der „Fortschritt" der modernen Kunst, hieß es bei Francesco de Sanctis, bestehe darin, daß „das Reale" von Künstlern wie Zola „respektiert" und „reproduziert" werde. „Damit jedoch wäre er nicht bereits Künstler. Zum Künstler machen ihn das lebendige Gefühl für das menschliche Ideal und seine gewaltige konstruierende und repräsentierende Imagination." (Francesco de Sanctis, Emile Zola. In: La Réforme politique, littéraire, philosophique, scientifique et économique, 4/1878, S. 428.)

554 Abgedruckt bei: Schober, Von der wirklichen Welt in der Dichtung, S. 432.

555 Jules Vallès, L'exposition Courbet (1866). In Vallès, Littérature et révolution. Recueil de textes littéraires. Hrsg. von Roger Bellet. Paris 1969, S. 260.

556 Joseph-Benoit-Marie Guichard, Les doctrines de M. Gustave Courbet, maître peintre. Paris 1862, S. 12, 34, 36. – Bei Chesneau (L'art et les artistes modernes, S. 271) fungierte Courbet dagegen noch als einer, der durch „Überspanntheiten" der „Zukunft des französischen Realismus am meisten geschadet" habe.

557 Pierre Larousse, Grand dictionnaire universel du XIXe siècle, Band 5, Paris 1869, S. 344. – In späteren Nachdrucken dieses Bandes, die den Tod Courbets 1877 verzeichneten, blieb die Textfassung unverändert. Sie ersparte sich damit eine Auseinandersetzung mit dem Kommunarden Courbet.

558 Vgl. Marie-Thérèse de Forges, Biographie. In: Gustave Courbet (1819 bis 1877). Katalog. Paris 1977, S. 39.

559 Courbet familier. Katalog. Ornans 1980, S. 57 f.

560 Exposition des œuvres de M. G. Courbet. Katalog. Paris 1867.

561 A. Lebrun, Les beaux-arts politiques. In: Paris-Gazette, 11. September 1868.

562 Courbet raconté par lui-même et par ses amis (vgl. Anm. 111), S. 64.

563 Zitiert nach: Forges, Biographie. In: Gustave Courbet (1819–1877), S. 38.

564 Zitiert nach: Bouvier, La bataille réaliste, S. 241 f.
565 Zitiert nach: Realismus als Widerspruch, S. 68.
566 Champfleury an Jules Dufay, 30. Dezember 1886. In: A. Estignard, Courbet. Sa vie, ses œuvres. Besançon 1896, S. 192 f.
567 Champfleury, Pages inédites. Courbet inconnu. In: Figaro, 9. Januar 1892.
568 Champfleury, Grandes figures d'hier et d'aujourd'hui. Balzac, Gérard de Nerval, Wagner, Courbet. Paris 1861, S. 263.
569 Courbet raconté par lui-même et par ses amis, Band 2, S. 47.
570 Vgl. Joachim Höppner/Waltraud Seidel-Höppner, Von Babeuf bis Blanqui. Französischer Sozialismus und Kommunismus vor Marx. 2 Bände, Leipzig 1975.
571 Pierre-Joseph Proudhon, Philosophie du progrès. In: Proudhon, Œuvres complètes. Hrsg. von C. Bouglé und H. Moysset. Reprint. Genf 1982, Band 12, S. 94.
572 Pierre-Joseph Proudhon, De la justice dans la révolution et dans l'église. In: Proudhon, Œuvres complètes, Band 8.3, S. 636 f.
573 Pierre-Joseph Proudhon, Du principe de l'art et de sa destination sociale. Paris 1865, S. 188 f., 203, 236, 43, 48, 123, 183, 374 f. – Auf die erste nach dem Manuskript gearbeitete, von Klaus Herding ins Deutsche übertragene, eingeleitete und erläuterte (leider gekürzte) Ausgabe des Werkes kann hier nur noch verwiesen werden: Pierre Joseph Proudhon, Von den Grundlagen und der sozialen Bestimmung der Kunst. Berlin [West] 1988 (Klassiker der Kunstsoziologie 3).
574 Klaus Herding in: Realismus als Widerspruch, S. 120.
575 Courbet raconté par lui-même et par ses amis, Band 2, S. 124, 122.
576 Zitiert nach: Maurice Choury, Bonjour, M. Courbet! Paris 1969, S. 68.
577 Courbet raconté par lui-même et par ses amis, Band 2, S. 135, 138 f.
578 In: Choury, Bonjour, M. Courbet!, S. 90.
579 Courbet raconté par lui-même et par ses amis, Band 2, S. 47.
580 Ebenda, S. 50. – Vgl. auch: A. S. Guščin, Parižskaja Kommuna i chudožniki. Leningrad 1934; Linda Nochlin, Courbet, die Commune und die bildenden Künste. In: Realismus als Widerspruch, S. 248–262.
581 Courbet raconté par lui-même et par ses amis, Band 2, S. 53.
582 Lettres de Gustave Courbet à Alfred Bruyas. Hrsg. von Pierre Borel. Genf 1951, S. 139.
583 Une lettre d'Alexandre Dumas fils. In: Figaro, 12. Juni 1871, S. 2.
584 Zitiert nach: Choury, Bonjour, M. Courbet!, S. 129.
585 Emile Bergerat, Sauvons Courbet! Paris 1871, S. 8.
586 Zitiert nach: Paul Lidsky, Les écrivains contre la Commune. Paris 1970, S. 59.
587 Arthur Duparc, Le Salon de 1872. In: Le Correspondant, 10. Juni 1872, S. 928.
588 Pierre Pétroz, Etudes sur l'art moderne. La nature. In: La Philosophie positive, Mai–Juni 1872, S. 463.
589 Courbet raconté par lui-même et par ses amis, Band 2, S. 166, 178.
590 Castagnary, Salons, Band 2, S. 11.
591 Zeitungsausschnitt in: Bibliothèque nationale, Paris. Cabinet des estampes. Castagnary, Papiers Courbet. Kasten 5.

592 Castagnary, Salons, Band 2, S. 136; vgl. ebenda, S. 211, sowie Jules Troubat, Plume et pinceau. Etudes de littérature et d'art. Paris 1878, S. 278, 283 (Artikel von 1874 und 1875).

593 Vgl. Fernand Drujon, Catalogue des ouvrages, écrits et dessins de toute nature poursuivis, supprimés ou condamnés depuis le 21 octobre 1814 jusqu'au 31 juillet 1877. Paris 1879, S. 114.

594 Exposition de deux tableaux importants par Corot et Gustave Courbet. Du 20 avril au 15 mai 1876 chez M. A. Binant. Paris o. J., o. S.

595 Les gentilhommes de lettres. In: Le Républicain, 9. Januar 1878.

596 Le dossier de Courbet. In: Le Figaro, Supplément littéraire du dimanche, 6. Januar 1878, S. 1.

597 Was folgt, ließe sich ähnlich an der Rezeption Daumiers oder Vallès' darstellen. Rita Schober hat in einer ausführlichen Studie gezeigt, wie Zola im kaiserlichen Deutschland nach Reaktionen der Abwehr, die denen des Bonapartismus gegen Courbet in vielem glichen, einem ähnlichen „Entschärfungsprozeß" unterzogen wurde (Schober, Abbild – Sinnbild – Wertung, S. 286).

598 Charles Timbal, Gustave Courbet et le réalisme. In: Le Correspondant, 25. Januar 1878, S. 274, 276, 288, 277 f., 287 f.

599 Castagnary, Salons, Band 2, S. 353.

600 L'art moderne à l'Exposition de 1878, S. 108, 145.

601 Emile Zola, L'école française de peinture au Salon de 1878. In: Zola, Mon Salon, Manet, Ecrits sur l'art, S. 286–288. – 1881, für den „Figaro" schreibend, nannte Zola Courbet zwar immer noch „den solidesten und logischsten Meister unserer Zeit", hatte für den Sachverhalt der Verfolgung aber nur den Satz: „Courbet hat sein Talent und sein Leben in der schwachsinnigen Krise der Kommune verloren." (Ebenda, S. 358, 354.)

602 Max Claudet, Souvenirs. Gustave Courbet. Paris 1878, S. 13, 16.

603 Camille Lemonnier, Gustave Courbet et son œuvre. Paris 1878, S. 6, 15, 30, 38, 65. – Unter denen, die mit dieser Linie der Entpolitisierung nicht einverstanden waren, ist Barbey d'Aurevilly zu nennen. Mit der Scharfsicht und der reaktionären Wertung, die ihn auszeichneten, schrieb er zu Lemonniers Buch: „Er hat nur das Werk des Malers sehen wollen; aber immer ist der Stil der Mensch, und der Stil Courbets als Maler drückt den Kommunarden aus, der er geworden ist." (Jules Barbey d'Aurevilly, Sensations d'art. Paris 1886, S. 27.)

604 Paul Mantz, Gustave Courbet. In: Gazette des beaux-arts. 1. Juni 1878, S. 514 f., 522 f.; 1. Juli 1878, S. 26; 1. September 1878, S. 381, 384.

605 H. d'Ideville, Gustave Courbet. Notes et documents sur sa vie et son œuvre. Paris 1878, S. 3 f., 31, 65, 103 f., 107, 118.

606 Vgl. Paul Sébillot, Chronique artistique. In: La Réforme politique, littéraire, philosophique, scientifique et économique, 1/1878, S. 112.

607 Vgl. Charles Léger, Courbet et son temps. Paris 1948, S. 178.

608 Victor Chaupier, Nécrologie. In: L'Année artistique 1878. Paris 1879, S. 486, 489, 492, 494 f.

609 Castagnary, Salons, Band 2, S. 363. – Dem lieblichen Bild ging eine unscharfe Bemerkung darüber voraus, daß Courbet vorher „die Einfachheit des Dorfes und die Korruption der Städte" gemalt habe.

610 E. Gros-Kost, Courbet. Souvenirs intimes. Paris 1880, S. 9, 142.

611 E. Durand-Gréville, Peintres français contemporains. Gustave Courbet. In: Revue politique et littéraire de la France et de l'étranger, 18. März 1882, S. 333.

612 J. Buisson, Expositions. In: Le Correspondant, 10. Juni 1881, S. 917 bis 920.

613 Vgl. Jean-Pierre Sanchez, La critique de Courbet et la critique du réalisme entre 1880 et 1890. In: Histoire et critique des arts, 4–5/1977 bis 1978, S. 78 f.

614 Die folgenden Angaben, soweit nicht anders vermerkt, aus: Bibliothèque nationale, Paris. Cabinet des estampes. Castagnary, Papiers Courbet. Aus dem Nachlaß Castagnarys sind dort sechs Kästen mit den Manuskripten der Arbeiten Castagnarys über Courbet, seiner Korrespondenz mit der Familie und zahlreichen weiteren Dokumenten, insbesondere auch Zeitungsausschnitten, erhalten. Die Materialien bildeten die Grundlage für die beiden Bände „Courbet raconté par lui-même et par ses amis" (vgl. Anm. 111), sind aber dort längst nicht systematisch ausgeschöpft und dargeboten.

615 Zitiert nach: Realismus als Widerspruch, S. 68.

616 Sanchez, La critique de Courbet ..., S. 76. – Fragend ist zu dieser materialreichen Darstellung anzumerken, ob die Zurückführung der Veränderung allein auf eine kurzfristige politische Konstellation (das Ministerium Gambetta) das langfristige Wirken der „Kunstideologie der Bourgeoisie" in diesen Vorgängen, die Sanchez als per definitionem autonome faßt (ebenda, S. 82), nicht zu sehr verkürzt.

617 Franck-Lhubert, Chronique des lettres et des arts. In: L'Artiste, Juni 1882, S. 715.

618 Emile Bergerat, Exposition de Gustave Courbet à l'Ecole des beaux-arts. In: Le Voltaire, 16. Mai 1882.

619 Durand-Gréville, Peintres français, S. 337.

620 Jules-Antoine Castagnary, Gustave Courbet. In: Exposition des œuvres de Gustave Courbet à l'Ecole des beaux-arts (Mai 1882). Katalog. Paris o. J., S. 6 f., 9, 27 f.

621 Vgl.: Joséphin Péladan, Etudes esthétiques de décadence. Gustave Courbet. In: L'Artiste, 2/1884, S. 406–412; Sanchez, La critique de Courbet, S. 80.

622 Jules-Antoine Castagnary, Gustave Courbet et la colonne Vendôme. Paris 1883, S. 85 f. – Noch 1972 baute ein Pariser Rechtsanwalt seine Verteidigung Courbets ähnlich auf; vgl. Yves Capron, Une curiosité juridique: La loi Courbet. Paris 1972.

623 Größere Teile der Biographie sind in Castagnarys Nachlaß als Manuskript erhalten; Teile wurden veröffentlicht in: Jules-Antoine Castagnary, Fragments d'un livre sur Courbet. In: Gazette des beaux-arts, Januar 1911, S. 5–20; Dezember 1911, S. 488–497; Januar 1912, S. 19–30.

624 Lenoir, Histoire du réalisme, S. 745.

625 Vgl. La Revue indépendante, 47/1890, S. 403.

626 Larroumet, Castagnary, S. 130.

627 Estignard, Courbet, S. 74, 63, 125, 143. – Für Deutschland stellte Michael Nungesser am Beispiel der „Steinklopfer" ähnliche Tendenzen

fest: „Um die Jahrhundertwende setzte eine allmähliche Umwertung ein, die Courbets malerisches Talent hervorhob und das soziale Element verdrängte." (Michael Nungesser, „Und selbst die sociale Frage zieht ein in die geöffneten Pforten der Kunst". Die „Steinklopfer" im Spiegel der Kritik. In: Realismus als Widerspruch, S. 192.)

628 Georges Riat, Gustave Courbet peintre. Paris 1906, S. 192.

629 André Lhote, Sur Courbet et Delacroix. In: La Nouvelle revue française, 175/1928, S. 560 f.

630 Claude Roger-Marx, La rétrospective Courbet au Petit Palais. In: L'Europe nouvelle, 1. Juni 1929, S. 695.

631 Pierre Courthion, Courbet. Paris 1931, S. 11, 19.

632 Léger, Courbet et son temps, S. 200.

633 André Chamson, Gustave Courbet. München – Wien – Basel 1956, o. S.

634 René Huyghe, La relève de l'imaginaire. Réalisme, romantisme. Paris 1976, S. 424.

635 Alan Bowness in: Gustave Courbet. Katalog 1977, S. 20. – Vgl. die kritische Diskussion zu der unpolitischen Anlage der gesamten Ausstellung in: Histoire et critique des arts, S. 123–138, sowie aus gleichem Anlaß Werner Hofmann: „Wir können das, was Künstler tun, nur dadurch unserem Erfahrungshorizont einfügen und als Wirklichkeitsgewinn buchen, daß wir Kunstwerke nicht in einer Sphäre der Eigengesetzlichkeit absondern, sondern sie teilhaben lassen an den Brüchen und Konflikten, die unsere gesellschaftliche Wirklichkeit ausmachen" (in: Courbet und Deutschland. Katalog. Köln 1978, S. 615).

636 René Crevel, Le clavecin de Diderot. Paris 1932, S. 57.

637 Georges Bernanos, Nous autres français (1939). In: Bernanos, Essais et écrits de combat. Paris 1971, S. 723, 713; André Breton, Manifestes du surrealisme. Paris 1975, S. 14 (erstes Manifest 1924).

638 Hans-Joachim Neyer, Kunst und Politik bei Aragon. Vom Surrealismus zur Poésie de circonstances. Osnabrück 1983, S. 80–86.

639 Giorgio de Chirico, Gustave Courbet. Rom 1925, S. 5 f., 9, 11.

640 André Breton, Position politique du surréalisme (1935). Paris 1971, S. 5 (La bibliothèque volante, 2). Alan Bowness (Gustave Courbet, Katalog 1977, S. 19) machte aus Breton, indem er nur den Passus über die leuchtenden Bilder und die moderne Malerei zitierte, einen weiteren Kronzeugen für das gängige Fehlurteil, Courbets Werk sei „der Insurrektion fremd" und ein Beitrag allein zur „Evolution der Kunst".

641 Jules Coulin, Die sozialistische Weltanschauung in der französischen Malerei. Leipzig 1909, S. 178.

642 Louis Aragon, Das Beispiel Courbet. Dresden 1956, S. 13.

643 Gustave Courbet, le communard. In: La Vie ouvrière, 3. Januar 1936, S. 9.

644 Klaus Herding, Farbe und Weltbild. Thesen zu Courbets Malerei. In: Courbet und Deutschland, S. 491.

645 Peter Weiss, Die Ästhetik des Widerstands. Band 1, Frankfurt a. M. 1976, S. 60 f.

Personenregister

Inhalt